가장 쉽게 배우는 워드프로세싱 입문서

참~ 쉽죠잉!

바쁜 직장인을 위한
한글 워드
한번에 끝내기

밍모 **김영순** 지음

한글 편

HWP

예제 파일은 에듀웨이 자료실에서
다운로드 받아 사용이 가능합니다.

EDUWAY
에듀웨이

한 권으로 끝내는 한글

참~ 쉽죠잉!

EDUWAY
에듀웨이

바쁜 직장인을 위한
한글+워드
한 권으로 끝내기

2023년 5월 20일 1판 1쇄 인쇄
2023년 5월 30일 1판 1쇄 발행

지 은 이 | 김영순

펴 낸 곳 | (주)에듀웨이
주   소 | 14542 경기도 부천시 소향로13번길 28-14, 8층 808호(상동, 맘모스타워)
대표전화 | 032) 329-8703
팩   스 | 032) 329-8704
등   록 | 제387-2013-000026호
홈페이지 | www.eduway.net

북디자인 | 앤미디어
인   쇄 | 미래피앤피

이 도서의 국립중앙도서관 출판예정도서목록(CIP)은 서지정보유통지원시스템 홈페이지(http://seoji.
nl.go.kr)와 국가자료공동목록시스템(http://www.nl.go.kr/kolisnet)에서 이용하실 수 있습니다.
(CIP제어번호 : CIP2019043568)

책값은 뒤표지에 있습니다.

ISBN   979-11-86179-75-8

가장 쉽게 배우는 워드프로세싱 입문서
한 권으로 끝내는 한글 + 워드

이 책은 우리나라에서 주로 사용하는 워드프로세서, 한글과 MS 워드 두 워드의 기능과 사용 방법에 대해 설명하였습니다. 하나의 책 안에 두 권의 책이 포함되어 있으며, 각각의 워드를 제대로 사용할 수 있도록 사용법과 오류 해결법, 단축키 표시까지 자세히 설명되어 있습니다.

한글과 MS 워드 두 워드프로세서는 프로그램의 종류가 같기 때문에 기본적으로 공통된 기능이 많습니다. 비슷한 기능을 제대로 이해하기 위해서 다른 워드프로세서의 기능 및 방법을 참고하는 것은 주로 사용하는 워드 작업에도 큰 도움이 됩니다. 그러나 한글과 MS 워드는 같은 결과물을 만들어내면서 다른 진행 방법으로 사용하는 명령도 꽤 있습니다. 두 제품은 널리 사용되지만 표나 스타일, 목록과 같은 기능은 아예 구조가 달라 오랜 사용자임에도 어려움을 겪게 되고 파일 호환도 쉽지 않습니다.

이 책은 두 프로그램에서 기본적으로 사용하는 기능과 전문 사용자들이 이용하는 고급 기능에 대해서도 쉽고 간단하게 마스터할 수 있도록 기술하였습니다. 두 워드프로세서를 같이 다루었기 때문에 상대적으로 부족한 기능은 대체할 수 있는 방법과 다른 명령어에 대해서도 기록해 두었고, 다양한 동작 방법 중 오류가 적은 작업 방법을 위주로 설명하였습니다. 수많은 기능을 포함하고 있는 한글과 MS 워드를 동시에 마스터하기란 쉽지 않습니다. 두 프로그램을 같은 저자가 기술하여 각각의 장점을 같은 시각에서 볼 수 있으며 두 제품의 차이를 비교해서 익힐 수 있습니다. 새로 출시한 한글 2018과 앞으로 출시될 MS 워드 2019 버전은 현재 작업을 수월하게 진행하기에는 최적화 시간이 필요할 수 있습니다. 이 책은 현재 널리 사용되고 있는 최신 버전인 '한글 네오' 버전과 '워드 2016' 버전으로 설명되어 있고 최신 버전인 '한글 2018'의 새로운 기능에 대해 설명되어 있습니다.

한글과 MS 워드는 워드프로세서로서 모두 훌륭한 프로그램입니다. 한컴오피스 한글은 다양한 단축키와 단순한 기능 설정이 장점으로 쉽고 빠른 문서 작성이 특징입니다. 또, 세계적으로 널리 사용되고 있는 MS Office의 MS 워드는 자동화된 설정과 손쉬운 템플릿, 고급 기능을 다양하게 갖추고 있는 것이 장점입니다. 우리나라에서는 주로 한글로 문서를 만들며 또 한글로 만드는 문서가 더 많아지고 있습니다. 그러나 협업이나 공유를 위해 MS 워드를 사용해야 하는 작업도 역시 많습니다. 두 프로그램을 모두 사용해야 한다면 여러 가지 접근 방법 중에 제대로 된 작업 방법을 알려주는 '밍모'의 도움을 받아 보세요. 공부하면서 어려움이 있다면 '밍모의 워드프로세싱' 블로그(http://ming0211.blog.me)와 밴드(band.us/@word)를 통해 언제 어디서나 도움을 받으실 수 있습니다.

저자 **밍모 김영순**

이 책은 총 2권으로 구성되어 있으며, 한글 5 Part와 워드 6 Part로 나뉘어져 있습니다. 한글 및 워드의 기본 기능부터 기능 예제를 쉽게 학습할 수 있도록 구성되어 있습니다.

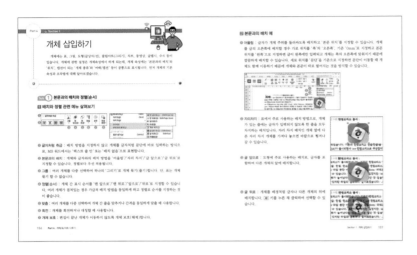

• 이론 : 한글 및 워드를 이용한 문서 편집 기술을 설명합니다. 워드 프로세싱을 기초부터 탄탄하게 알려 줍니다.

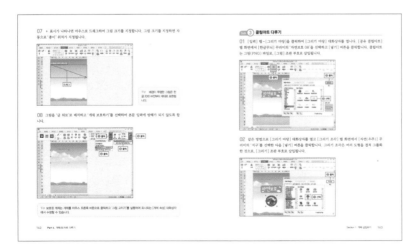

• 실습 예제 : 한글 및 워드의 핵심 기능을 상세한 튜토리얼로 설명합니다. 문서 편집을 다양하게 활용할 수 있도록 하는 것에 초점을 맞추고 있습니다.

 **Preview** _미리보기(워드)

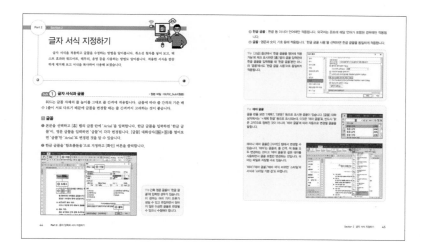

• 팁 : 추가 설명과 알아두면 좋은 내용을
설명합니다.

• 단축키 : 빠른 워드프로세싱 작업을 위해
단축키를 제공하고 있습니다. 사용자가 별도
로 지정하여 작업 속도를 높여보세요.

Contents _목차

Part ❷
서식 적용과 문서 편집하기

Contents _목차

Contents _목차

Part ⑤
한글 고급 기능 활용하기

Part 01

한글 Neo 시작하기

Part 1에서는 한글 워드프로세서의 기본 기능을 배우는 파트입니다.
한글 네오 버전의 새로운 기능과 화면 구성, 기본 문서 만드는 방법부터
환경 설정 방법 등을 알아보겠습니다.

한글 기본 기능 익히기

'한글 Neo'는 2016년에 출시된 버전으로서 한글 2016에 해당합니다. '한컴오피스 2016' 이라는 형식의 버전 명을 사용하지 않고 '한컴오피스 Neo'라는 이름으로 출시된 이유는 기존 제품 시리즈와 차별화되고 새로워진 포맷의 시작 버전이라는 의미가 담겨 있습니다. 이전 버전에 비해 안정감 있는 디자인과 신선한 메뉴들로 알차진 한글 기능을 알아보겠습니다.

Sub 1 한글 Neo의 새로운 기능

1 변경된 디자인의 메뉴

한글 Neo 버전은 이전 버전에 비해 메뉴 아이콘이 작아지고 색감이 안정되었습니다.

◀ 한글 Neo

◀ 한글 2014

2 DOCX 파일과의 호환성 강화

한컴오피스 Neo 버전에는 '한워드'가 포함되어 있습니다. 단독으로도 사용할 수 있는 제품이지만 한글에서 DOCX 파일을 열 때 자동으로 연결되고, 새 문서로 '한워드'를 지정하여 DOCX 문서를 바로 만들 수 있습니다. 한워드는 메뉴가 대부분 MS Office 워드와 동일하기 때문에 MS Office가 없을 경우 한컴오피스 Neo만으로도 MS 워드 문서(DOC/DOCX)를 충분히 만들고 열어 볼 수 있습니다. 또 일부 편리한 한글 기능도 갖추고 있어서 MS 워드가 낯선 사용자도 쉽게 사용할 수 있습니다.

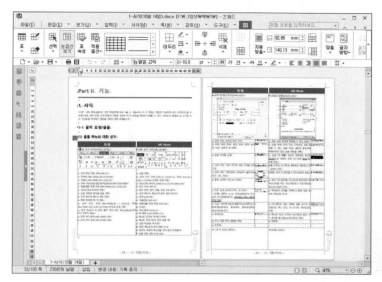

◀ 한워드 문서

③ PDF 문서 열기

[파일] 탭 – [PDF를 오피스 문서로 변환하기]를 클릭해 PDF 파일을 한글에서 불러오는 것이
가능해졌습니다.

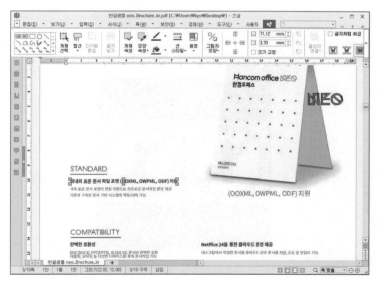

◀ PDF 파일을 한글에서 연 모습

④ 3D 글자 인쇄 기능으로 3D 프린터의 활용성 추가

[도구] 탭–[3D 글자 인쇄]를 클릭해 글자를 글맵시처럼 꾸민 후 3D 프린터로 인쇄할 수 있는 STL 형식의 파일로 저장할 수 있습니다.

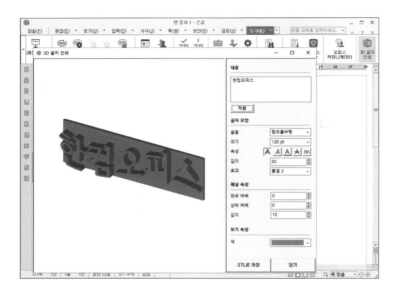

⑤ 한포토로 그림 편집

[한포토]로 편집 명령을 이용해 간편하게 그림을 편집하고 투명 효과를 사용할 수 있습니다.

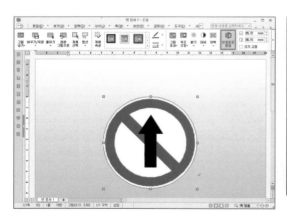
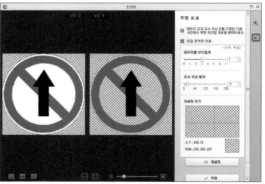

⑥ 번역 작업 창

한글 2014 버전에서는 [책갈피] 작업 창이 추가되어 편리하게 사용할 수 있었습니다. 한글 Neo에서는 [번역] 작업 창이 추가되어 한글에서 바로 번역 기능을 사용할 수 있게 되었습니다.

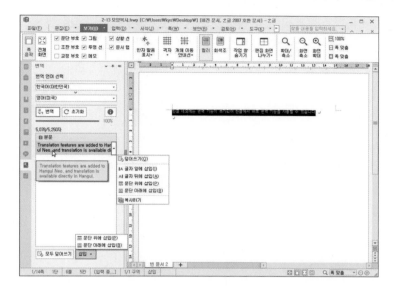

⑦ FSL(Font Simulation Library) 기능

FSL 기능을 이용해 사용된 폰트가 시스템에 없어도 유사한 모양을 제공하여 레이아웃이 흐트러지지 않도록 유지할 수 있습니다. 글꼴의 모양보다 레이아웃이 달라지는 것을 방지하기 때문에 폰트가 추가되었을 때도 편집 상태는 차이가 없게 됩니다.

Sub ② 새로운 버전에서 업그레이드된 기능

2017년 11월 한글 2018이 출시되었습니다. 한글 2018은 '문서 시작 도우미'가 추가되었고, 사용자 설정을 다양하게 지정/저장할 수 있게 되었습니다. 또, [한컴 툴즈]가 추가되어 블루투스를 이용해 모바일 장치에서 음성 입력, 컨트롤이 가능해졌습니다. 그 밖에도 참고 문헌 기능이나 쪽 복사 기능, 세로 눈금자의 문단 간격 조절 기능 등 유용한 기능이 추가되었습니다.

1 문서 시작 도우미

새 문서, 불러오기, 온라인 '한컴 에셋', '넷피스 24', 최근 문서 등을 이용합니다.

2 스킨 설정

스킨 종류를 설정할 수 있습니다.

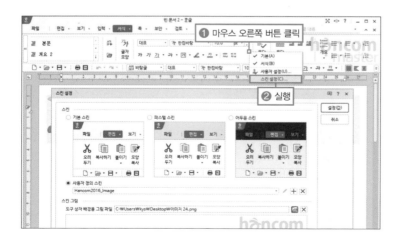

③ 문단 모양

세로 눈금자에서 '문단 간격'을 조정할 수 있게 되었고, 눈금자 표식과 탭 모양도 선택이 편리하도록 수정되었습니다.

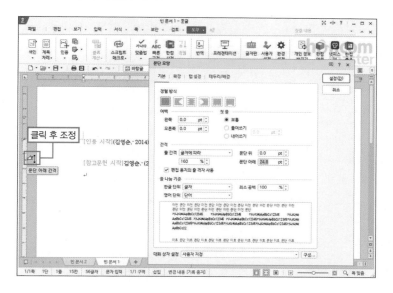

④ 참고 문헌, 인용

참고 문헌, 인용을 사용할 수 있습니다.

5 개요·문단 번호 수순

개요·문단 번호를 10 수준까지 사용할 수 있습니다.

6 사용자 설정

메뉴를 사용자 맘대로 이동/추가/삭제할 수 있고, 사용자 탭을 만들어 자주 쓰는 명령을 모아둘 수 있습니다.

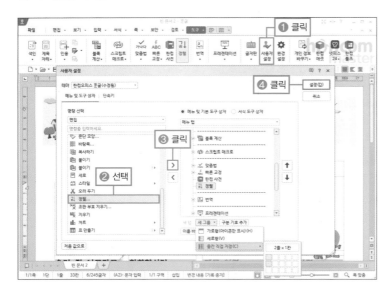

한글 Neo를 시작하고 종료하는 방법과 문서 탭에 관해 알아보겠습니다.

1 실행 아이콘을 추가해 실행하기

Windows 시작 메뉴나 탐색기의 실행 파일(hwp.exe)에서 마우스 오른쪽 버튼을 클릭하면 실행 아이콘을 필요한 곳에 고정해서 사용할 수 있습니다.

실행 아이콘을 클릭한 상태에서 바탕화면에 끌어다 놓으면 바로가기 아이콘이 만들어집니다.

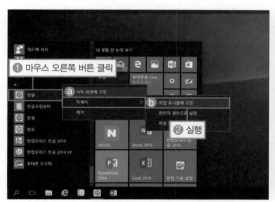 

ⓐ **시작 화면에 고정** : 시작 메뉴 오른쪽 타일에 한글 실행 아이콘을 고정합니다.

ⓑ **작업 표시줄에 고정** : Windows 화면 하단 작업 표시줄에 실행 아이콘을 추가합니다.

2 HWP 파일로 한글 열어 보기

HWP 파일을 더블클릭하면 한글이 실행되며 선택한 파일을 바로 표시할 수 있습니다. 만약 한글이 아닌 다른 프로그램이 실행된다면 연결 프로그램을 다시 설정해야 합니다.

Windows 시작 메뉴에서 [한글과컴퓨터]-[한글 기본 설정]을 클릭하여 대화상자를 표시합니다.

[사용자 설정] 버튼을 클릭하고 [파일 연결] 탭 왼쪽의 '.hwp'를 클릭합니다. 연결 프로그램의 버전을 'HWP'로 지정한 다음 [설정] 버튼을 클릭합니다.

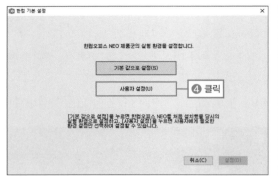 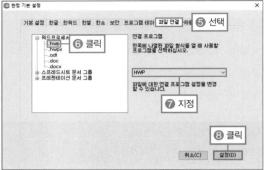

❸ 한글 종료하기

한글 창 오른쪽 맨 위의 [×]를 클릭하거나 [파일] 탭−[끝(Alt+X)]를 선택하여 한글 창을 닫습니다. 입력 내용이 있을 경우 문서를 저장할지 묻는 대화상자가 표시됩니다. [저장] 또는 [저장 안 함] 버튼을 클릭하여 닫습니다. 파일이 저장된 상태라면 별도의 대화상자가 표시되지 않습니다.

❹ 한글의 문서 탭

하나의 한글 창 안에 여러 문서를 열어놓고 사용할 수 있습니다. Ctrl+Alt+T 키를 누르거나 한글 창 아래의 [새 탭(+)] 버튼을 클릭해 새 탭을 만듭니다.

한글의 문서 탭은 엑셀의 시트와 달리 하나의 문서가 아닌 각각 다른 한글 문서를 여는 것과 같습니다. 문서 탭의 문서를 종료하려면 화면 오른쪽 위에서 두 번째에 있는 [문서 닫기(⊠)] 버튼을 클릭합니다. 전체 창의 [닫기] 버튼을 클릭하면 열려 있는 문서를 하나씩 확인하고 저장한 다음 닫을 수 있습니다.

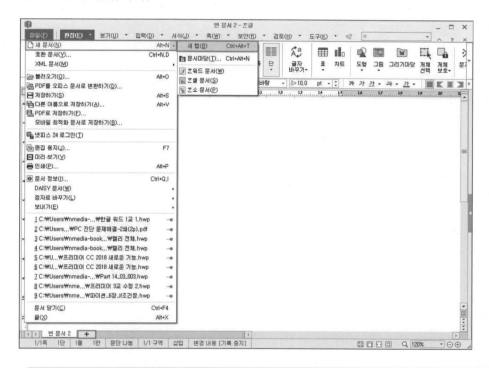

Tip 문서 탭에 표시된 파일 이름 색상으로 파일 저장 상태를 알 수 있습니다.

- 한글 : 저장이 되지 않은 수정 상태
- 한글 : ASV 파일로 임시 저장된 상태
- 한글 : 저장된 상태

다음 한글 창 안의 작은 표식들은 문서 편집에 큰 도움을 줄 뿐만 아니라 바로가기 역할도 합니다. 중요한 서식이나 이동, 보기 명령은 대부분 화면에 표시되어 있으니 아래 화면 구성과 보기 명령을 잘 참고하여 보세요.

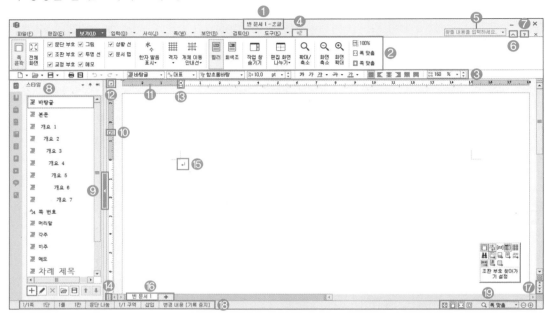

❶ **문서 제목과 파일 위치** : 파일명과 파일 경로를 표시합니다.

❷ **리본 메뉴** : 각 메뉴 탭의 주요 명령을 큰 아이콘으로 표시하는 리본형 도구 상자입니다.

❸ **도구 상자** : 리본 메뉴 아래 표시되는 서식에 관련된 도구 상자입니다. 마우스 오른쪽 버튼을 클릭해 사용자 설정을 실행하거나 표시할 도구 상자를 선택할 수 있습니다.

❹ **상황별 도구 탭** : 기존 아홉 개의 탭에 추가로 표시되는 메뉴로, 머리말, 바탕쪽 등 상황별 도구 탭과 그림, 표와 같은 개체를 선택했을 때만 나타나는 개체 도구 탭이 있습니다. 개체 도구 탭은 커서가 개체 밖에 있으면 표시되지 않기 때문에, 여기에 포함된 명령을 평소에도 사용하려면 사용자 도구 상자를 만들어 추가해야 합니다.

❺ **찾기** : 한글 2014 버전부터 [찾기] 명령을 도구 메뉴에서 간편하게 이용할 수 있습니다.

❻ **도구 상자 접기/펴기(Ctrl+F1)** : 단계적으로 도구 상자를 표시하거나 숨길 수 있습니다.

❼ **도움말과 한글 정보** : 한글 Neo의 도움말은 온라인으로 제공됩니다. 한글 정보에는 한글 제

품 번호와 프로그램의 폴더 정보가 들어 있습니다.

❽ **작업 창** : 스타일, 개요 보기, 쪽 모양 보기, 책갈피, 클립보드, 사전 검색, 빠른 실행, 양식 개체 속성, 스크립트 매크로, 오피스 커뮤니케이터(협업), 번역 작업 창이 있습니다. [작업 창 접기/펴기] 화살표로 열고 닫을 수 있고, 작업 창 메뉴에서 마우스 오른쪽 버튼을 클릭하여 설정을 변경할 수 있습니다.

❾ **작업 창 접기/펴기** : 한글 2010 이후 버전에서 사용 가능합니다.

❿ **용지 위쪽 여백** : 용지 위쪽 여백을 조절합니다. 아래쪽 여백은 세로 눈금자 아래쪽에 조절 표시가 있습니다. 경계선을 이동하면 머리말과 꼬리말 여백을 조절할 수 있습니다.

⓫ **용지 여백** : 쪽 윤곽(Ctrl+G, L)을 켜고 보면, 용지 여백과 배경을 편집 화면에서 볼 수 있습니다. 눈금자의 회색 부분은 여백을 뜻하고, 흰색 부분은 본문 등 입력 가능한 영역을 뜻합니다. 회색과 흰색의 경계를 이동하면 여백을 조정할 수 있습니다. 더블클릭하면 해당하는 대화상자가 표시됩니다.

⓬ **탭 종류 변경** : 가로 눈금자에 탭을 직접 설정할 때, 탭의 종류를 변경합니다. 탭의 종류는 '왼쪽 탭', '오른쪽 탭', '가운데 탭', '소수점 탭'이 있습니다.

⓭ **가로 눈금자의 문단 표식** : 커서가 위치한 문단의 여백 상태를 표시합니다. 위에서부터 '들여쓰기', '내어쓰기', '왼쪽 여백'을 나타내고 마우스로 조절할 수 있습니다.

⓮ **편집 화면 나누기** : 화면을 가로 또는 세로로 나누어 문서의 여러 부분을 볼 수 있습니다. 문서 탭과는 달리 한 문서의 여러 부분을 보는 것이기 때문에 어느 곳을 수정해도 문서에 동일하게 적용됩니다. [보기] 탭-[편집 화면 나누기] 명령과 같은 기능입니다.

⓯ **문단 부호** : 문단을 표시합니다. [보기] 탭의 '문단 부호'를 선택해 놓으면 볼 수 있습니다.

⓰ **문서 탭과 문서 탭 추가(Ctrl+Alt+T)** : 한글 창을 탭으로 추가하여 다른 문서를 불러옵니다.

⓱ **쪽 단위 이동** : Alt+Page Down/Page up 키를 누른 것과 같은 기능으로, 쪽 단위로 커서를 이동할 수 있습니다. Shift 키를 누른 채 클릭하면 페이지 단위로 블록 설정을 할 수 있습니다.

⓲ **상황선** : 상황선은 커서 위치의 문서 정보를 표시합니다. 왼쪽부터 현재 쪽/전체 쪽, 단 수, 줄 수, 칸 수, 현재 편집 상태, 현재 구역 위치, 삽입/수정 상태, 변경 내용 추적 상태, 그리고 표의 셀 번호 등 상황별 메시지가 추가로 표시됩니다. 클릭하면 찾아가기 등의 기능으로 확장하여 사용할 수 있고, 마우스 오른쪽 버튼을 클릭해 보기를 선택/해제할 수 있습니다.

⓳ **확대/축소 메뉴들** : 왼쪽부터 전체 화면, 쪽 윤곽, 폭 맞춤, 쪽 맞춤, 확대/축소, 확대 비율 사용자 조정, 축소, 확대 메뉴로, 모든 표식은 [보기▼] 탭에서 표시하거나 숨길 수 있습니다.

리본 메뉴는 각 메뉴 탭의 중요한 명령 아이콘을 크게 표시하여 편리하게 사용하도록 한 도구 상자입니다. 리본 메뉴는 한글 2010 버전부터 사용되었고, 기존 아홉 개의 메뉴 탭 외에 추가로 [사용자] 탭을 만들어 사용할 수 있습니다. 또 메뉴 탭에는 없지만 표나 그림, 도형, 머리말을 선택하면 자동으로 표시되는 개체, 상황별 도구 탭이 있습니다.

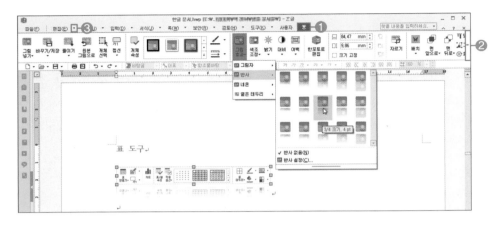

❶ 상황별 도구 탭, 개체 도구 탭은 개체 등이 선택되었을 때만 표시됩니다.

❷ 리본 메뉴에서 가려진 부분은 마우스를 스크롤하거나, 양 끝의 화살표(▶▶)를 눌러서 볼 수 있습니다.

❸ 리본 메뉴에 없는 명령은 전체 메뉴(F10)를 내려 사용합니다.

■ 사용자 탭 추가하기

메뉴에서 마우스 오른쪽 버튼을 클릭하고 [사용자 탭에 추가]를 실행하면 [도구] 탭 옆에 [사용자] 탭이 표시되며 선택한 명령이 추가됩니다.

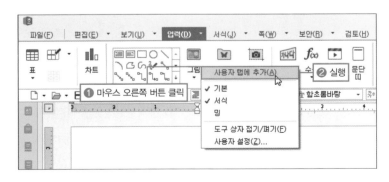

[도구] 탭에서 마우스 오른쪽 버튼을 클릭해 [사용자 설정]을 실행한 다음 표시된 [사용자 설정] 대화상자의 [열림 상자] 탭을 클릭하면 명령 아이콘 위치와 크기를 바꿀 수 있습니다.

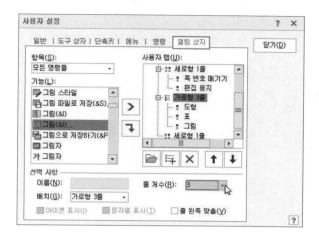

② 도구 상자 추가하기

메뉴 영역에서 마우스 오른쪽 버튼을 클릭하고 [서식]을 선택합니다.

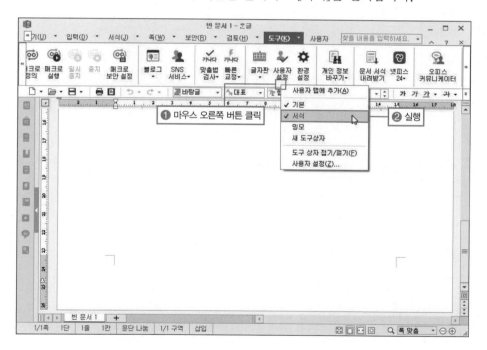

❸ 새 도구 상자 만들기

[도구] 탭에서 마우스 오른쪽 버튼을 클릭해 [사용자 설정]을 실행합니다. [사용자 설정] 대화
상자의 [도구 상자] 탭에서 [새로 만들기] 아이콘을 클릭합니다.

도구 상자 이름을 입력한 다음 [만들기] 버튼을 클릭하면 새 도구 상자가 만들어집니다.

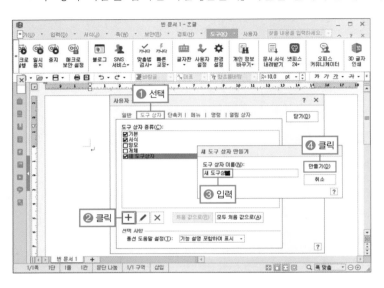

[사용자 설정] 대화상자의 [명령] 탭에서 필요한 명령을 찾아 마우스로 새 도구 상자에 끌어
다 놓습니다. 완성된 도구 상자는 제목 부분을 마우스로 클릭하여 리본 메뉴 아래로 끌어 놓습
니다. 도구 상자에서 마우스 오른쪽 버튼을 클릭해 도구 상자를 선택할 수 있습니다.

Sub ⑥ 작업 창 보기

    작업 창은 편집할 때 자주 사용하는 작업들을 모아놓은 곳입니다. 도구 상자와 달리 한 가지 기능으로 창을 구성하고 있고, 편집 화면의 왼쪽이나 오른쪽에 둘 수 있어서 편집할 때 빠르게 이용할 수 있습니다. 여러 가지 작업 창이 있지만 그 중 [스타일] 작업 창은 빠른 편집에 꼭 필요한 작업 창입니다.

    작업 창은 따로 배치해 사용할 수 있고 편집 화면에 붙여 사용할 수도 있습니다. 편집 화면 왼쪽이나 오른쪽에 있는 화살표를 클릭하여 작업 창을 표시하거나 숨길 수 있습니다. [작업 창 보기 설정] 대화상자는 작업 창 메뉴에서 마우스 오른쪽 버튼을 클릭하여 열 수 있습니다.

❶ 스타일 : [스타일] 명령(F6)에서 설정한 스타일 목록을 보여주고 원하는 스타일을 클릭해서 바로 적용할 수 있습니다. 또, [스타일] 대화상자를 열지 않고도 스타일을 추가, 편집, 삭제, 이동할 수 있고, 다른 문서와 스타일을 가져오기/내보내기 할 수 있습니다. 서식이 반복되거나 목차에 쓰일 제목이라면 스타일을 만들어 적용해 주세요.

❷ 클립보드 : 최근 복사하거나 오려낸 내용을 최대 열여섯 개까지 저장합니다. 복사된 내용을 클릭하면 커서가 있는 위치에 붙여넣어집니다.

❸ 쪽 모양 보기 : 작은 미리 보기와 같은 기능으로, 페이지 레이아웃을 체크할 수 있고 클릭해서 바로 찾아갈 수 있습니다.

❹ **책갈피** : 한글 2014 버전 이상에서 사용할 수 있습니다. 책갈피는 찾아가기로 사용할 수 있지만, 상호 참조 등 명령의 참조 대상으로도 사용할 수 있습니다. 책갈피 작업 창은 책갈피를 쉽게 만들고 확인할 수 있어서 빠른 문서 편집에 도움을 줍니다.

❺ **개요 보기** : 제목 중 개요 수준([문단 모양]-[확장])이 포함된 문단을 표시합니다. 쪽 모양 보기나 책갈피와 마찬가지로 클릭해서 제목으로 바로 이동할 수 있고, 개요 수준을 트리 형태로 보여주기 때문에 문서 구조를 한 눈에 파악할 수 있습니다. 개요 보기는 목차의 미리 보기라고 할 수 있습니다. 개요 보기 윗부분 [저장하기]를 클릭하면 개요 내용을 복사할 수 있고, 목차 등에 붙여서([Ctrl]+[V]) 사용할 수 있습니다.

❻ **빠른 실행** : 최근 사용한 명령을 차례로 표시하고 클릭하면 해당 기능을 재실행합니다. MS 워드의 [F4]와는 달리 바로 전의 모든 작업을 재실행하는 것이 아니라, 사용했던 명령을 클립보드처럼 보여주는 것입니다.

❼ **사전 검색** : 한글 내 포함된 사전이나 다음 사전을 통해 검색어를 찾아볼 수 있습니다.

❽ **스크립트** : [도구] 탭-[매크로 정의]를 선택하여 만든 매크로를 표시하고 실행, 편집(적용), 내보내기/불러오기 할 수 있습니다.

❾ **오피스 커뮤니케이터** : '넷피스 24'에 계정을 만든 다음 협업자와 한 문서를 동시에 편집할 수 있습니다.

❿ **번역** : 문서에 포함된 내용 일부를 다른 언어로 즉시 번역합니다. 한글 Neo부터 사용 가능합니다.

한글 작업 시작하기

문서를 새로 만들거나 불러오는 방법과 저장, 환경설정, 문서 정보에 대해 알아봅니다.

새 문서 시작하기와 기존 문서의 불러오기, 그리고 문서마당 등 서식 파일을 이용하는 방법을 알아보겠습니다.

1 새 문서 만들기

[파일] 탭-[새 문서]를 선택합니다. 같은 한글 창에 새 문서를 추가하려면 상황선 바로 위의 ⊞ 버튼을 클릭하여 문서 탭의 새 문서로 추가합니다.

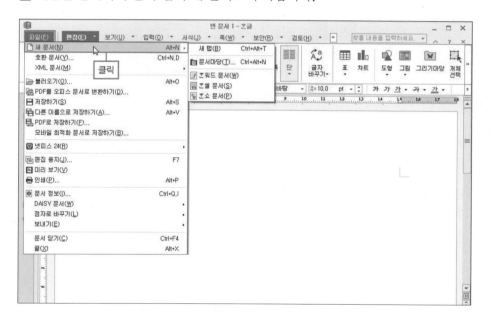

② 문서마당 사용하기

문서마당은 서식 파일(*.hwt)을 모아둔 명령으로 한글에 기본 설치되어 있습니다. 학생 문서, 사무 문서, 라벨 문서, 원고지 등 다양한 양식이 템플릿으로 포함되어 있어서 초보 사용자도 글자만 입력하여 편리하게 문서를 완성할 수 있습니다.

[파일] 탭-[새 문서]-[문서마당]을 선택합니다. [문서마당 꾸러미] 탭 왼쪽에 있는 꾸러미 중 [가족신문 문서]를 먼저 선택하고, 오른쪽 서식 파일 중 '가족 신문 16'을 더블클릭하여 문서를 엽니다.

서식 파일에는 대부분 '누름틀'이 포함되어 있습니다. 빨간색 기울임꼴로 되어 있는 누름틀을 클릭하여 내용을 입력하고 문서를 저장합니다.

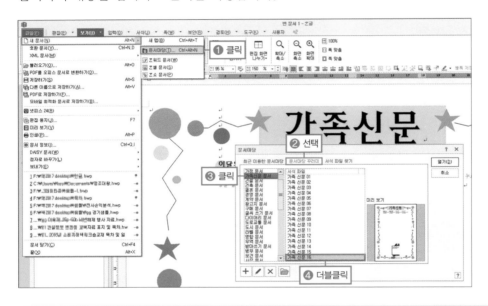

Tip **서식 파일이란?**

HWT 확장자를 가진 파일로, 다른 파일의 기초가 되는 파일을 말합니다. 한글은 [문서마당 꾸러미]에 등록해 두면 다른 이름으로 저장하지 않아도, HWT 파일로 열어 HWP 파일로 저장할 수 있습니다. '새 문서'를 만들면 열어지는 'normal. hwt' 파일이 대표적인 서식 파일이라고 할 수 있습니다.

③ DOCX 문서 만들기

한글 Neo는 한글 파일(HWP)뿐만 아니라, MS Office 형식인 DOCX 파일 형식도 완벽에 가깝도록 읽어들이고 만들 수 있습니다. 한글 Neo에 포함된 [한워드] 때문인데요. 한워드는 기본적으로 MS 워드와 같은 포맷에 일부 한글 메뉴를 사용할 수 있는 한글과는 다른 별도의 제품입니다. DOCX 형식은 불러올 때 자동으로 한워드로 열리고, '호환 문서'와 달리 설정 값이 변환되는 것이 아니기 때문에 DOCX 형식 그대로 수정하고 저장합니다. 조판 부호도 표시되지 않습니다. 단, 형식을 HWP로 지정하고 다른 이름으로 저장하면, 한글 속성으로 변환되어 한글로 열리고 모양이 변형될 수 있습니다.

[파일] 탭-[새 문서]-[한워드 문서]를 선택하여 DOCX 문서를 만듭니다. 한워드는 [호환 문서]의 [MS Word 호환 문서]보다 월등히 호환성이 좋으며 변환 오류가 크게 없습니다.

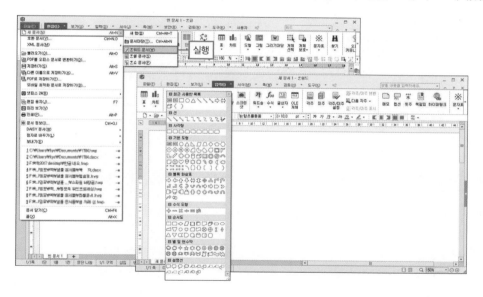

④ 호환 문서 만들기

호환 문서에는 현재 사용하고 있는 버전에서 만든 문서가 아닌 한글 문서나 MS 워드 문서가 있습니다. 한글은 버전이 달라도 호환이 잘 되는 편이지만 상위 버전에만 있는 기능은 하위 버전에서 그대로 읽어올 수 없습니다. 특히 그림에 호환이 잘 안 되는 경우가 많은데요. 예를 들어, 그림의 일부를 자르기 했다거나 상위 버전에만 있는 꾸미기를 사용한 경우, 배경을 투명하게 한 그림 등은 하위 버전에서 제대로 표시되지 않습니다. 또 한글 Neo 파일은 차례가 새로 고침 되는 필드 형태로 입력되는데, 이런 문서는 하위 버전에서 불러오기가 되지 않습니다.

이렇게 상위 버전에서 작업한 파일이 하위 버전에서 잘 열릴지 걱정될 때는 호환 문서를 이용하면 좋습니다.

[파일] 탭-[호환 문서]를 선택합니다. [한글 2007 호환 문서]를 클릭하고 [설정] 버튼을 클릭합니다.

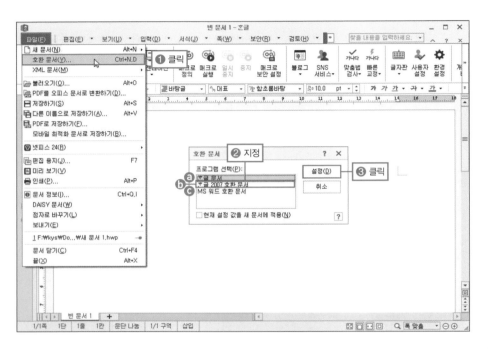

ⓐ **한글 문서** : 현재 한글 Neo 버전으로 열었으므로 한글 문서는 한글 Neo 버전의 문서가 됩니다.

ⓑ **한글 2007 호환 문서** : 한글 2010 이후 버전을 사용하고 업데이트가 잘 되어 있다면 상위 버전에서 만든 문서라도 호환에 큰 문제는 없습니다. 그러나 한글 2007 이하 버전에서도 사용될 문서라면 호환 문서로 만드는 것이 좋습니다. [한글 2007 호환 문서]를 선택하여 문서를 만들면, 2007 버전에서 읽을 수 없는 명령은 비활성으로 사용할 수 없게 되어 호환성을 높입니다.

ⓒ **MS 워드 호환 문서** : MS 워드와 호환되지 않는 기능은 비활성으로 표시되지 않거나, 빨간 테두리로 표시되어 설정이 제한됩니다.

한글 Neo 버전은 한글 파일(HWP), MS 워드 파일(DOC, DOCX), 오픈오피스 파일(ODT), HTM, HTML, RTF, TXT 등의 파일뿐만 아니라, PDF 파일도 불러올 수 있습니다.

■ 기존 문서 불러오기

01 [파일] 탭-[불러오기]([Alt]+[O])를 선택합니다.

Tip [파일] 탭 메뉴 맨 아래에는 최근 문서가 표시됩니다. 최근 문서 중에서 위치를 고정하고 싶은 문서는 압정 모양의 목록 고정 아이콘을 클릭하여 빨간색으로 고정합니다.

02 파일이 위치한 경로를 선택하여 파일을 찾습니다. 해당 경로에 찾는 파일이 없다면 파일 형식을 다른 것으로 변경합니다.

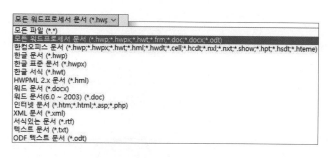

◀ 한글에서 불러올 수 있는 파일 형식

03 파일을 선택한 다음 [열기] 버튼을 클릭하면 파일이 열립니다. 이때, '읽기 전용'이나 '복사본으로 열기'로 파일을 불러오려면 [▼] 버튼을 클릭하고 '열기' 옵션을 선택합니다.

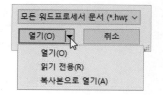

Tip '읽기 전용'과 '복사본으로 열기'가 대화상자 자체에 체크 표시할 수 있는 옵션으로 표시되는 경우도 있습니다.

2 넷피스 24에서 불러오기

넷피스 24는 한컴의 웹 오피스와 클라우드 서비스를 말합니다. 넷피스 24는 웹에서 문서를 작성하고 저장할 수 있으며, 다른 사용자와 협업도 가능합니다. 또 사용자의 여러 클라우드(구글 드라이브, 드롭박스, MS의 OneDrive, Evernote 등)를 스토리지로 연결하여 하나의 아이디로 관리할 수 있고, 모바일 제품과 PC와의 파일 연동도 쉽게 할 수 있습니다.

01 [파일] 탭-[넷피스 24]-[넷피스 24에서 불러오기]를 선택합니다. 넷피스 24에 로그인합니다. 넷피스 24에 저장된 파일을 찾아 [열기] 버튼을 클릭합니다.

> Tip 넷피스 24는 'www.netffice24.com'에서 계정을 만듭니다.

02 넷피스 24의 파일은 스마트 기기의 '넷피스 24' 앱에서도 열어 볼 수 있습니다.

1 한글 파일 저장하기

[파일] 탭−[저장하기]를 선택하거나 도구 상자의 [저장하기] 아이콘을 클릭하여 위치와 파일 이름을 지정하고 [저장] 버튼을 클릭합니다. 파일 형식을 변경하여 저장하려면 '파일 형식'에서 종류를 변경하여 저장합니다. 파일 형식이 변경되면 편집 상태가 달라질 수 있습니다.

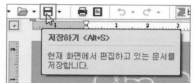

2 다른 이름으로 저장하기

기존 문서에 덮어쓰며 저장하지 않고 다른 문서로 저장하고자 할 때나, PDF 등의 다른 형식으로 저장하고자 할 때 [다른 이름으로 저장]을 사용합니다. 기존 문서를 서식 파일처럼 사용하려면 다른 이름으로 저장하거나, [불러오기] 대화상자에서 [열기▼] 버튼을 클릭하고 복사본으로 열기를 실행해 파일을 불러와 저장합니다.

[파일] 탭−[다른 이름으로 저장]을 선택하거나 도구 상자에서 [저장하기▼] 버튼을 클릭하여 [다른 이름으로 저장]을 실행합니다.

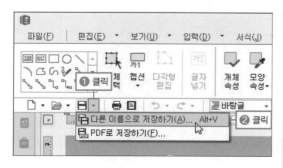

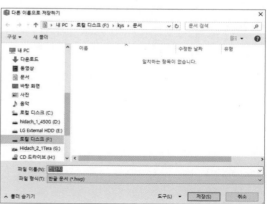

③ DOCX 파일로 저장하기

한글 문서를 MS 워드 파일인 DOCX 파일로 저장하고자 할 때에는, [다른 이름으로 저장] 대화상자에서 파일 형식을 DOCX로 변경하고 [저장] 버튼을 클릭합니다. 파일 형식을 변경하여 저장하면 문서의 편집 상태가 변형될 수 있으니 주의하세요.

④ PDF 문서로 저장하기

한글 문서를 PDF 문서로 저장하는 방법은 PDF 드라이버로 인쇄하는 방법과 PDF로 저장하는 방법 두 가지가 있습니다. PDF 문서로 변환한 후에는 글맵시나 그라데이션 배경 색 등 변환이 잘 되었는지 확인해 보아야 합니다.

[파일] 탭 - [인쇄]([Alt] + [P])를 선택하고 'Hancom PDF' 등 PDF 드라이버를 선택한 다음 [인쇄] 버튼을 클릭합니다.

한글을 사용하면서 지정할 기본 옵션들은 [도구] 탭-[사용자 설정]과 [환경 설정]에서 설정합니다. [사용자 설정]에서는 테마와 메뉴, 단축키를 변경할 수 있고 [환경 설정]에서는 편집에 관한 전반적인 작업 환경을 설정할 수 있습니다.

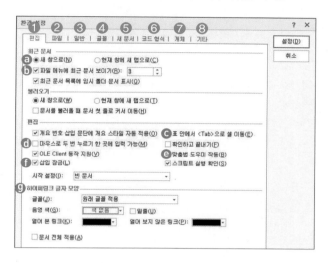

❶ **[편집] 탭**

- ⓐ **새 창으로/현재 창에 새 탭으로** : 최근 문서나 불러오기로 문서를 열 때 새 창으로 열 것인지, 현재 창에 새 탭으로 추가할 것인지를 지정합니다. 새 문서는 새 창으로 열립니다.
- ⓑ **파일 메뉴에 최근 문서 보이기** : [파일] 탭 맨 아랫부분에 표시될 최근 문서의 수를 정합니다.
- ⓒ **표 안에서 〈Tab〉으로 셀 이동** : 표 안에서는 Tab 키가 셀 이동에 사용되도록 설정합니다. 이 옵션이 선택되어 있으면 셀에서 탭 기능은 Ctrl+Tab 키를 사용합니다.
- ⓓ **마우스로 두 번 누르기 한 곳에 입력 가능** : 더블클릭한 곳까지 문단 부호와 왼쪽 탭이 자동으로 만들어집니다.
- ⓔ **맞춤법 도우미 작동** : 오타가 있을 경우 글자 밑에 빨간 밑줄이 표시되도록 합니다.
- ⓕ **삽입 잠금** : Insert 키를 눌러도 삽입, 수정 상태가 변경되지 않고 계속 삽입 상태로 작업할 수 있도록 잠가 놓습니다. 수정 상태에서 글자를 입력하면 뒷내용을 지우면서 입력합니다.
- ⓖ **하이퍼링크 글자 모양** : 일반적으로 웹 주소 등 하이퍼링크는 파란 색 글씨로 표시되는데, 이 서식을 본문과 같도록 설정할 수 있습니다.

❷ **[파일] 탭** : 백업 파일 등 파일 저장 방식과 자동 저장 파일(ASV)의 저장 시간을 설정합니다. 매크로 파일, 상용구 파일, 기본 서식 파일의 저장 위치를 변경할 수 있습니다.

❸ **[일반] 탭** : 사용자 정보와 금칙 처리를 설정할 수 있습니다. 사용자 정보는 [문서 정보]나 [상용구]에서 '지은이'로 사용됩니다.

❹ **[글꼴] 탭** : [서식] 탭-[글꼴] 표시 방법과 '영문 글꼴을 대표 글꼴로 자동 등록'을 선택할 수 있습니다.

❺ **[새 문서] 탭** : 새 문서의 여백 등 편집 용지 기본 값을 변경할 수 있습니다.

❻ **[코드 형식] 탭** : HWP 문서가 아닌 다른 형식의 문서를 불러오거나 복사해 붙이기 할 때 붙이기 형식을 지정합니다. 예를 들어, 'HTML 문서 붙이기 형식 지정'이 '텍스트 형식으로 붙이기'로 지정된 경우, 웹에서 복사한 그림은 그림으로 붙이기 되지 않고 웹 주소로 붙여집니다.

❼ **[개체] 탭**
- **표 위치** : 표를 입력하면 기본으로 적용되는 배치와 위치 방법을 지정합니다. 표 만들기((Ctrl)+(N), (T))의 '마우스 끌기로 만들기'로 표를 만들 때만 적용됩니다.
- **그림 개체** : 문서의 내용을 빠르게 스크롤할 경우 그림은 잠시 뿌옇게 표시됩니다. '그림 개체 품질 높임'을 선택하면 스크롤할 때도 그림을 선명하게 볼 수 있는 대신 속도가 느려질 수 있습니다.

❽ **[기타] 탭**

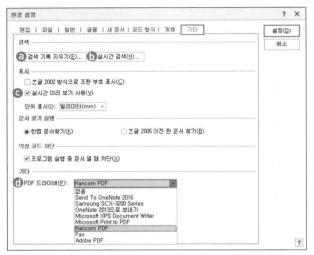

ⓐ **검색 기록 지우기** : 찾아본 내용이나 최근 문서 등 검색한 기록을 지울 수 있습니다.
ⓑ **실시간 검색** : 사전이나 상용구를 편리하게 이용하도록 글자를 선택하거나 입력할 때 해당하는 내용을 자동으로 표시합니다. '검색 대상 목록'을 지정하고, '문자 입력 시 검색하기'나 '문자 선택 시 검색하기'를 선택하면 입력/선택한 글자 아래에 검색 내용이 바로 표시됩니다.
ⓒ **실시간 미리 보기 사용** : 변경될 서식을 실제 적용하기 전에 마우스를 올려 놓는 것만으로 미리 보기 할 수 있습니다.
ⓓ **PDF 드라이버** : '다른 이름으로 저장'할 경우 사용할 PDF 드라이버를 선택합니다.

[파일]-[문서 정보([Ctrl]+[Q], [I])]에는 만든 날짜, 제목, 지은이, 문서 통계와 글꼴 정보, 그림 정보가 포함되어 있습니다. '만든 날짜'와 같이 변경할 수 없는 내용도 있지만, 제목이나 글꼴 정보처럼 요약 내용에서 바로 변경할 수 있는 부분도 있습니다. 문서의 전체 정보를 알아보려면 [파일] 탭-[문서 정보]를 열어보세요.

📗 문서 요약

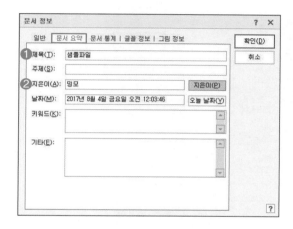

❶ **제목** : 탐색기에서 제목을 확인해 볼 수 있고 본문이나 머리말이나 상용구에서 '문서 제목' 필드로 추가할 수 있습니다.

❷ **지은이** : [도구] 탭-[환경 설정]-[일반]에서 정한 '사용자 이름'이 표시됩니다.

📘 문서 통계

문서 전체의 글자 수와 원고지 분량, 개체 수를 표시합니다.

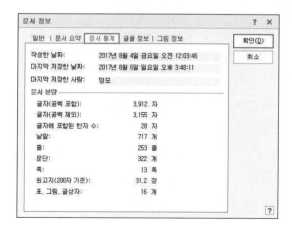

❸ 글꼴 정보

문서 전체에 쓰인 글꼴의 종류를 표시합니다. 대표로 입력된 글꼴과 각 언어로 입력된 글꼴을 모두 조회해 보면 대체된 글꼴을 확인할 수 있고, [사용된 글꼴 바꾸기] 또는 [대체된 글꼴 바꾸기] 버튼을 클릭하면 사용자가 가지고 있는 다른 글꼴로 바꿀 수 있습니다.

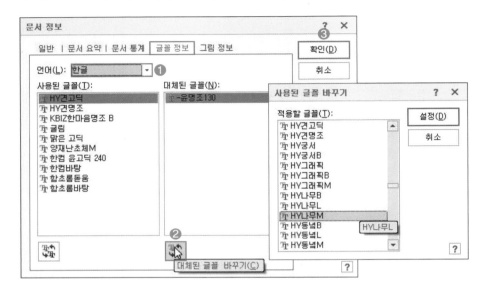

❶ 언어가 '대표' 상태일 때 표시되는 글꼴이 문서의 전체 글꼴을 의미하는 것은 아닙니다. 대표로 입력된 글꼴만 표시되기 때문에 각 언어로 변경하여 '사용된 글꼴'과 '대체된 글꼴'을 정확하게 확인해야 합니다. 대체된 글꼴은 모양이 비슷한 글꼴이 아니라 글꼴이 달라지면서 문서 형태가 변화되지 않도록 글꼴 폭이 비슷한 글꼴로 대체됩니다.

❷ 빨간색으로 표시된 시스템에 없는 글꼴은 [대체된 글꼴 바꾸기] 아이콘을 클릭해 표시되는 [사용자 글꼴 바꾸기] 대화상자에서 시스템에 보유한 글꼴을 선택한 다음 [설정] 버튼을 눌러 바꿀 수 있습니다. 각 언어를 모두 조회해 보아야 합니다.

❸ 문서 정보의 모든 항목을 변경한 후에는 반드시 [확인] 버튼을 눌러야 변경된 내용이 적용됩니다. 글꼴이 변경되면 보통 줄 간격에는 이상이 없으나 글자 폭이 달라져서 문서 형태가 달라질 수 있습니다.

④ 그림 정보

문서의 모든 그림은 [그림 정보]에 표시됩니다. 그림이 너무 많거나 용량이 커서 방해가 된다면 문서와 같은 폴더에 그림 파일을 내보내기 한 후 연결 상태로 두고 작업할 수 있습니다.

❶ [모든 삽입 그림 저장하기] 아이콘을 클릭하여 그림을 저장할 폴더를 지정합니다.

❷ 그림을 연결 상태로 문서 바깥에 저장하면 그림 정보에 '연결'이라고 표시되고 '경로'가 나타납니다. 문서 작업이 완료되면 [모두 삽입] 아이콘을 클릭해 연결된 그림을 문서 내로 모두 포함시키는 것이 좋습니다. 연결 상태에서는 그림 파일을 경로 변경하거나, 삭제하거나, 문서만 이동해서는 안 됩니다.

연결 상태의 그림은 [개체 속성] 대화상자의 [그림] 탭에 '문서에 포함'이 체크 표시되어 있지 않고 파일 위치가 표시됩니다. 그림 또는 문서를 이동하거나 그림을 삭제하면 문서를 열었을 때 그림 경로를 다시 설정하라는 대화상자가 표시되고, 이동 또는 삭제한 그림은 테두리만 점선으로 표시됩니다. 이럴 경우, 그림의 연결 경로를 다시 설정하거나 그림을 삭제하고 다시 삽입해야 합니다.

> Tip 연결 상태의 그림은 문서를 완성한 다음 반드시 문서에 포함하는 것이 좋습니다.

Part 02

서식 적용과
문서 편집하기

Part 2에서는 한글을 이용한 문서의 기본 형식을 작성하는 방법을 배우는 파트입니다.
기본 글자를 작성하고 편집하는 방법부터 문단 모양을 편집하는 방법 등을 알아보겠습니다.

서식 적용하기

서식을 적용하기 위하여 글자를 선택하는 방법과 여러 가지 문자의 입력 방법, 그리고 빠른 입력을 도와주는 상용구의 사용 방법 등을 알아봅니다.

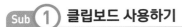

Sub 1 클립보드 사용하기

클립보드는 복사한 내용을 임시 저장하는 공간으로, 한글에서는 작업창에서 클립보드를 확인하고 사용할 수 있습니다. 클립보드는 최근 복사하거나 오려둔 내용을 최대 열여섯 개까지 저장하고 있고, 붙여 넣을 곳에 커서를 위치한 다음 클릭하여 붙여 넣을 수 있습니다.

클립보드에 저장한 내용은 한글을 종료하면 모두 지워지는데, 한글을 종료하지 않고 클립보드 내용을 모두 삭제하고 싶다면 [모두 지우기] 아이콘(⨯)을 클릭하면 됩니다. 또, 여러 곳의 내용을 차례로 복사한 다음 [모두 붙이기] 아이콘(▣)을 클릭하여 복사한 내용을 한 번에 취합할 수도 있습니다.

1 클립보드를 이용한 내용 취합하기

❶ 편집 화면 왼쪽 또는 오른쪽에 있는 화살표를 클릭하여 작업창을 열고 클립보드 탭(📋) 아이콘을 클릭합니다.

❷ 취합하고자 하는 여러 곳의 내용을 붙여질 순서를 생각해서 거꾸로 복사합니다.

❸ 붙여 넣을 위치에 커서를 가져다 놓고, 클립보드의 [모두 붙이기] 아이콘을 클릭하여 취합한 내용을 붙여 넣습니다.

2 블록 지정하기

블록 범위	지정 방법
줄 단위 블록	키보드 : F3 +방향키 또는 Shift + ↓ 방향키 마우스 : 필요한 만큼 본문이나 왼쪽 여백을 드래그(한 줄을 선택할 때는 줄의 왼쪽 여백을 클릭)
칸 단위 블록	키보드 : F4 + → 방향키 마우스 : Alt 키와 함께 마우스로 드래그
단어 선택	키보드 : Shift + Ctrl + → 방향키 마우스 : 더블클릭
문단 선택	키보드 : Shift + Ctrl + ↓ 방향키 마우스 : 본문을 세 번 클릭 또는 왼쪽 여백을 더블클릭
문서 전체 선택	키보드 : Ctrl + A ※ 표의 셀이나 글상자, 캡션, 머리말 등에서는 그 내부의 전체 내용만 선택됩니다. 마우스 : 왼쪽 여백을 세 번 클릭
줄 끝/시작까지 선택	Shift + End , Shift + Home
화면 단위 선택	Shift + Page Down , Shift + Page up
페이지 단위 선택	Shift + Alt + Page Down , Shift + Alt + Page up
문서 끝/시작까지 선택	Shift + Ctrl + Page Down , Shift + Ctrl + Page up
여러 페이지 선택	시작 위치에 커서를 가져다 놓고 페이지를 이동한 다음, 선택되어야 할 끝부분에서 Shift 키를 누른 채 클릭합니다(화면을 작게 축소해 두고 선택하는 것도 좋습니다).

Tip 개체와 쪽 번호, 머리말 등 조판 부호가 있는 명령의 경우 [보기] 탭-[조판 부호]를 반드시 선택해 두고 블록을 지정합니다. 복사나 이동, 삭제, 서식 변경 등 명령을 실행하였다가 취소하고자 할 때에는 Ctrl + Z 키로 되돌릴 수 있습니다.

한자에 관련된 명령은 [입력] 탭-[한자 입력]과 [편집] 탭-[글자 바꾸기]에 있습니다.

1 한자로 바꾸기

한자는 한글을 입력하고 한자 키나 F9 키를 눌러 변환합니다. 여러 글자를 한자로 바꾸려면 블록을 지정해서 한자 키나 F9 키를 누릅니다. 한자를 '한글(漢字)' 또는 덧말 포함 한자 등 다양한 형식으로 바꾸려면 [한자로 바꾸기] 대화상자의 '입력 형식'에서 원하는 형식을 선택해 바꿉니다. 한자를 모두 바꾼 다음 입력 형식을 수정하는 것은 쉽지 않습니다.

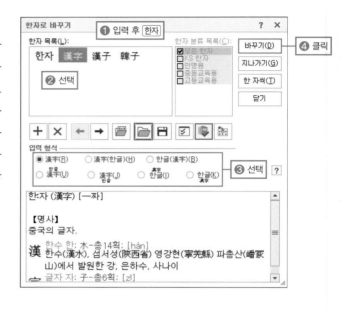

2 부수로 입력하기

Ctrl + F9 키를 눌러 한자를 부수나 획수로 찾아 입력합니다.

❶ 부수로 입력 : '부수 획수'와 '나머지 획수'를 지정하고 '찾을 한자 선택'에서 한자를 선택한 다음 [넣기] 버튼을 클릭합니다.

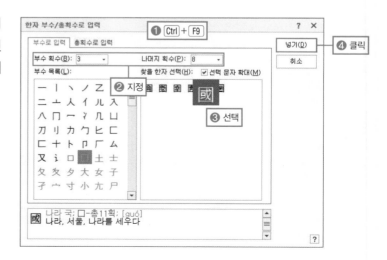

❷ **총획수로 입력** : 한자의 '총획수'를 지정하고 '한자 선택'에서 한자를 선택한 다음 [넣기] 버튼을 클릭합니다.

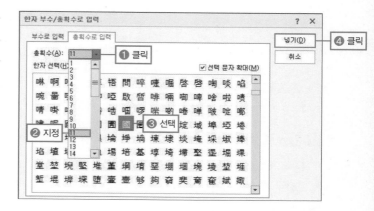

③ 한자 새김 입력하기

한자의 뜻과 음을 정확히 알고 있다면 한자 새김 입력(Ctrl + Shift + F9)을 이용합니다.

'뜻과 음'에 뜻과 음을 빈칸 없이 입력한 다음 [넣기] 버튼을 클릭합니다. 뜻과 음이 있는지 알아보려면 ⊞ 버튼을 클릭하여 찾아봅니다. 뜻과 음이 등록되지 않은 한자는 [사용자 사전] 탭에서 등록할 수 있습니다.

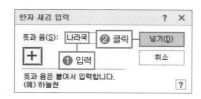

④ 한자 자전 사용하기

한자 자전(Shift + F9)은 입력한 한자의 자세한 뜻과 음을 확인할 수 있고 한자의 음, 훈, 병음을 입력할 수 있습니다.

[한자 자전] 대화상자 아래 옵션은 한자를 한 글자씩 선택했을 경우에만 변환할 수 있고 병음이 아닌 한글 표기법은 [입력] 탭 - [입력 도우미] - [외래어 표기]를 이용할 수 있습니다.

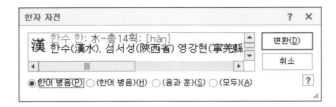

5 한글로 바꾸기

문서의 일부 또는 전체를 블록 지정하고 Alt + F9 키를 눌러 대화상자를 연 다음 한자를 '한글' 또는 '漢字(한글)'(2010 이상) 형식으로 일괄 변경합니다.

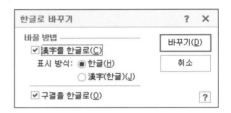

6 간체/번체 바꾸기

문서의 일부 또는 전체를 블록 지정하고 Shift + Alt + F9 키를 눌러 대화상자를 연 다음 한자를 간체 또는 번체로 일괄 변경합니다.

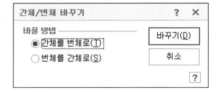

7 한자 단어 등록

한글 단어를 입력하고 한자 키를 누르면 한자를 단어 단위로 찾을 수 있습니다.

만약 찾는 한자가 없다면 [한자로 바꾸기] 대화상자(F9)의 ⊞ 아이콘을 눌러 입력하거나, [입력] 탭 – [한자 입력] – [한자 단어 등록](Ctrl + Alt + F9)에서 한자 단어를 등록합니다.

> Tip 등록된 단어는 사용자 한자 사전(hjuser6.dic)에 저장되어 계속해서 사용할 수 있습니다.

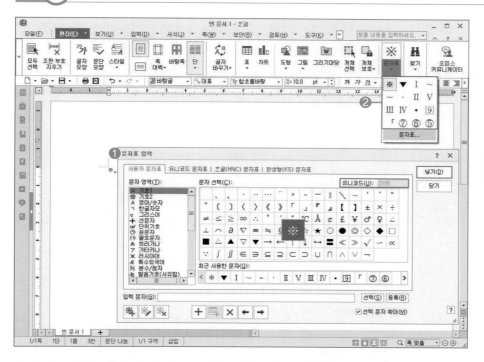

❶ **문자표 입력** : [Ctrl]+[F10] 키를 눌러 [문자표 입력] 대화상자를 엽니다. '사용자 문자표'는 '유니코드 문자표', '한글 문자표', '완성형 문자표' 중 자주 쓰는 문자를 연결하여 등록해 놓은 영역으로 삭제하거나 추가 등록할 수 있습니다. 여러 문자를 한 번에 입력하려면 [Spacebar] 키로 선택한 다음 [넣기] 버튼을 클릭합니다.

❷ **최근 사용한 문자표 중 선택하기** : [문자표▼]를 클릭하면 최근에 사용한 특수 문자가 열여섯 가지 표시됩니다.

Tip
• 바로 이전 입력한 문자표 입력하기 : [입력] 탭 또는 [편집] 탭-[문자표]를 클릭합니다.
• 유니코드로 입력하기 : 본문에서 유니코드를 입력하고 [Alt]+[Shift]+[F10] 키를 누르면 해당 유니코드 문자가 입력됩니다. 유니코드 번호는 문자표에서 문자를 선택하면 '유니코드'에 바로 표시되어 알 수 있습니다.

Sub 4 외국어 입력하기

외국어는 [문자표]에서 찾아 입력할 수도 있지만, 입력 글자판을 외국어로 바꾸어 입력할 수도 있습니다. 한글의 글자판 변경은 Shift + Spacebar 키를 눌러 변경하는데요. 왼쪽 Shift + Spacebar 키는 한/영 전환(1/2 글자판), 오른쪽 Shift + Spacebar(3/4 글자판) 키는 일반적으로 일본어 입력에 사용됩니다. 입력 언어와 단축키는 Alt + F2 키를 눌러 표시되는 [입력기 환경 설정] 대화상자의 [글자판 바꾸기] 탭에서 변경할 수 있습니다.

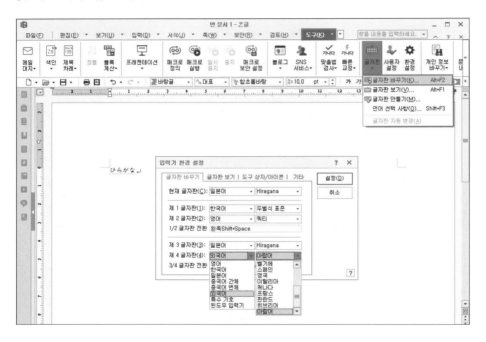

1 일본어 입력하기

❶ 오른쪽 Shift + Spacebar 키를 눌러 글자판을 변경한 후 일본어를 입력합니다. Hiragana 글자판이라면 히라가나를 영문 발음으로 입력하고, ひらがな 글자판이라면 일본어 자판으로 입력합니다. 글자판은 Alt + F1 키를 눌러 확인할 수 있습니다. 가타가나를 입력하려면 오른쪽 Shift + Spacebar를 한 번 더 누릅니다.

❷ 오른쪽 Shift + Spacebar를 눌러서 원하는 글자판이 입력되지 않는다면, Alt + F2 키를 눌러서 글자판을 변경합니다.

❸ 다시 한/영 글자판으로 바꾸려면 왼쪽 Shift + Spacebar 키 또는 한/영 키를 누릅니다.

❷ 입력기 환경 설정하기

일본어나 중국어의 윗주로 입력되는 요미가나(후리가나) 설정은 Shift+F3 키를 눌러 표시되는 [입력기 환경 설정] 대화상자에서 설정합니다. [변환] 탭에서는 한자의 변환 방법을, [확정] 탭에서는 요미가나의 입력 형식을 설정할 수 있습니다. 입력기 환경 설정은 변환 문자를 입력한 다음 실행할 수 있습니다.

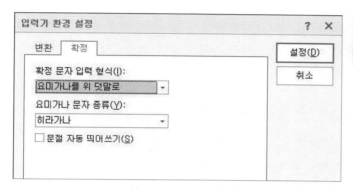

Sub ⑤ 덧말 넣기

• 원본 파일 : 02\01_Sub5(원본) • 완성 파일 : 02\01_Sub5

본문 글자의 바로 위 또는 아래에 짧은 설명글을 추가하려면 주석이 아닌 덧말을 이용합니다. 덧말은 본문과 동일한 글꼴의 절반 크기로 만들어지고 간단한 인용, 출처나 부가 설명, 일본어의 요미가나 등을 넣을 수 있습니다. 덧말의 서식은 스타일을 연결하여 수정할 수 있습니다.

01 본문에서 덧말을 넣을 범위를 블록 지정하고 [입력] 탭-[덧말]을 클릭합니다. '덧말' 란에 글자나 기호 등을 입력한 다음 '덧말 위치'를 [위] 또는 [아래]로 선택하고 [넣기] 버튼을 클릭합니다.

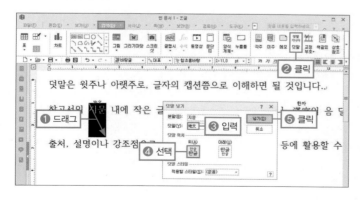

> Tip 덧말에 기호나 한자를 입력해야 할 경우, Ctrl+F10 키나 F9 키를 눌러 입력하면 됩니다.

02 덧말에 서식을 적용하려면, 먼저 스타일을 만들어야 합니다.

※ '빨간 글씨' 스타일 만들기

  ❶ F6 키를 눌러 [스타일 추가] 대화상자를 엽니다.

  ❷ [스타일 추가하기] 아이콘(+)을 클릭하고 스타일 이름에 '빨간 글씨'를 입력합니다.

  ❸ [글자 모양] 버튼을 클릭 후 글자 색을 빨간색으로 지정하고 [설정] 버튼을 클릭합니다.

  ❹ [추가], [취소] 버튼을 차례로 클릭합니다.

  본문을 드래그하고 [덧말 편집] 대화상자를 엽니다. 덧말에서 Ctrl+F10 키를 누른 다음 원문자 영역의 ⓛ을 입력합니다. 덧말 위치를 '아래'로 선택하고, 적용할 스타일에서 '빨간 글씨' 스타일을 지정한 다음 [넣기] 버튼을 클릭합니다.

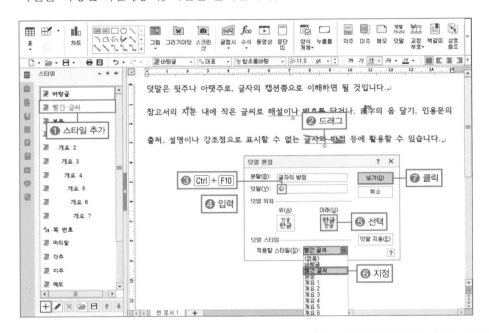

Tip

• 밑줄이 필요하면 덧말을 넣은 후에 본말을 블록 지정하여 밑줄과 밑줄 색을 지정합니다.

• 덧말과 본말의 간격은 [문단 모양]-[확장]의 '세로 정렬'을 변경하여 조정합니다.

• 덧말을 수정하려면 덧말 주위에 커서를 두고 마우스 오른쪽 버튼을 클릭한 다음 [덧말 고치기]를 실행해 수정합니다.

• 덧말을 지우려면 [덧말 고치기]에서 [덧말 지움]을 선택합니다.

• 여러 덧말을 한꺼번에 없애려면 필요한 부분을 블록 지정하여 오려 두기(Ctrl+X)한 다음 골라 붙이기(Ctrl+Alt+V)의 '텍스트 문서'를 선택하여 붙여 넣습니다.

• 문서 전체에서 본말과 덧말을 모두 지우려면 [편집] 탭 - [조판 부호 지우기]를 선택하고 [조판 부호 지우기] 대화상자에서 '덧말'을 선택한 다음 [지우기] 버튼을 클릭합니다.

 **글자 겹치기**

• 원본 파일 : 02\01_Sub6(원본) • 완성 파일 : 02\01_Sub6

자간 줄이기는 글자의 −50%까지만 설정할 수 있습니다. 두 글자를 하나의 글자로 완전히 겹치는 것은 글자 겹치기를 이용합니다.

원문자에서 부족한 이후 번호나 존재하지 않는 특수 문자 또는 기호를 만들 수 있습니다. 겹쳐 쓸 글자에는 최대 아홉 글자까지 쓸 수 있습니다.

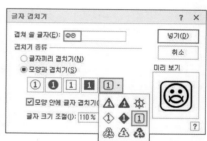

■ 글자끼리 겹치기(÷)

❶ [입력] 탭−[입력 도우미]−[글자 겹치기]에서 '글자끼리 겹치기'를 선택합니다.

❷ '겹쳐 쓸 글자'에서 Ctrl + F10 키를 눌러 [문자표] 대화상자를 열어 '기호 1' 영역의 'ㅁ'와 '÷'를 선택(Spacebar) 한 후 [넣기] 버튼을 클릭합니다.

■ 모양과 겹치기(Tip)

❶ [글자 겹치기] 대화상자에서 '모양과 겹치기'의 '■'를 선택합니다.

❷ '겹쳐 쓸 글자'에 'Tip'를 입력 후 [넣기] 버튼을 클릭합니다.

■ 모양 안에 글자 겹치기(☺)

❶ [글자 겹치기] 대화상자에서 '모양과 겹치기'를 선택하고 '모양 안에 글자 겹치기'에 체크 표시합니다.

❷ '겹쳐 쓸 글자'에 문자표의 '특수기호 및 딩뱃기호'를 입력합니다.

❸ '글자 크기 조절'에서 글자 크기를 '110%'로 설정하고 [넣기] 버튼을 클릭합니다.

본문이나 머리말 등에 날짜, 시간, 파일명, 작성자와 같은 정보를 입력하는 방법은 문자열과 코드 두 가지가 있습니다. 문자열로 입력하면 본문과 똑같이 편집, 삭제되고 입력된 내용도 변경되지 않습니다. 반면에 코드로 입력하면 필드별로 변경된 내용이 자동으로 참조되고 변경됩니다. 예를 들어 현재 시간을 코드로 입력했을 경우, 저장하고 다시 열면 시간은 열기 한 시간으로 자동 적용됩니다. 조판 부호가 있는 코드로 입력되었기 때문입니다.

❶ 문자열로 입력하기(Ctrl+K+D) : [입력▼]-[날짜/시간/파일 이름]-[날짜/시간 문자열]을 선택합니다.

❷ 코드로 입력하기(Ctrl+K+C) : [입력▼]-[날짜/시간/파일 이름]-[날짜/시간 코드]를 선택합니다. [보기] 탭의 '조판 부호'를 켜고 보면 [날짜 코드 시작/끝] 이라는 조판 부호가 표시되는 것을 볼 수 있습니다. 필드는 안에 커서를 가져다 놓으면 조판 부호를 꺼 놓아도 『 』가 표시되어 필드임을 바로 알 수 있습니다.

❸ 날짜/시간 형식 변경하기(Ctrl+K+F) : 날짜나 시간의 텍스트 형식을 변경할 수 있고, 글자를 문자열로 할지, 코드로 넣을지 정할 수 있습니다.

Tip　코드로 넣었다면 입력 후 형식 등을 수정할 수 있는데, 코드 주위를 마우스 오른쪽 버튼으로 클릭하고 [고치기] (Ctrl+N+K)로 들어가 변경할 수 있습니다. 코드로 입력된 내용을 문자열로 바꾸려면 조판 부호의 앞이나 뒤에서 조판 부호를 삭제하면 됩니다.

상용구는 자주 쓰는 단어나 문단, 서식, 개체, 레이아웃 등을 등록해 두었다가 다시 사용할 수 있는 명령입니다. MS 워드에서는 '문서 블록' 또는 '문서 요소'라고 하는데요. 내용과 크기에 상관없이 간편히 등록하고 사용할 수 있기 때문에 빠른 입력/편집에 큰 도움이 됩니다. 텍스트나 표 등을 상용구에 등록하여 템플릿으로 사용해 보세요.

🔢 상용구의 종류

- **글자 상용구** : 서식 없이 텍스트만 저장됩니다.
- **본문 상용구** : 본문 상용구는 HWP 파일로 저장되고, 본문 전체나 개체, 조판 부호나 서식(스타일)도 저장할 수 있습니다.
- **상용구 파일** : 'C:₩Users₩AppData₩Roaming₩HNC₩User₩Hwp₩60'의 'hwp.ido' 와 'IDOM' 폴더

🔢 상용구 등록하기

상용구로 등록할 부분을 블록 지정하고 Alt + I 키를 누릅니다. [상용구 등록] 대화상자에서 준말에 'ㅎ'을 입력한 다음 [등록] 버튼을 클릭합니다.

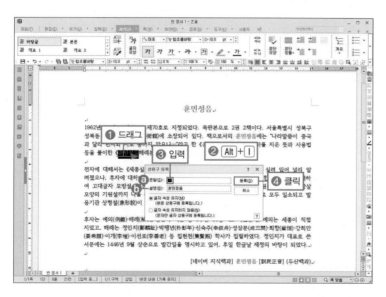

- ⓐ **준말** : 일종의 바로가기 키로, 쓰기 쉬운 문자를 사용하면 됩니다. 보통 시작 글자로 하는 것이 입력에 방해되지 않아 좋습니다.
- ⓑ **글자 속성 유지** : 본문 상용구로 등록되어 빨간색 서식까지 저장됩니다.

❸ 상용구를 사용하는 여러 가지 방법

❶ 단축키를 이용하는 방법 : 준말 'ㅎ'을 입력하고 Alt + I 키를 누릅니다.

❷ 실시간 검색을 이용하는 방법 : 준말 'ㅎ'을 입력하면 자동으로 나타나는 [실시간 검색]에서 상용구를 선택합니다.

- **실시간 검색** : 한글 2014 이후 버전에서 사용 가능하고 [도구] 탭–[환경 설정]–[기타] 탭 화면에서 설정을 변경할 수 있습니다.

❸ 상용구 내용을 이용하는 방법 : Ctrl + F3 키를 누르고 상용구 내용에서 찾아 입력합니다.

④ 상용구 코드 넣기

'쪽 번호'나 '문서 제목'처럼 조판 부호가 있는 코드 상용구도 있습니다. 코드 상용구는 머리말이나 바탕쪽 또는 본문에 참조하여 입력할 수 있는데요. 코드로 되어 있기 때문에 변경 사항이 자동 적용됩니다.

상용구 코드는 머리말, 꼬리말 등 도구 메뉴의 [상용구 넣기]나 [입력] 탭-[입력 도우미]-[상용구]에서 선택하여 입력합니다.

❶ **지은이, 문서 제목** : 문서 정보나 [도구] 탭-[환경 설정]-[사용자 정보]에서 수정할 수 있습니다.

❷ **날짜** : 항목에 맞는 날짜로 자동 입력되고 연동됩니다. 조판 부호를 삭제하면 코드 성질은 제거되고 텍스트만 남습니다.

❸ **쪽 번호** : 현재 쪽, 전체 쪽수를 입력할 수 있고 머리말, 꼬리말, 바탕쪽, 글상자나 표 등 배경과 본문 어디에서나 사용 가능합니다.

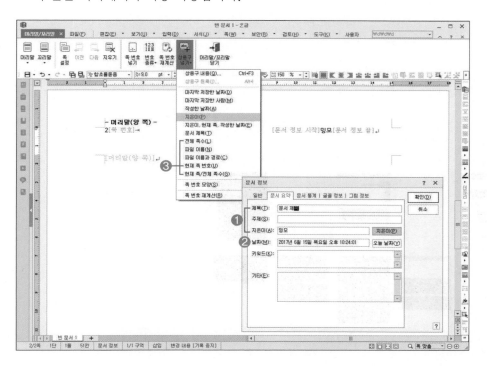

5 상용구 활용하기

자주 사용하는 표를 상용구에 등록하면 재사용할 수 있습니다.

표지, 목차, 간지, 제목, 머리말 등 반복해서 사용하는 양식을 상용구로 등록하여 사용하면 편리합니다.

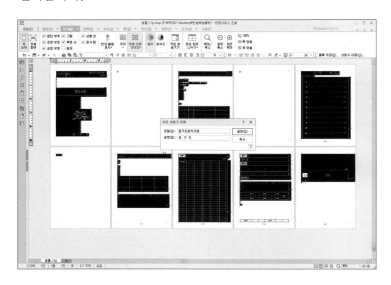

> Tip 개체나 조판 부호가 있는 문서의 경우 [조판 부호]를 켜고 선택해야 합니다.

글자 편집하기

글자를 편집하는 서식은 글자 모양과 문단 모양, 두 가지가 있습니다. 글자 모양은 글자의 꾸미기 명령을 모아둔 것이고, 문단 모양은 문단(Enter) 단위의 속성을 설정하는 것입니다.

Sub 1 글자 모양 지정하기

먼저 글자 모양의 주요 서식 변경 방법을 알아보겠습니다.

1 [글자 모양] 대화상자 살펴보기

❶ 기준 크기 : 글자 기준 크기입니다.

❷ 언어 : '대표', '한글', '영문', '한자', '일어', '외국어', '기호', '사용자' 중 선택합니다.

❸ 글꼴 : 언어별 글꼴을 지정합니다.

❹ 상대 크기 : 기준 크기에 대한 언어별 상대 크기를 설정합니다.

❺ **글자 위치** : 기준선에서 글자 위치를 −100%부터 100%까지 설정하여 글자를 올리거나 내립니다.

❻ **장평** : 글자의 가로 너비를 0부터 200%까지 설정합니다.

❼ **자간** : 글자 사이의 간격을 −50부터 50%까지 설정합니다.

> Tip ②~⑦ 언어/글꼴/상대 크기/글자 위치/장평/자간은 언어별로 다르게 지정 가능합니다.

❽ **속성** : 진하게/기울임/밑줄/취소선/외곽선/그림자/양각/음각/위 첨자/아래 첨자/보통모양/글자 색/음영 색(글꼴 배경 색과 동일한 모양이지만 설정이 다릅니다)을 지정합니다.

❾ **미리 보기** : 글자를 설정에 따라 미리 볼 수 있습니다.

❿ **구성** : 대화 상자 설정을 [구성]으로 저장합니다.

⓫ **도움말** : 온라인 도움말로 연결합니다.

Tip **[글자 모양]** (Alt+L) **관련 단축키**

- 글씨 크게 : Ctrl+] 또는 Alt+Shift+E
- 글씨 작게 : Ctrl+[또는 Alt+Shift+R
- 다음 글꼴 : Alt+Shift+F
- 이전 글꼴 : Alt+Shift+G
- 장평 좁게/넓게 : Alt+Shift+J/K
- 자간 좁게/넓게 : Alt+Shift+N/W
- 진하게 : Ctrl+B 또는 Alt+Shift+B
- 기울임 : Ctrl+I 또는 Alt+Shift+I
- 밑줄 : Ctrl+U 또는 Alt+Shift+U
- 첨자 : Ctrl+Alt+A
- 위 첨자 : Alt+Shift+P
- 아래 첨자 : Alt+Shift+S
- 글꼴 서식 취소(보통 모양) : Alt+Shift+C
- 검은색 글자 : Ctrl+M+K
- 빨간색 글자 : Ctrl+M+R
- 파란색 글자 : Ctrl+M+B
- 자주색 글자 : Ctrl+M+D
- 초록색 글자 : Ctrl+M+G
- 노란색 글자 : Ctrl+M+Y
- 청록색 글자 : Ctrl+M+C
- 흰색 글자 : Ctrl+M+W

② 글꼴 바꾸기

리본 메뉴의 [서식] 탭이나 도구 상자의 글꼴 부분에서 수정해도 되지만 글꼴별로 크기/장평/자간 등을 다르게 지정하려면 [글자 모양] 대화상자(Alt+L)에서 설정하는 것이 좋습니다. 전체 언어의 공통 글꼴은 '대표' 상태에서 지정하고, 특정 언어만 글꼴을 달리 할 때는 '대표'를 '한글'이나 '영어' 등으로 변경 후 글꼴을 다시 지정합니다. 언어별로 적용되지 않는 글꼴도 있으니 주의하세요. '영어' 언어 글꼴은 영어뿐만 아니라 숫자나 문장부호 등에도 적용됩니다.

01 글꼴을 바꿀 부분을 블록 지정한 다음 [서식] 탭이나 도구 상자의 글꼴에서 '대표', '함초롬바탕'으로 글꼴을 변경합니다. Alt+L 키를 눌러 [글자 모양] 대화상자를 엽니다.

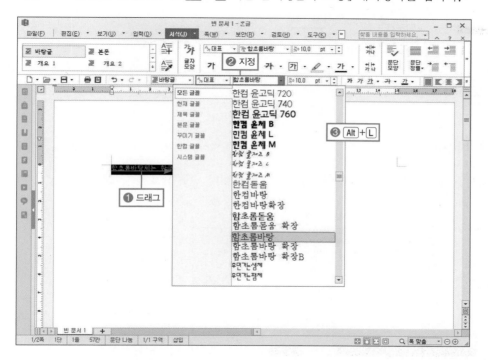

Tip [글자 모양] 대화상자에서 바로 글꼴을 지정해도 됩니다.

02 언어를 '영문'으로 바꾸고 글꼴을 '함초롬돋음'으로 변경합니다. 미리 보기를 확인해 보면 전체 글꼴과 영문 글꼴이 다른 것을 알 수 있습니다. '언어별 설정'에서는 '언어'가 설정의 기준 항목이 됩니다.

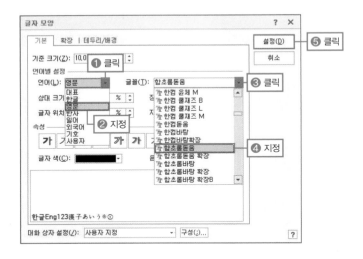

③ 글자 크기 바꾸기

• 원본 파일 : 02\02_Sub1_3(원본) • 완성 파일 : 02\02_Sub1_3

01 글자 크기를 바꿀 부분을 블록 지정한 다음 [서식] 탭이나 도구 상자에서 크기를 '14pt'로 설정합니다.

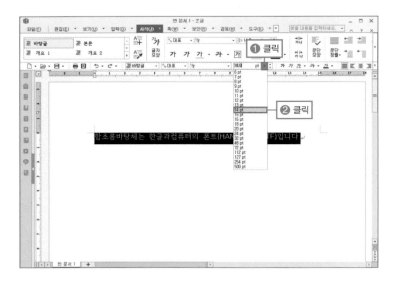

02 Alt+L 키를 눌러 [글자 모양] 대화상자를 엽니다. 언어를 '영문'으로 바꾸고 상대 크기를 '70%', 글자 위치를 '-5%', 장평을 '90%', 자간을 '-5%'로 설정합니다. 미리 보기를 보면 영문의 크기, 위치, 장평, 자간만 조절되었음을 확인할 수 있습니다.

Tip 언어를 '한글' 등으로 바꾸어 보면 언어별 설정이 다름을 알 수 있습니다. 언어별로 설정이 다를 경우 '대표' 상태에서는 정확한 설정이 표시되지 않습니다.

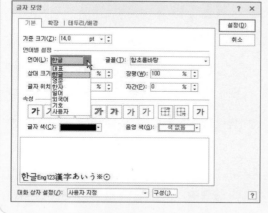 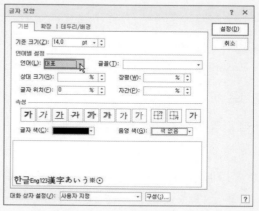

4 글자 색 바꾸기

글자 색을 바꿀 부분을 블록 지정하고 [서식] 탭−[글자 색▼] 펼침 메뉴에서 색을 지정합니다.
색 지정 메뉴는 '색상 팔레트'라 하고, 배경이나 테두리 등 모든 색 메뉴에 동일한 방법으로 사
용됩니다.

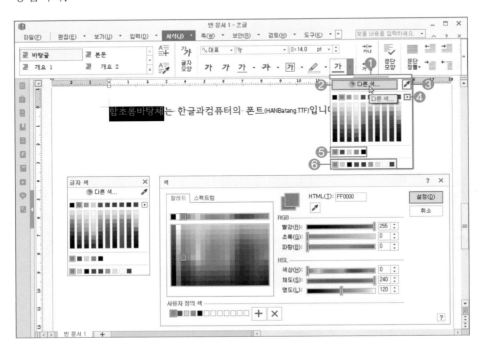

❶ 분리선(⬛⬛⬛⬛⬛⬛⬛⬛⬛⬛⬛⬛⬛⬛) : 분리선을 마우스로 잡고 떼어내어 편집 화면에 띄워 두
고 사용할 수 있습니다.

❷ 다른 색 : 정확한 RGB 값으로 색을 찾아내거나 '사용자 지정 색'을 최대 열두 가지 추가합니다.

❸ 색 골라내기(🖊) : 화면 안의 특정 색을 골라 선택합니다. 색깔의 RGB 값을 모를 경우 사용
할 수 있습니다.

❹ 색상 테마(▶) : 테마 별로 색상 팔레트를 변경할 수 있고, 한 가지 색의 '단일 그라데이션'을
사용할 수 있습니다. 특정 색상에 마우스를 가져다 놓으면 기준 색 대비 밝기와 RGB 값을
알 수 있습니다.

❺ 사용자 지정 색 : 저장된 '사용자 지정 색'이 표시됩니다.

❻ 최근 색 : 최근 사용한 색이 순서대로 표시됩니다.

Tip 사용자 정의 색 지정

[글자 색] 창에서 [다른 색] 버튼을 클릭하면 표시되는 [색] 대화상자에서 색을 지정한 다음 사용자 정의 색 항목에서 [추가] 아이콘([+])을 클릭하고 [설정] 버튼을 클릭합니다.

※ RGB(Red/Green/Blue) 값을 알면 빨강/초록/파랑의 입력란에 직접 숫자를 입력하여 추가합니다.

단일색 그라데이션 지정 : [글자 색] 창에서 [색상 테마] 아이콘([▶])을 클릭하고 [단일색 그러데이션]을 실행합니다. 색을 선택하고 [설정] 버튼을 클릭합니다.

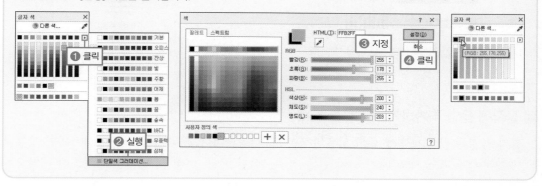

Sub 2 밑줄 및 음영 넣기   • 원본 파일 : 02\02_Sub2~4(원본) • 완성 파일 : 02\02_Sub2~4

1 밑줄 넣기

밑줄은 [서식] 탭의 밑줄 아이콘을 누르거나, 단축키인 Ctrl+U, 또는 [글자 모양] 대화상자의 [확장] 탭에서 자세히 지정합니다. [글자 모양] 대화상자에서는 밑줄의 위치를 '위쪽'으로 지정할 수도 있습니다. 가운데에 밑줄을 넣으려면 취소선을 이용합니다.

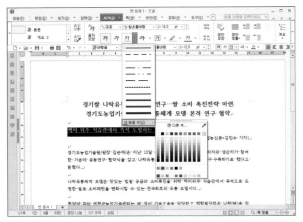 

2 글자에 음영 추가하기

글자 음영은 글자 배경에 색이 적용된 것으로, 형광펜이나 글자 배경 색과는 다르지만 모양이 같기 때문에 어떤 글자의 배경 색이 있을 경우, '음영'인지 '배경 색'인지 구분하려면 대화상자를 열어 보아야 합니다. 글자 음영은 [글자 모양] 대화상자의 [기본] 탭에서 추가할 수 있습니다.

❸ 글자 테두리/배경

글자 테두리/배경은 글자가 있는 부분에만 만들어지는 테두리와 배경으로, 문단 전체에 만들어지는 문단 모양의 테두리/배경과는 다릅니다. 글자 테두리/배경은 [글자 모양]의 [테두리/배경] 탭에서 지정할 수 있고, 서식이기 때문에 스타일로 추가하여 편리하게 사용할 수 있습니다.

테두리 또는 배경을 지정할 부분을 블록 지정한 다음 [서식] 탭-[글자 테두리▼]를 선택해 테두리 모양과 색을 지정합니다. [글자 모양] 대화상자(Alt+L)의 [테두리/배경] 탭에서 자세한 '테두리'와 '배경'을 지정한 다음 [설정] 버튼을 클릭합니다.

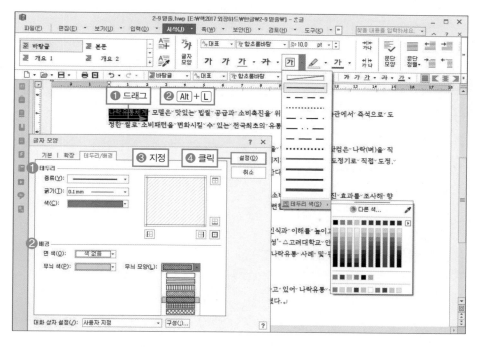

❶ 테두리 : 테두리의 종류, 굵기, 색을 지정할 수 있습니다. 오른쪽에 있는 미리 보기 영역에서 테두리를 표시할 영역을 선택합니다.

❷ 배경 : 면색(배경 색), 무늬 색(무늬가 있을 경우 무늬의 색), 무늬 모양을 지정할 수 있습니다. 미리 보기 영역의 배경으로 표시됩니다.

> Tip 글자의 면 색이나 음영 색이 '흰색'인 경우, 다른 배경 색이 없으면 '색 없음'과 구분이 가지 않지만, 셀 배경 색 등 배경 색이 따로 있는 경우 흰색으로 표시되니 주의해야 합니다.

③ 그림자, 강조점, 취소선 추가하기

1 그림자

그림자를 추가할 부분을 블록 지정하고 [Alt]+[L] 키를 눌러 [글자 모양] 대화상자를 엽니다. [확장] 탭을 선택하고 그림자 항목에서 원하는 모양을 만든 다음 [설정] 버튼을 클릭합니다.

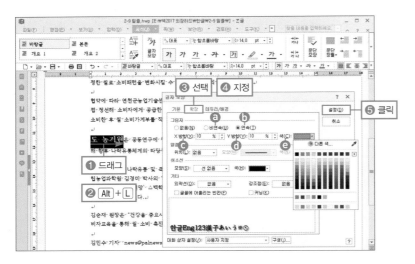

ⓐ **비연속** : 그림자를 글자와 분리해서 만듭니다.
ⓑ **연속** : 그림자를 글자와 연결되도록 만듭니다.
ⓒ **X 방향** : + 값은 오른쪽 방향, − 값은 왼쪽 방향으로 만듭니다.
ⓓ **Y 방향** : + 값은 아래쪽 방향, − 값은 위쪽 방향으로 만듭니다.
ⓔ **색** : 그림자의 색을 지정합니다.

2 강조점

강조점을 추가할 부분을 블록 지정하고 [Alt]+[L] 키를 눌러 [글자 모양] 대화상자를 엽니다. [확장] 탭에서 강조점을 지정하고 [설정] 버튼을 클릭합니다.

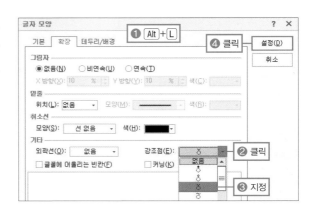

③ 취소선

글자 가운데를 지나는 취소선은 [서식] 탭 또는 [서식] 도구 상자의 [취소선]을 이용하거나 [글자 모양] 대화상자의 [확장] 탭에서 설정합니다.

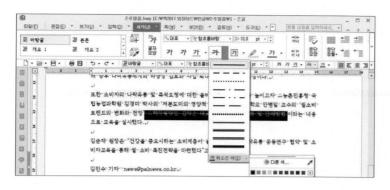

Tip 취소선처럼 보이지만 취소선이 아닌 빨간색 가운데 선이라면 [검토]–[변경 내용 추적]을 확인해 보아야 합니다.

Sub 4 자간 줄이기/늘이기

자간이란 글자 사이의 간격을 말합니다. 자간은 편집에서 자주 사용하는 서식인데요. MS 워드 등 다른 응용 프로그램과 호환이 잘 안 되는 서식 중 하나입니다. 단위가 '%'로 다르기 때문이죠. 자간은 한 줄이 넘어가는 글자를 한 줄 안에 모두 표시해야 한다거나, 글자의 너비를 맞추어야 할 경우 등 다양하게 사용할 수 있습니다.

줄이 살짝 넘어간 문단을 선택하고 [서식] 탭–[글자 자간 좁게]([Alt]+[Shift]+[N])를 여러 번 누릅니다. 한 번 클릭할 때마다 –1%씩 글자 간격이 좁아집니다. [글자 모양] 대화상자의 자간에 직접 값(–4%)을 입력하고 [설정] 버튼을 클릭해도 됩니다.

반대로 '글자 간격 넓게'([Alt]+[Shift]+[W])는 글자 사이 간격을 1%씩 늘려 줍니다.

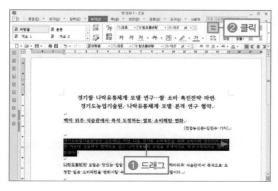

1 장평 좁게/넓게

장평은 글자의 가로/세로 비율을 말합니다. 글자 크기가 같은 경우 세로 값은 늘어날 수 없기 때문에 장평은 글자의 가로 너비를 조절하여 글자가 길거나 넓게 보이도록 만듭니다. 장평을 100% 아래로 설정하면 글자는 길어 보이고 폭이 줄어듭니다. 반대로 장평을 100% 위로 설정하면 글자 폭이 넓어져서 기준 크기보다 더 크게 보입니다.

Sub 5 첨자 입력하기

• 원본 파일 : 02/02_Sub5(원본) • 완성 파일 : 02/02_Sub5

위 첨자를 입력하려면, 'Σ=mc2'에서 '2'를 블록 지정하고 [글자 모양] 대화상자의 '위첨자'를 선택한 다음 [설정] 버튼을 클릭합니다. 또는 '2'를 선택하고 Ctrl + Alt + A 키 또는 Alt + Shift + P 키를 누릅니다. 아래 첨자를 입력하려면, 'H2O'에서 '2'를 블록 지정하여 [글자 모양] 대화상자의 '아래첨자'를 선택하고 [설정] 버튼을 클릭합니다. 또는 '2'를 선택하여 Ctrl + Alt + A 키를 두 번 누르거나 Alt + Shift + S 키를 누릅니다.

Tip 첨자를 입력하고 원래 모양으로 돌아가려면 Ctrl + Alt + A 키 또는 Alt + Shift + C 키를 누릅니다.

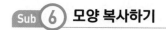
모양 복사는 글자 모양과 문단 모양의 여러 서식을 한 번에 복사하는 명령입니다. 어떤 서식이 사용되었는지 알 수 없으나 같은 모양으로 꾸미고자 할 때 모양 복사를 이용하면 좋습니다. 모양 복사 기능을 이용하면 표의 테두리, 배경, 속성도 복사할 수 있습니다. 글자와 표의 모양은 '모양 복사'를, 그림과 도형의 모양은 '개체 모양 복사'를 이용해 보세요.

복사하고자 하는 서식에 커서를 가져다 놓고 Alt+C 키를 누릅니다. [모양 복사] 대화상자에서 복사할 서식을 선택합니다. '글자 모양'만 선택하면 줄 간격이나 개요 번호 등 문단 설정은 복사되지 않고 글자 모양 서식만 복사됩니다. 모든 서식을 복사하려면 '글자 모양과 문단 모양 둘 다 복사'를 선택하고 [복사] 버튼을 클릭합니다.

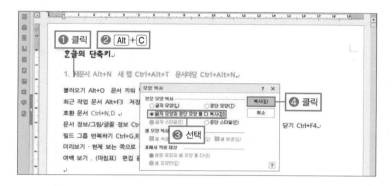

모양을 붙여 넣을 곳을 모두 블록 지정한 다음 Alt+C 키를 누릅니다.

> Tip 스타일 복사 : 커서가 위치한 부분의 글자 스타일이나 문단 스타일을 복사하고자 하는 경우 선택하여 복사할 수 있습니다. 만약 스타일(F6)을 적용하고 서식을 재수정하였을 경우에는 수정된 서식이 아닌 스타일이 복사된다는 것을 알아두세요.

문단 편집하기

문단 모양은 우선 문단이 나뉜 것을 확인해야 합니다. 문단 단위로 서식이 적용되기 때문이죠. 문단이 나뉜 것을 확인하려면 [보기] 탭에서 '문단 부호'를 꼭 선택해 두고 작업해야 합니다.

Sub 1 문단 모양 편집하기　　　　• 원본 파일 : 02/03_Sub1~5(원본) • 완성 파일 : 02/03_Sub1~5

문단 모양은 문단 단위로 적용되는 서식을 말합니다. 문단 서식에는 정렬, 여백, 줄 간격, 목록, 탭, 그리고 문단 테두리 등 여러 가지 중요한 명령들이 포함되어 있습니다. 이외에도 겉으로 표시되지 않지만 유용한 옵션들이 많고, 다른 명령과 연결되어 사용되는 경우도 많습니다.

❶ [문단 모양] 대화상자 살펴보기

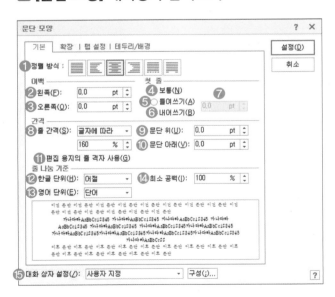

❶ 정렬 방식 : 양쪽/왼쪽/가운데/오른쪽/배분/나눔 정렬을 지정합니다.

❷ 왼쪽 여백 : 문단 왼쪽 여백을 설정합니다.

❸ 오른쪽 여백 : 문단 오른쪽 여백을 설정합니다.

❹ 보통 : 문단에 '첫 줄 들여쓰기'와 '내어쓰기'가 없습니다.

❺ 첫 줄 들여쓰기 : 문단의 첫 줄을 '왼쪽 여백'에서 오른쪽 본문으로 들여쓰기 합니다.

❻ 둘째 줄 이하 내어쓰기 : 문단의 둘째 줄 이후를 '왼쪽 여백'에서 오른쪽 본문으로 들여쓰기 합니다(첫 줄 설정이므로 첫 줄은 둘째 줄에 비해 내어쓰기 모양이 됨).

❼ 첫 줄 값 : '들여쓰기' 또는 '내어쓰기' 값을 설정합니다.

❽ 줄 간격 : 현재 줄 맨 위에서 다음 줄 맨 위까지의 간격을 설정합니다.

❾ 문단 위 여백 : 줄 간격과는 별개인 문단의 위쪽 여백을 설정합니다.

❿ 문단 아래 여백 : 줄 간격과는 별개인 문단의 아래쪽 여백을 설정합니다.

⓫ 편집 용지의 줄 격자 사용 : 편집 용지([F7])에 줄 격자가 설정되었을 때 현재 문단에 적용 여부를 설정합니다.

⓬ 한글 줄 나눔 기준 : 한글의 줄 끝 나눔 기준을 '어절', '글자' 중에서 지정합니다.

⓭ 영어 줄 나눔 기준 : 영문의 줄 끝 나눔 기준을 '단어', '하이픈', '글자' 중에서 지정합니다.

⓮ 최소 공백(낱말 간격) : 빈 칸 크기를 100%부터 25%까지 설정합니다.

⓯ 대화 상자 설정 : 대화상자 설정을 [구성] 버튼으로 저장하여 다시 사용합니다.

Tip **문단 관련 단축키**

- 줄 간격 넓게 : [Alt]+[Shift]+[Z] 또는 [Ctrl]+[Shift]+[W]
- 줄 간격 좁게 : [Alt]+[Shift]+[A] 또는 [Ctrl]+[Shift]+[Q]
- 양쪽 정렬 : [Ctrl]+[Shift]+[M]   • 왼쪽 정렬 : [Ctrl]+[Shift]+[L]
- 오른쪽 정렬 : [Ctrl]+[Shift]+[R]   • 가운데 정렬 : [Ctrl]+[Shift]+[C]
- 배분 정렬 : [Ctrl]+[Shift]+[T]
- 왼쪽 여백 줄이기 : [Ctrl]+[Alt]+[F5] 또는 [Ctrl]+[Shift]+[E]
- 왼쪽 여백 늘이기 : [Ctrl]+[Alt]+[F6] 또는 [Ctrl]+[Shift]+[G]
- 오른쪽 여백 늘이기 : [Ctrl]+[Alt]+[F7] 또는 [Ctrl]+[Shift]+[D]
- 오른쪽 여백 줄이기 : [Ctrl]+[Alt]+[F8] 또는 [Ctrl]+[Shift]+[F]

- 양쪽 여백 늘이기 : `Ctrl`+`F7`
- 들여쓰기 : `Ctrl`+`F6` 또는 `Ctrl`+`Shift`+`I`
- 빠른 내어쓰기 : `Shift`+`Tab`, `Ctrl`+`F5` 또는 `Ctrl`+`Shift`+`O`
- 문단 번호 삽입 또는 해제 : `Ctrl`+`Shift`+`Insert`
- 문단 번호 새 번호 : `Alt`+`Shift`+`Insert`
- 개요 속성 삽입 또는 해제 : `Ctrl`+`Insert`
- 문단 번호 또는 개요 수준 증가 : `Ctrl`+Num `−`
- 양쪽 여백 줄이기 : `Ctrl`+`F8`
- 문단 번호 모양 : `Ctrl`+`K`, `N`
- 글머리표 삽입 또는 해제 : `Ctrl`+`Shift`+`Delete`
- 개요 번호 모양 : `Ctrl`+`K`, `O`
- 수준 감소 : `Ctrl`+Num `+`

② 문단 정렬하기

문단 정렬은 양쪽 정렬, 왼쪽 정렬, 가운데 정렬, 오른쪽 정렬, 배분 정렬, 나눔 정렬이 있습니다. [서식] 탭−[문단 정렬]이나 [문단 모양] 대화상자의 [기본] 탭에서 정렬 방식을 변경할 수 있습니다.

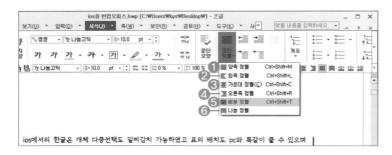

❶ **양쪽 정렬** : 마지막 줄을 제외하고 줄의 양 끝을 여백에 맞추어 정렬합니다. 경우에 따라 빈칸의 폭이 늘어날 수 있습니다.

❷ **왼쪽 정렬** : 줄의 왼쪽만 여백에 맞추고 오른쪽은 글자가 나누어지는 대로 자연스럽게 줄을 넘깁니다.

❸ **가운데 정렬** : 여백의 가운데에 맞추어 정렬합니다.

❹ **오른쪽 정렬** : 줄의 오른쪽 여백에 문단을 맞춥니다. 왼쪽, 가운데, 오른쪽 정렬은 빈칸의 폭이 동일합니다.

❺ **배분 정렬** : 줄 끝보다 적은 글자도 무조건 양끝을 맞춥니다. 마지막 줄은 전체를 균등하게 배분하여 정렬합니다.

❻ **나눔 정렬** : 줄 끝보다 적은 글자도 무조건 양끝을 맞춥니다. 마지막 줄은 빈칸 폭만 균등하게 나누어 정렬합니다.

3 줄 나눔 기준

왼쪽, 가운데, 오른쪽 정렬을 지정하면 한글의 '줄 나눔 기준'이 '어절'로 자동 변경됩니다. [문단 모양] 대화상자의 줄 나눔 기준에서 줄 끝에서 글자를 다음 줄로 넘길 때 단어(어절) 단위로 잘라 넘길 것인지, 글자 단위로 잘라 넘길 것인지 지정할 수 있습니다. 단어 단위로 나누면 가독성은 좋아지지만 '양쪽 정렬'의 경우 빈칸 너비가 부자연스럽게 넓어질 수 있습니다.

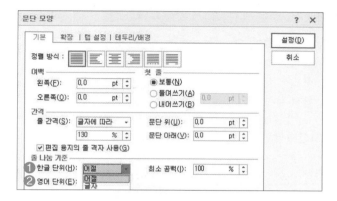

❶ 한글 단위

- 어절 : 줄 끝의 한글을 단어 단위로 나누어 넘깁니다.
- 글자 : 줄 끝의 한글을 글자 단위로 나누어 넘깁니다.

❷ 영어 단위

- 단어 : 줄 끝의 영어를 단어 단위로 나누어 넘깁니다(기본 설정).
- 하이픈 : 줄 끝의 영어 단어를 자동 하이픈이 만들어지도록 나누어 넘깁니다.
- 글자 : 영어라 할지라도 줄 끝을 글자로 나누어 넘깁니다.(웹 주소를 입력할 때 사용)

Tip 넓어진 빈 칸 줄이기

❶ [문단 모양] 대화상자의 [기본] 탭에서 정렬 방식을 '왼쪽'으로, 줄 나눔 기준을 '글자'로 바꾸어 봅니다.

❷ [문단 모양]에서 최소 공백을 '25%'로 줄이거나, [글자 모양] 대화상자의 [확장] 탭에서 '글꼴에 어울리는 빈칸' 또는 '한 줄로 입력'을 선택합니다.

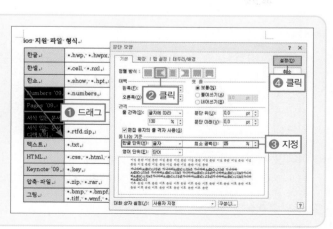

줄 간격은 문단을 이루는 한 줄의 맨 윗부분에서 다음 줄의 맨 윗부분까지의 높이를 말합니다. 줄 간격은 줄 블록을 지정하면 확인할 수 있습니다. 한글의 줄 간격은 어느 글꼴에서나 같은 기준(100%)으로 만들어집니다. 예를 들어, 기본 줄 간격인 160%는 어느 글꼴에서나 동일하게 글자의 1.6배의 높이가 줄 간격이 된다고 할 수 있습니다.

기준 줄 높이가 글꼴마다 고정인 한글과 달리 워드는 글꼴마다 줄 높이가 다르기 때문에 한글과 워드의 줄 간격은 호환이 되지 않습니다. 한글에서도 글꼴 고유의 줄 높이를 사용하려면 [문단 모양] 대화상자의 [확장] 탭에서 '글꼴에 어울리는 줄 높이'를 선택합니다.

1 줄 간격 설정하기

[문단 모양] 대화상자에서 [기본] 탭을 선택합니다. 줄 간격을 선택하고 아랫부분에서 값을 입력한 다음 [설정] 버튼을 클릭합니다.

① **글자에 따라** : 1줄에서 가장 큰 글자 또는 개체(글자처럼 취급)를 기준으로 하여 줄 간격을 배수(%)로 정합니다. 줄 간격이 균등하지 않을 수 있습니다.

② **고정 값** : 글자의 크기나 개체의 유무와 상관없이 동일한 줄 간격으로 설정합니다. 단위가 '포인트(pt)'로 같고, 글꼴이나 글자 크기와 관계없는 줄 간격이기 때문에 값이 같다면 MS 워드의 '고정' 줄 간격과도 같은 높이를 나타냅니다.

③ **여백만 지정** : 글자와 상관없이 여백의 높이만 설정합니다. 한 문단에 여러 가지 글자 크기가 있을 경우, '여백만 지정'으로 지정하면 줄 간격은 같은 값이 됩니다.

④ **최소** : 최소값 이하의 줄 간격은 적용되지 않습니다. 최소를 '1%'로 설정하더라도 글자 크기별 최소값(예, 12pt) 이하로는 적용되지 않습니다. 최소값은 글자 크기마다 다릅니다.

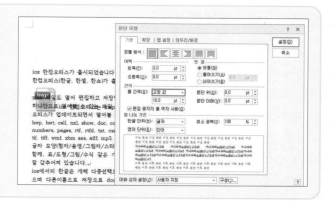

Tip '고정' 줄 간격의 경우, 글자 크기와 관계
없이 고정된 줄 간격을 표시하기 때문에 문단
안에 글자처럼 취급된 개체가 있거나 크기가
큰 글씨가 있다면 글자가 겹쳐서 표시되거나
일부가 가려져 보이지 않을 수 있습니다.

이런 경우, 줄 간격을 늘리거나, '글자에 따라'
와 같은 다른 기준으로 바꾸어야 합니다.

2 문단 간격 설정하기

문단 간격은 문단의 위, 아래 여백을 말합니다. 문단 간격은 줄 간격과는 다른데, 줄 간격은
문단을 이루는 모든 줄 사이의 간격이지만 문단 간격은 Enter 키로 나누어진 문단의 위, 아래 여백
이기 때문입니다. 문단 간격은 블록 지정해 간격을 알 수 있고 Enter를 입력한 것처럼 문단 사이를
벌어지게 할 수 있습니다. 페이지 구분이 유동적일 때 페이지 시작 부분에 빈 문단이 오는 것을
방지하는 등 유용하게 사용할 수 있어 제목에 사용하면 좋습니다.

필요한 문단을 블록 지정하고 [문단 모양] 대화상자에서 [기본] 탭 화면의 문단 아래에 값을
설정한 다음 [설정] 버튼을 클릭합니다.

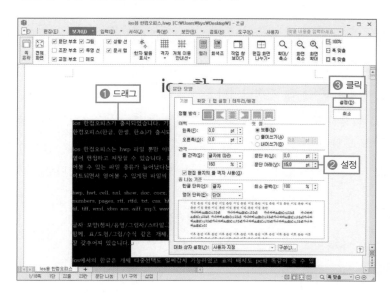

문단 여백은 문단의 왼쪽과 오른쪽 여백을 말합니다. 가로 눈금자를 보면 왼쪽 여백은 왼쪽 부분에 네모 표시로, 오른쪽 여백은 오른쪽 부분에 세모 표시로 나타납니다. 문단 여백은 문단마다 다르게 지정할 수 있는데, 왼쪽 여백과 첫 줄 설정은 서로 연결되어 있습니다. 첫 줄 설정인 들여쓰기, 내어쓰기는 동시에 적용할 수 없고, 왼쪽 여백과 들여쓰기 또는 왼쪽 여백과 내어쓰기로 값을 지정해야 합니다. 문단 여백을 쉽게 확인하기 위해 [보기▼]-[문서창]-[가로 눈금자]를 반드시 켜고 아래 표식들을 확인해 보세요.

■ 문단 여백을 알려주는 가로 눈금자 이해하기

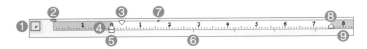

❶ 탭 모양 변경 : 원하는 탭 모양이 될 때까지 클릭하여 눈금자에 설정할 탭 모양을 지정합니다.

❷ 제본 여백 : 편집 용지([F7])의 제본 여백을 눈금자로 지정할 수 있습니다.

❸ 들여쓰기 : 첫 줄 들여쓰기를 표시(첫 번째 세모)하고 지정합니다.

❹ 내어쓰기 : 둘째 줄 이후의 내어쓰기를 표시(가운데 세모)하고 지정합니다.

❺ 왼쪽 여백 : 문단의 왼쪽 여백을 표시(네모)하고 지정합니다. 내어쓰기가 있는 경우에는 들여쓰기 표시가 왼쪽 여백 값이 됩니다.

❻ 기본 탭 간격 : 구역 설정([Ctrl]+[N], [G])의 기본 탭 간격을 표시합니다.

❼ 설정 탭 : 사용자가 설정한 탭을 표시합니다.

❽ 오른쪽 여백 : 문단의 오른쪽 여백을 표시하고 지정합니다.

❾ 편집 용지 여백 : 구역별 편집 용지 여백을 표시하고 조절할 수 있습니다. 용지 여백은 문단 여백과 마우스 포인터의 화살표 모양이 다릅니다.

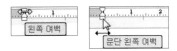

Tip 눈금자 표식은 문단 단위로 표시되며, 사용자가 직접 조절할 수 있습니다. 세밀하게 조절하려면 [Alt] 키를 누른 채 마우스로 이동시킵니다. 단축키는 1pt씩 조정됩니다.

2 문단 왼쪽 여백 늘이기/줄이기

[문단 모양] 대화상자에서 왼쪽 여백 값을 설정합니다. Ctrl + Alt + F6, Ctrl + Alt + F5 키를 사용해 조절할 수도 있습니다.

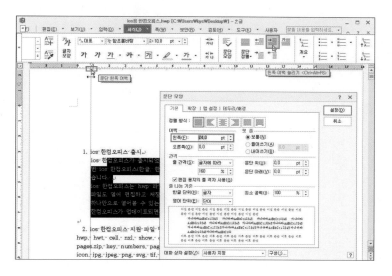

3 오른쪽 여백 늘이기/줄이기

[문단 모양] 대화상자에서 오른쪽 여백 값을 설정합니다. Ctrl + Alt + F7, Ctrl + Alt + F8 키를 사용해 조절할 수도 있습니다. 양쪽 여백을 한 번에 설정하려면 Ctrl + F7, Ctrl + F8 키를 사용합니다.

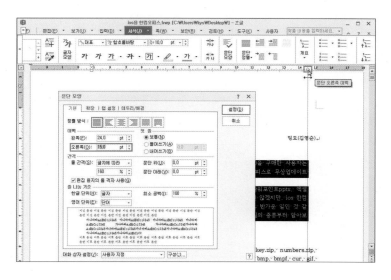

4 들여쓰기

들여쓰기는 문단 첫 줄의 시작 부분을 본문 쪽으로 들여 쓰는 것을 말합니다. 들여쓰기는 ' -값'으로 설정할 수 없기 때문에 왼쪽 여백 보다 튀어 나와 보이려면 내어쓰기를 이용합니다. 들여쓰기가 있는 문단에 내어쓰기를 적용할 때에는 들여쓰기 값을 '왼쪽 여백' 값으로 설정하고 '내어쓰기'를 설정하면 됩니다.

[문단 모양] 대화상자에서 첫 줄 '들여쓰기'를 선택하고 값을 입력합니다.

Tip 모든 대화상자의 단위는 클릭하면 다른 것으로 변경할 수 있습니다. 'ch' 단위는 '글자'로 '2ch'는 한글 한 글자, 빈 칸 두 칸을 나타냅니다.

(1pt=0.35mm, 1mm=2.8pt, 1pt=0.2ch, 1ch=5pt, 1inch=25.4mm, 1inch=72pt, 1geup=0.7pt)

5 내어쓰기

내어쓰기는 첫 줄 설정으로, 둘째 줄 이하를 본문 쪽으로 들여쓰는 것을 말합니다. 들여쓰기와 내어쓰기는 왼쪽 여백을 기준점으로 서로 연결되어 있어서, 들여쓰기를 1pt씩 줄이려면 내어쓰기 단축키를 사용하고, 내어쓰기를 줄이려면 들여쓰기 단축키를 사용합니다.

[문단 모양] 대화상자에서 첫 줄 '내어쓰기'를 선택하고 값을 입력합니다.

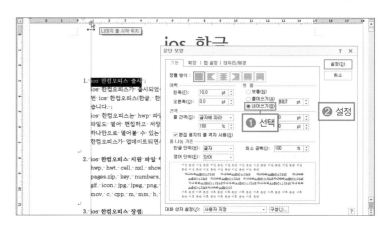

Tip 빠른 내어쓰기

빠른 내어쓰기는 Shift+Tab 단축키를 사용하며, 둘째 줄 이후를 커서가 있는 위치로 바로 내어쓰기가 되도록 하는 한글의 유용한 단축키입니다. 여러 문단을 Enter 대신 Shift+Enter로 나누어 하나의 문단으로 만든 후, Shift+Tab 단축키를 사용하면 항목이 돋보이도록 쉽게 편집할 수 있습니다.

Sub 4 문단 복사, 이동하기

한글에서 문단을 복사하는 단축키는 없지만 문단을 이동하는 단축키는 한글 2010 버전 이후부터 사용할 수 있습니다. 개체가 있는 경우 [보기] 탭-[조판 부호]에 체크 표시를 하고 조판 부호를 포함하여 복사 또는 이동합니다.

1 문단 복사하기

문단을 세 번 클릭(또는 왼쪽 여백을 더블클릭)하여 전체 선택합니다. Ctrl 키를 누른 채 마우스로 블록 부분을 끌어서 다른 곳으로 복사합니다.

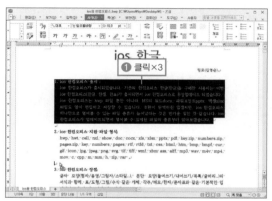
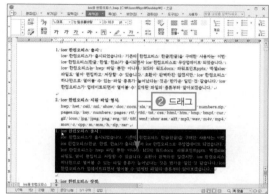

2 문단 이동하기

이동하려는 문단에서 Alt + Shift + ↑ 키를 누르면 문단 전체가 선택되면서 위 문단과 순서가 바뀝니다. 블록으로 지정한 상태에서 마우스로 드래그해도 문단이 이동됩니다.

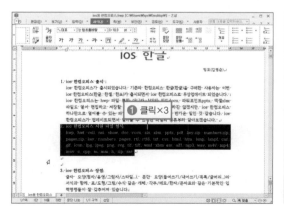

문단의 첫 글자를 '사각형'(글상자)에 넣고 '어울림' 배치로 입력되도록 하는 명령입니다. 첫 글자가 되는 사각형은 크기 고정과 개체 보호하기가 설정되어 있어서 개체를 선택도 수정도 할 수 없도록 되어 있지만, 수정을 원한다면 주변에서 마우스 오른쪽 버튼을 클릭하고 [사각형 고치기]((Ctrl)+(N), (K))를 실행하여 수정할 수 있습니다.

1 [문단 첫 글자 장식] 대화상자

❶ **모양** : '2줄', '3줄'은 첫 글자 옆에 올 본문의 '줄 수'이고, '여백'은 첫 글자가 문단의 왼쪽 여백 바깥에 입력되는 것을 말합니다.

❷ **글꼴** : 첫 글자 장식 안 글자의 글꼴을 지정합니다. 만든 후에 수정할 수도 있습니다.

❸ **선 종류** : 첫 글자가 입력될 사각형의 테두리 종류를 지정합니다. '선 없음'의 경우 빨간 색 점선(투명선)으로 표시됩니다.

❹ **선 굵기** : 테두리가 있는 경우 선 굵기를 지정합니다.

❺ **선 색** : 테두리가 있는 경우 선 색을 지정합니다.

❻ **면 색** : 사각형 배경 색을 지정합니다.

❼ **본문과의 간격** : 사각형은 '어울림' 배치로 만들어집니다. 사각형과 본문과의 여백은 [개체 속성] 대화상자의 [여백/캡션] 탭 화면에서 지정합니다.

❽ **구성** : 같은 설정을 다시 사용하려면 [구성]에 저장할 수 있습니다.

② 문단 첫 글자 장식 고치기

01 문단 첫 글자 장식 주변에 커서를 가져다 놓고 고치기 단축키(Ctrl+N, K)를 누릅니다. '크기 고정'과 '개체 보호하기'의 체크 표시를 해제하여 크기 수정과 개체 선택이 가능하도록 합니다.

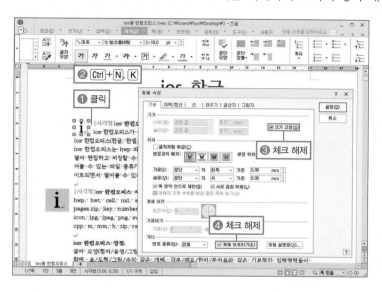

02 너비를 '18mm'로 수정하고 [설정] 버튼을 클릭합니다. 문단 첫 글자 장식 'i' 옆을 클릭하여 'os'를 입력하고 본문의 'os'를 삭제합니다.

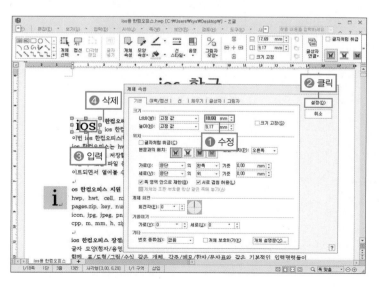

목록은 항목이나 번호를 일일이 글자로 입력하지 않고 문단의 첫 머리에 자동으로 매겨지도록 하는 문단 서식을 말합니다. 목록에는 '글머리표'와 '문단 번호', '개요 번호'가 있는데요. 특히, 개요 번호는 제목으로 사용되고 문서의 중요한 구조(뼈대)에 해당합니다. 글머리표와 문단 번호, 개요는 모양과 설정 방법이 비슷하기 때문에 혼동해서 사용하는 경우가 많은데, 차이를 잘 파악하여 혼동하지 않도록 주의해야 합니다.

1 한글의 목록

[서식] 탭 오른쪽을 보면 문단 모양의 목록 관련 명령이 있습니다. 목록은 메뉴보다 스타일을 주로 사용하지만, 먼저 메뉴에 표시된 목록 관련 명령부터 잘 구분하여 보세요.

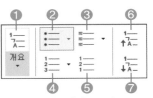

❶ **개요** : 개요 수준이 있는 다단계 목록으로 스타일과 자동 연결되어 있습니다. [개요 번호 모양]에서 수정합니다.

❷ **글머리표** : 기호로 만드는 글머리표로, [문단 번호 모양] – [글머리표]에서 수정합니다.

❸ **그림 글머리표** : 그림으로 만드는 글머리표로, [문단 번호 모양] – [그림 글머리표]에서 수정합니다.

❹ **문단 번호** : 번호나 기호를 사용하여 만드는 다단계 목록으로, [문단 번호 모양]에서 수정합니다.

❺ **문단 번호 새 번호로 시작**(Alt + Shift + Insert) : 문단 번호의 현재 수준 번호를 '시작 번호'(예 : 1)로 다시 시작합니다. 개요에는 적용되지 않습니다.

❻ **한 수준 증가**(Ctrl + 숫자 패드의 −) : 현재 수준보다 한 단계 위 수준으로 올립니다.

❼ **한 수준 감소**(Ctrl + 숫자 패드의 +) : 현재 수준보다 한 단계 아래 수준으로 내립니다.

Tip 개요와 글머리표/문단 번호는 서로 구별하여 사용해야 하지만, 수준의 증가/감소 단축키는 동일하게 사용됩니다.

문단 첫 머리에 쓰인 기호나 번호의 종류가 무엇인지 알아보려면 [문단 모양] 대화상자의 [확장] 탭에서 '문단 종류'를 확인합니다.

② 글머리표(Ctrl+Shift+Delete)

글머리표는 항목을 나열할 때 문단 앞에 기호를 달아 구분하는 목록을 말합니다. 글머리표를 여러 단계의 수준으로 사용하려면 문단 번호나 개요 번호에 숫자 대신 기호(문자표)를 추가하여 만들면 됩니다.

01 글머리표를 추가할 부분을 블록 지정하고 [서식] 탭-[글머리표▼]를 클릭한 다음 기호 모양을 선택합니다. Ctrl+Shift+Delete 키를 눌러 글머리표를 입력해도 됩니다. 글머리표를 해제하려면 Ctrl+Shift+Delete 키 또는 빈 기호 문단에서 Enter 키를 누릅니다. 찾는 기호가 없으면 [글머리표 모양]을 선택하거나, 글머리표 문단에서 Ctrl+K, N 키를 누릅니다.

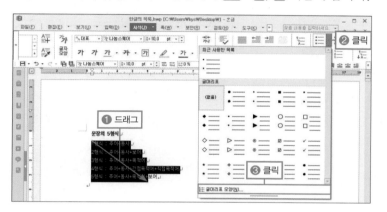

> Tip 글머리표의 크기나 색 등을 본문과 다르게 하려면, [글머리표 사용자 정의 모양] 대화상자의 '글자 모양 지정'에 체크 표시하고 [글자 모양] 버튼을 클릭하여 서식을 지정합니다.

02 '글머리표 모양' 중 바꾸고자 하는 모양을 선택합니다. 없으면 [사용자 정의] 버튼을 클릭합니다. '글머리표 문자'에 문자를 입력하거나 [문자표]에서 찾아 선택하고 [설정] 버튼을 클릭합니다.

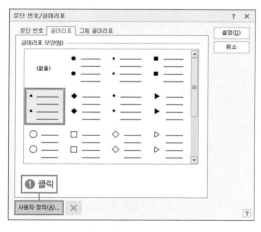

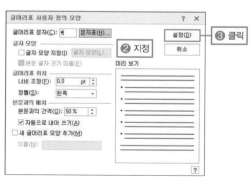

③ 그림 글머리표

그림 글머리표는 간단한 그림을 글머리표처럼 사용하는 것으로, 기본적으로 만들어져 있는 모양에서 선택해도 되고 새로운 그림을 추가해서 만들어도 됩니다. 단, 그림이 작게 표시되기 때문에 가능한 작고 단순한 그림이 좋습니다.

[서식] 탭-[그림 글머리표▼]를 클릭한 다음 모양을 선택합니다. 여러 문단에 적용할 경우, 본문을 블록 지정하고 모양을 선택합니다.

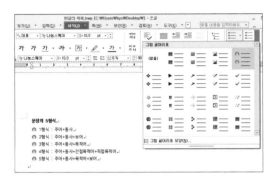

같은 모양을 다른 문단에 다시 사용할 때 [모양 복사]의 '문단 모양' 복사를 이용할 수 있습니다.

새 그림 글머리표를 만드려면 Ctrl + K, N 키를 눌러 표시되는 대화상자의 [그림 글머리표] 탭 화면에서 [사용자 정의] 버튼을 클릭한 다음 그림을 불러와 설정합니다.

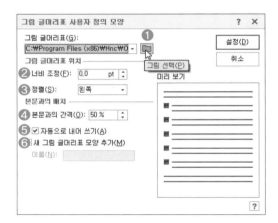

❶ 그림 선택 : 글머리표로 사용할 그림이 있는 경로를 찾아가 그림 파일을 불러옵니다.

❷ 너비 조정 : 글머리표가 입력될 공간의 너비를 설정합니다.

❸ 정렬 : 정해진 너비 안에서 글머리표의 위치를 왼쪽, 가운데, 오른쪽으로 정렬합니다.

❹ 본문과의 간격 : 글머리표와 본문의 간격을 설정합니다.

❺ 자동으로 내어 쓰기 : 목록의 둘째 줄 이후를 목록 너비에 맞춰 자동 내어쓰기 합니다.

❻ 새 그림 글머리표 모양 추가 : 새 그림을 불러와 글머리표를 만든 경우, 이 옵션을 선택하고 이름을 입력하면 '그림 글머리표 모양'에 등록되어 다음에도 사용할 수 있습니다.

Sub 7 문단 번호

문단 번호는 개요처럼 총 7 수준(또는 10 수준)의 단계로 만들 수 있는데, 각 수준의 번호 모양은 [문단 번호 모양](Ctrl+K+N)에서 수정하고, 글머리표와 그림 글머리표를 포함하고 있습니다. 스타일에는 목록(7 수준) 전체를 하나의 스타일에 포함하여 저장할 수 있습니다.

🔢 번호 매기기

01 '한글의 목록'에 커서를 가져다 놓고 [서식] 탭−[문단 번호]에서 적당한 문단 번호 모양을 선택합니다. 원하는 번호 모양이 없다면 [문단 번호 모양], [사용자 정의] 대화상자에서 수준별 번호 모양을 만듭니다.

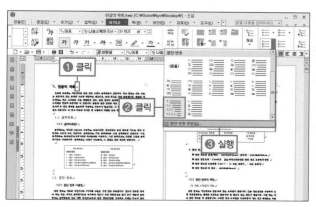
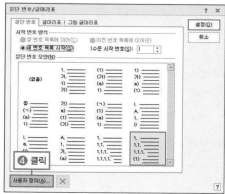

02 '글머리표'에 커서를 가져다 놓고 Ctrl+Shift+Insert 키를 누른 후 Ctrl+$\boxed{+}$(숫자 패드) 키를 눌러 문단 번호 2 수준 ('1.1')으로 내려갑니다. '글머리표란?'에 커서를 놓고 Ctrl+Shift+Insert 키를 누른 후 Ctrl+$\boxed{+}$(숫자 패드) 키를 두 번 눌러 문단 번호 3 수준('1.1.1')으로 내려갑니다.

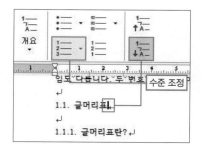

> **Tip** 번호 문단에서 Enter 키를 누르면 다음 번호나 글머리표가 자동으로 만들어집니다. 만약 내용이 없는 문단이라면 목록은 해제됩니다. 번호 옆에서 Backspace 키를 누르면 번호가 지워집니다. 목록의 문단 끝(문단 부호 바로 앞자리)에서 서식을 변경하면, 커서가 있는 문단의 번호 모양만 본문과 다르게 변경됩니다.

2 [문단 번호 사용자 정의] 대화상자 살펴보기

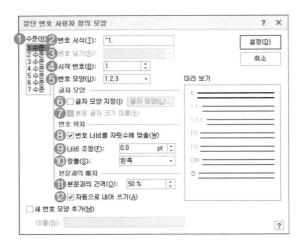

❶ **수준** : 바꾸려는 수준을 먼저 선택하고 오른쪽에 있는 설정을 변경합니다.

❷ **번호 서식** : 선택한 수준에 해당하는 번호 서식을 지정합니다. '^숫자'(각 수준) 또는 '^N'은 수정하지 않고, 좌우로 괄호나 점 등을 추가하여 번호 모양을 완성하면 됩니다. 기호를 사용하려면 문자표([Ctrl]+[F10])에서 선택합니다.

❸ **번호 넣기** : '1.1.1' 형식의 번호인 경우 이전 수준을 추가해야 하는데('^1.^2.^3'), 일일이 입력하지 않고 '번호 넣기'에서 선택하면 됩니다.

❹ **시작 번호** : 선택한 수준의 시작 번호를 지정합니다. [Alt]+[Shift]+[Insert] 키를 누르면 지정한 시작 번호로 번호 목록이 다시 시작됩니다.

❺ **번호 모양** : 번호의 모양을 지정합니다. 번호 모양은 '번호 서식'에 직접 입력하지 않고 '번호 모양'에서 지정합니다. '번호 서식'에는 번호 좌우에 올 문자만 지정합니다.

❻ **글자 모양 지정** : 번호의 글자 모양을 본문과 다르게 지정할 경우 '글자 모양 지정'에 체크 표시하고 [글자 모양] 버튼을 눌러 모양을 지정합니다. 본문과 같은 서식을 사용할 경우 체크 해제합니다.

❼ **본문 글자 크기 따름** : 글자의 서식은 본문과 다르게 지정하지만 글자 크기는 본문과 같도록 설정할 때 선택합니다.

❽ **번호 너비를 자릿수에 맞춤** : 번호 너비를 자릿수에 맞출 것인지, 일정하게 할 것인지 선택합니다.

❾ 너비 조정 : 번호 부분 너비를 설정합니다.

❿ 정렬 : 정해진 번호 너비 안에서 번호를 '왼쪽', '가운데', '오른쪽'으로 정렬합니다. '가운데', '오른쪽' 정렬할 경우 '번호 너비를 자릿수에 맞춤'에 체크 해제하고 번호 너비를 여유 있게 설정해야 제대로 표시됩니다.

⓫ 본문과의 간격 : 번호와 본문 사이 간격을 설정합니다. 기본적으로 빈칸 한 칸의 너비인 '50%'를 사용합니다.

⓬ 자동으로 내어쓰기 : 본문이 번호 옆에 내어쓰기가 된 것처럼 가지런히 정렬합니다.

❸ 새 번호와 번호 잇기

❶ 새 번호 1번 : Alt + Shift + Insert 키를 누르거나, Ctrl + K, N 키를 눌러 [문단 번호/글머리표] 대화상자를 엽니다. '새 번호 목록 시작'을 선택하고 '1 수준 시작 번호'를 입력한 다음 [설정] 버튼을 클릭합니다.

❷ 앞 번호 목록에 이어: [문단 번호/글머리표] 대화상자(Ctrl+K, N)에서 '앞 번호 목록에 이어'를 선택하고 [설정] 버튼을 클릭합니다. 목록이 같아야 하지만 수준도 같아야 번호가 이어집니다. 목록 수준은 [문단 모양]−[확장]에서 변경합니다.

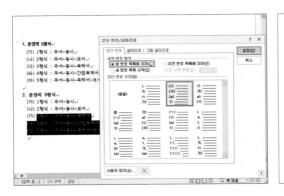
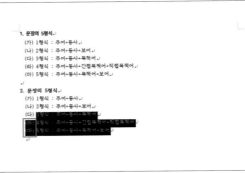

❸ 이전 번호 목록에 이어: [문단 번호/글머리표] 대화상자(Ctrl+K, N)에서 '이전 번호 목록에 이어'를 선택하고 [설정] 버튼을 클릭합니다. 어떤 목록의 어느 수준과 이어야 할지 모르겠다면 모양 복사의 '문단 모양'을 복사하여 이어주는 것도 좋습니다.

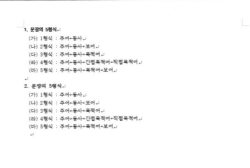

Tip **자동 번호 매기기**

한글 2010 이후 버전은 [빠른 교정 내용] 대화상자(Shift+F8)의 [입력 자동 서식] 설정으로 '번호 매기기'나 '글머리표'를 쉽게 이용할 수 있습니다.

❶ 자동 글머리 기호 넣기 : '*'/'−'/'>'를 입력하고 Spacebar 키를 눌러 '●'/'−'/'▶' 모양의 글머리표 문단을 시작합니다.

❷ 자동 번호 매기기 : '1.'을 글자로 입력하고 Spacebar 키를 눌러 문단 번호를 시작합니다.

　　개요는 문서 구조라고도 하는데요. 문단 번호와 같이 일곱 가지 수준(또는 10 수준)의 번호를 사용하지만, 수준마다 스타일을 각각 연결하거나 차례로 만들 수 있는 등 문단 번호로는 적용할 수 없는 다양한 기능을 가지고 있습니다.

■ 개요와 문단 번호의 차이점

　　일반적으로 문서 제목은 개요 번호를 사용하고, 문단 번호는 변경이 자유로운 하위 번호로 사용하는 것이 좋습니다. 우선 개요와 문단 번호의 차이점을 알아보겠습니다.

	개요 번호	문단 번호(글머리표)
번호 시작하기	• Ctrl+Insert • Ctrl+숫자 패드의 ＋ • 스타일의 개요1~7 스타일(일반적으로 Ctrl+3~9)	• Ctrl+Shift+Insert • 글자 '1.'을 입력하여 시작('빠른 교정 내용'에 '자동 번호 매기기'가 설정된 경우)
번호 수준 변경	Ctrl+숫자 패드의 ＋ 또는 － 키로 변경	
번호 해제	[문단 모양]-[확장]의 '없음' 또는 Ctrl+1 바탕글 스타일	
새 번호로 시작	• 구역(Alt+Shift+Enter)을 나눈 후 개요 번호 모양에서 변경 • 구역 당 하나의 개요 목록만 사용 가능	• 시작 번호로 : Alt+Shift+Insert • 또 다른 번호 : Alt+Shift+Insert 키를 입력한 후 문단 번호 모양에서 번호 변경 • 한 구역에 여러 문단 번호 목록 사용 가능
스타일 적용	• 개요 1~7 스타일과 자동 연결 • 하나의 수준에 하나의 스타일 사용	• 스타일을 만들면서 문단 번호 목록(7 수준) 추가 가능 • 일곱 개의 수준을 하나의 스타일 서식으로 사용
기타 활용 방법	• 차례 만들기에서 자동으로 차례 만들기 가능 • 상호 참조에서 '개요 번호/내용/개요가 있는 쪽 번호' 등 참조 가능 • 하이퍼링크에서 개요를 선택하여 연결 가능 • 개요보기 작업창 이용 가능	
번호 모양 변경	• 개요 번호 모양(Ctrl+K, O)에서만 변경 개요 번호 모양 ? × 시작 번호 방식 ◉ 앞 구역의 개요 번호에 이어서(C) ○ 새 번호로 시작(S)　1 수준 시작 번호(S): 적용 범위 내 구역으로 개요 번호 모양(N) 새 구역에서 설정(D)　취소	• 문단 번호 모양(Ctrl+K, N) • 스타일의 [문단 번호/글머리표] • 마우스 오른쪽 버튼의 [문단 번호 모양] 문단 번호/글머리표 ? × 문단 번호 글머리표 그림 글머리표 시작 번호 방식　설정(D)　취소 ◉ 앞 문단 목록에 이어(C)　○ 이전 번호 목록에 이어(P) ○ 새 번호로 시작(G)　1 수준 시작 번호(I): 문단 번호 모양(N)

❷ 개요 번호 만들기

다음 예제에서 1 수준부터 6 수준까지의 개요 번호를 만들어 보겠습니다.

※ 개요 번호 사용자 정의 예 : 1수준 – '1.', 2수준 – '1.1', 3수준 – '1.1.1', 4수준 – '(1)', 5수준 – '①', 6수준 – '▶'

01 [서식] 탭 – [개요] – [개요 번호 모양]([Ctrl]+[K], [O])에서 '1. 1.1 1.1.1…' 번호 모양을 선택하고 [사용자 정의] 버튼을 클릭합니다.

02 1~3 수준은 변경할 필요가 없으니 건너뛰고, '4 수준'을 선택합니다. '번호 서식'의 필요 없는 '^1.^2.^3.'을 삭제하고, '^4' 수준 코드의 좌우에 괄호 '( )'를 입력합니다. 미리 보기로 모양을 확인합니다.

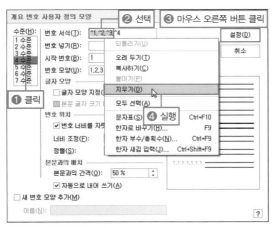
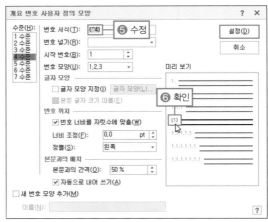

03 '5 수준'을 선택한 후, '번호 서식'은 '^5'로, 번호 모양은 '①,②,③'으로 선택합니다.

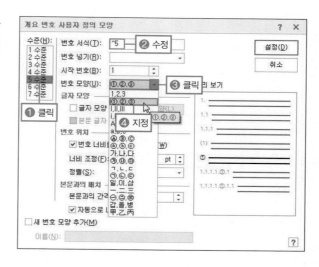

04 '6 수준'을 선택한 후, '번호 서식'의 내용은 모두 지우고, 문자표([Ctrl]+[F10])의 '▶'를 찾아 [넣기] 버튼을 클릭합니다. '개요 번호 사용자 정의 모양'을 모두 지정하면 [설정] 버튼을 차례로 클릭하여 대화상자를 닫습니다.

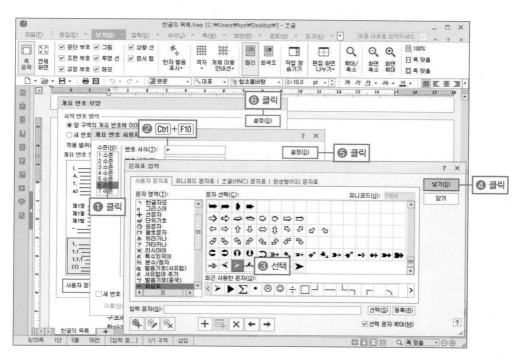

05 개요 번호가 필요한 문단에 커서를 두고, 스타일([F6])의 개요 스타일([Ctrl]+[3]~[9])을 선택하여 번호를 적용합니다. 또는 단축키인 [Ctrl]+[Insert] 키나 [Ctrl]+[+](숫자 패드) 키를 눌러 개요를 시작한 후, [Ctrl]+[+]/[−] 키를 다시 눌러 수준을 변경해도 됩니다. 개요 스타일이 자동 연결되어 스타일을 적용한 것과 동일하게 표시됩니다.

Tip **개요 보기**

개요가 적용된 문단은 개요 보기 작업 창에 트리 형태로 표시됩니다. 클릭하면 해당 문단으로 찾아갈 수 있고, 저장하기 아이콘을 클릭하여 클립보드에 복사한 다음 필요한 곳에 붙이기 하여 차례로 사용할 수도 있습니다. 개요는 [도구] 탭―[제목 차례]―[차례 만들기]로 서식이 적용된 차례를 자동으로 만들 수도 있습니다.

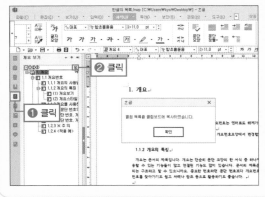

Sub 9 기타 유용한 문단 모양 옵션들

1 [문단 모양] 대화상자의 [확장] 탭 화면 살펴보기

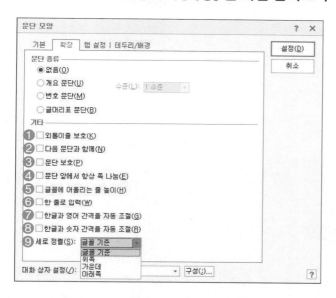

❶ 외톨이줄 보호 : 설정한 문단이 쪽 경계에서 첫 줄이나 마지막 한 줄만 따로 떨어져 있지 않게 한 줄을 더 끌어와 최소 두 줄 이상 있도록 합니다.

❷ 다음 문단과 함께 : 설정한 문단이 다음 문단과 항상 같은 페이지에 위치하도록 설정합니다. 주로 제목(개요)에 선택하여 제목과 본문, 개체 제목(또는 캡션)과 개체가 서로 다른 페이지에 놓이지 않도록 합니다.

❸ 문단 보호 : 문단이 쪽 경계에 걸쳐 있지 않도록 문단 전체를 다음 페이지로 넘깁니다.

❹ 문단 앞에서 항상 쪽 나눔 : 장 제목처럼 항상 페이지 첫 부분에 와야 하는 문단에 설정합니다.

❺ 글꼴에 어울리는 줄 높이 : 워드처럼 글꼴마다 가진 고유의 줄 높이를 그대로 사용합니다. 한글에서는 일반적으로 이 옵션을 해제하고 사용하는데, 그렇게 되면 모든 글꼴의 기준 줄 높이는 동일하게 처리합니다.

❻ 한 줄로 입력 : 문단이 두 줄 이상 되어도 글자 간격을 줄여서 한 줄로 표시합니다.

❼ 한글과 영어 간격을 자동 조절 : 한글과 영어 사이에 자동으로 약간의 간격을 줍니다.

❽ 한글과 숫자 간격을 자동 조절 : 한글과 숫자 사이에 자동으로 약간의 간격을 줍니다.

❾ 세로 정렬 : 문단 내 가장 큰 글자(개체)를 기준으로 나머지 글자의 세로 정렬을 결정합니다.

Part 03

스타일과
페이지 설정하기

Part 3에서는 번거로운 문서를 손쉽게 작성하기 위한 스타일을 만드는 방법부터
전체적인 문서 페이지 설정을 위한 쪽 번호, 인쇄 방법 등을 알아보겠습니다.

탭, 스타일, 바꾸기 사용하기

일정 간격을 건너 띌 수 있는 탭과 글자 모양과 문단 모양 서식을 등록해 놓고 쓸 수 있는 스타일, 원하는 부분만 찾아 바꿀 수 있는 바꾸기를 사용하는 방법을 알아보겠습니다.

Sub 1 탭 사용하기
• 원본 파일 : 03/01_Sub1(원본) • 완성 파일 : 03/01_Sub1

탭은 키보드의 [Tab] 키를 이용하여 일정 간격을 건너 띄고 줄 맞춤하는 명령을 말합니다. 탭 역시 문단 모양의 하나로 모양 복사나 스타일을 사용할 수 있습니다. 탭은 문단 별로 설정하고 가로 눈금자에 표시됩니다. 탭 설정 방법과 탭이 사용되는 여러 명령들을 살펴보겠습니다.

1 탭의 종류

❶ 왼쪽 탭(▼ ▙) : 설정된 곳으로 왼쪽 부분이 맞추어지는 탭입니다.

❷ 오른쪽 탭(▼ ▟) : 설정된 곳으로 오른쪽 부분이 맞추어지는 탭입니다.

❸ 가운데 탭(▼ ▲) : 설정된 곳으로 가운데가 맞추어지는 탭입니다.

❹ 소수점 탭(▼ ▲) : 소수점이 있는 경우 설정된 곳으로 소수점이 맞추어지는 탭입니다.

2 가로 눈금자

❶ 탭 종류 : 클릭하면 다른 탭 종류로 변경됩니다.

❷ 설정된 탭 : 문단에 설정된 탭이 표시되고, 클릭하여 직접 설정할 수도 있습니다.

❸ 기본 탭 : 구역 설정의 기본 탭 간격을 표시합니다. 탭이 설정된 경우, 이전 기본 탭은 모두 삭제됩니다.

---

③ [문단 모양] 대화상자의 [탭 설정] 탭 화면 살펴보기

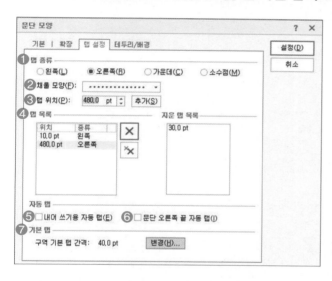

❶ **탭 종류** : 탭의 정렬 모양(왼쪽 탭/오른쪽 탭/가운데 탭/소수점 탭)을 선택합니다.

❷ **채울 모양** : [Tab] 키를 눌러 건너 뛸 공간에 채울 모양이 필요한 경우 선택합니다.

❸ **탭 위치** : [Tab] 키를 눌러 뛸 위치를 지정하고 [추가] 버튼을 클릭합니다.

❹ **탭 목록** : 설정한 탭의 위치와 종류를 표시합니다. 삭제하려면 [지우기] 버튼([×] [×])을 클릭합니다.

❺ **내어쓰기용 자동 탭** : 탭 설정 없이 문단의 내어쓰기 값으로 자동 탭이 만들어집니다.

❻ **문단 오른쪽 끝 자동 탭** : 탭 설정 없이 오른쪽 끝으로 자동 탭이 만들어집니다.

❼ **기본 탭** : 일반적으로 '40pt'로 설정되어 있고, 가로 눈금자 아래 작은 세로선으로 표시됩니다. [변경] 버튼을 누르거나 구역 설정([Ctrl]+[N], [G])에서 설정할 수 있습니다.

◢ 왼쪽 탭 설정하기

01 탭을 설정할 문단을 선택합니다. 가로 눈금자 왼쪽의 탭 종류가 '왼쪽 탭' 모양(▶ ㄴ)인 것을 확인하고 눈금자의 필요한 곳을 클릭하여 탭을 설정합니다. [문단 모양] 대화상자(Alt+T)의 [탭 설정] 탭 화면에서 '탭 위치'에 정확한 값을 입력하여 설정할 수도 있습니다.

02 설정된 문단에서 Tab 키를 눌러 줄을 맞춥니다.

⑤ 오른쪽 탭 설정하기

01 탭을 설정할 문단을 선택합니다. [문단 모양] 대화상자의 [탭 설정] 탭 화면에서 탭 종류를 '오른쪽' 모양(🔲 🔲)으로 선택하고 채울 모양을 지정합니다. 탭 위치에 '400pt'를 입력한 다음 [추가]-[설정] 버튼을 차례로 클릭합니다.

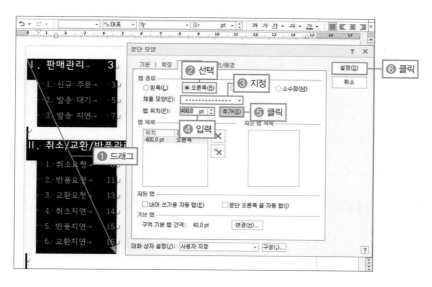

02 설정된 문단에서 Tab 키를 눌러 줄을 맞춥니다.

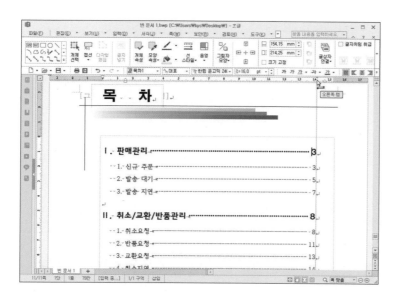

⑥ 가운데 탭 설정하기

01 눈금자 왼쪽의 '탭 종류'를 클릭하여 '가운데 탭' 모양(▼ ▲)이 되도록 합니다. 눈금자의 한 위치를 클릭한 다음 Alt 키를 누른 채 이동하면 좌우로 정확한 간격이 표시됩니다. 양쪽 값이 거의 비슷할 때 마우스 버튼에서 손을 떼어 탭을 설정합니다.

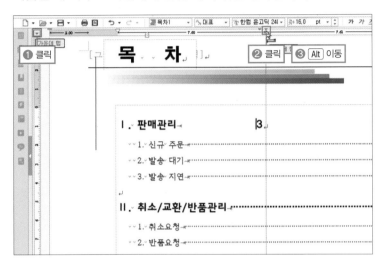

02 채울 모양이 필요하면 [문단 모양] 대화상자의 [탭 설정] 탭 화면에서 설정한 가운데 탭을 선택한 다음 채울 모양을 지정하고 [추가] 버튼을 클릭합니다.

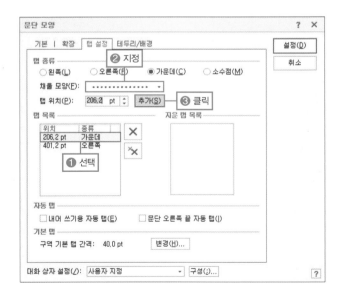

03 설정된 문단에서 Tab 키를 누른 후 내용을 입력하면 가운데 탭 위치에 맞춰 입력됩니다. 이렇게 한 문단 안에 여러 모양의 문단 정렬을 사용해야 할 경우 탭을 이용하면 편리합니다.

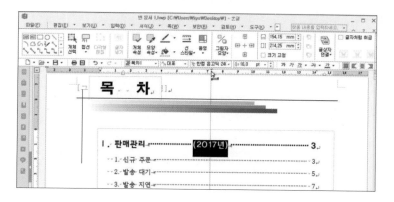

7 소수점 탭 설정하기

❶ 탭을 설정할 문단을 선택합니다.

❷ '탭 종류'를 '소수점 탭' 모양(🔽 ⚞)으로 바꾸고 눈금자에 탭을 설정합니다. [문단 모양]([Alt]+[T]) 대화상자의 [탭 설정] 탭 화면에서 '소수점'을 선택한 다음 '탭 위치'에 정확한 값을 입력하고 [추가] 버튼을 눌러 설정해도 됩니다.

❸ 설정된 문단에서 숫자 앞에 Tab 키를 눌러 줄을 맞춥니다. 소수점이 없는 경우 일 단위에 맞춰집니다.

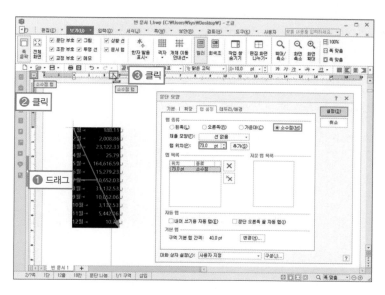

8 내어쓰기용 자동 탭

내어쓰기용 자동 탭은 탭 설정 없이 내어쓰기 위치로 줄을 맞춥니다. 이 옵션은 입력하며 사용할 경우 편리한 기능이기 때문에 '바탕글'에 적용해 두기도 합니다. 단, 일반 탭과 겸해서는 사용할 수 없고 기본 탭도 사용할 수 없기 때문에 설정한 탭이나 기본 탭을 사용해야 할 때에는 이 옵션을 해제해야 합니다.

01 줄을 맞출 위치 '2' 앞에 커서를 놓고, 빠른 내어쓰기 단축키인 Shift + Tab 키를 누릅니다. [탭 설정] 탭 화면에서 '내어쓰기용 자동 탭'에 체크 표시하고 [설정] 버튼을 클릭합니다.

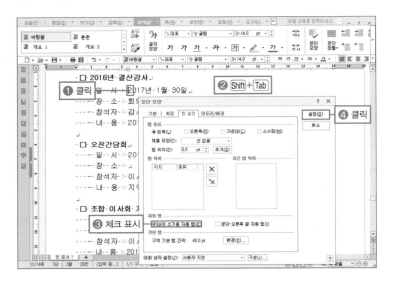

02 줄 끝에서 Enter 키를 입력하고 Tab 키를 누르면 '2'와 줄을 맞추어 입력할 수 있습니다. Enter 키를 눌러도 서식은 유지되기 때문에 새 문단에도 '내어쓰기용 자동 탭'이 설정되어 있습니다.

Tip 여러 문단을 한 줄에 맞추어 가지런히 할 때, 문단을 나누지 않고 내어쓰기와 줄 바꿈(Shift + Enter)를 이용하는 경우가 많습니다. 내어쓰기를 이용하지 않고 '내어쓰기용 자동 탭'을 이용하는 이유는 내어쓰기는 왼편에 글자를 입력할 수 없지만 '내어쓰기용 자동 탭'은 탭 왼쪽에도 글자를 입력할 수 있기 때문입니다. 시나리오의 대사처럼 간단한 탭 기능을 이용하고자 할 때 탭 설정 없이 '내어쓰기용 자동 탭'을 이용해 보세요.

⑨ 문단 오른쪽 끝 자동 탭

[문단 모양] 대화상자의 [탭 설정] 탭 화면에서 '문단 오른쪽 끝 자동 탭'에 체크 표시하고 [설정] 버튼을 클릭합니다. 이 옵션을 선택하면 탭 설정을 하지 않아도 문단 끝에 오른쪽 탭이 설정된 것처럼 Tab 키를 누르면 문단의 맨 끝으로 커서가 이동합니다.

'문단 오른쪽 끝 자동 탭'은 머리말이나 숫자를 입력할 때 자주 사용하고, 한 문단에 두 가지 정렬 모양을 사용하는 효과를 얻을 수 있습니다. 이 옵션에 체크 표시하면 기본 탭은 사용할 수 없게 됩니다.

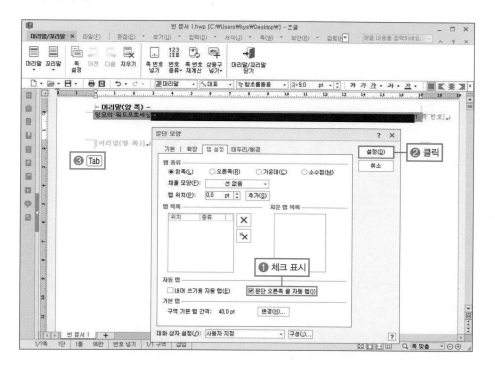

Sub 2 스타일 사용하기

• 원본 파일 : 03/01_Sub2(원본) • 완성 파일 : 03/01_Sub2

스타일은 글자 모양과 문단 모양 서식을 등록해 두고 재사용할 수 있도록 만드는 명령입니다. 모양 복사는 프로그램을 닫고 나면 다시 사용할 수 없지만, 스타일은 한 번 정해 놓으면 계속해서 사용할 수 있고 스타일 찾아가기, 스타일 가져오기/내보내기, 바꾸기, 차례 만들기 등 다양하게 활용할 수 있습니다. 스타일이 적용된 곳은 스타일을 편집하여 한 번에 서식을 변경하기 때문에 문서 디자인을 변경하기에도 쉽습니다.

1 스타일 알아보기

■ 스타일의 종류

❶ 문단 스타일

일반적으로 사용하는 스타일로, '글자 모양'과 '문단 모양'을 모두 지정할 수 있고 문단 전체에 서식이 적용됩니다. 기본 제공되는 스타일 중 '쪽 번호'를 제외한 모든 스타일이 문단 스타일입니다.

- **바탕글(Normal)** : 새 문서를 열면 표시되는 기본 서식입니다. ※ 서식 제거로 사용([Ctrl]+[1])
- **본문(Body)** : 제목을 제외한 본문 서식에 적용되는 스타일입니다.
- **개요 1~7(Outline 1~7)** : 개요 수준(번호)이 포함된 문서의 제목입니다.
- **머리말(Header)** : 머리말/꼬리말에 자동 적용되는 스타일입니다.
- **각주(Footnote)** : 각주가 입력되면 자동 적용되는 스타일입니다.
- **미주(Endnote)** : 미주가 입력되면 자동 적용되는 스타일입니다.
- **메모(Memo)** : 메모가 입력되면 자동 적용되는 스타일입니다.
- **차례 제목(TOC Heading)** : 차례 만들기로 차례를 만들 때 '차례 제목'에 적용되는 스타일입니다.
- **차례 1~3(TOC 1~3)** : 차례 만들기에서 '개요'로 차례를 만들 경우 자동 적용되는 스타일입니다.

> Tip 괄호 안의 영문은 스타일의 '영문 이름'으로, 자동 적용에 필요한 코드 역할을 합니다. 이 스타일은 반드시 해당하는 영문 이름(대소문자와 빈 칸 포함)을 사용해야 자동 적용이 됩니다. '스타일 이름'은 변경해도 상관없습니다.

❷ 글자 스타일

글자 스타일은 강조 서식과 첨자 등을 지정할 때 주로 사용하는 스타일로, 글자 모양만 지정할 수 있기 때문에 목록이나 탭, 정렬 등 문단 서식은 저장할 수 없고 문단의 일부에만 적용할 수 있습니다.

글자 스타일은 문단 스타일보다 우선적으로 표시되고, 문단 스타일을 덮어씌워 적용해도 서식을 유지할 수 있기 때문에 첨자나 밑줄 등 글자 서식이 있다면 먼저 적용해 두고 문단 스타일을 적용하면 됩니다.

> Tip
> - **쪽 번호(Page Number)** : '쪽 번호 매기기'([Ctrl]+[N], [P])로 쪽 번호를 넣었을 때 자동 적용되는 스타일(한글 2010 이하 버전에서는 문단 스타일입니다.)
> - 글자 스타일은 문단 서식이 없기 때문에 차례 만들기를 할 수 없고, [Ctrl]+[1] 단축키로 서식 제거를 할 수 없습니다. 글자 스타일 해제는 [Ctrl]+[-] 키를 사용합니다(숫자 패드 [-] 키 아님).

■ 스타일 메뉴

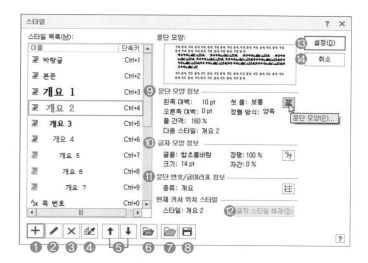

① 스타일 추가하기(F6 - Insert) : 새 스타일을 만듭니다. 커서 위치의 서식을 그대로 스타일로 지정할 수 있습니다.

② 스타일 편집하기 : 기존 스타일을 선택하여 수정합니다.

③ 스타일 삭제(Delete) : 선택한 스타일을 삭제합니다. 현재 적용 중인 빨간 체크 표시가 된 적용 스타일을 삭제할 경우 [바꿀 스타일 선택] 대화상자가 열리고, 여기에서 변경할 스타일을 선택해야 합니다.

④ 현재 모양으로 바꾸기 : 선택한 스타일을 커서 위치에 적용된 서식으로 업데이트합니다. 스타일을 수정할 때 편리하게 사용할 수 있습니다.

⑤ 스타일 위로/아래로 : 스타일 위치 중 10번째까지는 단축키가 설정되어 있습니다. 이 위치로 이동시키면 설정된 단축키를 사용할 수 있습니다.

⑥ 스타일 마당 : 기본적인 스타일 목록이 표시됩니다. 스타일 목록을 변경하면 본문에 적용된 같은 이름의 스타일 서식이 해당 목록에 따라 모두 변경됩니다.

⑦ 스타일 가져오기 : 다른 문서(hwp/hwt/sty)의 스타일을 가져옵니다.

⑧ 스타일 내보내기 : 현재 문서의 스타일을 다른 문서로 내보냅니다. 새 문서(Normal96.hwt)로 내보내 한글 Neo의 기본 서식을 변경할 수도 있습니다.

⑨ 문단 모양 정보와 수정 : 선택한 스타일의 문단 모양을 빠르게 확인하고 수정합니다.

⓾ 글자 모양 정보와 수정 : 선택한 스타일의 글자 모양을 빠르게 확인하고 수정합니다. '?' 표시는 여러 서식이 적용된 것을 의미합니다.

⓫ 문단 번호/글머리표 : 문단 번호 모양을 지정하거나 변경합니다. 개요 스타일의 경우, 스타일에서 개요 번호 모양을 변경하지 않습니다. 이 부분은 문단 번호 스타일을 만들 때 사용합니다.

⓬ 글자 스타일 해제 : 선택한 문단에 적용된 글자 스타일을 해제합니다. 글자 스타일이 적용된 부분만 선택해야 활성화됩니다.

⓭ 설정 : 선택한 스타일을 커서 위치에 바로 적용합니다.

⓮ 취소 : 선택한 스타일을 커서 위치에 적용하지 않고 대화상자를 닫습니다.

② 스타일 추가하기

스타일로 저장할 서식에 커서를 가져다 놓고 F6 – Insert – Enter 키를 차례로 눌러 새 스타일을 만듭니다.

❶ 스타일 이름 : 스타일을 구분하는 이름으로 같은 이름을 여러 번 사용할 수 없습니다. 같은 이름이고 서식이 다른 스타일을 복사해 붙일 경우 현재 문서의 서식으로 변경됩니다.

❷ 영문 이름 : 스타일 종류를 구분하는 코드명으로 정확한 영문 이름을 사용해야 합니다.

❸ 문단 : 문단 스타일을 말합니다. 문단 스타일은 [글자 모양]과 [문단 모양]을 모두 지정할 수 있습니다.

❹ 글자 : 글자 스타일을 말합니다. [글자 모양]만 지정할 수 있습니다.

❺ 다음 문단에 적용할 스타일 : 현재 스타일이 적용된 문단 끝에서 Enter 키를 눌렀을 때 자동으로 적용될 스타일을 지정합니다. 적용한 스타일을 해제하려면 '바탕글' 스타일을 지정합니다.

❻ 문단 모양 : 정렬/줄간격/여백/목록 종류/탭/문단 테두리 등을 지정합니다.

❼ 글자 모양 : 글자 색/글자 크기/밑줄/첨자/장평/자간/글자 테두리 등 글자의 강조 서식을 지정합니다.

❽ 문단 번호/글머리표 : 문단 번호나 글머리표를 스타일에 추가합니다. 목록 전체를 하나의 스타일 서식으로 사용합니다.

③ 글자 스타일 추가하기

❶ 본문에서 글자 서식을 선택하고 [서식] 탭에서 [스타일 추가하기] 아이콘(📑)을 클릭합니다.

❷ 스타일 종류를 '글자'로 선택한 다음 스타일 이름을 입력합니다.

❸ 본문에 적용된 서식과 다른 모양을 지정하려면 [글자 모양] 버튼을 클릭하여 모양을 수정하고 [설정], [추가] 버튼을 차례로 클릭합니다.

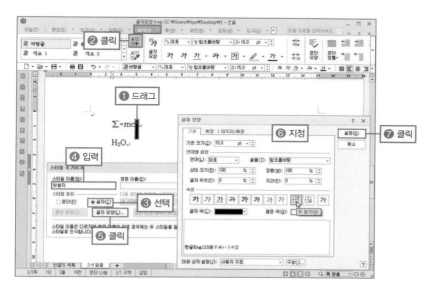

④ 스타일 적용하기

같은 서식을 적용할 부분에 커서를 가져다 놓고 스타일 작업 창에서 '새 스타일'을 클릭하여 스타일을 적용합니다. 추가한 스타일에 문단 번호 목록이 포함된 경우, Ctrl+⊞/⊟ 키를 눌러 번호 수준을 변경할 수 있습니다. 이때, 서식은 동일하게 유지됩니다.

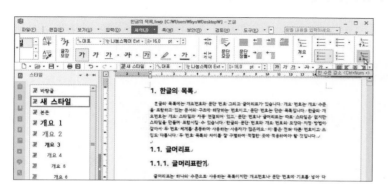

> **Tip 스타일 적용 순서**
>
> 문서의 서식은 표지(간지) 서식, 본문, 제목, 강조 서식으로 구분할 수 있습니다. 강조 서식을 '글자 스타일'로, 본문을 '본문' 스타일로 적용하고 제목만 '개요' 스타일을 적용하면 많은 양의 문서도 쉽게 편집할 수 있습니다.

5 스타일 편집과 스타일 업데이트

[F6] 키를 눌러 [스타일] 대화상자를 열고 스타일을 선택한 다음 [스타일 편집하기] 아이콘(✎)을 클릭하여 스타일을 수정합니다. 스타일 작업 창에서 수정할 스타일을 마우스 오른쪽 버튼으로 클릭한 다음 [스타일 추가/편집]을 실행하여 스타일을 수정해도 됩니다.

본문을 수정한 다음 [서식] 탭에서 [스타일 현재 모양으로 바꾸기](✎) – [반영] 버튼을 차례로 클릭하여 스타일을 업데이트합니다.

⑥ 스타일 가져오기

❶ 스타일 작업 창에서 [스타일 가져오기] 아이콘(📁)을 클릭하여 [스타일 가져오기] 대화상자를 엽니다.

❷ [파일 선택] 아이콘(📁)을 눌러 파일을 불러온 다음, 복사할 스타일을 선택(Ctrl 키나 Shift 키를 이용해 다중선택 가능)하고 [복사하기] 아이콘(▶)을 클릭해 스타일을 복사합니다.(모든 스타일을 복사할 경우 모두 복사하기 아이콘(▶▶) 사용)

❸ 같은 이름의 스타일이 있다면 [스타일 덮어쓰기] 대화상자에서 [모두] 또는 [복사] 버튼을 클릭하여 덮어쓰기 하고 [닫기] 버튼을 클릭합니다.

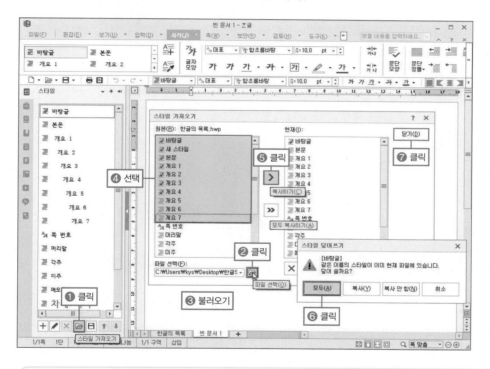

Tip **스타일을 적용할 곳에 블록 지정해서 준 특별한 서식이 포함되어 있을 경우**
- 서식 유지 : 서식이 없는 곳에 커서를 위치시키고 스타일을 한 번만 적용합니다.
- 서식 제거 : 블록 지정해서 스타일을 적용하거나, 스타일을 두 번 이상 적용하여 덮어쓰기 합니다.

7 스타일 내보내기(새 문서 기본 글꼴 바꾸기)

01 바탕글을 수정한 다음 스타일 작업 창의 [스타일 내보내기] 아이콘(🖹)을 클릭합니다. '파일 선택'의 화살표(▼)를 클릭하여 'Normal'을 선택합니다. '대상' 파일이 'Normal96.hwt'로 변경되면 '현재' 파일에서 '바탕글'을 선택하고 [복사하기] 아이콘(▶)을 클릭하여 '대상' 파일의 바탕글에 덮어씁니다.

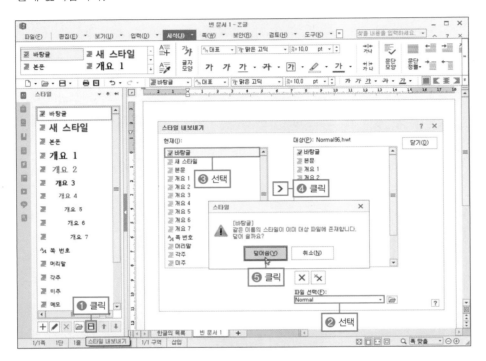

02 대화상자를 닫으면 저장할 때 서식 파일의 변경 여부를 묻는 확인 메시지가 표시됩니다. [저장] 버튼을 클릭하고 새 문서를 열면 바탕글이 바뀌어 있는 것을 확인할 수 있습니다.

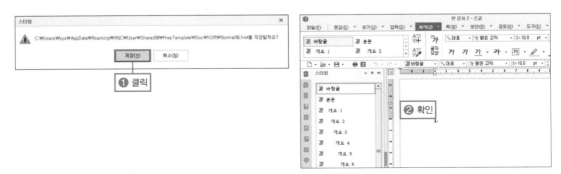

 **찾기/바꾸기**

・원본 파일 : 03/01_Sub3(원본)　・완성 파일 : 03/01_Sub3

'찾기'는 문서에서 문자열, 탭, 문단 끝, 서식, 스타일 등을 찾아서 이동하는 명령이고 '바꾸기'는 찾은 문자열 등을 다른 특정 내용으로 바꾸어 주는 명령입니다. 한글의 찾기 명령은 필드까지는 찾을 수 없지만 여러 가지 조건식이나 아무개 문자를 활용하면 MS 워드와 비슷한 수준으로 찾기가 가능합니다. 한꺼번에 변경해야 할 문자나 서식이 있다면 일일이 찾아서 바꾸지 말고 찾기/바꾸기를 활용해 보세요.

1 [찾기] 대화상자(Ctrl+F / Ctrl+Q, F)

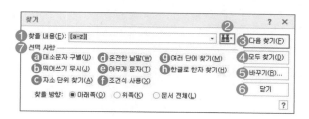

❶ **찾을 내용** : 찾을 내용을 문자열로 입력하거나 선택 사항에서 찾아 입력합니다. '조건식 사용'을 체크 표시하면 조건식 문자를 입력하여 찾을 수 있고, '아무개 문자'를 체크 표시하면 '?'와 '＊'를 사용하여 아무개 문자 포함 문자열을 찾을 수 있습니다. 두 선택 사항을 동시에 지정할 수는 없고, '조건식 사용'은 [찾기] 대화상자에서만 지정할 수 있습니다.

❷ **서식 찾기** : 탭(^t)/문단 끝(^n)/강제 줄 나눔(^l)/고정폭 빈 칸(^s)/묶음 빈 칸(^r)과 글자모양/문단 모양/스타일을 선택하여 더욱 정확한 내용을 찾을 수 있습니다. '바꿀 내용'의 서식 찾기와 같습니다.

❸ **다음 찾기** : 현재 찾은 내용을 건너 뛰고 다음 내용을 찾습니다.

❹ **모두 찾기** : 찾을 방향의 모든 내용을 찾아 연두색 형광으로 표시합니다.

❺ **바꾸기** : '찾을 내용'을 '바꿀 내용'으로 바꿀 수 있도록 [바꾸기] 대화상자로 이동합니다.

❻ **닫기** : [찾기] 대화상자를 닫습니다. 닫은 후에도 Ctrl+L 키를 이용하여 다음 내용을 찾을 수 있습니다. 이전 방향으로 찾으려면 Ctrl+Q, L 키를 누릅니다.

❼ **선택 사항**

　ⓐ **대소문자 구별** : 영문의 대/소문자를 '찾을 내용'에 입력한 대로 구분하여 찾습니다.

　ⓑ **띄어쓰기 무시** : '찾을 내용'의 띄어쓰기는 무시하고 찾습니다. (예 : '한 글'로 찾으면 '한글'과 '한 글'을 모두 찾습니다.)

ⓒ **자소 단위 찾기** : '~ㄹ 수'처럼 자소 단위로 찾습니다.(예 : '갈 수', '할 수', '볼 수' 등을 찾습니다.)

ⓓ **온전한 낱말** : 앞/뒤에 빈칸이 있는 낱말만 찾습니다.

ⓔ **아무개 문자** : '?'(한 글자) 또는 '*'(모든 문자)를 조합하여 문자열을 찾습니다. (예, ' *니다.'는 ' 합니다.', ' 갑니다.' ' 있습니다.' 같은 빈 칸과 '니다.' 사이 아무개 문자가 포함된 모든 문자열을 찾습니다.

ⓕ **조건식 사용** : 특정한 패턴을 가진 문자를 조합하여 조건식을 직접 만들어 찾습니다.

ⓖ **여러 단어 찾기** : ',' 또는 ';'를 추가해 여러 단어를 찾습니다. (예 : '사과,배,귤', '사과;배;귤')

ⓗ **한글로 한자 찾기** : 한자 음을 한글로 입력하여 해당하는 한자를 찾습니다.

■ 조건식(패턴식 또는 정규식) 문자

- **.** : 임의 문자 하나를 뜻합니다. 예를 들어, '[a−z].'는 영문 소문자 하나와 임의 문자 하나가 함께 있는 곳을 찾습니다. 임의 문자에 빈 칸, 탭, 문단 끝 등은 포함되지만 강제 줄 나눔은 포함되지 않습니다.

- **?** : ? 바로 앞의 식이나 문자가 없거나, 한 번은 맞는 경우를 찾습니다. 단수/복수를 함께 찾을 때 좋습니다.

- ***** : * 앞의 식을 0번 이상 반복해서 찾습니다. 예를 들어, '10*1'은 '11' '101' '1001'…… 등을 찾습니다.

- **+** : * 앞의 식을 1번 이상 반복해서 찾습니다. 예를 들어, '10+1'은 '101' '1001' '10001'…… 등을 찾습니다.

- **[ ]** : [ ] 안에 지정된 문자 중 하나를 찾습니다.

- **−** : [ ] 안에서 사용하고, 문자 범위를 찾습니다. '[0−9]'는 0부터 9까지 숫자를 찾습니다.

- **^** : [ ] 안에서 사용하고, ^ 다음의 문자는 제외한다는 뜻입니다. 예를 들어, '[^갑봅]니다.'는 '갑니다.'와 '봅니다.'를 뺀 나머지 '니다.'로 끝나는 문자열을 찾습니다. [ ] 안에 ' − '로 범위를 지정할 수도 있습니다.

- **₩** : ₩ 다음에 오는 문자를 찾습니다. 예를 들어, 조건식에서 임의 문자를 나타내는 ' . '을 '₩.' 다음에 입력하면 점(마침표)을 찾습니다. 즉, '₩.'는 [.]로 찾는 것과 같습니다.

※ 괄호 안에 빈 칸이 포함되어 있을 때 괄호 안 내용 찾기 : '₩(.*?₩)'

- **{ }** : { } 안의 식에 일치하는 텍스트를 찾아 태그를 지정합니다.

- **₩n** : 태그로 지정한 n번 째 식과 동일한 값을 찾습니다. 이때 n은 0, 1, 2...9 순입니다. 예를 들어, '{₩k}{₩k}₩0₩1'은 '들썩들썩' '바삭바삭' '바로바로'와 같이 패턴이 반복되는 곳을 찾습니다.

- **( )** : 패턴식에서 문자나 식을 그룹으로 만듭니다.

- **|** : 그룹에서 자주 사용하고, 패턴식 조합을 뜻합니다. 예를 들어, '앞(의|에)'라는 패턴식은 '앞의'와 '앞에'를 모두 찾습니다.

- **₩a** : 알파벳이나 숫자를 찾습니다.

- **₩b** : 빈칸이나 탭 문자를 찾습니다.

- **₩c** : 알파벳을 찾습니다.

- **₩d** : 숫자를 찾습니다.

- **₩h** : 16진수에서 사용되는 문자(0123456789ABCDEF)를 찾습니다.

- **₩k** : 한글을 찾습니다.

- **₩w** : 알파벳이나 한글 문자로 된 단어를 찾습니다.

- **₩z** : 숫자로 된 단어를 찾습니다.

② 바꾸기 대화상자(Ctrl+H/Ctrl+F2/Ctrl+Q, A)

❶ **찾을 내용** : '찾기'와 같습니다. 찾기에서 조건식을 선택한 경우 문자가 아닌 조건식으로 찾습니다.

❷ **바꿀 내용** : 바꾸기할 문자열을 입력하거나, 서식을 선택합니다. 조건식은 '바꿀 내용'에는 사용할 수 없습니다. 서식만 바꿀 경우 '바꿀 내용'은 공란으로 비워 두거나, '바꿀 내용 무시'를 선택합니다.

❸ **서식 찾기** : 바꿀 내용의 문자와 함께 탭/문단 끝/강제 줄 나눔/고정폭 빈 칸/묶음 빈 칸을 추가하여 바꾸기 할 수 있고, 글자 모양이나 문단 모양 또는 스타일의 서식을 추가하여 바꾸기 할 수 있습니다.

❹ **조사 자동 교정** : 바꿀 내용의 문자와 조사가 맞지 않을 경우 어울리는 조사로 교정되면서 바뀝니다.

❺ **찾을 방향** : 커서 위치에서 아래쪽이나 위쪽만 찾을 수 있고, 문서 전체를 한꺼번에 찾을 수도 있습니다. 블록 지정하고 바꾸기 할 경우 선택한 부분만 우선적으로 바뀝니다.

❻ **바꾸기** : 현재 찾은 내용을 '바꿀 내용'으로 바꿉니다.

❼ **다음 찾기** : 현재 찾은 내용을 바꾸지 않고 다음 내용을 찾습니다.

❽ **모두 바꾸기** : '찾을 방향' 또는 선택 부분 안에서 모두 바꾸기 합니다. 모두 바꾸기 후 '문서의 처음부터 계속 찾을까요?'라는 확인 메시지에서 [찾음] 버튼을 클릭하면 문서 전체가 바꾸기 됩니다.

❸ 찾기/바꾸기 예

01 [Ctrl]+[F] 키를 눌러 [찾기] 대화상자를 엽니다. '찾을 내용'에 'n.'을 입력하고 [모두 찾기] 버튼을 클릭하면 'n.' 문자열이 모두 연두색 형광으로 표시됩니다. 하나씩 찾으려면 [다음 찾기] 버튼을 클릭하거나 리본 메뉴 오른쪽 위에 있는 '찾을 내용'에 입력하고 [Enter] 키를 누릅니다.

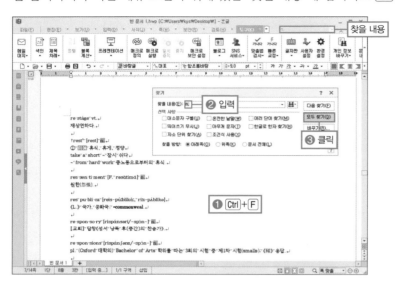

02 '바꿀 내용'에는 아무것도 입력하지 않고 [서식 찾기] 아이콘(**▦▾**)을 클릭한 다음 [바꿀 글자 모양]을 선택합니다.

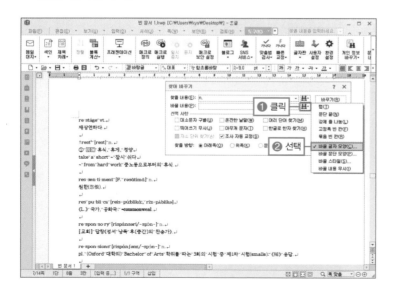

03 [글자 모양] 대화상자에서 글자 색을 '빨간색'으로 지정하고 [설정] 버튼을 클릭한 다음 [모두 바꾸기] 버튼을 클릭합니다.

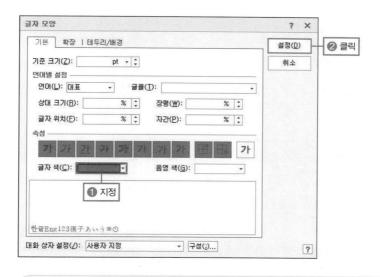

Tip
• 바꾸기를 잘못한 경우, Ctrl+Z 키(↺)를 눌러 이전 상태로 되돌립니다.
• 빈 문단 두 개를 한 개로 줄이기 : 찾을 내용에 '^n^n'을, 바꿀 내용에 '^n'를 입력한 다음 바꾸기합니다.
• 범위 찾기 : [a-zA-Z]로 영문을, [가-힣]으로 한글을, [0-9]로 숫자를 찾을 수 있습니다. 한자는 문자표 중 '한중일 통합한자' 등의 영역에 있는 처음과 마지막 한자를 입력하여 범위를 지정할 수 있습니다. 글자가 아닌 특수 문자도 유니코드의 특정 범위를 입력하여 찾을 수 있습니다. ('조건식 사용' 선택)
• 서식을 찾아 스타일로 적용하기 : '찾을 내용'의 [서식 찾기]-[글자 모양]에서 '위첨자'를 선택하고, '바꿀 내용'의 [서식 찾기]-[스타일]에서 미리 만들어 둔 '위첨자 글자 스타일'을 선택하여 [모두 바꾸기]하면, 문서의 모든 위첨자를 스타일로 적용할 수 있습니다. 이렇게 강조 서식을 글자 스타일로 적용해 놓으면 다른 문단 스타일이나 서식을 적용 해도 강조 서식은 유지될 수 있습니다.

4 조판 부호 지우기

한글에서는 조판 부호와 같은 필드 또는 코드는 '바꾸기'로 찾을 수 없습니다. 조판 부호는 '조판 부호 지우기'를 이용해서 삭제할 수 있습니다. 쪽 번호와 같은 경우, 관련된 명령이 많고 조판 부호를 켜지 않으면 문서에 몇 번 입력되었는지 알 수 없습니다. 문서의 쪽 번호 등을 모두 지우고 다시 입력하려 할 때 '조판 부호 지우기'를 사용하면 편리합니다.

[편집] 탭-[조판 부호 지우기]에서 '감추기'/'꼬리말'/'머리말'/'바탕쪽'/'새 쪽 번호'/'쪽 번호'/'쪽 번호 위치' 등을 선택한 후 [지우기] 버튼을 클릭합니다.

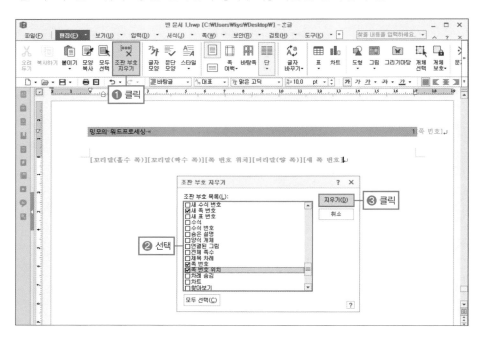

- **감추기**([Ctrl]+[N], [S]) : 한 페이지씩 쪽 번호나 머리말 등을 감춥니다.
- **꼬리말**([Ctrl]+[N], [H]) : 양 쪽/홀수 쪽/짝수 쪽의 전체 꼬리말을 모두 지웁니다.
- **머리말**([Ctrl]+[N], [H]) : 양 쪽/홀수 쪽/짝수 쪽의 전체 머리말을 모두 지웁니다.
- **바탕쪽**([쪽]-[바탕쪽]) : 바탕쪽은 배경으로도 사용하지만 주로 쪽 번호나 인덱스 표시할 때 많이 사용합니다. 바탕쪽은 조판부호가 없습니다.
- **새 쪽 번호**([쪽]-[새 번호로 시작]) : 새 쪽 번호가 여러 곳에 입력되어 있으면 쪽 번호가 순서대로 표시되지 않습니다.
- **쪽 번호**(머리말 도구의 [쪽 번호 넣기]) : 상용구의 하나인 쪽 번호(현재 쪽) 등을 모두 지웁니다.
- **쪽 번호 위치**([Ctrl]+[N], [P]) : [쪽] 탭-[쪽 번호 매기기]로 입력된 [쪽 번호 위치] 조판 부호를 모두 삭제합니다.

Sub 4 글자 바꾸기

[편집] 탭−[글자 바꾸기]로는 한자의 바꾸기나 일본어의 히라가나/가타카나 바꾸기, 또 영문의 대소문자 바꾸기와 전각/반각 바꾸기를 할 수 있는데요. 한자의 경우 〈한자 입력〉 부분에서 모두 설명했기 때문에 여기서는 영문의 대소문자와 전각/반각 바꾸기에 대해 알아보겠습니다.

1 대문자/소문자 바꾸기

바꾸기 할 부분을 선택한 후 [편집] 탭−[글자 바꾸기]−[대문자/소문자 바꾸기]를 선택합니다. '바꿀 방법'에서 원하는 옵션을 선택하고 [바꾸기] 버튼을 클릭합니다.

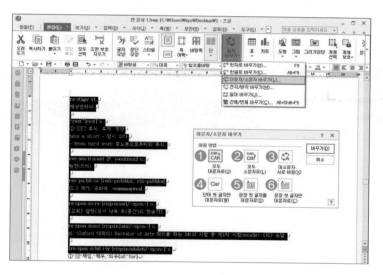

❶ **모두 대문자로** : 선택 부분의 모든 영문을 대문자로 바꿉니다.

❷ **모두 소문자로** : 선택 부분의 모든 영문을 소문자로 바꿉니다.

❸ **대소문자 서로 바꿈** : 대문자는 소문자로, 소문자는 대문자로 바꿉니다.

❹ **단어 첫 글자만 대문자로** : 각 단어의 첫 글자만 대문자로 하고 나머지는 모두 소문자로 바꿉니다.

❺ **문장 첫 글자를 대문자로** : 각 문장 '., !, ?'로 끝나는 문장의 첫 글자를 대문자로 변경하고 나머지는 그대로 둡니다.

❻ **문장 첫 글자만 대문자로** : 문장의 첫 글자만 대문자로 변경하고 나머지는 모두 소문자로 바꿉니다.

2 전각/반각 바꾸기

전각(2byte 영문 두 자 너비)으로 입력된 문자를 [모두 반각으로], 반각(1byte 영문 한 자)으로 입력된 문자를 [모두 전각으로] 바꿉니다. 단, 한글과 같이 원래 전각인 문자는 반각으로 바뀌지 않습니다. '한컴 다국어 입력기' 도구 상자(없는 경우 작업표시줄에서 선택)에서 '전각 문자 입력'을 선택하면 모든 문자를 전각으로 입력할 수 있습니다. 해제하면 반각으로 입력됩니다.

페이지 설정하기

편집 용지를 설정하는 방법을 알아보고, 한 문서에 다른 용지를 설정하는 방법과 페이지 구역을 나누는 방법을 알아보겠습니다. 쪽 번호와 머리말/꼬리말도 추가해 보고, 쪽 테두리와 배경을 설정해 본 다음 다단 작업 및 주석 작업도 해 보겠습니다.

Sub 1 편집 용지 설정하기

[편집 용지]([F7]) 대화상자에서는 용지 크기와 방향 그리고 여백과 줄 격자/글자 격자를 지정할 수 있습니다. 편집 용지는 구역 당 하나의 설정만 지정할 수 있기 때문에 용지 종류나 여백 등 설정 일부분을 변경하려면 구역을 나누어야 합니다.

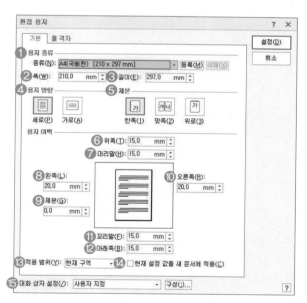

❶ **용지 종류** : 정해진 규격의 용지 중 하나를 선택합니다.

❷ **폭** : 규격 용지의 가로 폭을 확인하고 다른 값으로 변경할 수 있습니다.

❸ **길이** : 규격 용지의 세로 길이를 확인하고 다른 값으로 변경할 수 있습니다. 변경된 크기는 '사용자 정의' 크기로 [등록] 버튼을 눌러 등록해 놓고 다시 사용할 수 있습니다.

❹ **용지 방향** : 용지의 방향을 '세로' 또는 '가로'로 변경합니다. 가로 방향으로 변경하면 아래쪽(꼬리말)은 왼쪽으로, 위쪽(머리말)은 오른쪽으로 바뀝니다.

❺ **제본** : 양면 인쇄이고 좌/우, 상/하 여백이 서로 다를 경우 '맞쪽'이나 '위로'를 선택합니다. '맞쪽'은 좌철, '위로'는 상철 제본입니다. 맞쪽은 1 페이지를 오른쪽에 오도록 하고, 왼쪽 여백을 안쪽으로, 오른쪽 여백을 바깥쪽으로 설정합니다.

❻ **위쪽** : 용지 위쪽 시작 부분에서 머리말까지의 길이입니다.

❼ **머리말** : 위쪽 여백부터 본문 시작 부분까지의 길이입니다.

❽ **왼쪽** : 제본 여백(여백이 '0'인 경우 용지 왼쪽)부터 본문 시작 부분까지의 길이입니다.

❾ **제본** : 용지 왼쪽부터 왼쪽 여백까지의 길이입니다.

❿ **오른쪽** : 본문 오른쪽 끝부터 용지 오른쪽 끝까지의 길이입니다.

⓫ **꼬리말** : 본문 아래쪽 끝부터 아래쪽 여백까지의 길이입니다.

⓬ **아래쪽** : 꼬리말 끝부터 용지 아래쪽 끝까지의 길이입니다.

⓭ **적용 범위** : 용지 설정의 적용 범위를 커서가 있는 '현재 구역', '문서 전체' 또는 새로 구역을 나누어(새 구역으로) 설정할 수 있습니다.

⓮ **현재 설정 값을 새 문서에 적용** : 편집 용지의 설정 값을 '새 문서'(Normal) 파일에 저장하여 모든 새 문서에 적용되도록 합니다.

⓯ **대화상자 설정과 구성** : 자주 사용하는 편집 용지 설정은 [구성]으로 등록해 놓고 다시 사용할 수 있습니다.

Tip

• 왼쪽, 오른쪽 여백이 서로 다른 문서를 양면 인쇄할 경우 '맞쪽'으로 설정해야 홀수 쪽과 짝수 쪽의 여백이 같게 됩니다. 홀수 쪽의 오른쪽(바깥쪽) 여백은 뒷면 짝수 쪽의 왼쪽(바깥쪽) 여백이 됩니다.

• 한글은 MS 워드와 달리 '위쪽'과 '머리말' 여백을 더하면 본문 위쪽 여백이 됩니다. MS 워드는 '위쪽' 여백에 '머리글' 시작 위치가 포함되어 있습니다.

• '쪽 윤곽'을 선택한 경우 본문에서도 편집 용지 여백을 조정할 수 있습니다. 눈금자의 회색 부분과 흰색 부분의 경계선을 조정하면 편집 용지 여백이 조정됩니다.

1 이후부터 다른 용지 크기 사용하기

❶ 페이지 끝에 커서를 놓고 [F7] 키를 눌러 [편집 용지] 대화상자를 엽니다.
❷ 용지 종류를 'A3'로 지정합니다.
❸ 적용 범위를 '새 구역으로'로 지정합니다.
❹ [설정] 버튼을 클릭합니다.

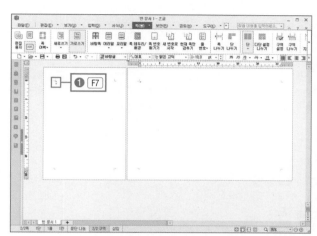
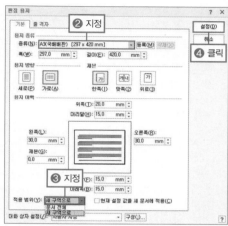

2 문서 중간 일부를 가로 방향으로 바꾸기

❶ [보기] 탭의 '조판 부호'에 체크 표시합니다.
❷ 용지 방향을 바꿀 부분을 선택합니다. 개체가 있는 경우 반드시 조판 부호를 포함하여 선택해야 합니다.
❸ [F7] 키를 눌러 [편집 용지] 대화상자를 열고 '용지 방향'을 '가로'로 선택합니다.
❹ [설정] 버튼을 클릭합니다. '적용 범위'가 '선택한 문자열'로 지정되었기 때문에 용지 방향이 바뀌면서 선택 영역을 기준으로 구역이 앞/뒤로 나누어집니다.

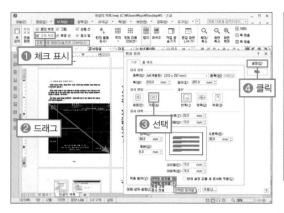

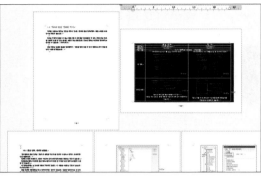

Tip 쪽 번호가 있는 경우, 용지 방향을 가로로 바꾸면 세로 방향으로 인쇄되기 때문에 용지 오른쪽에 쪽 번호가 표시됩니다. 만약 다른 페이지와 같이 아래쪽에 쪽 번호가 오게 하려면 용지 왼쪽 여백에 쪽 번호와 같은 위치가 되도록 글상자를 만든 다음 그 안에 '세로쓰기'로 쪽 번호(상용구)를 입력합니다. 입력을 마치면 원래의 쪽 번호를 '현재 쪽만 감추기'(Ctrl+N+S)로 숨겨 줍니다.

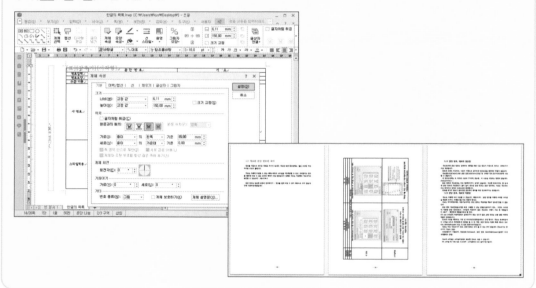

한글에는 모양을 바꾸면 문서 전체가 변경되는 명령이 있습니다. 이때 모양을 일부만 바꾸기 위해서는 구역(Section)을 나누어 주어야 합니다. 구역은 한 문서를 나누어 별개의 문서처럼 모양을 바꿀 때 사용하고, 상황선에 '현재 구역'/'전체 구역'으로 표시됩니다. 클릭하면 해당 구역으로 이동합니다.

- **변경할 때 구역이 필요한 명령** : 편집 용지 전체, 쪽 번호, 바탕쪽, 쪽 테두리/배경, 각주/미주(주석), 다단, 개요(스타일은 구역을 나누어도 모양을 변경할 수 없음. '개요 번호 모양'만 변경 가능.)
- **구역이 필요 없는 명령** : 머리말/꼬리말, 문단 번호

※ 구역을 나누려면 구역 설정(Ctrl+N, G)이나 구역 나누기(Alt+Shift+Enter)를 이용합니다.

■ 구역 설정하기

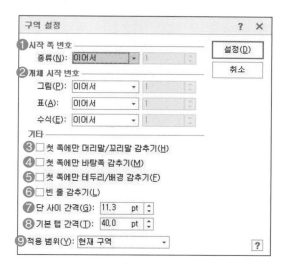

❶ **시작 쪽 번호** : 구역의 시작 쪽 번호를 '이어서', '홀수', '짝수', '사용자'로 지정할 수 있습니다. '사용자'로 지정할 경우, 직접 번호 지정이 가능합니다.

❷ **개체 시작 번호** : 그림, 표, 수식 캡션의 시작 번호를 '이어서', '사용자'로 지정할 수 있습니다.

❸ **첫 쪽에만 머리말/꼬리말 감추기** : 머리말, 꼬리말이 있는 경우 구역 첫 쪽을 자동으로 감춥니다. 구역 첫 쪽을 간지 처리할 때 일일이 감출 필요가 없습니다.

❹ **첫 쪽에만 바탕쪽 감추기** : 바탕쪽이 있는 경우 구역 첫 쪽을 자동으로 감춥니다. 장 별로 구역을 나누고 장 제목을 간지 처리할 때 유용하게 사용할 수 있습니다.

❺ 첫 쪽에만 테두리/배경 감추기 : 쪽 테두리/배경이 있는 경우 구역 첫 쪽은 자동으로 감춥니다.

❻ 빈 줄 감추기 : 페이지 끝인 쪽 경계 부분에 오는 빈 문단 부호를 감춰서 페이지 첫 부분을 빈 문단 부호로 시작되지 않도록 합니다. 단의 끝에서도 사용할 수 있고, 최대 두 개의 빈 문단 부호를 감춥니다.

❼ 단 사이 간격 : 단 설정 나누기(Ctrl + Alt + Enter)를 할 경우 나누어진 단 설정의 사이 간격을 설정합니다. 단 나누기(Ctrl + Shift + Enter)에는 해당되지 않습니다.

❽ 기본 탭 간격 : Tab 키를 눌렀을 때 기본적으로 띄어지는 간격을 설정합니다. 가로 눈금자 아랫부분에 표시되어 있고 탭 설정할 때는 사용할 수 없습니다.

❾ 적용 범위 : 구역 설정을 적용할 범위를 '현재 구역', '선택한 구역', '문서 전체', '새 구역으로'로 지정할 수 있습니다. '새 구역으로'로 지정하면 구역이 새로 나누어지며 구역 설정이 적용됩니다.

② 바탕쪽 모양 바꾸기(구역 나누기)

바탕쪽은 본문과 똑같은 조건의 페이지를 배경으로 만들어 구역 전체에 반복되도록 하는 명령입니다. 바탕쪽은 머리말과 달리 모양을 변경할 때 구역을 나누어야 하고, 본문에서 보았을 때 본문보다 색이 흐리게 보입니다.

01 [편집] 탭-[바탕쪽]을 클릭합니다. [바탕쪽] 대화상자에서 '홀수 쪽'을 선택하고 [만들기] 버튼을 클릭하여 견출 모양을 만든 다음 [닫기] 버튼 또는 Shift + Esc 키를 눌러 바탕쪽에서 나옵니다. 본문 내용을 입력하고 장의 끝에서 Alt + Shift + Enter 키를 눌러 구역을 나눕니다.

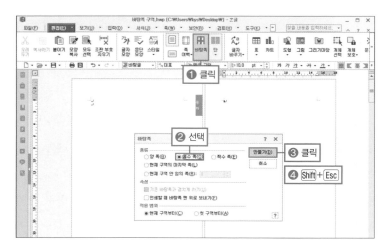

02 [바탕쪽] 탭-[앞 구역 바탕쪽 연결]-[만듦]을 클릭하여 앞 구역과 다른 새로운 바탕쪽을 만듭니다. [바탕쪽 도구]의 왼쪽을 보면 '양 쪽', '홀수 쪽', '짝수 쪽' 등의 바탕쪽 종류가 표시되어 있습니다. 현재 선택된 종류가 이 구역의 바탕쪽입니다. [앞 구역 바탕쪽 연결]이 선택되어 있으면 구역을 나누어도 다른 모양의 바탕쪽을 만들 수 없습니다.

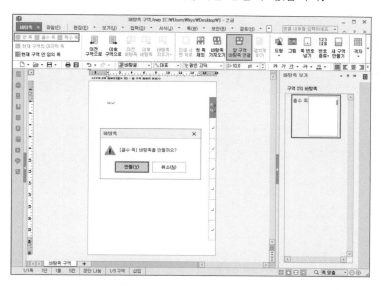

03 새로운 바탕쪽에 자유롭게 내용을 입력합니다. 앞 구역의 바탕쪽을 복사해 오려면 [이전 구역으로]로 이동하여 Ctrl+A 키로 전체를 선택한 다음 복사하면 됩니다. 바탕쪽을 완성한 후에는 [닫기] 버튼을 클릭하거나 Shift+Esc 키를 눌러 작업 창을 종료합니다.

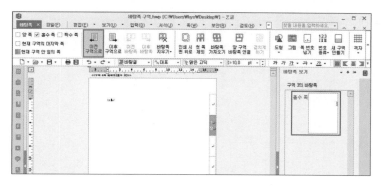

Tip 바탕쪽에 쪽 번호를 넣으려면 [바탕쪽 도구]에서 [쪽 번호 넣기]를 클릭하고 [번호 모양]을 변경합니다. 바탕쪽의 쪽 번호는 '##[쪽 번호]'로 표시되고 새로운 쪽 번호는 본문에서 지정할 수 있습니다. 바탕쪽은 조판 부호가 없기 때문에 쪽 번호가 이동하거나 삭제될 걱정이 없고 개체의 위치를 자유롭게 지정할 수 있습니다.

Sub 4 쪽 번호 사용하기

한글에서 쪽 번호를 추가할 때는 '쪽 번호 매기기'나 '쪽 번호 넣기'명령을 사용합니다. 둘은 조판 부호가 다르고 사용하는 방법이 다릅니다. '쪽 번호 넣기'는 주로 머리말/꼬리말에서 사용되는데, 먼저 '쪽 번호 매기기'에 대해 알아보도록 하겠습니다.

■ 쪽 번호와 쪽 번호 매기기의 차이점

	쪽 번호 매기기	쪽 번호 넣기
메뉴 위치	[쪽] 탭-[쪽 번호 매기기]	[입력]-[입력 도우미]-[상용구]-[현재 쪽] 등 머리말/꼬리말 도구, 바탕쪽 도구의 [쪽 번호 넣기]
단축키	Ctrl+N, P	단축키 없음
조판 부호	[쪽 번호 위치]	[쪽 번호]
쪽 번호 위치	정해진 열 군데의 위치에만 입력	배경이나 본문 어디든 자유롭게 입력
입력 위치	구역의 처음에 자동 입력	커서 위치에 입력
서식	스타일(F6)의 '쪽 번호(Page Number)'로 서식 변경 (한글 이름은 달라도 상관 없음)	서식은 본문과 함께 자유롭게 편집 가능
줄표 넣기	[쪽 번호 매기기] 대화상자에서 옵션으로 선택	조판 부호의 좌우에 문자로 직접 입력
모양 변경	구역을 나눈 후 다시 입력	[쪽 번호]가 포함된 명령에 따라 다름

① 쪽 번호 매기기

[쪽] 탭-[쪽 번호 매기기]를 클릭합니다. [쪽 번호 매기기] 대화상자에서 번호 위치와 번호 모양을 지정하고 '줄표 넣기'에 체크 표시한 다음 [넣기] 버튼을 클릭합니다.

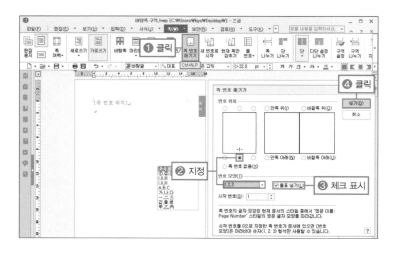

② 쪽 번호 이동 또는 감추기

쪽 번호를 이동하려면 [보기] 탭에서 '조판 부호'에 체크 표시하여 조판 부호를 켜고, [쪽 번호 위치] 조판 부호를 오려둔 다음 필요한 페이지로 옮깁니다. 만약 쪽 번호를 감추고 싶다면 감추기(Ctrl+N, S)로 한 페이지씩 숨기면 됩니다.

③ 번호 바꾸기

쪽 번호의 번호를 바꾸어 시작하려면 [쪽] 탭-[새 번호로 시작]을 클릭하고 [새 번호로 시작] 대화상자에서 '시작 번호'를 지정한 다음 [넣기] 버튼을 클릭합니다. 시작 번호는 '0'번부터 입력이 가능합니다. 표지가 있는 경우 시작 번호에 '0'을 입력하고 첫 페이지를 감추기 해도 됩니다.

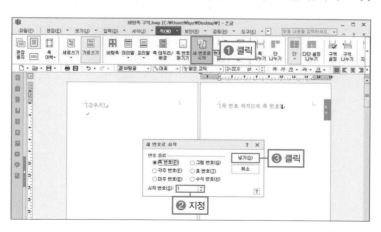

◢ 쪽 번호 매기기의 서식

쪽 번호의 글자 모양을 변경하려면 [F6] 키를 눌러 [스타일] 대화상자를 연 다음 스타일 목록의 '쪽 번호'를 선택합니다. [스타일 편집하기] 대화상자에서 [글자 모양] 버튼을 눌러 서식을 변경하고 [설정] 버튼을 클릭합니다. 이때 영문 이름은 반드시 'Page Number'이어야 합니다.

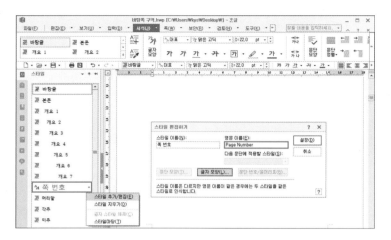

◢ 새 모양으로 바꾸기

쪽 번호의 번호 모양을 변경하려면 [Alt]+[Shift]+[Enter] 키를 눌러 구역을 나누고, [Ctrl]+[N], [P] 키를 눌러 쪽 번호를 다시 입력합니다. 또는 이전 구역에서 입력했던 쪽 번호를 복사해 붙이고 [Ctrl]+[N], [K] 키를 눌러 고치기 해도 됩니다.

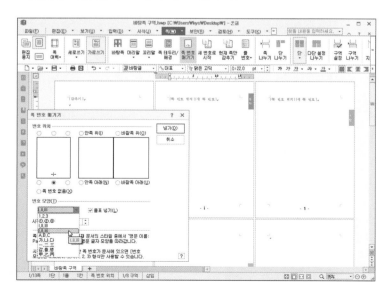

Sub 5 머리말/꼬리말 추가하기

• 완성 파일 : 03/02_Sub5

머리말/꼬리말은 '쪽 번호 매기기'보다 다양하게 편집할 수 있고, 모양을 변경할 때 구역을 나눌 필요가 없다는 장점이 있습니다. 단, 조판 부호에 대해 잘 모르는 사용자가 많기 때문에 한 페이지에 너무 많은 머리말/꼬리말을 입력하거나 조판 부호가 이동하여 문제가 생기는 경우가 많습니다. 한 페이지에 여러 개의 머리말/꼬리말이 입력되면 가장 마지막에 입력된 조판 부호로 머리말/꼬리말이 표시되므로 주의해야 합니다.

1 머리말/꼬리말 넣기

01 [쪽] 탭－[머리말]((Ctrl)+(N), (H))－ [위쪽]에서 [양 쪽] 버튼을 클릭하고 [오른쪽 쪽 번호]를 클릭하여 양 쪽 머리말을 입력합니다. 머리말 템플릿은 수정할 수 있기 때문에 어떤 것을 선택해도 큰 상관은 없습니다.

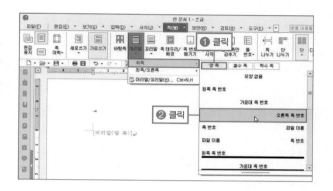

02 머리말을 더블클릭하여 줄표나 제목, 개체 등을 입력하거나 서식을 수정합니다.

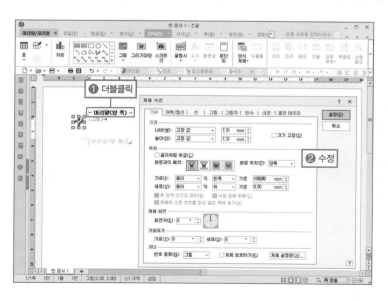

Tip 개체를 배치 상태로 입력할 경우 개체의 '위치' 값에 주의해야 합니다. [개체 속성] 대화상자에서 개체의 위치 값은 '가로'/'세로'로 표시되어 있습니다. 머리말 개체는 머리말 영역의 바깥으로 이동할 경우 '－' 값으로 입력됩니다. '가로'/'세로' 위치를 모두 '종이' 기준으로 선택하면 개체를 마우스로 자유롭게 이동할 수 있습니다.

② 머리말/꼬리말 감추기

감추고자 하는 페이지에서 Ctrl+N, S(현재 쪽만 감추기) 키를 누릅니다. '머리말', '꼬리말'에 체크 표시하거나 [모두 선택] 버튼을 클릭한 다음 [설정] 버튼을 클릭합니다.

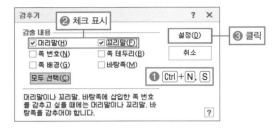

③ 이전 머리말/꼬리말과 다르게 수정하기

❶ 이전 머리말이 있는 첫 페이지로 이동하여 머리말/꼬리말의 조판 부호를 복사합니다.
❷ 수정이 필요한 페이지로 이동하여 복사한 [머리말 (양 쪽)] 등의 조판 부호를 붙이기 합니다.
❸ 머리말을 더블클릭해 들어가고 머리말을 수정합니다.

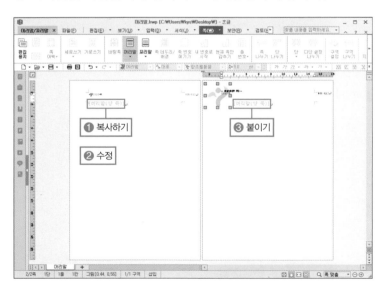

> Tip 수정이 필요한 페이지에서 Ctrl+N, H 키를 눌러 머리말/꼬리말을 새로 입력해도 됩니다. 머리말은 구역을 나눌 필요 없이 조판 부호만 별개이면 각각 다른 모양으로 수정할 수 있습니다.

④ 이후부터 머리말/꼬리말 지우기

❶ 지울 페이지에서 [Ctrl]+[N], [H] 키를 눌러 [머리말/꼬리말] 대화상자를 엽니다.

❷ 이전 머리말/꼬리말과 같은 종류를 선택하고 '없음'을 클릭한 다음 [만들기] 버튼을 클릭합니다.

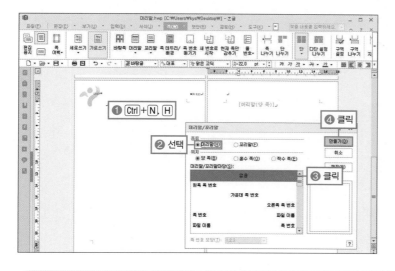

> Tip
> • 이전 머리말/꼬리말의 조판 부호를 복사해 붙인 다음 내용을 모두 삭제([Ctrl]+[A], [Delete])하고 나가기 해도 됩니다.
> • 문서에 입력된 모든 머리말/꼬리말을 지우려면, [편집] 탭−[조판 부호 지우기]를 이용합니다.

⑤ 머리말/꼬리말 양식 저장하기

01 머리말/꼬리말을 완성하면 조판 부호를 선택하고 [Alt]+[I] 키를 눌러 [본문 상용구 등록] 대화상자를 엽니다. '준말'을 입력하고 [설정] 버튼을 클릭합니다.

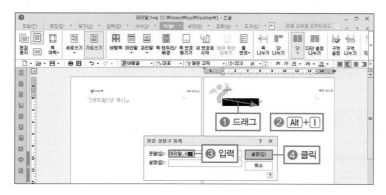

02 새로운 문서에서 '준말'을 입력하고 Alt + I 키를 눌러 등록한 머리말/꼬리말을 입력합니다. 또는 Ctrl + F3 키를 눌러 [상용구] 대화상자의 [본문 상용구] 탭 화면에서 찾아 입력해도 됩니다.

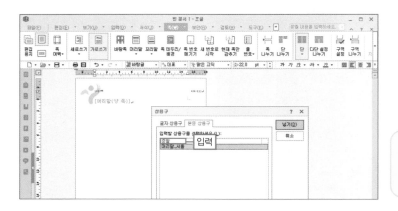

Tip 한글에서는 사용자가 만든 머리말/꼬리말 양식을 메뉴의 템플릿에 저장할 수 없습니다.

Tip 쪽 번호와 같이 조판 부호가 있는 명령은 항상 조판 부호를 켜 두고 작업해야 합니다. 조판 부호를 활용하면 불필요하게 여러 개의 명령이 입력되는 것을 방지하여 좀 더 쉽게 편집할 수 있습니다. 조판 부호는 글자처럼 문단에 따라 다른 페이지로 이동하거나 삭제될 수 있으니 주의해야 합니다.

6 홀짝수 머리말/꼬리말 만들기

홀짝수 머리말(꼬리말)은 쪽 번호에 따라 자동으로 홀짝수로 표시됩니다. 모든 책과 출판물의 홀수 페이지(1쪽)는 오른쪽이기 때문에 일반적으로 홀수 머리말은 오른쪽에, 짝수 머리말은 왼쪽에 디자인이나 글자가 있는 경우가 많습니다. 안쪽 부분은 대부분 제본되기 때문이죠. 홀짝 머리말을 만들 때는 왼쪽과 오른쪽에 글자가 있는 템플릿을 선택하고 수정하는 것이 좋습니다.

01 [쪽] 탭 – [머리말] – [위쪽]에서 [홀수 쪽] 버튼을 클릭하고 [오른쪽 쪽 번호]를 클릭합니다. 같은 방법으로 [짝수 쪽] 버튼을 클릭하고 [왼쪽 쪽 번호]를 클릭합니다.

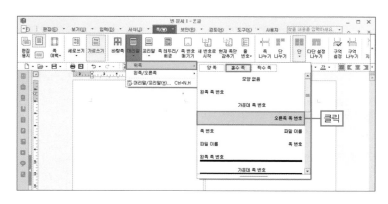

02 [쪽] 탭-[꼬리말]에서 [홀수 쪽] 버튼을 클릭하고 [오른쪽 쪽 번호]를 클릭한 다음 같은 방법으로 [짝수 쪽] 버튼을 클릭하고 [왼쪽 쪽 번호]를 클릭합니다.

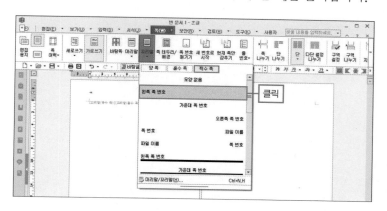

Tip 한 문단에서 홀수/짝수/머리말/꼬리말을 모두 입력합니다. 홀수 페이지에 짝수 머리말을 입력해도 상관없습니다.

03 홀수 쪽 머리말을 더블클릭한 다음 [입력] 탭-[도형]에서 '사각형'을 선택하여 크기가 '30×8mm'인 사각형을 그립니다. [도형] 탭에서 선색과 면 색을 '주황색 60% 밝게'로 지정합니다. 사각형을 더블클릭해 [개체 속성] 대화상자를 열고 다음과 같이 지정한 다음 [설정] 버튼을 클릭하여 대화상자를 닫습니다.

· '글자처럼 취급' 해제, 본문과의 배치 : '글 앞으로' 또는 '글 뒤로'
· 가로 위치 : '종이' 또는 '쪽'의 '오른쪽', −30mm(편집 용지 오른쪽 여백)
· 세로 위치 : '종이' 또는 '쪽'의 '오른쪽', −2.5mm

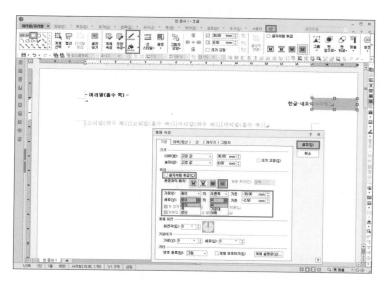

04 홀수 쪽 내용을 완성했다면 머리말 전체를 복사하여 짝수 쪽 머리말에 붙여 넣습니다. 짝수 쪽의 도형 위치와 글자는 홀수 쪽과 반대로 모두 '왼쪽'으로 변경합니다.

> Tip 머리말 영역의 바깥쪽은 마이너스 값으로 위치를 설정합니다. 머리말에서는 '종이' 또는 '쪽' 기준이 같습니다.

05 홀수 쪽 꼬리말을 더블클릭하고, [입력] 탭-도형에서 '직선'을 선택한 다음 Shift 를 누른 채 직선을 그립니다. [도형] 탭에서 선 색을 지정하고, '글자처럼 취급'에 체크 표시합니다.

· 크기 : 가로 100mm, 선 색 : 주황 60% 밝게

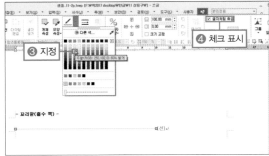

06 꼬리말 내용을 입력합니다. 일부 글자(쪽 번호)를 오른쪽 끝으로 정렬하려면, 글자 앞에서 [Tab] 키를 누릅니다. 쪽 번호는 [머리말/꼬리말] 탭 – [쪽 번호 넣기]나 [상용구 넣기]에서 선택합니다.

07 '홀수 쪽' 내용을 완성하면 내용을 모두 복사한 다음, '짝수 쪽' 꼬리말에 붙여 넣고 내용과 선의 위치를 서로 바꿉니다. 완성하면 [머리말/꼬리말 ×] 탭 또는 [Shift]+[Esc] 키를 눌러 본문으로 나갑니다.

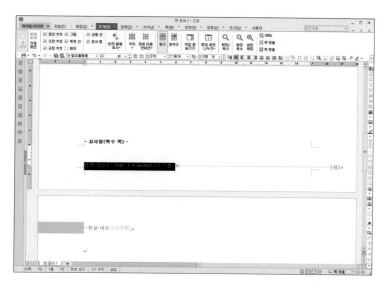

Sub 6 쪽 테두리/배경 설정하기

쪽 테두리/배경은 쪽 가장자리에 테두리를 만들거나 쪽 배경 색 또는 그림을 추가할 수 있는 명령으로, 구역 단위로 모양을 수정할 수 있습니다. 쪽 테두리/배경을 표지나 간지에만 추가하거나 일부분에만 추가하려면 앞뒤로 구역을 나누어 주어야 합니다.

01 [쪽] 탭-[쪽 테두리/배경]을 클릭합니다.

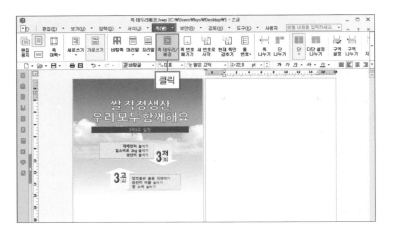

02 [쪽 테두리/배경] 대화상자의 [테두리] 탭 화면에서 테두리 종류를 '실선', 굵기를 '0.15mm', 색을 '에메랄드 블루'로 지정한 다음 [아래] 아이콘(⊞)을 클릭합니다.
위치에서 '쪽 기준'을 선택하고 '꼬리말 포함'에 체크 표시한 다음 왼쪽/오른쪽에 '25mm', 아래쪽에 '0mm'를 입력합니다.

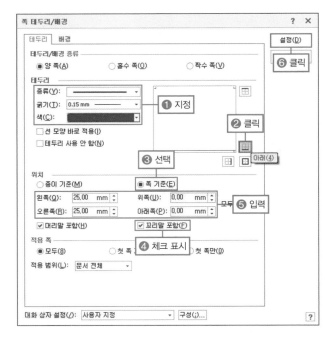

03 [쪽 테두리/배경] 대화상자의 [배경] 탭 화면에서 '그림'에 체크 표시하고 [그림 선택] 아이콘(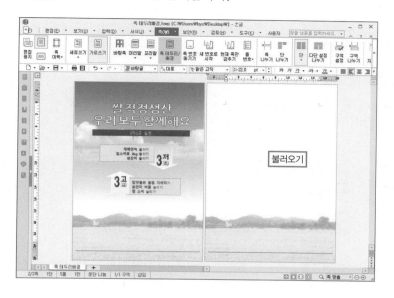)을 클릭하여 그림을 불러옵니다.

04 채우기 유형을 '가운데 아래로'로 지정하고 그림 효과에서 '워터마크 효과'에 체크 표시합니다. 워터마크 효과는 밝기와 대비 값을 조정하여 그림을 배경으로 넣기 좋도록 흐릿하게 만들어 줍니다.

채울 영역을 '종이'로 지정하고 [설정] 버튼을 클릭합니다.

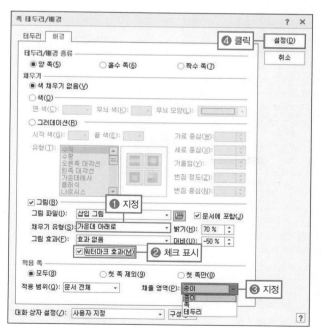

> Tip 표지를 제외하고 또는 표지로만 쪽 테두리/배경을 사용하려면 '적용 쪽'의 '첫 쪽 제외'나 '첫 쪽만'을 선택하여 설정합니다. 쪽 테두리/배경을 이후에 계속해서 사용하지 않으려면 적용 범위를 '새 구역으로'로 선택하고 쪽 테두리나 배경을 해제한 다음 [설정] 버튼을 클릭합니다.

1 기본 다단 설정하기

01 시험지처럼 단을 2단으로 실행하려면 [쪽] 탭-[단▼]-[둘]을 선택합니다.

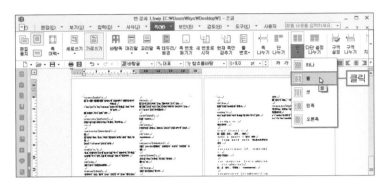

02 나뉘어진 단에 구분선을 추가하려면 [단] 아이콘(▦)을 클릭하여 [단 설정] 대화상자를 연 다음 '구분선 넣기'에 체크 표시하고 [설정] 버튼을 클릭합니다.

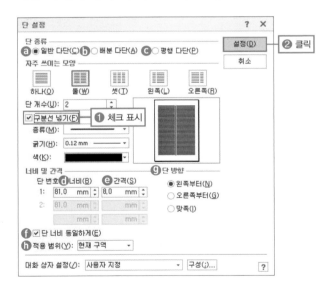

- **ⓐ 일반 다단** : 왼쪽 단을 모두 다 채운 후 오른쪽 단을 채우고 다음 페이지 왼쪽 단으로 넘어갑니다.
- **ⓑ 배분 다단** : 왼쪽 단, 오른쪽 단이 한 줄씩 입력됩니다. 단의 끝줄 높이가 맞추어 진다는 것이 일반다단과 다릅니다.
- **ⓒ 평행 다단** : 단을 나눌 때까지 왼쪽 단에만 입력됩니다. 단을 나누면 다음 단을 나눌 때까지 오른쪽 단에

만 입력됩니다. 평행 다단을 하나의 단으로 변경할 경우, 왼쪽 단 전체가 먼저 나오고 오른쪽 단 내용이 이어집니다.

ⓓ 단 너비 : 하나의 단에 입력할 수 있는 너비를 뜻합니다. 가로 눈금자에서 흰 부분으로 표시됩니다.

ⓔ 단 간격 : 단과 단 사이의 간격을 뜻합니다. 눈금자에서 단 사이 회색 부분으로 표시됩니다.

ⓕ 단 너비 동일하게 : 단 너비를 동일하게 조정합니다. 단 너비를 조정하면 단 간격이 자동으로 계산됩니다.

ⓖ 단 방향 : 단의 입력 방향을 왼쪽부터 할 것인지, 오른쪽부터 할 것인지 지정합니다. '맞쪽'으로 지정하면 바깥쪽에서 ▶안쪽 단의 순서로 입력됩니다.

ⓗ 적용 범위 : 다단은 구역 또는 단 설정 단위로 모양을 바꿀 수 있습니다.

② 단 나누기와 단 설정 나누기

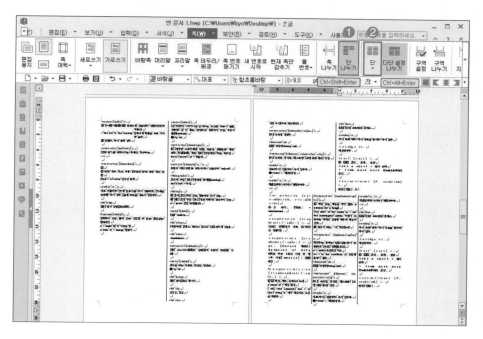

❶ **단 나누기(Ctrl+Enter)** : 단을 일부만 입력하고 나누어 다음 단으로 넘어갈 때 사용합니다. 단이 하나일 경우 쪽 나누기(Ctrl+Enter)와 같습니다.

❷ **다단 설정 나누기(Ctrl+Alt+Enter)** : 단 전체를 끝내고 다른 단으로 바꾸거나 단의 수와 모양을 바꿀 때 사용합니다. 다단 설정 나누기의 '단 사이 간격'은 '구역 설정'에서 설정합니다. 다단 설정 나누기를 삭제하려면 '단 사이 간격' 부분을 블록 지정한 후 삭제하면 됩니다.

> **Tip** 다단을 문서의 일부에만 사용하거나 다단에서 단의 일부를 사용하지 않으려면 블록을 지정하고 단을 설정합니다.

❸ 다단의 중앙에 개체 놓기

01 개체가 표시될 위치와 가장 가까운 곳을 커서로 클릭한 후 개체를 입력합니다. 개체를 입력하면 해당 위치에 조판 부호가 표시됩니다.

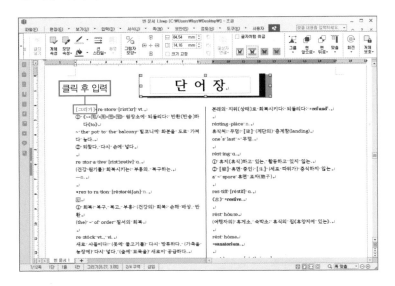

02 개체를 더블클릭하여 [개체 속성] 대화상자를 엽니다. 위치를 가로는 '쪽'의 '가운데', 기준 '0mm'로, 세로는 '쪽'의 '위', 기준 '0mm'로 지정합니다. 이렇게 위치 값을 지정하면 개체는 페이지가 바뀌어도 항상 쪽의 맨 윗부분 가운데에 위치하게 됩니다.

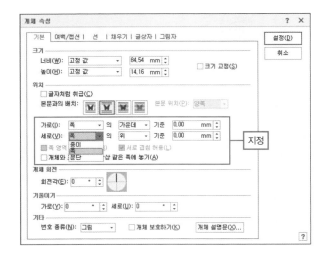

03 [여백/캡션] 탭 화면에서 아래쪽 여백에 '7mm'를 입력하고 [설정] 버튼을 클릭합니다.

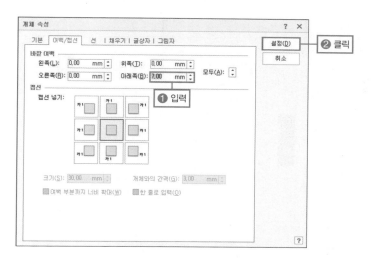

④ 다른 단에 입력된 개체 옮겨 놓기

다단에서 개체를 마우스나 방향키로 이동하면 개체와 조판 부호가 각각 다른 단에 있을 수 있습니다.

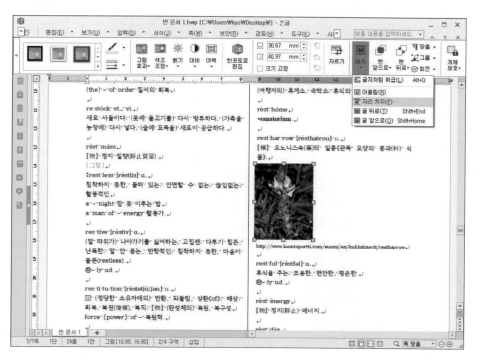

이럴 경우, 단이 바뀌면 개체가 여백으로 숨거나 다른 곳에 표시될 수 있습니다. 개체의 위치 값이 정해져 있기 때문이죠.

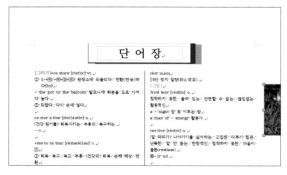

그렇기 때문에 단에서의 개체는 가급적 '글자처럼 취급' 옵션을 적용하는 것이 좋습니다. 부득이하게 배치해야 할 때는 위치 값을 '단'의 '0'으로 정확하게 입력해야 합니다.

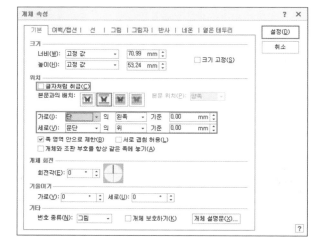

Tip 개체를 이동할 때는 개체를 직접 옮기는 것보다 해당 그 개체의 조판 부호를 찾아서 '[그림]' 조판 부호를 이동하는 것이 좋습니다.

한글의 주석에는 각주/미주와 숨은 설명이 있습니다. 숨은 설명은 조판 부호만 있고 본문에는 표시되지 않는 메모와 비슷한 명령인데요. [입력] 탭−[▼]를 눌러 주석 메뉴에서 찾아 입력할 수 있습니다.

각주는 본문 바로 아래 표시되는 주석이고 미주는 문서 끝이나 구역 끝에 한꺼번에 표시되는 주석입니다. 각주와 미주는 서로 변환할 수 있고, 문서로 저장할 수도 있습니다. 각주에 인용이 있는 경우 저장하여 참고문헌으로 첨부하면 됩니다.

■1 각주 넣기

추가 설명이나 인용, 참고문헌을 각주로 넣어야 할 페이지에서 [입력] 탭−[각주](Ctrl+N, N)를 클릭합니다. 페이지 하단에 [각주 번호]가 입력된 각주 영역이 표시되면 내용을 입력합니다.

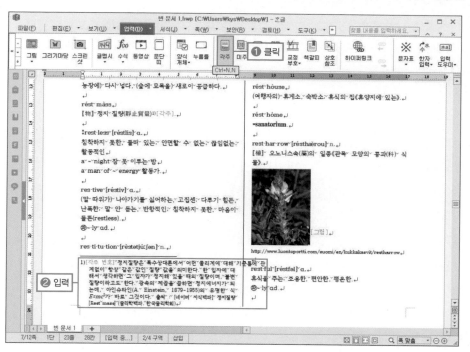

❷ 주석 도구

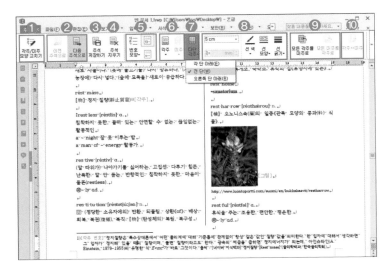

❶ 각주/미주 모양 고치기 : [주석 도구]에 있는 내용들을 좀 더 자세히 지정할 수 있습니다.

❷ 이전 주석으로/다음 주석으로 : 주석 내용을 이동합니다. 각주 번호를 찾아가려면 [Alt]+[G] 키를 눌러 [찾아보기] 대화상자를 열고 '조판 부호'의 '각주'를 선택한 다음 [가기] 버튼을 클릭합니다. 이후부터는 [Ctrl]+[L] 키를 이용해 찾을 수 있습니다.

❸ 주석 저장하기 : 주석 내용은 이어진 것이 아니라 번호별로 각각 다른 영역에 입력됩니다. 각주나 미주 전체를 저장하려면 [주석 저장하기]를 이용해 경로를 지정하고 저장합니다.

❹ 주석 지우기 : 불필요한 각주나 미주를 지우려면 주석 내용에서 [주석 지우기]를 클릭하거나 [각주] 조판 부호를 삭제합니다.

❺ 번호 모양 : 주석 번호의 모양을 변경합니다. 주석 모양은 구역 전체에 동일하게 적용됩니다.

❻ 주석 위치 : [각주]는 '꼬리말 바로 위' 또는 본문이 끝나는 '본문 아래'로 지정할 수 있고, [미주]는 '문서의 끝' 또는 '구역의 끝'으로 위치를 지정할 수 있습니다.

❼ 다단 각주 : 다단에서 각주의 위치를 '각 단 아래'나 단 전체('전 단'), '오른쪽 단 아래'로 지정할 수 있습니다.

❽ 구분선 : 각주의 구분선은 각주 바로 위에 표시되고 '길이'와 '선 색', '선 모양', '선 굵기'를 지정할 수 있습니다.

❾ 모든 각주를 미주로/모든 미주를 각주로 : 각주 전체를 미주로, 미주 전체를 각주로 변경합니다.

❿ 각주↔미주 : 입력된 각주는 미주로, 미주는 각주로 종류를 변경합니다.

③ 미주 넣기

❶ [입력] 탭-[미주]([Ctrl]+[N], [E])를 클릭하여 문서 끝에 미주를 입력합니다. 구역이 있는 경우 각 구역의 끝에 미주를 입력할 수 있습니다.

❷ 미주를 새로운 페이지로 구분하려면 미주를 모두 입력한 다음 미주 구분선 바로 위에서 [Ctrl]+[Enter] 또는 [Alt]+[Shift]+[Enter] 키를 눌러 페이지를 나눕니다.

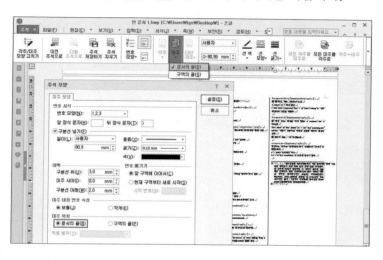

> **Tip**
> • 주석 내용은 삭제해도 상관 없지만, 본문에서 [각주]/[미주] 번호를 삭제하면 주석 전체가 삭제됩니다. 나타나지 않게 하려면 글자 색을 '흰색'으로 지정합니다.
> • 각주 내용의 서식은 스타일 ([F6])의 '각주(Footnote)' 스타일로, 미주는 '미주(Endnote)' 스타일로 조정합니다.

④ 각주 새 번호로 시작하기

❶ 새 번호로 시작할 각주의 앞부분에 커서를 가져다 놓고, [쪽] 탭-[새 번호로 시작]을 클릭합니다.

❷ [새 번호로 시작] 대화상자에서 '각주 번호'를 선택한 다음 '시작 번호'를 설정하고 [넣기] 버튼을 클릭합니다.

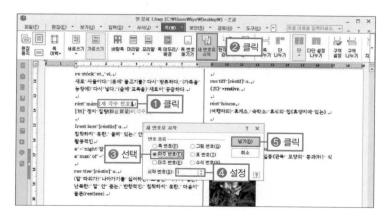

[미리 보기]는 서식 도구 또는 [파일] 탭에서 선택할 수 있습니다.

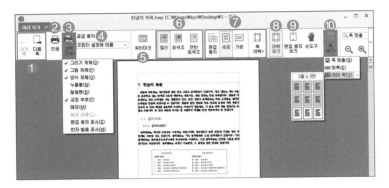

❶ 이전 쪽/다음 쪽 : 미리 보기 페이지를 이동합니다.

❷ 인쇄 : [인쇄] 대화상자를 엽니다.

❸ 선택 인쇄 : [인쇄] – [확장]에 있는 '선택 인쇄'로, 개체나 보기 표시 중 인쇄할 것과 인쇄하지 않을 것을 선택합니다.

❹ 공급 용지 : 프린터에 공급되는 용지의 크기를 지정합니다.

❺ 워터마크 : 워터마크는 '대외비'와 같은 글자나 그림(로고 등)을 본문과 겹쳐 인쇄하는 것으로, '워터마크 효과'나 각도와 투명도 등을 다양하게 지정하여 인쇄할 수 있습니다.

❻ 컬러 : 컬러를 '컬러'/'회색조'/'연한 회색조'로 지정할 수 있습니다. 흑백 인쇄할 때 '컬러'로 지정하고 인쇄하면 사진의 검은 부분이 너무 진하게 인쇄될 수 있는데, 이런 경우 '회색조'로 지정하고 인쇄하면 자연스러운 인쇄물을 얻을 수 있습니다.

❼ 편집 용지/쪽 여백 : 본문에서와 같이 편집 용지나 방향을 변경할 수 있습니다. 편집 상태를 확인하며 변경하여야 합니다.

❽ 여백 보기 : 용지 여백과 머리말/꼬리말 여백을 빨간 점선으로 표시합니다. '.'을 눌러서 표시 또는 해제할 수 있습니다. 실제로는 인쇄되지 않습니다.

❾ 편집 용지 보기 : 편집 용지를 녹색 실선으로 표시합니다. 실제로 인쇄되는 영역입니다.

❿ 쪽 보기 : 보기 방법을 변경하여 한 화면에 여러 쪽 보기 등을 설정할 수 있습니다.

⓫ 현재 쪽 편집 : 미리 보기에 표시되는 쪽의 본문으로 바로 이동합니다. Ctrl + Enter 키를 눌러 이동할 수 있습니다.

 **인쇄**

[인쇄]([Alt]+[P])는 [서식] 도구 또는 [파일] 탭에서 선택할 수 있습니다.

1 [인쇄] 대화상자 알아보기

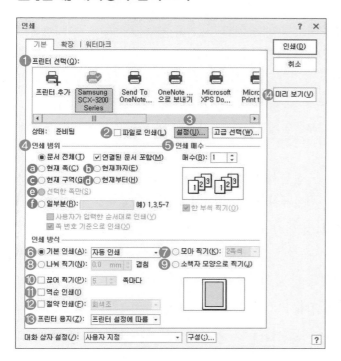

① **프린터 선택** : 연결된 프린터와 설치된 PDF 드라이버, 그림으로 인쇄를 선택할 수 있습니다.

② **파일로 인쇄** : PRN 파일로 인쇄되어 한글 프로그램이 없는 컴퓨터에서도 마우스 오른쪽 버튼을 클릭하여 인쇄할 수 있습니다.

③ **설정** : 선택한 프린터 속성을 표시합니다. 양면 인쇄나 인쇄 품질, 프린터의 머리말/꼬리말/워터마크 등을 설정할 수 있습니다.

④ **인쇄 범위** : 문서 전체-연결된 문서 포함-문서 정보([Ctrl]+[Q], [I])에 [문서 연결]된 문서를 이어서 인쇄합니다.

　ⓐ **현재 쪽** : 커서가 있는 현재 쪽을 인쇄합니다.

　ⓑ **현재까지** : 문서 처음부터 커서가 있는 현재 쪽까지 인쇄합니다.

　ⓒ **현재 구역** : 커서가 있는 현재 구역 전체를 인쇄합니다.

ⓓ **현재부터** : 커서가 있는 현재 쪽부터 문서 끝까지 인쇄합니다.

ⓔ **선택한 쪽** : 본문에서 필요한 쪽을 먼저 선택해 두고 [인쇄] 대화상자를 열면 선택되어 있습니다.

ⓕ **일부분** : 인쇄할 쪽을 ','(한 쪽씩)나 '−'(구간 지정)를 이용하여 입력하면 해당 페이지만 인쇄합니다.

❺ **인쇄 매수** : 인쇄할 부수를 입력합니다. 두 매 이상 인쇄할 경우 '한 부씩 찍기'를 선택할 수 있습니다.

❻ **기본 인쇄** : 프린터 설정이 '자동 인쇄'이고 공급 용지를 '프린터 설정에 따름'으로 지정했을 경우 프린터 용지는 편집 용지에 맞춰 자동 선택됩니다. 편집 용지와 공급 용지가 다를 경우 '공급 용지에 맞추어'로 지정하면 편집 용지가 자동으로 확대/축소되어 공급 용지에 맞춰 인쇄됩니다.

❼ **모아 찍기** : 한 용지에 두 페이지 이상 모아 인쇄합니다. 인쇄 용지의 방향은 자동으로 조정됩니다.

❽ **나눠 찍기** : 프린터로 인쇄할 수 없는 큰 편집 용지의 경우 작은 공급 용지에 여러 장으로 나누어 인쇄합니다. 인쇄 후 이어 붙이기 편하도록 '겹침' 정도를 설정하여 인쇄할 수 있습니다.

❾ **소책자 모양으로 찍기** : 인쇄물을 반으로 접어서 소책자로 만들어 볼 수 있도록 페이지 순서를 변경하여 인쇄합니다.

❿ **끊어 찍기** : 정해진 쪽마다 인쇄를 멈추고 다음 지시를 기다리도록 합니다.

⓫ **역순 인쇄** : 마지막 페이지부터 인쇄합니다.

⓬ **절약 인쇄** : '회색조'나 '연한 회색조'로 인쇄합니다.

⓭ **프린터 용지** : 프린터에 공급되는 용지를 선택합니다.

⓮ **미리 보기** : 설정한 내용을 바로 인쇄하지 않고 '미리 보기'로 확인합니다. 미리 보기 후에는 설정한 내용이 저장되어 다음 인쇄할 때도 적용되어 있을 수 있으니 주의해야 합니다.

② [인쇄] 대화상자의 [확장] 탭

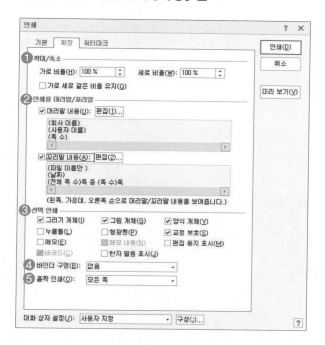

① **확대/축소** : 편집 용지와 공급 용지가 다를 경우 확대/축소로 비율을 맞추어 줄 수 있습니다. 용지별 확대 비율은 다음과 같습니다.

용지 종류	공급 용지	확대 비율	용지 종류	공급 용지	확대 비율
B4	B5	70%	B4	A4	81%
A4	B5	86%	B5	A4	115%
A4	B4	122%	A4	A3	141%
A3	A4	70%	B4	A3	115%
A3	B4	86%			

② **인쇄용 머리말/꼬리말** : 본문에 머리말/꼬리말이나 쪽 번호가 없는 경우 간단한 설정으로 머리말/꼬리말을 추가할 수 있습니다.

③ **선택 인쇄** : 도형, 그림, 형광펜, 메모, 한자 발음 표시 등의 인쇄 여부를 지정합니다.

④ **바인더 구멍** : 바인더로 제본하는 경우 구멍을 뚫기 위한 구멍 인쇄를 선택할 수 있습니다.

⑤ **홀짝 인쇄** : 양면 인쇄를 할 수 없는 경우 홀수 쪽을 먼저 인쇄한 다음 뒤집어서 짝수 쪽을 인쇄합니다.

Part 04

개체/표/차트 다루기

Part 4에서는 문서를 구성하는 그림부터 클립아트, 도형과 글 상자, 표 작성 방법에 대해 알아봅니다.
다양한 구성 요소를 이용하여 문서를 작성해 보세요.

개체 삽입하기

개체에는 표, 그림, 도형(글상자/선), 클립아트(그리기), 차트, 동영상, 글맵시, 수식 등이 있습니다. 개체에 관한 설정은 개체속성에서 하게 되는데, 개체 속성에는 '본문과의 배치'와 '위치', 캡션이 되는 '개체 종류'와 '여백/캡션' 등이 공통으로 표시됩니다. 먼저 개체의 기본 속성과 조작법에 대해 알아보겠습니다.

Sub **1** 본문과의 배치와 정렬(순서)

1 배치와 정렬 관련 메뉴 살펴보기

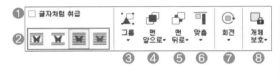
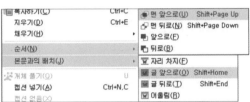

❶ **글자처럼 취급** : 배치 방법을 지정하지 않고 개체를 글자처럼 문단에 바로 입력하는 방식으로, MS 워드에서는 '텍스트 줄 안' 또는 '배치 없음'으로 표현합니다.

❷ **본문과의 배치** : 개체와 글자와의 배치 방법을 '어울림'/'자리 차지'/'글 앞으로'/'글 뒤로'로 지정할 수 있습니다. 정렬보다 우선 적용됩니다.

❸ **그룹** : 여러 개체를 다중 선택하여 하나의 '그리기'로 개체 묶기(풀기)합니다. 단, 표는 개체 묶기 할 수 없습니다.

❹ **정렬(순서)** : 개체 간 표시 순서를 '맨 앞으로'/'맨 뒤로'/'앞으로'/'뒤로'로 지정할 수 있습니다. 여러 개체가 겹쳐있는 경우 가급적 배치 방법을 동일하게 하고 정렬로 순서를 지정하는 것이 좋습니다.

❺ **맞춤** : 여러 개체를 다중 선택하여 개체 간 줄을 맞추거나 간격을 동일하게 맞출 때 사용합니다.

❻ **회전** : 개체를 회전하거나 대칭할 때 사용합니다.

❼ **개체 보호** : 편집이 끝난 개체가 이동하지 않도록 개체 보호(해제)합니다.

② 본문과의 배치 예

❶ 어울림 : 글자가 개체 주위를 둘러싸도록 배치하고 '본문 위치'를 지정할 수 있습니다. 개체를 글의 오른쪽에 배치할 경우 가로 위치를 '쪽'의 '오른쪽', 기준 '0mm'로 지정하고 본문 위치를 '왼쪽'으로 지정하면 글이 왼쪽에만 입력되고 개체는 쪽의 오른쪽에 맞춰지기 때문에 깔끔하게 배치할 수 있습니다. 세로 위치를 '문단'을 기준으로 지정하면 문단이 이동할 때 개체도 함께 이동하기 때문에 개체와 본문이 따로 떨어지는 것을 방지할 수 있습니다.

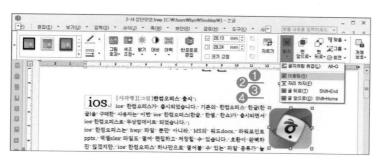

❷ 자리차지 : 표에서 주로 사용하는 배치 방법으로, 개체가 있는 줄에는 글자가 입력되지 않도록 한 줄을 모두 차지하는 배치입니다. 자리 차지 배치인 개체 옆에 다른 자리 차지 개체를 가져다 놓으면 바깥으로 튕겨나갈 수 있습니다.

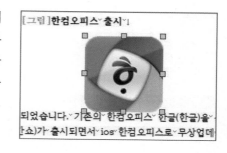

❸ 글 앞으로 : 도형에 주로 사용하는 배치로, 글자를 포함하여 다른 개체의 앞에 배치합니다.

❹ 글 뒤로 : 개체를 배경처럼 글자나 다른 개체의 뒤에 배치합니다. [Alt] 키를 누른 채 클릭하여 선택할 수 있습니다.

③ 개체 위치

개체 위치는 특정 기준에서 개체의 '가로'/'세로' 위치 값을 설정하여 지정할 수 있습니다. '글자처럼 취급' 상태에서는 지정할 수 없고 '배치' 상태에서 지정할 수 있는데, 마우스로 개체를 이동하면 위치 값이 자동으로 설정됩니다. 정확한 위치 값을 설정하려면 [개체 속성] 대화상자의 위치에서 기준을 지정하고 위치 값을 입력합니다.

❶ 가로 : '종이'/'쪽'/'단'/'문단'의 '왼쪽'/'가운데'/'오른쪽'/'안쪽'/'바깥쪽'을 기준으로 값을 설정할 수 있습니다.

❷ 세로 : '종이'/'쪽'/'문단'의 '위'/'가운데'/'아래'를 기준으로 값을 설정할 수 있습니다.
  • 종이 : 편집 용지 가장자리를 기준으로 합니다.
  • 쪽 : 편집 용지에서 여백을 뺀 본문 영역을 말합니다.
  • 단 : 다단의 경우 개체의 조판 부호가 위치한 단을 말합니다.
  • 문단 : 개체의 조판 부호가 위치한 문단을 말합니다.

④ 개체 조작법(표 제외)

  • 개체 선택 : [F11] 키로 선택한 후 [Tab] 키로 옮겨가며 선택할 수 있습니다.
  • 다중 선택 : [Shift] 키를 누른 채 여러 개체를 선택하거나, [편집] 탭-[개체 선택]을 클릭 후 드래그하여 개체를 선택합니다. 개체의 일부만 드래그해도 개체가 선택되도록 하려면 [환경 설정] 대화상자의 [개체] 탭 화면에서 '일부분 선택만으로 개체 전체 선택'에 체크 표시합니다.
  • 비율 유지 : [Shift] 키를 누른 채 도형을 그리면(또는 전체 크기 조절) 비율이나 각도를 유지하며 그릴 수 있습니다. 반대로 그림을 '마우스로 크기 지정'하여 넣기 할 경우에는 비율을 유지하지 않은 채 크기를 지정할 수 있습니다. [Shift]+[방향키]를 이용하면 1pt 씩 크기 조절이 가능합니다. 삽입된 그림을 자르기 할 때는 [Shift] 키를 사용합니다.
  • 개체 복사 : [Ctrl] 키를 누른 채 마우스로 드래그하면 개체가 복사됩니다. [Ctrl] 키를 누른 채 크기 조절할 경우 중심을 유지하며 사방으로 크기가 커지거나 작아집니다.
  • 세밀한 조작 : [Alt] 키를 누른 채 조작하면 세밀하게 조절하거나 격자에 붙지 않고 부드럽게 조절할 수 있습니다. '글 뒤로' 배치이거나 여러 개체와 겹쳐진 개체를 선택할 때도 사용합니다.

01 [입력] 탭-[그림] 아이콘(🖼)
을 클릭하여 [그림 넣기] 대화상자를
엽니다. 그림의 경로를 찾아 선택하고
'글자처럼 취급' 옵션에 체크 표시한
다음 [넣기] 버튼을 클릭합니다.

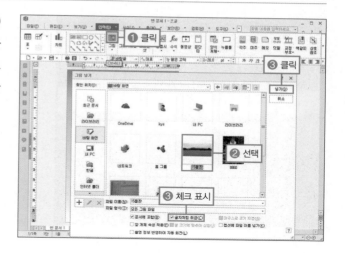

Tip **그림 넣기 옵션**

• 문서에 포함 : 그림을 문서에 포함하여 삽입합니다.

• 글자처럼 취급 : 그림을 배치하지 않고 글자처럼 문단에 삽입합니다.

• 마우스로 크기 지정 : 그림 크기를 마우스로 지정하면서 삽입합니다. 위치는 '종이'를 기준으로 지정됩니다.

• 앞 개체 속성 적용 : 앞 개체의 크기와 효과를 동일하게 적용하여 삽입합니다.

• 셀 크기에 맞추어 삽입 : 셀 세로 크기에 맞추어 그림을 삽입합니다. 해제하면 셀 가로 크기에 맞추어 삽입됩니다.

• 캡션에 파일 이름 넣기 : 그림에 캡션과 파일 이름을 추가하여 삽입합니다.

02 [개체 속성] 대화상자에서 본문과의 배치를 '글 뒤로', 위치를 가로는 '종이'의 '왼쪽' 기준
'0mm', 세로는 '종이'의 '아래' 기준 '0mm'로 지정합니다. 설정을 마치면 그림 크기를 조정합니다.

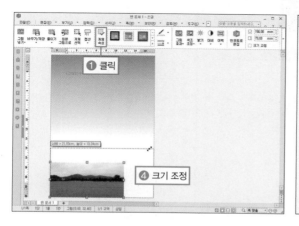

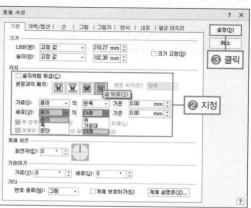

03 그림을 선택하여 [한포토로 편집]의 [투명 효과] 탭을 엽니다.

04 '보정 후' 부분의 사진에서 투명 효과를 적용할 부분을 클릭하여 배경을 제거하고 [적용] 버튼을 클릭해 본문으로 돌아옵니다.

Tip 일반적으로 그림은 '글자처럼 취급' 옵션을 적용한 채 삽입하는 것이 좋습니다. 다른 개체와 개체 묶기 하거나 글 안에 '어울림' 배치할 것이 아니라면 글자로 취급하여 문단에 삽입하는 것이 편리합니다.

05 그림을 더블클릭하여 [개체 속성] 대화상자를 엽니다. [그림] 탭 화면에서 밝기를 '50%'로, 대비를 '–50%'로 설정하고 [설정] 버튼을 클릭합니다.

06 Ctrl+N, I 키를 눌러 [그림 넣기] 대화상자를 열고 삽입한 그림의 '글자처럼 취급' 옵션을 해제합니다. '마우스로 크기 지정'에 체크 표시하고 [넣기] 버튼을 클릭합니다.

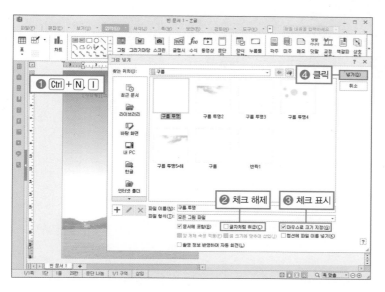

07 + 표시가 나타나면 마우스로 드래그하여 그림 크기를 지정합니다. 그림 크기를 지정하면 자동으로 '종이' 위치가 지정됩니다.

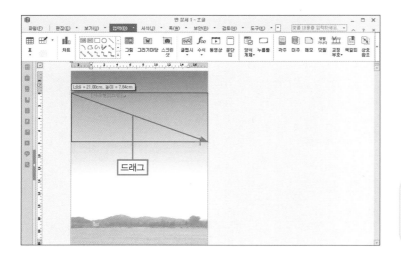

> Tip 배경이 투명한 그림은 한글 2010 버전부터 제대로 표현됩니다.

08 그림을 '글 뒤로'로 배치하고 '개체 보호하기'를 선택하여 본문 입력에 방해가 되지 않도록 합니다.

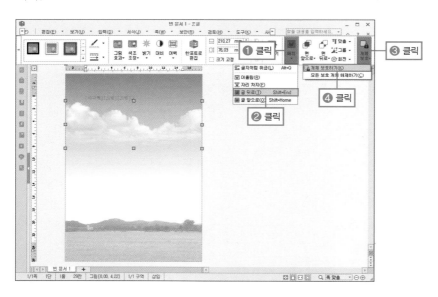

> Tip 보호된 개체는 개체를 마우스 오른쪽 버튼으로 클릭하고 '그림 고치기'를 실행하여 표시되는 [개체 속성] 대화상자에서 수정할 수 있습니다.

01 [입력] 탭−[그리기 마당]을 클릭하여 [그리기 마당] 대화상자를 엽니다. [공유 클립아트] 탭 화면에서 [한글무늬] 꾸러미의 '자연보호 08'을 선택하고 [넣기] 버튼을 클릭합니다. 클립아트는 그림(PNG) 파일로, [그림] 조판 부호로 삽입됩니다.

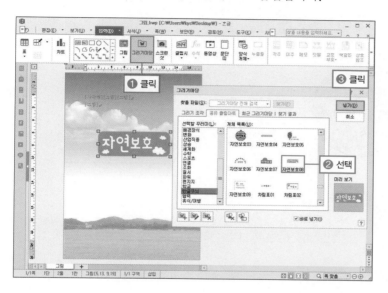

02 같은 방법으로 [그리기 마당] 대화상자를 열고 [그리기 조각] 탭 화면에서 [자연(우주)] 꾸러미의 '지구'를 선택한 다음 [넣기] 버튼을 클릭합니다. 그리기 조각은 여러 도형을 겹쳐 그룹화한 것으로, [그리기] 조판 부호로 삽입됩니다.

03 그리기한 개체를 선택하고 [U] 키를 여러 번 눌러 개체 풀기를 실행합니다. 그리기한 개체를 풀면 최종적으로는 각 도형으로 나누어집니다. 개체를 풀기 전에 반드시 [그림] 탭에서 '글자처럼 취급' 옵션에 체크를 해제해야 합니다.

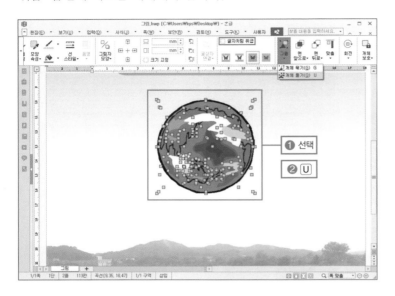

04 나누어진 그리기 조각 중 일부를 선택하여 채우기 색 등을 수정할 수 있습니다. 수정을 마친 후 개체 선택하여 하나의 그리기로 개체 묶기 해 줍니다.

> Tip 클립아트는 개체 풀기 할 수 없습니다.

Sub 4 도형과 그리기

1 그러데이션 도형 그리기

01 [입력] 탭에서 '직사각형'을 선택하고, 원하는 크기의 사각형을 그립니다. 같은 도형을 계속해서 그리려면 도형 아이콘을 마우스 오른쪽 버튼으로 클릭하여 [도형 계속 그리기]를 실행합니다.

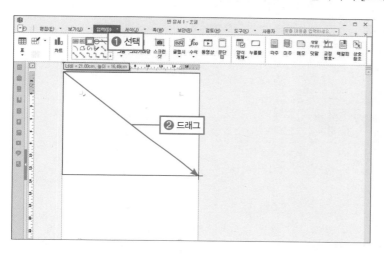

02 사각형을 선택하고 [도형 도구]-[선 스타일]-[선 종류]-[선 없음]을 선택합니다. 글자가 입력되지 않은 도형을 '선 없음'으로 지정하면 테두리가 보이지 않습니다.

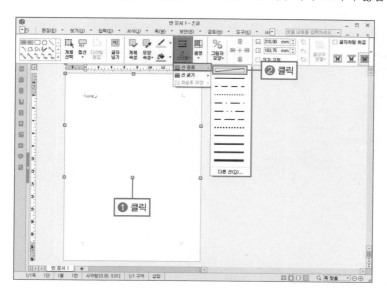

03 사각형을 더블클릭하여 [개체 속성] 대화상자를 엽니다. [채우기] 탭 화면에서 '그러데이션' 을 선택하고 유형을 '수평', 시작 색을 '에메랄드 블루 40% 밝게', 끝 색을 '흰 색'으로 지정합니다. 번짐 중심을 '30'으로 설정하고 [설정] 버튼을 클릭합니다.

☑ 갈매기형 수장 목록 상자 그리기

• 완성 파일 : 04/01_Sub4_2

01 [입력] 탭에서 [그리기 마당]을 클릭하고 [그리기 마당] 대화상자의 [블록화살표]에서 '갈매기형 수장'을 선택하여 그립니다.

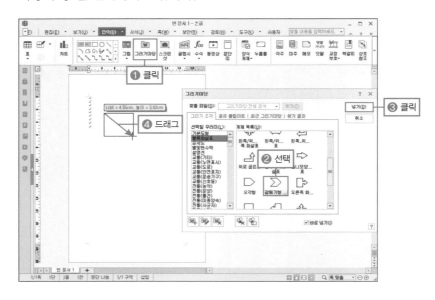

02 [보기] 탭-[격자▼]-[격자 설정]을 클릭하여 [격자 설정] 대화상자를 열고 '가로/세로 선' 격자와 '격자 자석 효과'를 선택한 다음 [설정] 버튼을 클릭합니다.

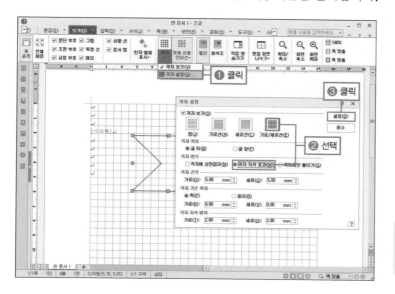

Tip 다각형을 편집할 때 격자를 켜고 조정하면 좀 더 쉽게 편집할 수 있습니다.

03 도형을 격자에 맞춰 배치한 다음 [도형 도구]에서 [다각형 편집]을 클릭합니다. 꺾인 부분의 점 위에 마우스 포인터를 올리고 마우스 포인터 오른쪽에 ✛ 모양이 표시되면 왼쪽으로 드래그합니다. 같은 방법으로 나머지 꺾인 부분을 조정합니다.

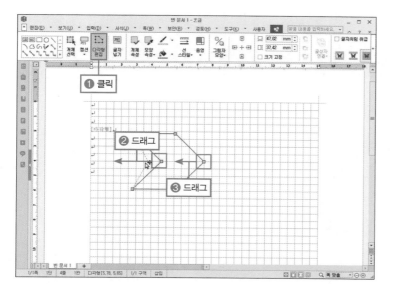

04 [도형 도구]에서 [회전]-[오른쪽으로 90도 회전]을 선택하고 격자 설정에서 '격자 보기'와 '격자 자석 효과'를 해제합니다.

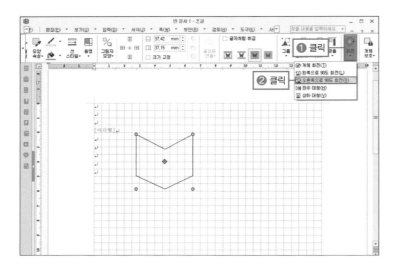

05 [도형]에서 [가로 글상자]를 선택하여 글상자를 그립니다. 글상자의 정렬 순서를 '맨 뒤로'로 지정하고 다각형과 일부 겹쳐지도록 방향키로 이동합니다.
[개체 속성] 대화상자의 [선] 탭 화면에서 선 색을 '멜론 색'으로 지정하고 '곡률 지정'을 선택한 다음, 값을 '10%'로 설정하고 [설정] 버튼을 클릭합니다.

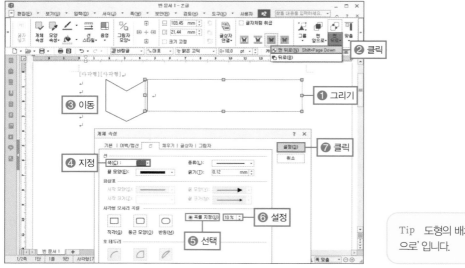

Tip 도형의 배치는 모두 '글 앞으로' 입니다.

06 갈매기형 수장 도형을 선택하고 [글자 넣기]를 클릭하여 글상자로 변경한 다음 선 색과 채우기 색을 모두 '멜론 색'으로 지정합니다.

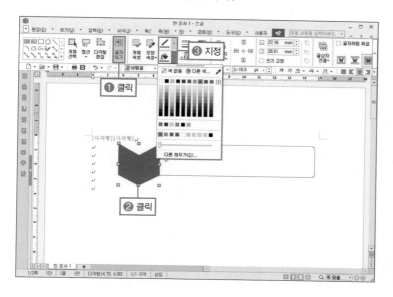

Tip 개체 묶기 하기 전에 개체를 글상자로 변경해 두어야 합니다.

07 Shift 키를 누른 채 두 도형을 클릭하여 다중 선택한 다음 G 키를 눌러 개체를 묶습니다. [개체 묶기] 대화상자가 열리면 [실행] 버튼을 클릭합니다.

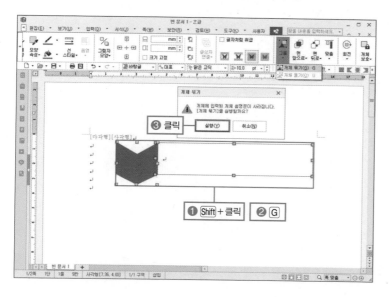

08 그룹화된 도형을 선택하고 [Ctrl]+[Shift] 키를 함께 누른 채 마우스로 드래그하여 복사합니다.

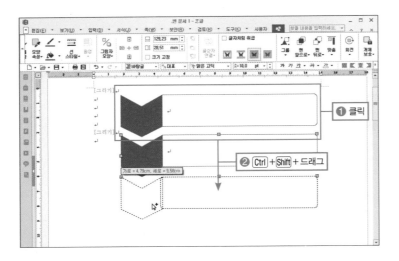

09 모든 개체를 선택하고 [도형 도구]-[맞춤]-세로 간격을 동일하게]를 선택하여 간격을 조정합니다. 편집이 끝나면 다시 모든 개체를 선택한 다음 [G] 키를 눌러 개체를 묶습니다.

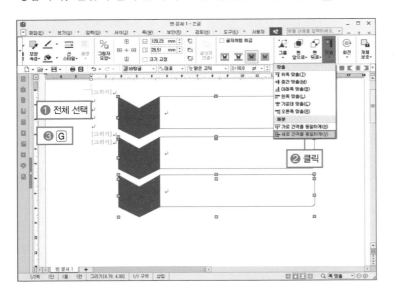

Tip 만들어 놓은 도형을 다시 사용하려면 상용구에 추가해도 되지만 그리기 마당에 추가할 수도 있습니다. 개체 묶기한 그리기 개체를 선택하여 마우스 오른쪽 버튼을 클릭하고 [그리기 마당에 등록]을 실행합니다. '꾸러미 목록'과 '이름'을 입력한 다음 [등록] 버튼을 누르면 다른 그리기 조각처럼 필요할 때마다 사용할 수 있습니다.

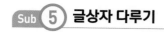
1 글상자 만들기

　[입력] 탭-[도형]-[가로 글상자]를 선택한 후 드래그하여 글상자를 그립니다. 정사각형으로 그리려면 Shift 키를 누른 채 드래그합니다. 글상자의 조판 부호는 도형과 같습니다.

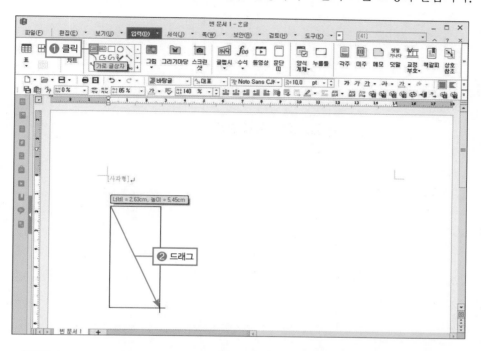

> **Tip** 처음부터 글상자를 선택하여 그리기 할 필요 없이, 도형을 그린 후 도구 메뉴나 마우스 오른쪽 버튼의 [글자 넣기]를 실행해도 글상자가 됩니다.
>
> 도형이 글상자로 바뀌면 [개체 속성] 대화상자에 [글상자] 탭이 생기고 '안 여백'과 '세로 정렬', '한 줄로 입력', '세로쓰기' 등을 지정할 수 있습니다.

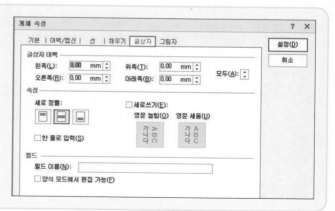

2 글상자 연결하기

01 글상자를 그린 다음 선 색과 채우기 색을 지정합니다. 이 모양을 도형의 기본 모양으로 지정하려면 글상자를 마우스 오른쪽 버튼으로 클릭하고 [새 그리기 속성으로]를 실행합니다.

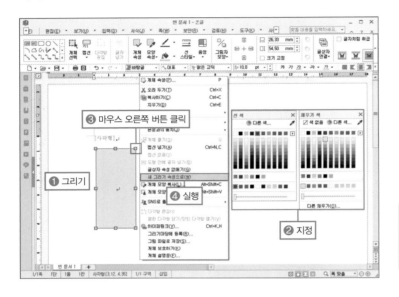

Tip '선 색'과 '채우기 색' 팔레트는 분리선을 잡고 끌어서 화면 아무 곳에나 띄워 놓고 사용할 수 있습니다.

02 네 개의 글상자를 더 만들고 [도형 도구]-[맞춤]을 클릭한 다음 [위쪽 맞춤], [아래쪽 맞춤], [세로 간격 동일하게]를 이용하여 가지런히 정렬합니다.

Tip 개체를 다중 선택했을 때 연두색으로 선택된 개체가 맞춤의 기준이 됩니다.

03 도형과 도형 사이의 연결선을 개체 연결선인 '꺾인 연결선'을 이용하여 그려 줍니다. 선을 그린 후 양쪽 끝을 각 도형의 중간 부분과 연결하면 도형을 이동해도 연결된 선의 길이가 자동으로 조절되는 개체 연결선이 됩니다.

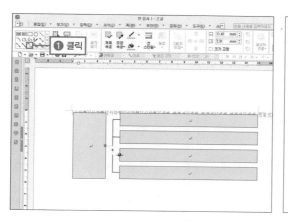 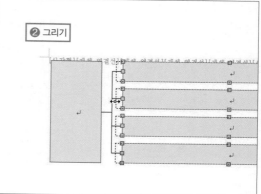

Tip 글상자같은 도형뿐만 아니라 그림도 개체 연결선을 이용해 연결할 수 있습니다.

04 글상자를 연결하기 위해 첫번째 글상자를 선택합니다. [도형 도구]-[글상자 연결]을 클릭하고 마우스 포인터 모양이 바뀌면 연결할 다음 글상자를 선택합니다. 같은 방법으로 나머지 글상자를 모두 연결하면 첫번째 글상자에서 마지막 글상자까지 본문을 입력하듯이 이어서 입력할 수 있습니다.

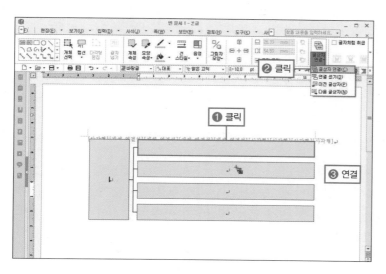

Tip 연결을 끊으려면 연결된 글상자에서 [도형 도구]-[글상자 연결▼]-[연결 끊기]를 선택합니다.

1 수식 입력하기

01 [입력] 탭-[수식]-[일반]-[총합]을 선택하여 수식을 삽입한 다음 수식을 더블클릭해 [수식 편집기] 대화상자를 엽니다. 단축키 Ctrl+N+M 키를 눌러도 됩니다.

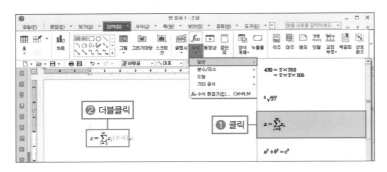

02 가운데 편집 창에서 필요 없는 글자를 지우고 새로운 글자를 입력합니다. 분수는 도구에서 분수 템플릿(Ctrl+O)을 추가하고 □ 안에 '10-1'과 '9'를 각각 입력합니다. 첨자는 '10' 오른쪽을 클릭하고 첨자 템플릿(Shift+[6])을 추가한 다음 □ 안에 'n'을 입력합니다. 같은 내용을 아래 스크립트 입력창에 입력할 경우에는 분수와 첨자를 '{10^n -1} over 9' 이렇게 글자로 입력합니다.

2 스크립트 입력창의 입력 기호

스크립트 입력창에서는 명령어와 입력 기호를 조합하여 글자로 수식을 완성할 수 있고, 여기에 입력된 내용은 수식으로 변환되어 편집 창에 표시됩니다. 템플릿을 이용한 편집 창이 사용하기 편리하다고 느껴질 수 있지만, 간혹 템플릿만으로는 표현하기 어려운 수식이 생기기도 합니다. 원활한 스크립트 입력창 사용을 위해 몇 가지 명령어와 입력 기호를 알아보겠습니다.

■ 입력 기호

- **빈 칸** : 스크립트 입력창에서 빈 칸이나 Tab, Enter 등은 수식으로 변환되지 않습니다. 이것들은 수식과 수식, 그룹과 그룹을 구분하는데 사용되기 때문에 많이 입력해도 상관없습니다. 위 첨자를 입력하다가 끝내거나 근호나 분수를 끝낼 때에는 빈 칸을 입력하여 구분해 주세요.
- **~** : Spacebar 키를 누른 것만큼의 빈 칸을 띄웁니다.
- **`** : ¼ 크기의 빈 칸을 띄웁니다.
- **{ }** : 명령어 구문을 묶거나 글자를 10자 이상 입력할 때 사용합니다. 템플릿을 사용할 경우 편집 창에서는 □에, 스크립트 입력창에서는 { }에 값을 입력하면 됩니다. (중괄호를 수식으로 표시할 때는 ‘left {’ 나 ‘right }’로 입력)
- **#** : Enter 대신 줄을 바꾸는데 사용합니다.
- **&** : ‘pile’이나 ‘cases’, ‘matrix’ 등 여러 줄로 입력되는 수식에서 Tab 키처럼 칸을 맞추는데 사용됩니다.
- **“ ”** : 명령어를 텍스트로 입력합니다. “ ” 안에 빈 칸을 입력하면 단순한 공백으로 적용됩니다.
- **bold** : 진하게(여러 단어라면 { }를 이용) 만듭니다. (bold 해제는 Spacebar 또는 Tab)
- **rm** : 로만체(일부에만 지정할 경우 {rm }를 이용)를 만듭니다. (로만체 해제 : ‘it’(중괄호로 묶어 사용하면 해제할 필요 없음))
- **rmbold** : 진한 로만체를 만듭니다. 로만체와 진하게를 각각 해제합니다.

■ 기본 명령어

- **^** : 위 첨자(명령어 입력 상자에서는 'sup')
- **_** : 아래 첨자(명령어 입력 상자에서는 'sub')
- **times** : 곱하기
- **div** : 나누기
- **over** : 분수
- **atop** : 가로선이 없는 분수
- **sqrt** : 근호(차수 : of) = root 도 사용 가능

- **int, oint** : 적분
- **sum** : 합계
- **bigg+기호** : 기호 확대
  (분수 등을 사용할 때 기호를 크게 표시)
- **not** : 글자 앞에 붙여 글자에 사선을 그음
  (예, ‘not =’는 ≠)

Tip 스크립트 입력창의 수식 예

$$\frac{\sqrt[n]{a}}{\sqrt[n]{b}} = -\sqrt[n]{\frac{a}{b}}$$

sqrt a over sqrt b =- sqrt {a over b}

$$a_n = (-1)^{\frac{n(n+1)}{2}}$$

a_n =(-1)^{n(n+1) over 2}

$$\mathrm{Lim}_{n \to \infty} \frac{5^n a_n}{3^n + 1}$$

Lim _{ n->inf} {{5^n a_n} over {3^n +1}}

$$\overline{PA} = \overline{PQ} + \overline{PR}$$

rm bar PA = bar PQ + bar PR

$$\begin{cases} \sqrt[n]{2} \sin y = \sin x \\ \sqrt[n]{3} \tan y = \tan x \end{cases}$$

cases{sqrt 2 `{rm sin}``y=sin`` x #
sqrt 3 `{rm tan}``y=tan``x }

$$\left(\log \frac{x}{y} \right)\left(\log \frac{y}{x} \right)$$

LEFT (log~`` x over y RIGHT)
LEFT (log~`` y over x RIGHT)

01 [입력] 탭-[글맵시▼]에서 원하는 템플릿을 선택합니다. 글맵시는 도형처럼 글자의 테두리와 배경 색, 모양을 지정할 수 있는 개체입니다. 글맵시를 더블클릭하거나 선택한 채 P 키를 누르면 [개체 속성] 대화상자를 이용할 수 있습니다.

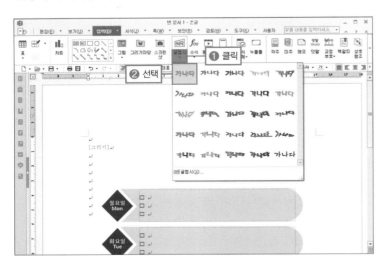

02 [개체 속성] 대화상자의 [글맵시] 탭에서 '내용'에 글자를 입력하고, '글자 간격'을 '70'으로 설정한 다음 [설정] 버튼을 클릭합니다.

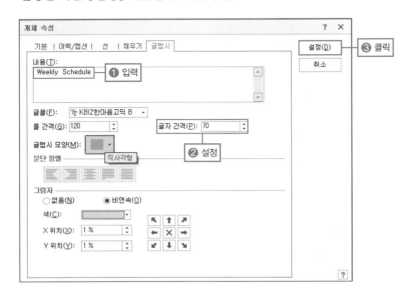

03 [글맵시 도구]에서 채우기 색을 '루비색 30%', 글맵시 모양을 '갈매기형 수장'으로 지정합니다. 글맵시는 '글자처럼 취급'이나 배치, 위치, 정렬 등의 개체 속성을 사용할 수 있고 다른 개체와 겹쳐 놓을 수도 있습니다.

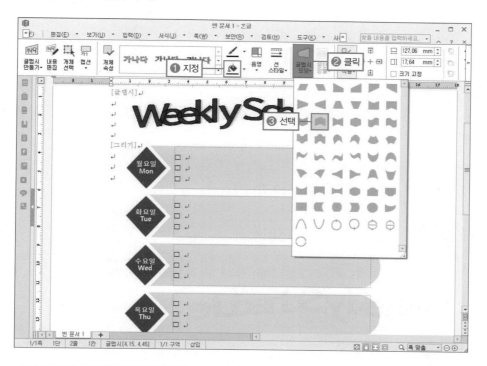

> Tip 글자로는 표현할 수 없는 모양이 있습니다. 글자 회전이나, 세로쓰기의 불가능한 모양, 그리고 글자의 테두리/채우기 색 지정과 같은 것인데요. 이럴 경우 글맵시를 사용하면 좋습니다.
>
> 글맵시는 개체이기 때문에 회전과 대칭이 가능하고 그러데이션이나 투명도를 조정할 수 있습니다. 주의할 점은 PDF를 변환할 때 'Hancom PDF' 드라이버를 사용해야 한다는 것입니다. 글맵시나 그러데이션 등의 명령이 사용되었을 경우 PDF 결과물을 반드시 확인해 보아야 합니다.

❶ 하이퍼링크를 입력할 개체나 문자열을 선택한 다음 [입력] 탭－[하이퍼링크]를 클릭하거나 Ctrl＋K＋H 키를 누릅니다.

❷ '연결 종류'는 '한글 문서'로, '연결 대상'은 [파일 선택] 아이콘(📁)을 클릭하여 연결할 문서를 지정합니다.

❸ 연결할 위치를 지정한 다음 [넣기] 버튼을 클릭합니다.

※ 하이퍼링크는 '문서의 처음'이나 '개요', '표'와 같은 개체, '책갈피', 그리고 웹 주소 등으로 연결할 수 있습니다.

❹ 링크된 개체에 마우스를 가져다 놓으면 마우스 포인터가 손가락 모양으로 변경됩니다. 이때 클릭하면 개체에 연결된 위치나 웹 주소로 이동합니다.

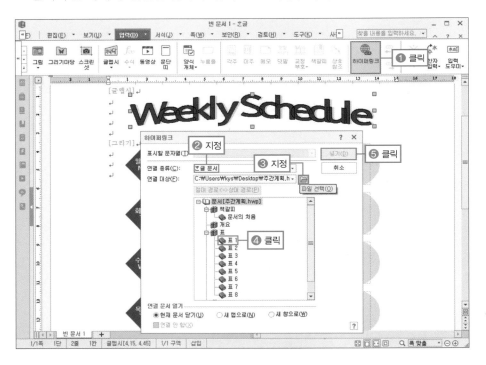

Tip 하이퍼링크를 삭제하려면 조판 부호에서 [하이퍼링크]를 삭제하거나, [편집] 탭－[조판 부호 지우기]를 선택합니다. 단, 개체에 연결한 하이퍼링크는 조판 부호가 없고 수정도 불가능하기 때문에 개체에 연결한 하이퍼링크를 삭제하려면 개체를 지우고 다시 만들어야 합니다.

01 [입력] 탭-[스크린 샷]을 선택합니다. [스크린 샷] 대화상자의 사용할 수 있는 창 목록 중 캡처할 창을 선택하고, '글자처럼 취급'에 체크 표시한 다음 [넣기] 버튼을 클릭합니다. '마우스로 크기 지정'은 선택한 창을 마우스로 크기를 지정해서 입력합니다. 마우스로 크기를 지정하여 입력하면 '종이' 위치가 지정됩니다.

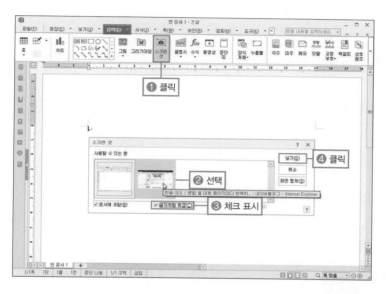

Tip [스크린 샷] 대화상자에서 [화면 캡처] 버튼을 클릭하면 마우스로 캡처할 화면 크기를 자유롭게 지정하여 한글 창에 바로 삽입할 수 있습니다. 만약 한글 상위 버전이 아니라서 [스크린 샷]이 메뉴에 없다면 [Print Screen] 키를 누르고 한글에서 [Ctrl]+[V] 키로 붙이기 하여 편집할 수 있습니다.

1 동영상 파일 삽입하기

❶ [입력] 탭-[동영상]을 클릭합니다.

❷ 로컬 동영상의 '동영상 파일 선택'을 클릭하여 동영상 파일을 가져옵니다. 입력할 수 있는 동영상 파일의 종류는 '.mpg', '.avi', '.asf', '.wmv', '.mp4'가 있습니다.

❸ '문서에 포함'에 체크 표시하고 [넣기] 버튼을 클릭합니다. 파일의 용량이 크면 문서에 포함하지 않고 연결 상태로 입력할 수 있는데 이럴 경우 동영상 파일과 한글 파일을 같은 폴더에 두는 것이 좋습니다.

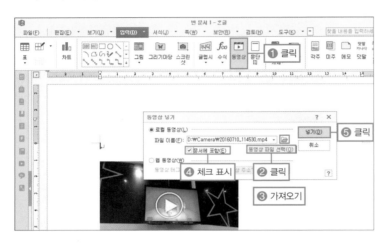

2 웹 동영상 삽입하기

01 한글에 삽입할 웹 동영상을 연 다음 웹 사이트에서 공유한 동영상 소스 코드를 복사합니다. 한글 문서에서 [동영상 넣기] 대화상자를 열고 '웹 동영상'을 선택합니다. '동영상 태그'에 커서를 두고 Ctrl + V 키를 눌러 복사한 내용을 붙여 넣은 다음 [넣기] 버튼을 클릭합니다.

표/차트 다루기

　　한글의 표는 개체이기 때문에 개체 속성을 사용할 수 있습니다. 한글 표는 동작 방법이 쉽고 배치나 위치, 셀 배경 등이 다른 개체와 동일하게 설정할 수 있어 개체에 관한 기본적인 설정법과 표 조정 방법만 알면 쉽게 편집할 수 있습니다. 단, 조판 부호나 속성 대화상자 등 몇 가지 주의할 점이 있습니다.

Sub ① 표 알아보기

① 표 속성 대화상자

　　표 도구를 사용하면 표에 관한 기본적인 설정을 할 수 있습니다. 도구 메뉴에 없는 옵션은 표 속성 대화상자를 열어서 지정해주어야 하는데, 이때 주의할 점은 한글의 표는 개체 속성을 포함하여 표 관련 대화상자가 네 가지라는 것입니다. 설정해야 할 항목에 따라 대화상자가 다르기 때문에 각각의 표 속성 대화상자에 대해 정확히 알고 있어야 합니다.

■ 한글 표 대화상자

	대화상자 열기 방법	대화상자의 기능과 특징
개체 속성	표 테두리를 더블클릭(또는 P) (표 도구의 셀 관련 설정은 비활성 상태입니다.)	표의 배치와 위치, 여백/캡션, 개체의 테두리/배경, 표 속성 등을 설정할 수 있습니다. 셀 간격이 없으면 테두리는 표시되지 않습니다.

셀 속성	셀을 블록 지정한 후 P 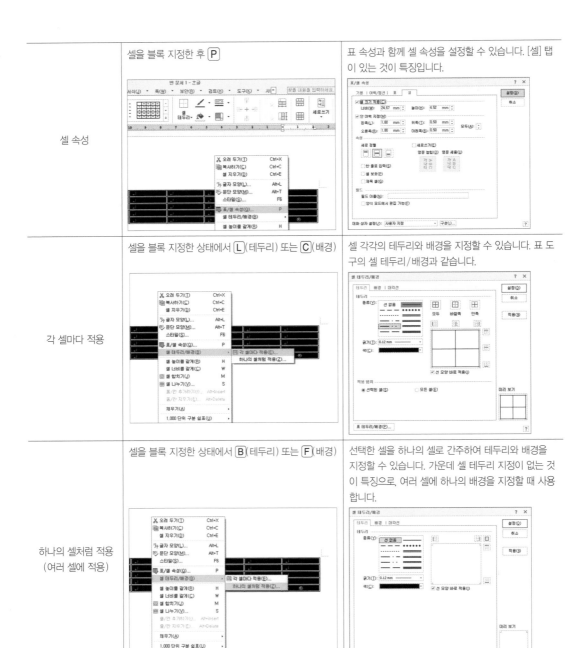	표 속성과 함께 셀 속성을 설정할 수 있습니다. [셀] 탭이 있는 것이 특징입니다.
각 셀마다 적용	셀을 블록 지정한 상태에서 L(테두리) 또는 C(배경)	셀 각각의 테두리와 배경을 지정할 수 있습니다. 표 도구의 셀 테두리/배경과 같습니다.
하나의 셀처럼 적용 (여러 셀에 적용)	셀을 블록 지정한 상태에서 B(테두리) 또는 F(배경)	선택한 셀을 하나의 셀로 간주하여 테두리와 배경을 지정할 수 있습니다. 가운데 셀 테두리 지정이 없는 것이 특징으로, 여러 셀에 하나의 배경을 지정할 때 사용합니다.

② 셀 블록 지정 방법

- **셀 선택**
  - 1 셀 선택 : F5
  - 2 셀 이상 선택 : F5 두 번 누른 후 방향키로 확장 또는 마우스로 드래그
  - 표 전체 선택 : F5 세 번
  - 칸(열) 전체 선택 : F5 , F7
  - 줄(행) 전체 선택 : F5 , F8

  (현재 칸에서)
  - 끝 행까지 선택 : F5 , Page Down
  - 시작 행까지 선택 : F5 , Page up
  - 끝 열까지 선택 : F5 , End
  - 시작 열까지 선택 : F5 , Home

③ 셀 크기 조절

- 마우스로 크기 조절 : 셀 경계선에서 마우스 포인터가 ⬍ 또는 ⬌ 모양이 되면 마우스 끌기로 크기 조절
- 키보드(마우스)로 크기 조절
  - Shift+[방향키] : 선택한 셀의 크기 조절(선택 셀과 바로 인접한 셀의 크기 변화 있음/전체 표 크기 변화 없음)
  - Ctrl+[방향키] : 선택한 셀의 줄/칸 크기 조절(선택 셀의 줄/칸 크기 변화 있음/전체 표 크기 변화 있음)
  - Alt+[방향키] : 선택한 셀의 줄/칸 크기 조절 (선택 셀과 바로 인접한 셀의 줄/칸 크기 변화 있음/전체 표 크기 변화 없음)
- 정확한 셀 값 지정 : 셀 블록 후 P 키를 눌러서 [표/셀 속성]–[셀 탭]의 '셀 크기'를 체크하고 지정

④ 기타 표 단축키

- 표 만들기 : Ctrl+N, T
- 셀 이동 : Tab, Shift+Tab 또는 Alt+[방향키]
- 셀 안에서 탭 삽입 : Ctrl+Tab
- 계산식 : Ctrl+N, F
- 줄/칸 추가하기 : Alt+Insert
  (줄 추가: 셀에서 Ctrl+Enter)
- 줄/칸 지우기 : Alt+Delete
- 표 나누기 : Ctrl+N, A
- 표 붙이기 : Ctrl+N, Z
- 표에서 나가기 : Shift+Esc
  (모든 나가기에 동일)

(셀 블록 상태에서)
- 표/셀 속성 : P (모든 개체에 동일)
- 각 셀마다 적용 테두리/배경 : L/C
  (모든 개체에 동일)
- 여러 셀에 적용 테두리/배경 : B/F
- 셀 나누기 : S
- 셀 합치기 : M
- 줄 높이 같게 : H
- 칸 너비 같게 : W
- 표 자동 채우기 : A
- 표 뒤집기 : T

•원본 파일 : 04/02_Sub2(원본) •완성 파일 : 04/02_Sub2

1 표 상자로 만들기

[입력] 탭에서 [표] 아래의 화살표 [▼]를 클릭하고 필요한 줄/칸만큼 선택하여 클릭합니다.

2 표 만들기

[입력] 탭 – [표] 아이콘(⊞)을 클릭하거나, `Ctrl`+`N`, `T` 키를 눌러 [표 만들기] 대화상자를 엽니다.

❶ 줄/칸 : '줄 수', '칸 수'를 설정할 수 있습니다.

❷ 크기 지정 : 표 크기를 '자동' 또는 '임의 값'으로 지정할 수 있습니다.

❸ 기타 : '글자처럼 취급' 또는 '마우스 끌기로 만들기' 옵션을 선택할 수 있습니다. 마우스 끌기로 표를 만들면 표의 배치와 위치는 [환경 설정] – [개체]의 '표 위치'에 따라 만들어집니다.

❹ 표 마당 : 표 스타일을 설정하여 만들 수 있습니다.

❺ 표 속성 : 개체 속성을 설정하여 만들 수 있습니다.

❸ 표 그리기

[입력] 탭-[표 그리기]를 선택하고 도형을 그리듯이 마우스로 표와 셀 선을 그립니다. 셀 선을 삭제할 때는 [표 지우개]를 사용하여 셀 선을 지워 줍니다.

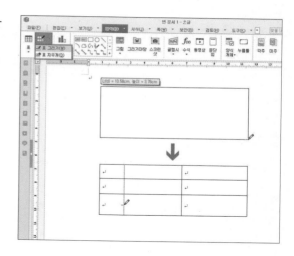

❹ 문자열을 표로

문자열을 블록 지정한 다음 [입력] 탭-[문자열을 표로] 아이콘(🔳)을 클릭합니다. 블록 지정 상태에서 [표] 아이콘을 클릭해도 됩니다. 열을 분리하려면 탭이나 빈 칸 등 공통으로 입력된 문자가 있어야 합니다.

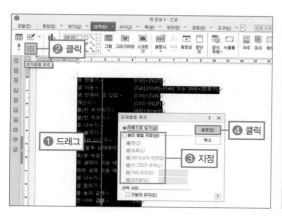

Tip 표를 문자열로 바꾸려면 표 안에 커서를 가져다 놓고 F10 - [입력▼]이나, [표 도구▼]의 하위 메뉴인 [표]에서 [표를 문자열로]를 선택한 다음 분리 방법을 지정하고 [설정] 버튼을 클릭합니다.

엑셀의 행/열을 한글에서는 줄/칸이라고 합니다. 삽입된 표에서 줄이나 칸을 추가하려면 [표도구]에서 [줄/칸 추가하기]를 클릭하거나 Alt + Insert 키를 눌러 추가할 방향을 정하고 [추가] 버튼을 클릭합니다. 줄/칸을 지울 때는 [줄/칸 지우기] 메뉴를 클릭하거나 Alt + Delete 키를 누르면 됩니다.

■ 줄/칸 추가하기

아래에 줄을 추가할 경우에는 셀 안에 커서를 두고 Ctrl + Enter 키를 누릅니다.

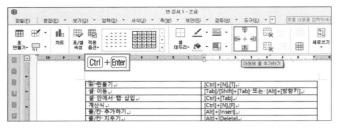
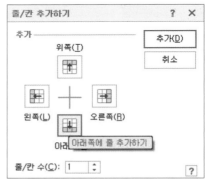

■ 줄/칸 전체 지우기

지울 셀에 커서를 두고 [표 도구]에서 [줄 지우기]나 [칸 지우기]를 선택합니다. 또는 줄/칸 전체를 블록 지정하고 Delete 키를 눌러 셀을 남길 것인지([남김]), 내용과 함께 셀도 지울 것인지([지우기])를 결정하여 해당 버튼을 클릭합니다.

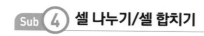

Sub 4 셀 나누기/셀 합치기 · 원본 파일 : 04/02_Sub4~6(원본) · 완성 파일 : 04/02_Sub4~6

1 셀 나누기(F5, S)

셀을 선택하고 [표 도구]에서 [셀 나누기] 아이콘(▦)을 클릭하거나 S 키를 누릅니다. [셀 나누기] 대화상자가 열리면 나눌 '줄 수'와 '칸 수'를 설정한 다음 [나누기] 버튼을 클릭합니다.

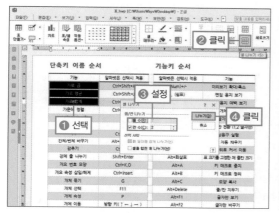
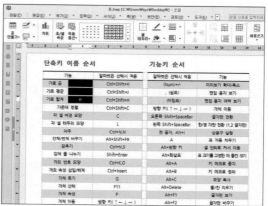

2 셀 합치기 (F5, M)

합칠 셀을 선택하고 [표 도구]에서 [셀 합치기] 아이콘(▦)을 클릭하거나 M 키를 누릅니다.

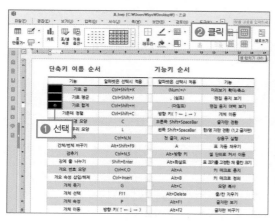
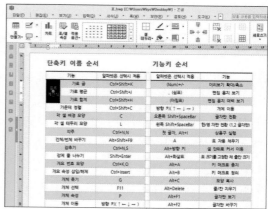

한글에서 표의 테두리는 세 종류가 있습니다. 표 '개체 속성'의 테두리와 '각 셀마다 적용'의 테두리, '하나의 셀처럼 적용(여러 셀에 적용)'의 테두리가 있는데요. 일반적으로 사용하는 테두리는 '각 셀마다 적용'의 테두리입니다.

[표 도구]에서 [표 스타일]을 보면 샘플 표 스타일들이 있습니다. [적용 옵션]을 선택하여 표 스타일을 변경해 볼 수 있고, 스타일 하나를 선택하여 커서가 있는 표 전체의 모양을 변경해 볼 수도 있습니다.

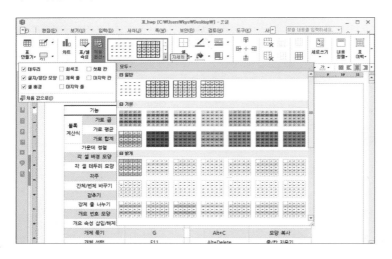

① 개체 속성의 테두리

• 원본 파일 : 04/02_Sub5_1(원본) • 완성 파일 : 04/02_Sub5_1

01 표 가장자리를 더블클릭하여 [표/셀 속성] 대화상자를 엽니다. [테두리] 탭 화면에서 '셀 간격'에 체크 표시하여 값을 설정하고, '테두리'에서 선 종류와 적용 위치를 지정한 다음 [설정] 버튼을 클릭합니다.
개체 속성의 테두리는 '셀 간격'이 없으면 표시되지 않습니다.

2 각 셀마다 적용의 테두리

• 원본 파일 : 04/02_Sub5_2(원본) • 완성 파일 : 04/02_Sub5_2

'각 셀마다 적용'의 테두리는 셀 안에 커서를 가져다 놓고, 또는 셀을 선택한 상태로 [표 도구]에서 [테두리]나 [각 셀마다 적용](ㄴ) 대화상자를 열어 수정할 수 있습니다. 대부분의 테두리는 '각 셀마다 적용'의 테두리를 사용합니다.

01 표 테두리 모양과 굵기를 지정합니다. 테두리 모양에 따라 굵기가 자동으로 정해지기 때문에 먼저 모양을 먼저 지정해야 합니다.

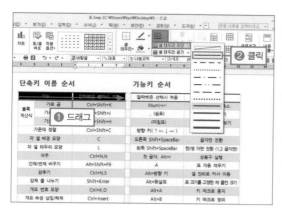
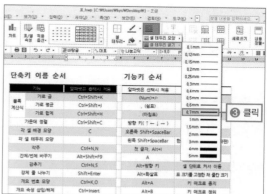

02 테두리 색을 지정하고 [셀 테두리▼]에서 적용할 위치를 지정합니다. 위치나 색을 지정해 두면 [표 테두리] 아이콘(□)을 클릭하는 것만으로 같은 모양을 적용할 수 있습니다.

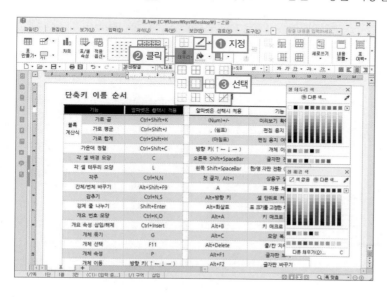

> **Tip** 색상 팔레트와 같이 '분리선'이 있는 도구는 별도로 창을 분리하여 사용할 수 있습니다.

■ 각 셀마다 적용의 대각선

대각선을 삽입할 셀을 선택하고 [각 셀마다 적용]([F5], [L]) 대화상자를 엽니다. [대각선] 탭 화면에서 선 모양과 위치를 지정하고 [설정] 버튼을 클릭합니다.

③ 하나의 셀처럼 적용의 테두리

'여러 셀에 적용'이라는 이름이 한글 Neo부터는 '하나의 셀처럼 적용'으로 변경되었습니다. 이 옵션은 여러 셀을 선택했을 경우 지정할 수 있고, '각 셀마다 적용'과 이중으로 지정할 수 있습니다. 또, 선택한 셀의 가장자리 부분만 테두리를 지정할 수 있습니다.

❶ 가장자리 테두리를 지정할 셀을 블록 지정한 다음 마우스 오른쪽 버튼을 클릭하여 [셀 테두리/배경]에서 '하나의 셀처럼 적용'을 실행하거나 [B] 키를 누릅니다.

❷ 테두리 종류와 굵기, 색, 테두리를 적용할 위치를 지정한 다음 [설정] 버튼을 클릭합니다.

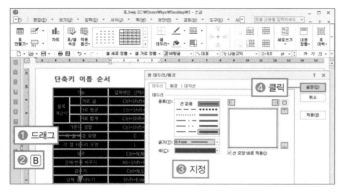

단축키 이름 순서		
기능		알파벳은 선택시 적용
블록 계산식	가로 곱	Ctrl+Shift+K
	가로 평균	Ctrl+Shift+J
	가로 합계	Ctrl+Shift+H
가운데 정렬		Ctrl+Shift+C
각 셀 배경 모양		C
각 셀 테두리 모양		L
각주		Ctrl+N,N
간체/번체 바꾸기		Alt+Shift+F9
감추기		Ctrl+N,S
강제 줄 나누기		Shift+Enter

■ 하나의 셀처럼 적용의 대각선

선택한 셀을 하나의 셀로 간주하여 대각선을 지정할 수 있습니다.

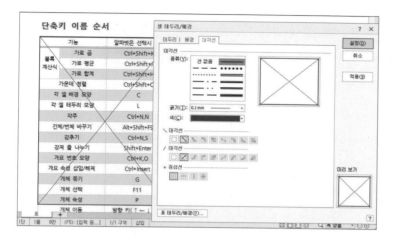

Tip

• [표 도구](각 셀마다 적용)에서 수정할 수 없는 테두리라면 '하나의 셀처럼 적용'의 테두리를 확인해 보세요.

• '셀 단위 나눔'으로 나누어진 쪽 경계 부분을 자동으로 실선 처리하고자 할 때, '하나의 셀처럼 적용'에서 '아래' 테두리를 지정하면 편리합니다.

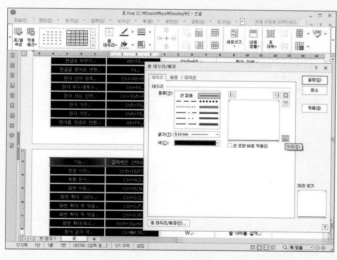

Sub 6 표/셀 배경

표/셀 배경은 표 테두리와 마찬가지로 세 종류가 있습니다. '개체 속성'의 배경과 하나의 셀인 '각 셀마다 적용'의 배경, 그리고 여러 셀에 걸쳐 하나로 지정할 수 있는 '하나의 셀처럼 적용'의 배경이 있는데, 배경으로는 색과 무늬뿐 아니라 그러데이션, 그림도 가능합니다.

■1 개체 속성의 배경

표 가장자리를 더블클릭하여 [개체 속성] 대화상자를 열고 [배경] 탭 화면에서 '면 색'을 지정한 다음 [설정] 버튼을 클릭합니다. 개체 속성의 배경은 표 개체의 배경 색으로, 표 전체에 적용되고 셀 배경 색이 지정된 경우에는 보이지 않습니다.

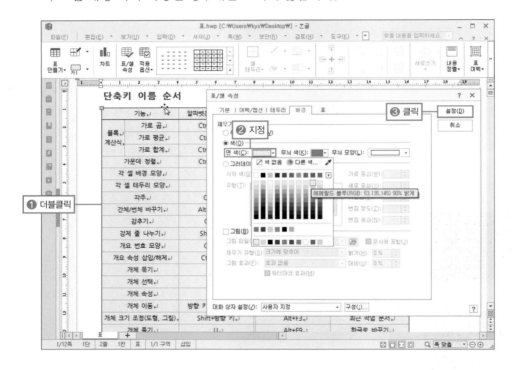

■2 각 셀마다 적용의 배경

❶ 배경을 지정할 셀을 블록 지정한 다음 ⓒ 키를 눌러 [셀 테두리/배경] 대화상자를 엽니다.

❷ [배경] 탭 화면에서 그러데이션이나 그림을 지정하면 각각의 셀 마다 그러데이션이나 그림이 배경으로 적용됩니다.

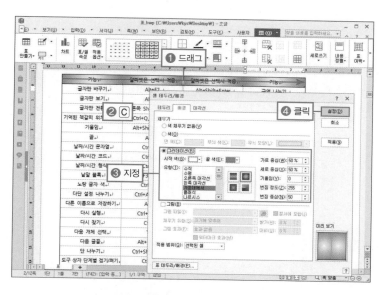

3 하나의 셀처럼 적용의 배경

❶ 배경을 지정할 셀을 블록 지정한 다음 F 키를 눌러 [셀 테두리/배경] 대화상자를 엽니다.

❷ [배경] 탭 화면에서 '그림'에 체크 표시하고 [그림 선택] 아이콘을 클릭하여 그림을 불러옵니다. '문서에 포함'에 체크 표시하고 '채우기 유형'과 '그림 효과'를 지정한 다음 [설정] 버튼을 클릭합니다. '하나의 셀처럼 적용'은 선택한 셀에 하나의 배경이 적용되기 때문에 로고나 그림, 그러데이션을 배경으로 지정할 때 사용하면 좋습니다.

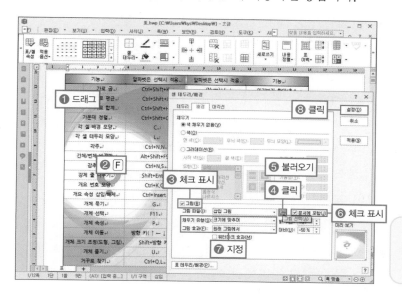

> Tip 한글은 그림을 표나 셀의 배경으로 삽입할 수 있지만 MS 워드는 설정할 수 없습니다.

개체 속성과 표 탭 속성은 표 전체에 해당하는 설정입니다. 이 속성은 [셀 속성] 대화상자에도 공통으로 포함되어 있어서, 셀 속성에서도 표 속성을 수정할 수 있습니다. 표 속성은 표 전체의 옵션, 셀 속성은 선택한 셀에만 해당하는 옵션입니다.

■ 개체 속성의 기본 탭

❶ **크기와 크기 고정** : 표 크기는 표 만들기(Ctrl + N, T)에서만 지정할 수 있고 한번 만들고 나면 값으로 수정할 수 없습니다. '크기 고정' 옵션에 체크 표시하면 표는 어떤 방법으로도 크기를 조절할 수 없게 됩니다.

❷ **글자처럼 취급과 배치/위치** : '글자처럼 취급'과 '본문과의 배치', '위치' 방법은 그림이나 도형과 같습니다.

❸ **쪽 영역 안으로 제한** : 표가 쪽 경계에서 '나누지 않음'이고 쪽 경계 보다 커질 경우 표를 다음 쪽으로 넘깁니다. 다단에서 이 옵션이 해제되어 있으면 단 경계에 있는 표는 다음 단으로 이어지지 않고 아래 단이나 대각선 위치의 단으로 이어집니다.

❹ **서로 겹침 허용** : '자리 차지' 배치인 개체들이 서로 겹칠 수 있도록 허용합니다.

❺ **번호 종류** : 캡션을 넣는 경우 캡션 번호의 종류를 지정합니다. 표가 그림 형태라면 '번호 종류'를 '그림'으로 지정하고, 캡션 번호를 '그림 번호'로 이을 수 있습니다.

❻ 개체 보호하기 : 개체를 마우스로 선택할 수 없도록 보호합니다. 보호한 개체를 수정하려면 [편집] 탭-[개체 보호]에서 [모든 개체 보호 해제하기]를 선택하거나 조판 부호에서 Ctrl+N, K 키를 눌러 개체 보호를 해제합니다.

> Tip
> • 표를 글자처럼 취급한 경우 표가 쪽 경계에서 자동으로 나누어지지 않습니다.
> • 표의 위치를 가로/세로 모두 '종이'로 지정하면 여백까지 자유롭게 이동시킬 수 있습니다.
> • '종이' 위치의 경우 쪽 경계 나눔도 종이가 끝나는 곳에서 나누어집니다.

② 표의 여백 세 가지

❶ 개체 속성의 표 여백 : 표 개체의 바깥쪽 여백을 지정할 수 있습니다.

❷ [표] 탭의 여백 : 표를 구성하는 모든 셀의 안쪽 여백을 지정할 수 있습니다.

❸ [셀] 탭의 여백 : 선택한 셀에만 적용되는 안쪽 여백을 지정할 수 있습니다. 이 옵션을 해제하면 표 탭의 여백으로 적용됩니다.

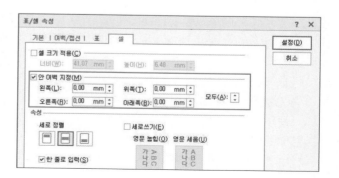

❸ 표의 쪽 경계 설정

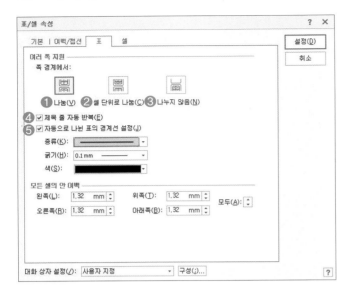

❶ **나눔** : 표가 쪽 경계를 넘어가면 자동으로 나누어지도록 합니다. 이 옵션을 선택하면 '자동으로 나뉜 표의 경계선 설정' 옵션이 활성화됩니다.

❷ **셀 단위로 나눔** : 쪽 경계에 걸친 셀을 셀 단위로 나누어 다음 페이지로 넘깁니다.

❸ **나누지 않음** : 표가 쪽 경계에서 나누어지지 않도록 합니다.

❹ **제목 줄 자동 반복** : 표 상단에 지정된 '제목 셀'을 매 페이지마다 반복해서 표시합니다.

❺ **자동으로 나뉜 표의 경계선 설정** : 쪽 경계에서 '나눔'으로 설정된 표일 경우, 자동으로 나누어지는 쪽 경계 부분의 선을 설정할 수 있습니다. 이 옵션을 해제하면 쪽 경계에 걸친 셀의 위 테두리는 다음 페이지의 시작 선으로, 아래 테두리는 위 페이지의 끝 선으로 표시됩니다.

> **Tip 표가 쪽 경계에서 자동으로 나누어지지 않는다면?**
> 다음과 같은 경우에는 표가 쪽 경계에서 자동으로 나누어지지 않습니다.
> • '크기 고정'에 체크 표시된 경우
> • '글자처럼 취급' 된 표인 경우
> • 쪽 경계에서 '나누지 않음'으로 설정된 경우
> • 세로쓰기가 있는 경우
> • 캡션이 표 왼쪽이나 오른쪽에 있는 경우
> • 쪽 경계까지 '제목 셀'이 지정된 경우

1 셀 속성 설정하기

01 셀을 블록 지정하고 [표 도구]-[표/셀 속성]을 클릭하거나 P 키를 눌러 [표/셀 속성] 대화 상자를 엽니다. 정확한 셀 크기를 입력하려면 [표/셀 속성] 대화상자의 [셀] 탭 화면에서 '셀 크기 적용'에 체크 표시하고 너비와 높이를 입력합니다.

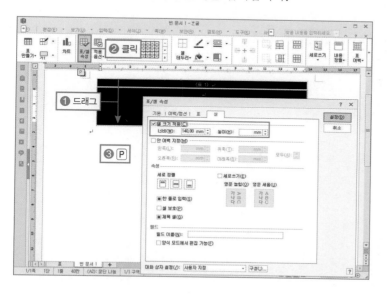

02 '안 여백 지정'에 체크 표시하고 여백을 각각 설정합니다. 이 여백은 전체 표의 여백과 상관없 이 선택한 셀에만 적용됩니다. 값을 입력하는 란에 아무 내용이 없다면 선택한 셀의 여백이 서로 다른 경우입니다.

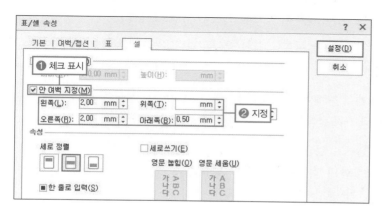

03 [표 도구]-[내용 정렬]-[셀 정렬]-[셀 가운데 정렬]을 선택합니다. 선택한 셀의 가운데에 내용을 입력할 수 있습니다.

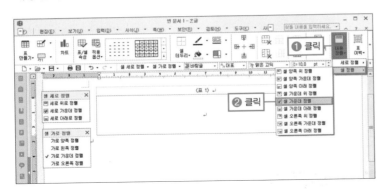

2 기타 셀 옵션

❶ **한 줄로 입력** : 선택한 셀에 내용을 입력할 경우 문단이 나뉘지 않고 한 줄에 계속 입력되도록 합니다. 이 옵션은 문단 모양, 캡션, 글상자 등에서도 선택할 수 있습니다.

❷ **셀 보호** : 선택한 셀이 편집되지 않도록 보호합니다. 셀 크기는 변경할 수 있습니다. 보호된 셀에 마우스를 가져다 놓으면 마우스 포인터 옆에 × 표시가 나타납니다.

❸ **제목 셀** : 표가 페이지 쪽 경계에서 나뉘어질 때 선택한 셀을 매 페이지 상단에 반복 표시합니다. 첫 셀을 포함하여 원하는 셀까지 블록 지정한 후 설정할 수 있습니다.

❹ **세로쓰기** : 내용을 세로로 입력할 수 있습니다. 이 옵션을 본문에서 지정하면 문서 전체 또는 구역 전체에 적용됩니다. 일부분에만 적용하려면 표로 나누거나 글상자 안에 세로쓰기를 하면 됩니다. 세로쓰기가 된 표는 쪽 경계에서 나뉘어지지 않습니다.

대화상자의 구성은 설정한 내용을 스타일처럼 저장해 놓는 것을 말합니다. 같은 속성으로 반복해서 만들어야 한다면 구성으로 저장해 보세요.

01 속성을 구성으로 저장할 셀을 선택한 다음 [표/셀 속성] 대화상자를 엽니다. [셀] 탭 화면에서 저장할 옵션들을 확인하고 [구성] 버튼을 클릭합니다. [대화상자 설정 추가하기] 아이콘(➕)을 클릭하여 이름을 입력하고 [설정]-[닫기]-[설정] 버튼을 차례로 클릭합니다.

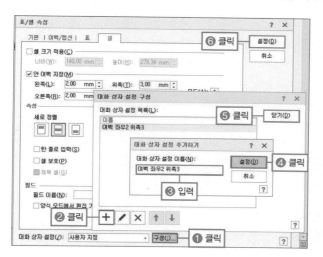

Tip 셀 속성을 [구성]으로 저장할 때, 개체 속성인 배치/위치/번호 종류/바깥 여백과 표 속성인 나눔 설정/표 여백도 셀 속성과 함께 저장됩니다. 셀 크기 등 저장해야 하는 옵션이 있다면 선택한 후 [구성]으로 저장해 두세요.

02 새 표를 만든 후 필요한 셀을 블록 지정하고 [표/셀 속성] 대화상자를 엽니다. '대화상자 설정'에서 구성을 선택하면 셀 속성이 저장했던 구성과 동일하게 적용됩니다. 필요 없는 옵션이 있다면 해제하고 [설정] 버튼을 클릭합니다.

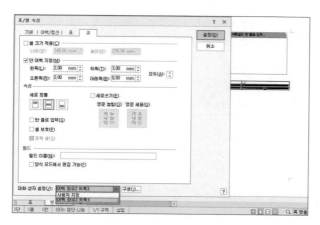

Tip 셀 속성에서 구성을 저장한 후 개체 속성에서 구성을 찾지 않도록 주의합니다. 셀 속성을 구성할 때 개체 속성과 표 속성도 함께 저장되기 때문에 개체 속성에서도 구성에서 저장한 내용이 적용됩니다.

표에서 모양 복사할 경우 '셀 속성', '셀 테두리', '셀 배경'을 복사할 수 있습니다. 셀 모양 복사는 하나의 셀 모양만 복사되기 때문에 제목 셀이나 바깥 테두리를 복사하는 데 이용하는 것이 좋습니다. 셀 모양과 글자 서식을 동시에 복사할 수도 있습니다.

- **셀 속성** : F5 – P 키를 누르면 열리는 [표/셀 속성]–[셀] 탭의 속성을 복사할 수 있습니다. 개체 속성은 복사되지 않습니다.
- **셀 테두리** : 표 도구에서 지정하는 [각 셀마다 적용]의 테두리를 복사할 수 있습니다. (각 셀마다 적용 : F5 – L)
- **셀 배경** : [각 셀마다 적용]의 배경 색을 복사할 수 있습니다. '여러 셀에 적용'의 테두리/배경은 복사되지 않습니다.

> Tip 셀 모양 복사할 때는 하나의 셀에서 복사하여 선택한 부분의 바깥쪽 테두리에만 모양 붙이기가 된다는 것을 고려하세요.

01 '부호'가 입력된 셀에 커서를 놓고 오른쪽 테두리를 표 바깥 테두리와 같도록 '선 없음'으로 지정합니다. Alt + C 키를 눌러 [모양 복사] 대화상자를 연 다음 '글자 모양과 문단 모양 둘 다 복사', '본문 모양과 셀 모양 둘 다'를 선택하고 '셀 속성', '셀 테두리', '셀 배경'에 체크 표시합니다. [복사] 버튼을 클릭하여 대화상자를 닫고 Ctrl + Z 키를 눌러 모양 복사한 셀의 테두리를 원래대로 돌려놓습니다.

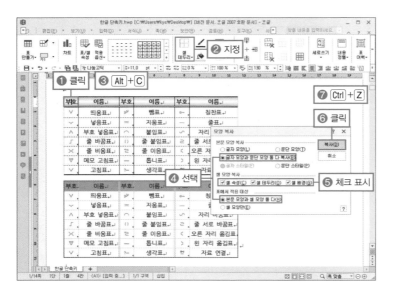

02 [표 스타일]에서 모양 붙이기 할 표의 내부 테두리를 복사할 셀과 비슷한 것으로 지정합니다. 셀 모양 복사는 선택한 셀의 바깥쪽에만 적용되기 때문에 내부 셀 테두리는 표 도구를 이용하거나 모양 붙이기하기 전에 표 스타일에서 선택하여 적용하는 것이 좋습니다.

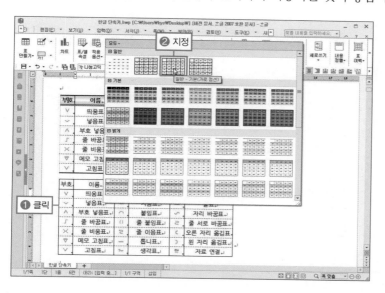

03 붙일 표의 제목 셀 부분을 드래그(또는 F5, F8)하여 선택하고 Alt + C 키를 눌러 모양 붙이기 합니다.

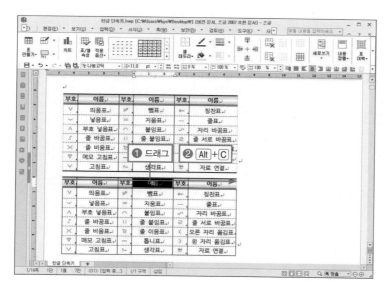

04 표 가장자리 테두리를 복사하기 위해 'ˇ'가 입력된 셀의 테두리를 표의 바깥 테두리와 같도록 지정한 다음 Alt + C 키를 눌러 [모양 복사] 대화상자를 엽니다. '셀 테두리'에 체크 표시하고 '셀 모양만'을 선택한 다음 [복사] 버튼을 클릭합니다. • 표전체를 합치기(M) 한 다음 복사해도 됩니다.

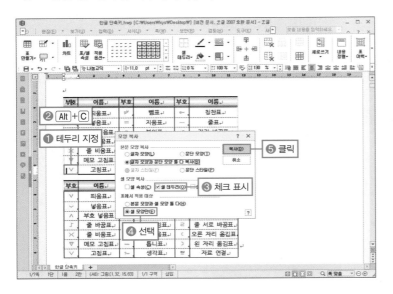

05 Ctrl + Z 키를 눌러 모양 복사한 셀의 테두리를 원래대로 돌려놓습니다. 붙일 표 전체를 선택 (F5 세 번)하고 Alt + C 키를 눌러 표의 바깥 테두리가 모양 복사한 테두리와 같아지도록 모양 붙이기 합니다.

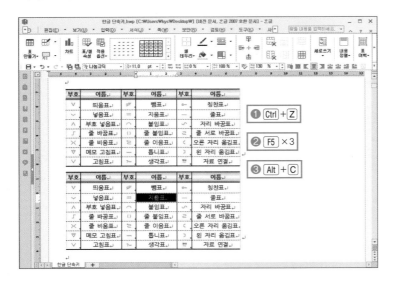

1 표 자동 채우기

한글에는 셀 내용을 자동으로 채우는 '표 자동 채우기' 명령이 있습니다. 첫 셀, 또는 연속된 몇 개의 셀에 패턴이 같도록 내용을 입력하고 블록을 지정한 다음 A 키를 누르면 첫 셀의 내용이나 반복되는 패턴에 맞추어 채우기가 됩니다. 이 명령은 순번을 입력하거나 날짜, 특정 패턴으로 증가되는 숫자 등을 입력할 때 사용하면 편리합니다.

'표 자동 채우기'는 [표 도구]의 [채우기] 또는 표의 빠른 메뉴나 [입력▼] 탭-[채우기]에서 사용할 수 있습니다.

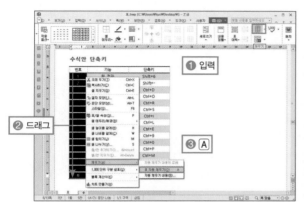

[자동 채우기 내용] 대화상자의 목록에 없는 것은 [사용자 정의] 탭에서 추가할 수 있습니다. 내용을 입력하고 Enter 키를 누르면 각 항목이 구분되어 입력됩니다.

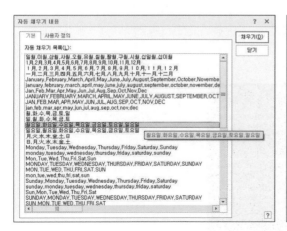
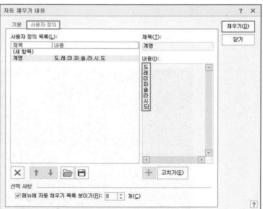

❷ 붙이기 옵션

한글에서는 별도의 텍스트 붙이기 옵션은 없고(골라 붙이기, Ctrl+Alt+V 활용), 표의 붙이기 옵션이 있습니다. 붙이기 할 때는 첫번째 셀만 선택하고 Ctrl+V 키를 누르면 됩니다.

Tip [문서마당]-[라벨 용지]-'3710-명함용지(10칸)' : 문서마당(Ctrl+Alt+N)이나 [쪽] 탭-[라벨] 문서를 이용하면 명함을 규격에 맞추어 쉽게 만들 수 있습니다.

■ **셀 붙이기 옵션(Ctrl+V)**
- **위쪽/아래쪽/왼쪽/오른쪽** : 선택한 방향으로 복사한 내용이 추가됩니다.
- **덮어쓰기** : 복사한 내용과 셀 모양이 붙이기 할 셀에 덮어쓰기 됩니다. 복사한 셀보다 붙이기 할 셀이 많으면 복사한 내용이 반복되어 붙이기 되고, 적으면 셀이 있는 부분까지만 붙이기 됩니다.
- **내용만 덮어쓰기** : 셀 모양(테두리/배경/여백)을 제외한 내용이 덮어쓰기 됩니다.
- **셀 안에 표로 넣기** : 복사한 내용이 모두 셀 안에 표 형태로 붙이기 됩니다. 조판 부호가 셀 안에 들어가 있기 때문에 셀 크기만큼만 표시됩니다.

■ **기타 표에서의 붙이는 방법**
- **표 자동 채우기** : 표 자동 채우기는 텍스트뿐만 아니라 셀 안에 포함된 개체나 필드도 채우기 할 수 있습니다. 첫 셀의 내용으로 전체를 붙이기 하려면 블록 지정하고 A 키를 눌러 채우기 하세요.

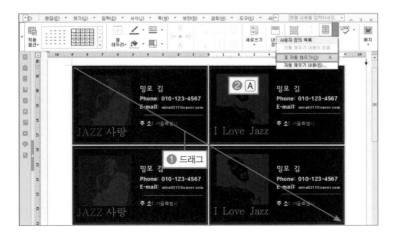

- **골라 붙이기**(Ctrl+Alt+V) : 다른 형식에서 복사한 내용이라면 골라 붙이기로 형식을 바꾸어 붙일 수 있고, '텍스트 문서'를 선택하여 서식이나 개체를 제외한 텍스트만 붙이기 할 수도 있습니다. 붙일 형식은 복사한 내용에 따라 달라집니다.

- **내용만 복사하기** : 한글에서는 여러 셀을 블록 지정하여 붙이기 할 수 없습니다. 여러 셀에 한 번에 붙이기 하려면 셀(F5)을 복사하지 말고, 셀 안의 내용만 복사하여 붙이기 하세요. 셀 안의 내용만 복사하면 여러 셀을 블록 지정하여 붙이기 할 수 있습니다. 한글은 조판 부호가 있기 때문에 셀 내용을 모두 복사하려면 Ctrl+A 키를 눌러 전체 선택한 다음 Ctrl+C 키를 눌러 복사하는 것이 좋습니다.

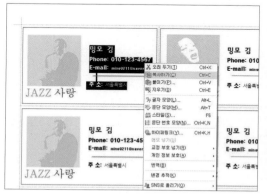

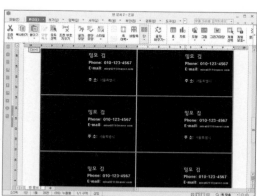

내용을 정렬할 셀을 블록 지정하고 [도구] 탭-[정렬]을 클릭합니다. [정렬] 대화상자가 표시되면 정렬 기준을 지정하고 [실행] 버튼을 클릭합니다.

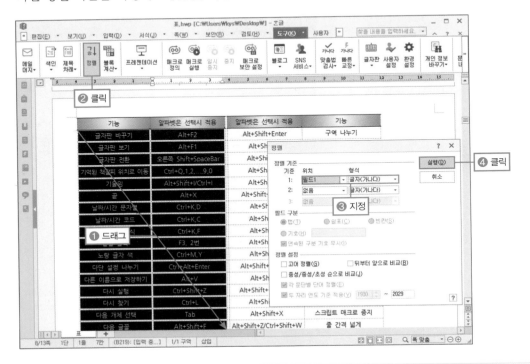

Tip 문단이 나누어져 있으면 본문에서도 정렬이 가능합니다.

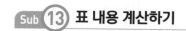

셀에 입력된 숫자를 계산하는 계산식으로는 '계산식'과 '블록 계산식', '쉬운 계산식'이 있습니다. 세 가지 모두 같은 계산식이지만 사용하는 방법에는 약간 차이가 있습니다.

- 계산식에 사용되는 셀 번호는 엑셀의 셀 번호와 같으며 셀에 커서를 가져다 놓으면 상황선에 표시됩니다.
- 계산에 사용되는 숫자가 바뀌면 계산식 값도 자동으로 변경됩니다.
- 계산할 셀에 글자가 포함되어 있는 경우에도 숫자만으로 계산이 가능합니다.
- 계산식 값은 필드 표시(『 』)가 되고, 조판 부호가 있으며, Ctrl+N, K 키를 눌러서 수정할 수 있습니다.
- 계산식(블록 계산 포함)의 값이나 표 안의 숫자에는 1,000 단위 자릿점을 자동으로 넣을 수 있습니다.
- 계산식에 사용되는 함수는 SUM(합), AVERAGE(또는 AVG/평균), PRODUCT(곱), MIN(최솟값), MAX(최댓값), COUNT(공백이 아닌 셀의 수), ROUND(반올림) 등이 있고, 쉬운 범위를 지정하는 함수로는 LEFT, RIGHT, BELOW, ABOVE가 있습니다. 물론, 사칙연산만으로 수식을 만들어도 됩니다.
- 계산식에서 셀 번호는 ','(하나씩)나 ':'(연결 범위), '?'(계산식과 동일한 위치 생략)를 사용하여 범위를 지정할 수 있습니다.

Tip 계산식에서 표현할 수 있는 셀 번호 예시

- 'A2,C2' : A2와 C2셀
- 'A2:C2' : A2에서 C2까지
- 'A?:C?' : A2:C2, A3:C3…처럼 '?' 부분에 공통된 범위가 적용됩니다.
- '?1:?3' : A1:A3, B1:B3…처럼 '?' 부분에 공통된 범위가 적용됩니다.

---

1 블록 계산식(범위에 '?' 를 사용)

계산할 부분을 블록 지정하고 [표 도구]-[계산식]-[블록 합계]를 선택합니다. 값이 입력될 부분까지 선택해도 됩니다.

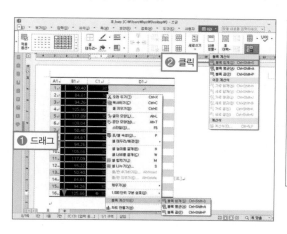

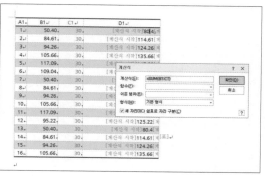

2 쉬운 계산식(쉬운 범위를 사용)

❶ 계산식 결과가 입력될 셀에 커서를 놓고 [표 도구]-[계산식]-[가로 평균]을 선택합니다.

❷ Ctrl+N+K 키를 눌러 [계산식] 대화상자를 열고 형식을 '소수점 이하 한 자리'로 지정한 다음 [확인] 버튼을 클릭합니다.

❸ 같은 계산식이 입력될 부분을 블록 지정하고 A 키를 눌러서 채웁니다.

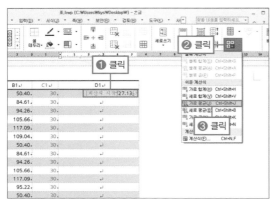

3 계산식

❶ 계산식 결과가 입력될 셀에 커서를 놓고 Ctrl+N+F 키를 눌러 [계산식] 대화상자를 엽니다.

❷ 계산식에서 '='(또는 '@') 옆을 클릭해 놓고 함수를 'ROUND(x,y)'로 지정합니다.

❸ 계산식에 'ROUND( )'가 입력되면 괄호 안에 '셀 번호'(또는 식)와 ',' 그리고 '반올림할 자릿수'를 입력하고 [확인] 버튼을 클릭합니다.

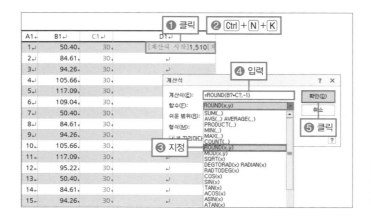

Tip ROUND는 y값의 자릿수에서 반올림하는 함수입니다.

４ 흩어진 셀의 계산

❶ 하나로 모아 계산해야 할 셀을 선택하고 [표/셀 속성] 대화상자를 엽니다.

❷ [셀] 탭 화면에서 '필드 이름'에 '노랑색'을 입력합니다. 여러 번 반복될 수 있으니 [구성]에 추가하여 두어도 좋습니다.

❸ 노란색 표시가 된 셀에 모두 같은 필드 이름('노랑색')을 입력합니다.

❹ 계산식이 입력될 셀에 커서를 놓고 Ctrl + N, F 키를 눌러 [계산식] 대화상자를 엽니다. 계산식에 '=SUM(ALL:노랑색)*30'을 입력하고 [확인] 버튼을 누릅니다.

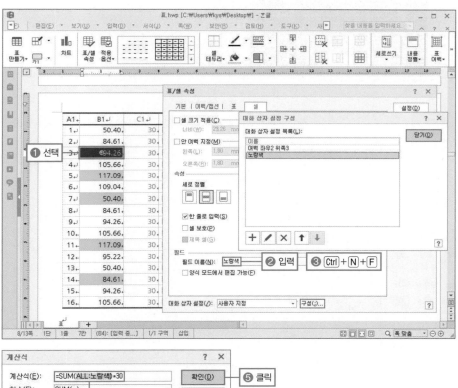

01 표에서 차트로 표현할 부분을 블록 지정한 다음 [입력] 탭이나 [표 도구]의 [차트]를 클릭하여 차트를 삽입합니다.

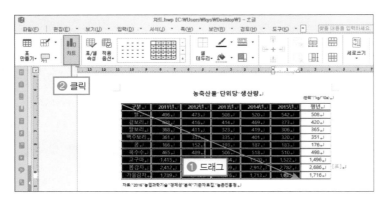

02 삽입된 차트의 크기를 조정하고 [차트 도구]의 [차트 종류]에서 '3차원 설정 묶은 세로 막대형'을 선택합니다.

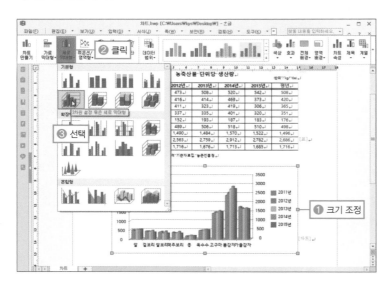

Tip [차트 도구]의 메뉴는 차트 내부를 더블클릭한 다음 마우스 오른쪽 버튼을 클릭해도 찾을 수 있습니다. '차트 마법사'를 선택하면, 차트 종류와 행/열의 방향, 차트 제목, 축 제목, 눈금선, 범례, 차트 배경, 데이터 레이블 등을 순차적으로 설정할 수 있습니다.

03 [차트 도구]-[데이터 범위]-[데이터 편집]을 선택하여 [차트 데이터 편집] 대화상자를 엽니다. 차트 데이터에서 '2012년' 열 머리를 선택하고 [선택한 열 지우기] 아이콘(⊞)을 클릭하여 삭제한 다음 [확인] 버튼을 클릭합니다.

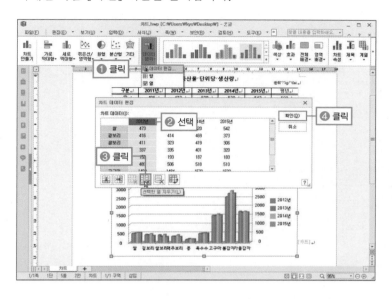

04 [차트 도구]-[제목]-[제목 모양]을 선택하여 [제목 모양] 대화상자를 엽니다. [배경] 탭과 [글자] 탭 화면에서 제목의 선 모양과 그림자, 내용, 글꼴 등을 지정하고 [설정] 버튼을 클릭합니다.

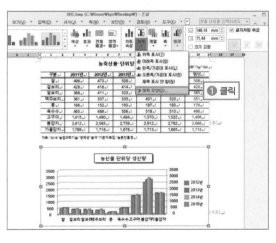

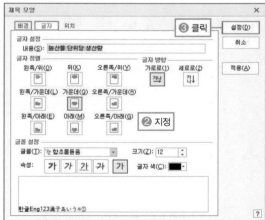

05 차트에서 세로축을 더블클릭하여 [축 모양] 대화상자를 엽니다. [비례] 탭 화면에서 '자동으로 꾸밈'을 체크 해제하고 최댓값을 '3000', 큰 눈금선을 '6'으로 설정한 다음 [설정] 버튼을 클릭합니다.

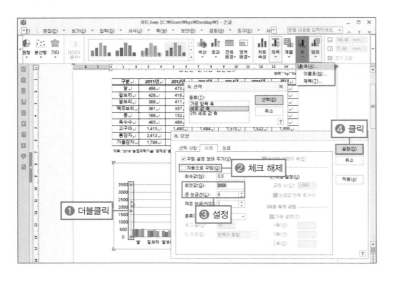

06 [차트 도구]-[축]-[제목]에서 '세로 축 값'을 선택하여 [축 제목 모양] 대화상자를 엽니다. [글자] 탭 화면에서 '보임'에 체크 표시하고 축 제목(내용)에 '⌐단위:kg/10a⌐'를 입력합니다. 글자 방향과 글꼴 설정 등을 지정하고 [설정] 버튼을 클릭합니다.

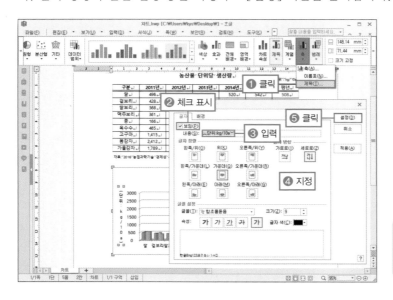

> Tip '⌐' 문자는 문자표(Ctrl
> +F10))의 '괄호' 영역에서 찾으
> 면 됩니다.

07 [차트 도구]-[영역 배경]을 클릭하고 배경 색을 지정합니다. 더 자세하게 지정하려면 [차트 속성] 대화상자의 [배경] 탭에서 지정합니다.

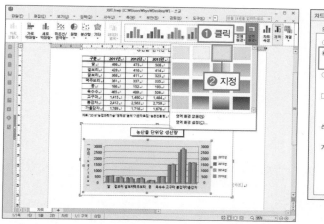
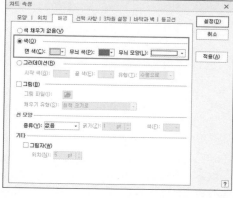

08 자료점 이름표 값 표시는 [차트 도구]-[계열]-[자료점 이름표]를 선택하면 열리는 [자료 점 이름표 모양] 대화상자에서 설정할 수 있습니다. [선택 사항] 탭 화면에서 위치를 '바로 위'로 선택하고 [설정] 버튼을 클릭합니다.

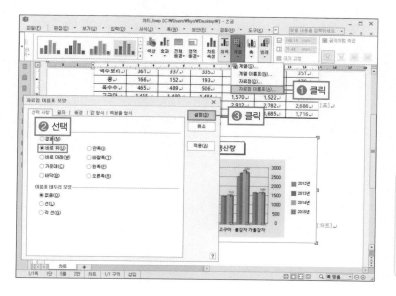

Tip 차트에서 자료점의 전체적인 이름, 값 등을 표시하려면 차트를 마우스 오른쪽 버튼으로 클릭하고 [차트 마법사]를 실행한 다음 [데이터 레이블]을 이용합니다.

Part 05

한글 고급 기능
활용하기

Part 5에서는 한글의 숨어 있는 고급 기능을 소개합니다.
문서 작업의 시간을 줄여주고, 완성적인 문서를 작성하는 노하우를 배워 보세요.

고급 기능 다루기

메일 머지를 해 보고, 메모와 책갈피, 누름틀과 양식 개체를 넣는 방법을 알아봅니다. 색인
을 입력해 보고 변경 내용 추적과 보안 문서, 매크로를 이용해 보겠습니다.

Sub 1 메일 머지　　　　　　　　　　　• 원본 파일 : 05/01_Sub1(원본)　• 완성 파일 : 05/01_Sub1

메일 머지는 자료와 양식을 결합하여 편지나 문서를 완성할 때 사용하는 명령으로, 자료로 엑셀
(XLS, XLSX), 한셀(CELL, NXL), 한글(HWP, HWPX), Outlook 주소록이나 DBF 파일 중
하나를 준비한 다음 양식에 '메일 머지 표시'를 달아서 화면이나 파일 등으로 결과물을 출력할 수
있습니다. 메일 머지로 DM이나 초대장, 주소 라벨 문서 등을 간편하게 완성해 보세요.

◼1 엑셀 파일로 메일 머지 하기　　　　　　　　　　　• 예제 실습 파일 : 01_Sub1_주소록1

01 엑셀 프로그램에서 주소록을 만듭니다. 첫 행은 메일 머지의 '필드명'에 해당합니다. A, B,
C, D, E 등의 열은 '필드'로 필드명에 해당하는 내용으로 채웁니다. 한 행의 필드들은 모아서 '레
코드'라고 말합니다.

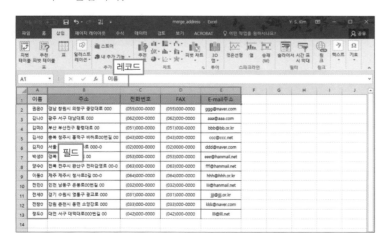

> Tip 넥셀과 한셀에서도 동일한
> 방법을 사용합니다.

02 한글 편집 문서를 열고 엑셀에서 만든 주소록 필드들을 가져올 위치에 커서를 가져다 놓은 다음 Ctrl + K , M 키를 누르거나 [도구] 탭-[메일 머지]-[메일 머지 표시 달기]를 선택합니다. [메일 머지 표시 달기] 대화상자가 표시되면 [주소록 필드 선택하기] 탭 화면에서 엑셀 프로그램의 주소록 필드와 유사한 필드 이름을 선택하고 [넣기] 버튼을 클릭합니다.
같은 방법으로 메일 머지 필드를 모두 달고 필드 내용이 잘 결합될 수 있도록 서식을 편집합니다.

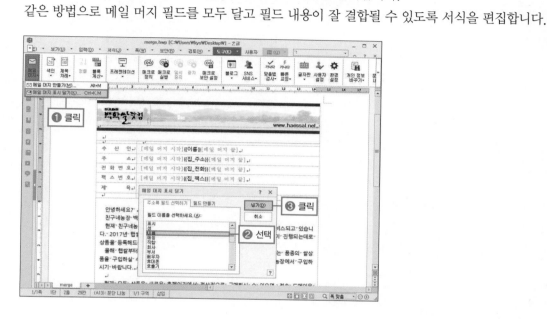

03 [메일 머지 만들기] 대화상자를 열어 '자료 종류'를 '한셀/엑셀 파일'로 선택하고 [파일 선택] 아이콘(🗁)을 눌러 주소록 파일을 불러옵니다. '출력 방향'을 '파일'로 선택하고 파일 이름에서 [저장하기] 아이콘(🗁)을 클릭한 다음 파일 이름을 지정하고 [저장] 버튼을 클릭합니다.
[확인] 버튼을 클릭하여 대화상자를 닫으면 주소록을 하나씩 연결하는 작업이 시작됩니다.

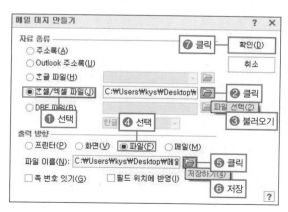

04 [시트 선택] 대화상자에서 주소록이 저장된 시트를 선택하고 [주소록 레코드 선택] 대화상자의 목록에서 필요한 레코드를 선택한 다음 [선택] 버튼을 클릭합니다.

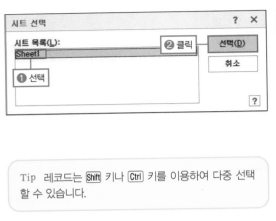
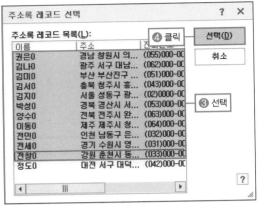

Tip 레코드는 Shift 키나 Ctrl 키를 이용하여 다중 선택할 수 있습니다.

05 [필드 이름 연결] 대화상자에서 달아놓은 메일 머지 필드와 주소록의 필드명을 하나씩 연결합니다. '서식 파일 필드 이름'은 '메일 머지 필드 달기' 한 내용이고, 여기에 해당하는 필드를 주소록의 필드명인 '데이터 파일 필드 이름'에서 찾아 선택하면 서로 연결됩니다.

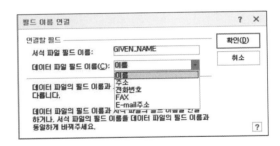

06 [확인] 버튼을 클릭하면 다음 필드 이름을 선택할 수 있습니다. 같은 방법으로 달아놓은 메일 머지 필드의 개수만큼 필드 이름을 연결합니다.

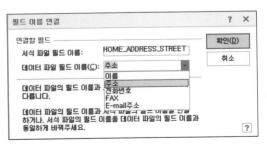
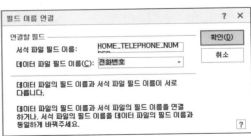

07 출력 방향을 '파일'로 선택했기 때문에 메일 머지의 결과물은 파일로 저장됩니다. '메일 머지 만들기'가 완료되면 저장한 위치에서 파일을 찾아 열어서 메일 머지가 잘 되었는지 확인합니다.

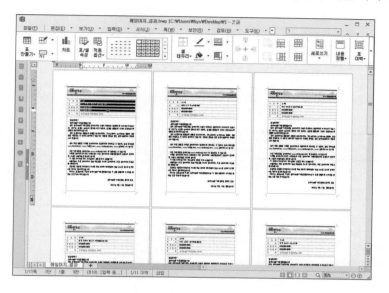

② 한글 파일로 메일 머지하기

• 예제 실습 파일 : 01_Sub1_주소록2

01 주소록이 될 한글 파일을 만든 다음 이름, 주소, 전화번호, 팩스 번호, 메일 주소 등을 순서대로 입력합니다. 이때 각 필드는 Enter 키를 눌러 구분합니다. 만약 필드 내용이 없다면 내용없이 Enter 키를 눌러 줄바꿈하여 입력 순서가 바뀌지 않도록 합니다.

필드를 모두 입력하면 레코드에 포함된 필드 개수를 세어 문서 맨 위에 숫자로 표시합니다.

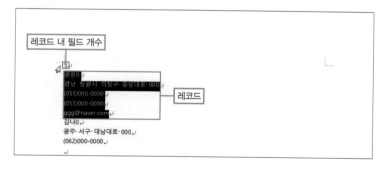

> Tip 한글 파일은 한 편지에 두 개 이상의 레코드를 메일 머지할 수도 있습니다. 이 경우, 한글 주소록 파일의 맨 위 숫자는 한 번에 메일 머지 될 '필드×레코드 수'를 입력합니다.

02 '메일 머지 표시 달기' 명령을 사용할 위치에 커서를 가져다 놓고 [Ctrl]+[K], [M] 키를 눌러 [메일 머지 표시 달기] 대화상자를 엽니다. [필드 만들기] 탭 화면에서 필드 번호로 '1'을 입력하고 [Enter] 키를 누른 다음 [넣기] 버튼을 클릭합니다.

같은 방법으로 '2'/'3'/'4'/'5'을 차례로 입력하여 메일 머지 필드를 모두 달아 놓습니다.

> Tip 한글 파일로 메일 머지할 때는 필드 이름을 숫자로만 입력할 수 있습니다.

03 [Alt]+[M] 키를 눌러 [메일 머지 만들기] 대화상자를 엽니다. '자료 종류'를 '한글 파일'로 선택하고 [파일 선택] 아이콘(📁)을 눌러 주소록을 저장한 한글 파일을 불러온 다음 출력 방향을 '화면'으로 선택하고 [확인] 버튼을 클릭합니다. 인쇄 미리보기로 문서 상태를 확인하고 이상이 없으면 인쇄합니다.

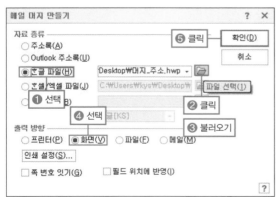

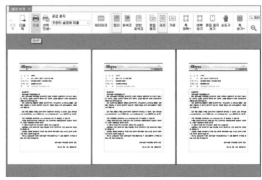

메모

1 메모 넣기

메모를 추가할 위치를 블록 지정하고 [입력] 탭 또는 [검토] 탭 – [메모]를 클릭합니다. 메모 글상자가 표시되면 내용을 입력합니다.

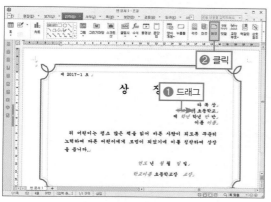 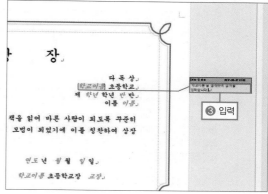

2 메모 표시

메모는 문서 오른쪽 여백 부분에 표시되지만 실제로 인쇄되거나 여백이 확장되는 것은 아닙 니다. [보기] 탭에서 '조판 부호'를 체크 해제해야 입력한 메모가 표시되고 '메모'를 체크 해제하 면 확장되어 보였던 여백과 메모가 보이지 않습니다.

 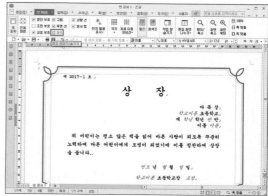

- 메모 내용 보기 : 입력한 모든 메모의 내용을 확인하고 해당 메모가 표시된 위치로 이동할 수 있습니다. 경계선을 마우스로 끌어 올리거나 내려서 작업 창 크기를 조절할 수 있습니다.

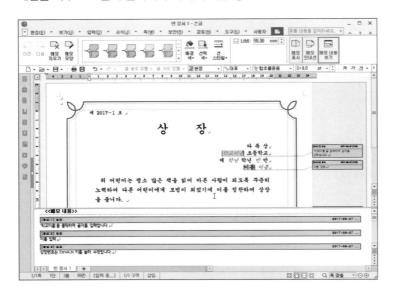

③ 메모 모양

메모 글상자와 연결선, 메모를 추가한 내용의 배경 색 등은 [메모 도구]의 스타일이나 [메모 모양] 대화상자에서 설정할 수 있습니다. 메모를 입력한 사용자의 이름은 [도구] 탭-[환경 설정]을 클릭하여 표시되는 [환경 설정] 대화상자의 [일반] 탭에서 변경할 수 있습니다.

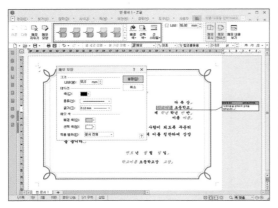

④ 메모 인쇄

일반적으로 메모는 인쇄되지 않습니다. 메모를 인쇄하려면 [인쇄] 대화상자의 [확장] 탭 화면에서 '메모'에 체크 표시하고 인쇄하면 됩니다.

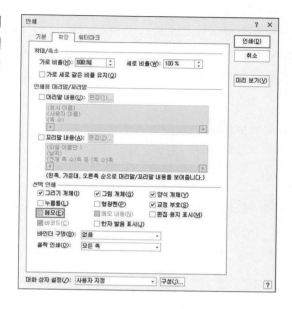

⑤ 메모 지우기

메모 내용에서 [메모 지우기]를 클릭하거나, 조판 부호를 켜고 [메모 시작/끝] 조판 부호를 삭제하면 메모를 지울 수 있습니다. 입력한 메모를 모두 지우려면 [편집] 탭-[조판 부호 지우기]를 클릭하여 [조판 부호 지우기] 대화상자를 열고 목록에서 '메모'을 선택한 다음 [지우기] 버튼을 클릭합니다.

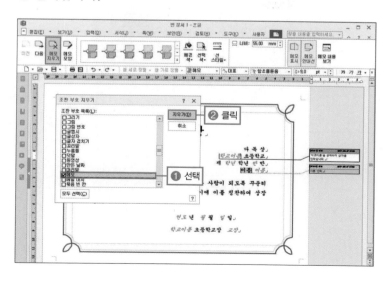

• 원본 파일 : 05/01_Sub3(원본) • 완성 파일 : 05/01_Sub3

책갈피는 위치나 글자를 기억해 둘 때 사용하는 명령으로, 필요할 때마다 기억해 둔 것을 확인하거나 해당 위치로 찾아갈 수 있기 때문에 참조나 연결할 때 책갈피를 위치 값으로 활용하기도 합니다. 한글 2014 버전부터는 책갈피 작업 창이 추가되어 책갈피를 더욱 편리하게 이용할 수 있습니다.

- **보통 책갈피** : 본문에 커서만 위치해 두고 책갈피 이름을 입력합니다. 조판 부호는 [책갈피]입니다.
- **블록 책갈피** : 본문을 블록 지정하여 책갈피를 넣습니다. 책갈피 이름은 블록 지정한 내용으로 자동으로 지정되며, 조판 부호는 선택한 위치의 앞/뒤에 [책갈피 영역 시작/끝]이 각각 표시됩니다.

1 책갈피 넣기

[입력] 탭 – [책갈피]를 클릭하여 [책갈피] 대화상자를 열고 책갈피 이름을 입력한 다음 [넣기] 버튼을 클릭합니다. [책갈피] 작업 창에서 이름을 입력한 다음 [넣기] 버튼을 클릭해도 됩니다.

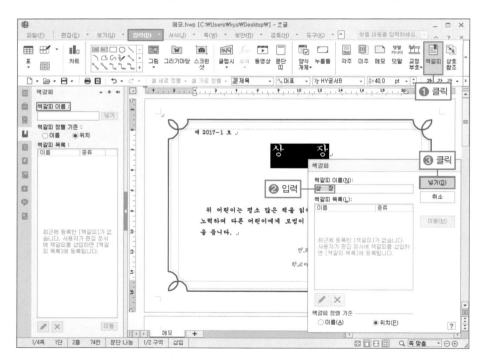

블록 책갈피는 본문 내용을 블록 지정한 후 책갈피 작업 창의 목록에서 책갈피 이름을 선택하고 [넣기] 버튼을 클릭하여 바로 삽입할 수 있습니다.

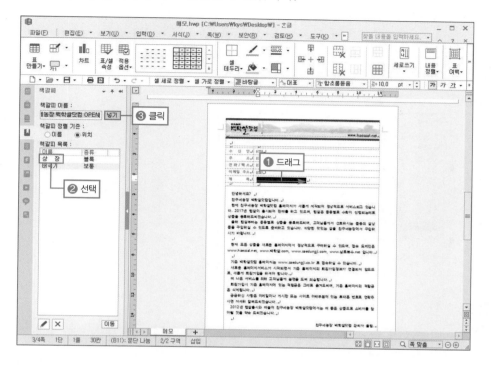

2 책갈피의 활용

■ 이동

[책갈피] 작업 창에서 이동하려는 책갈피 이름을 더블클릭하거나 Ctrl + K, B 키를 눌러 [책갈피] 대화상자를 엽니다. 원하는 책갈피를 선택하고 [이동] 버튼을 클릭하면 해당 위치로 이동합니다.

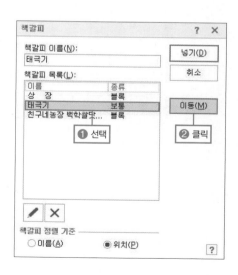

■ 쉬운 책갈피(위치 기억)

책갈피나 찾아가기 없이 특정 위치를 기억하고자 한다면 기억할 위치에 커서를 가져다 놓고 Ctrl+K, 1 키를 누릅니다. 기억한 위치를 찾아가려면 Ctrl+Q, 1 키를 누르면 됩니다. 쉬운 책갈피로 기억한 위치는 왼쪽 여백에 작은 노란색 표시가 나타나고 1~0까지, 총 열 군데의 위치를 기억할 수 있습니다.

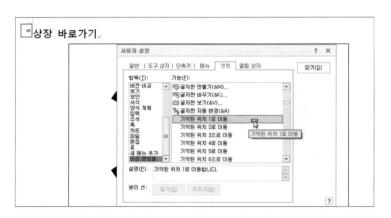

> Tip 쉬운 책갈피 위치로 이동했다가 원래의 작업 위치로 다시 돌아가려면 Ctrl+Q, P 키를 누릅니다. 쉬운 책갈피는 메뉴에서 찾을 수 없고 [사용자 설정] 대화상자의 [명령] 탭 항목에서 명령을 꺼내어 사용할 수 있습니다.

③ 하이퍼링크

[입력] 탭 – [하이퍼링크]를 클릭하여 [하이퍼링크] 대화상자를 엽니다. 하이퍼링크를 넣을 책갈피를 선택하고 '표시할 문자열'을 입력한 다음 [넣기] 버튼을 클릭하면 바로가기로 사용할 수 있습니다.

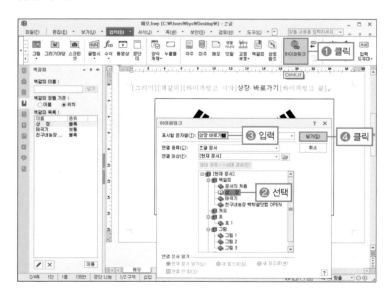

④ 자료 연결

　본문을 블록 지정하고 [입력] 탭-[교정 부호▼]-[자료 연결] 아이콘(갱)을 선택합니다. 책갈피가 다른 문서에 있다면 '파일 선택' 아이콘(📁)을 클릭하여 경로를 불러옵니다.
자료 연결하면 연결한 부분에 회색 음영이 표시되고 '표시할 문자열'이 빨간색으로 보여집니다.
[보기] 탭에서 '교정 부호'를 체크 해제하면 표시되지 않습니다.

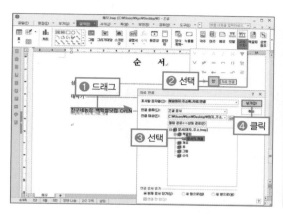 

⑤ 상호 참조

　책갈피 내용이나 책갈피가 위치한 쪽 번호 등을 참조하여 표시합니다. 책갈피뿐만 아니라 개요나 각주, 표, 그림, 수식도 참조할 수 있습니다. 캡션 번호처럼 개체가 이동할 때 변경될 수 있는 번호를 입력할 경우, 글자가 아닌 상호 참조로 입력하면 참조 대상이 변경되었을 때 참조한 위치도 동일하게 변경됩니다.

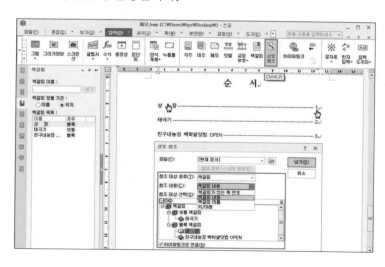

> **Tip** 자료 연결, 하이퍼링크, 상호 참조, 책갈피 등은 모두 조판 부호가 있고 [조판 부호 지우기]나 [찾아가기]를 이용할 수 있습니다.

누름틀은 텍스트 필드에 해당하는데, 삽입된 누름틀은 빨간색 기울임꼴의 안내문으로 표시되고 클릭하면 내용을 입력할 수 있습니다. 양식 개체의 종류로는 명령 단추, 선택 상자, 목록 상자, 라디오 단추, 입력 상자가 있고, 문서 양식을 만들면서 다른 사용자가 입력/선택 등을 할 수 있도록 대화상자처럼 꾸며 줄 때 사용합니다.

1 누름틀 넣기

01 [입력] 탭-[누름틀]을 클릭하여 누름틀을 삽입합니다. 누름틀의 빨간색 글자 부분을 클릭하면 내용을 입력할 수 있도록 필드 형태(『』)로 변경됩니다. 필드 표시는 커서가 필드 안에 있을 때만 표시됩니다.

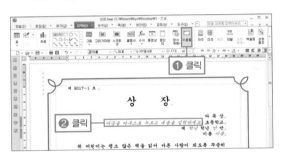 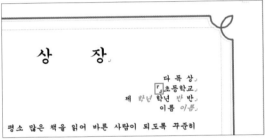

02 누름틀 안에서 마우스 오른쪽 버튼을 클릭하고 [누름틀 고치기]를 실행하면 [필드 입력 고치기] 대화상자가 열립니다. 여기에서 입력하기 전에 표시되는 '입력할 내용의 안내문'을 수정할 수 있습니다. [입력▼]-[필드 입력]([Ctrl]+[K], [E])을 클릭하여 [필드 입력] 대화상자를 열고 [누름틀] 탭 화면에서 바로 안내문을 수정한 다음 [넣기] 버튼을 클릭해도 됩니다.

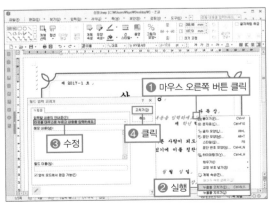 

② 양식 개체의 입력과 수정

01 [입력] 탭-[양식 개체▼]-[선택 상자 넣기]를 선택하여 '성별:' 오른쪽에 두 개의 선택 상자를 삽입합니다. [양식 개체 도구]-[속성 보이기/숨기기]를 클릭해 양식 개체 속성 작업 창을 표시하고 'Caption'을 '남자'와 '여자'로 각각 바꾸어 줍니다. 'Value'가 '1'이면 선택 상자에 체크 표시된 상태를 말합니다.

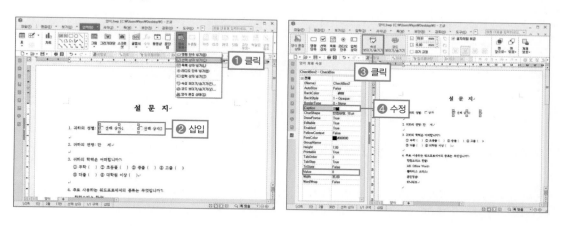

02 Shift 키를 이용해 두 선택 상자를 다중 선택하고 양식 개체 속성 작업 창에서 'CharShape'의 ▣를 클릭하여 [글자 모양] 대화상자를 엽니다. [기본] 탭 화면에서 글꼴을 변경한 다음 [설정] 버튼을 눌러 대화상자를 닫고, 양식 개체 속성 작업 창의 'GroupName'에 '성별'을 입력합니다.

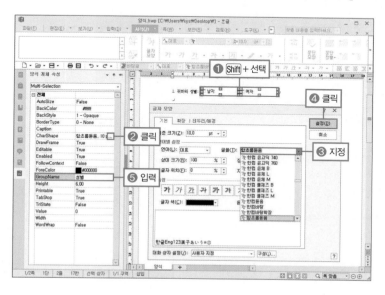

03 [입력] 탭-[양식 개체▼]-[입력 상자 넣기]를 선택하여 '만 오른쪽에 입력 상자를 삽입한 다음 양식 개체 속성 작업 창에서 '(Name)'을 '나이', 'AlignText'를 'Center', 'BackColor'를 '하양'으로 지정합니다.

 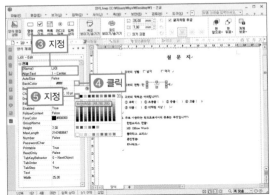

04 [입력] 탭-[양식 개체▼]-[라디오 단추 넣기]를 선택하여 번호 항목 오른쪽에 라디오 단추를 삽입한 다음 양식 개체 속성 작업 창에서 'RadioGroupName'을 '학력', 'Width'를 '4'로 입력합니다.

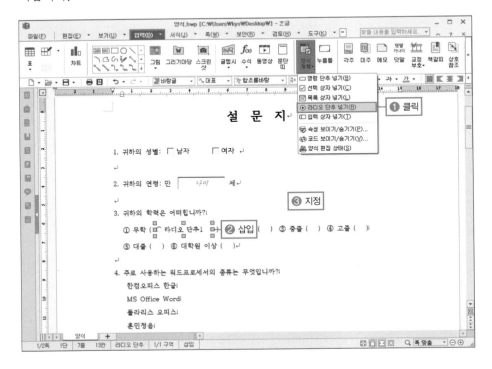

05 라디오 단추를 복사하여 나머지 번호 항목에 붙이기 합니다.

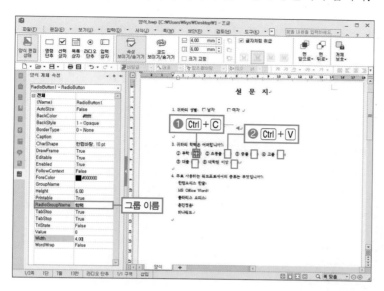

Tip 라디오 단추의 그룹 이름을 지정하면 그룹 중 하나만 선택할 수 있습니다. 크기는 마우스로 직접 조절해도 됩니다.

06 [입력] 탭-[양식 개체▼]-[양식 편집 상태]를 클릭하여 양식 개체를 활성화합니다. [양식 편집 상태]를 해제하면 양식 개체를 사용할 수 있습니다. 양식의 보호 상태를 해제하고 다시 편집 하려면 다시 [양식 편집 상태]를 선택하여 속성을 수정하면 됩니다.

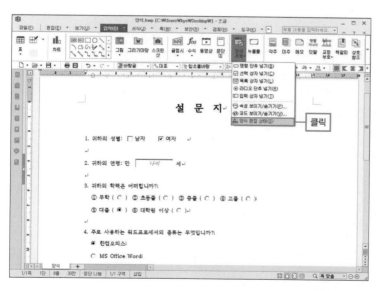

문서 끼워 넣기(Ctrl+O)는 불러오기(Alt+O)와 달리 커서 위치에 다른 문서 전체를 삽입하는 것을 말합니다. 한글은 끼워 넣기에 여러 가지 옵션이 있고, 스타일 구조가 비교적 단순하여 파일을 삽입할 때도 원본의 서식을 유지하면서 삽입할 수 있습니다.

01 끼워 넣기 할 문서를 열어 스타일과 배경 등 구역이 필요한 명령이 사용되었는지 확인합니다.

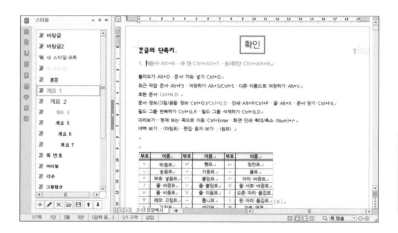

Tip 이 문서는 '바탕글', '개요' 등 기본 스타일명에 서식이 다른 스타일이 적용되었고, 개요와 바탕쪽 등 구역 구분이 필요한 명령이 사용되었습니다.

02 원본 문서에서 [입력] 탭-[문서 끼워 넣기]를 선택합니다. [문서 끼워 넣기] 대화상자가 열리면 끼워 넣을 파일을 선택하고 옵션 중 '스타일 유지'와 '쪽 모양 유지'에 체크 표시한 다음 [넣기] 버튼을 클릭합니다.

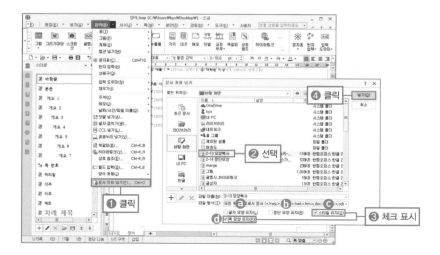

ⓐ 글자 모양 유지 : 같은 이름의 스타일이 있는 경우 스타일의 적용 상태와 [글자 모양]의 서식을 유지합니다.

ⓑ 문단 모양 유지 : 같은 이름의 스타일이 있는 경우 스타일의 적용 상태와 [문단 모양]의 서식을 유지합니다.

ⓒ 스타일 유지 : 같은 이름의 스타일이 있는 경우 새로운 스타일 이름('사본')으로 변경하여 스타일과 서식을 유지합니다.

ⓓ 쪽 모양 유지 : 개요나 쪽 번호, 바탕쪽, 각주 등 구역별로 설정이 다른 명령이 사용된 경우 구역 나누기를 추가하여 원본 문서와 다른 대상 문서의 모양을 유지합니다.

Tip **문서 끼워 넣기 옵션**

'글자 모양 유지', '문단 모양 유지' 옵션은 적용하고 '스타일 유지' 옵션은 해제한 채 끼워 넣기 할 경우, 스타일은 원본과 같은 스타일이 적용되지만 서식은 대상 문서 서식을 그대로 유지한 채 끼워 넣기 됩니다. '스타일 유지' 옵션을 적용하면 스타일 적용 상태와 서식이 동일하여 스타일을 관리하기 쉽지만 개요 스타일처럼 목록이 포함되어 있는 경우 번호를 이어서 매길 때 번거로울 수 있습니다.

모든 옵션을 해제하고 끼워 넣기 하면 원본 문서의 스타일과 서식, 구역 설정으로 모두 통일됩니다. 블록 지정하여 지정한 서식이나 이름이 다른 스타일, 조판 부호가 있는 '머리말/꼬리말' 등은 끼워 넣기 옵션과 상관없이 유지됩니다.

01 [도구] 탭-[맞춤법 검사▼]-[맞춤법 도우미 동작]을 선택합니다.

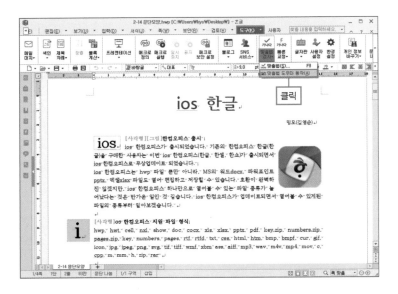

02 맞춤법이 잘못된 단어에 빨간색 밑줄이 표시됩니다. 오타가 아닌 단어라면 마우스 오른쪽 버튼을 클릭하여 [사용자 사전 추가]로 오타 표시를 제거할 수 있습니다.

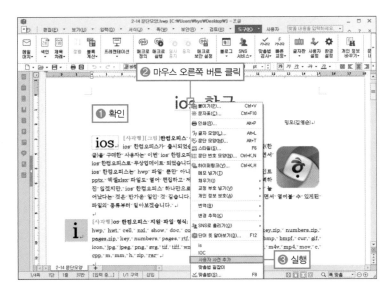

03 F8 키로 [맞춤법 검사/교정] 대화상자를 열고 [시작] 버튼을 클릭하면 커서 위치부터 맞춤법 검사가 시작됩니다.

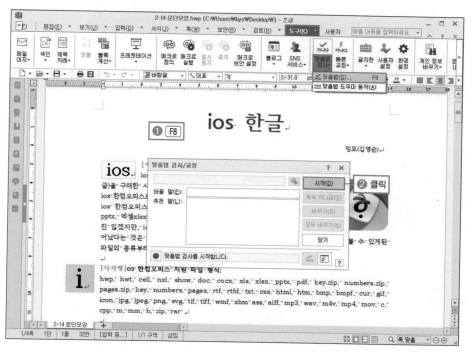

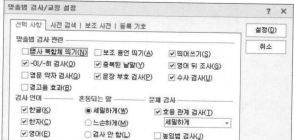

ⓐ **맞춤법 사전 추가** : 맞춤법 검사로 찾은 단어를 사용자 사전에 추가하여 다음에 검색되지 않도록 합니다.

ⓑ **지나감** : 맞춤법 검사로 찾은 단어를 한 번 지나갑니다.

ⓒ **계속 지나감** : 맞춤법 검사로 찾은 단어를 다시 찾지 않도록 모두 지나갑니다.

ⓓ **바꾸기** : 맞춤법 검사로 찾은 단어를 '바꿀 말'이나 '추천 말'에서 선택된 단어로 바꿉니다.

ⓔ **모두 바꾸기** : 찾은 단어를 '바꿀 말'이나 '추천 말'에서 선택된 단어로 전체 바꾸기 합니다.

ⓕ **설정(⊡)** : 맞춤법 검사의 자세한 옵션 설정과 보조 사전 선택 등을 할 수 있습니다.

빠른 교정(Shift + F8)은 오타를 입력했을 때 빠르게 교정해 주는 명령입니다. 빠른 교정 내용의 '틀린 말'을 입력하고 Spacebar 또는 Tab, Enter 키를 누르면 빠른 교정 내용에 사용자 사전에 있는 맞는 말로 변경되며 효과음이 나오게 됩니다.

01 Shift + F8 키를 눌러 [빠른 교정 내용] 대화상자를 엽니다.

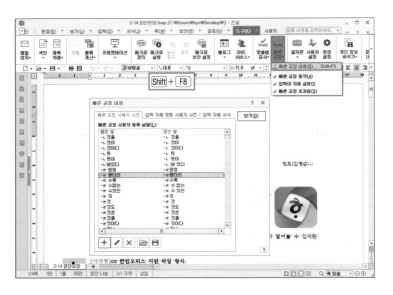

02 ⊞ 아이콘을 누르면 새로운 교정 단어를 추가할 수 있습니다. [빠른 교정 동작]이 선택되어 있어야 교정이 실행됩니다.

03 [입력 자동 명령 사용자 사전] 탭 화면에서 자동 명령 내용을 추가하면 글자로 명령을 실행할 수 있습니다. [스타일] 탭에서 입력에 'ㅂ'을 입력하고 스타일을 '본문'으로 지정한 다음 [추가] 버튼을 클릭합니다. [명령] 탭에서 입력에 'ㄱ'을 입력하고 항목을 '입력'으로 변경한 다음 '그림'을 선택하여 [추가] 버튼을 클릭합니다.

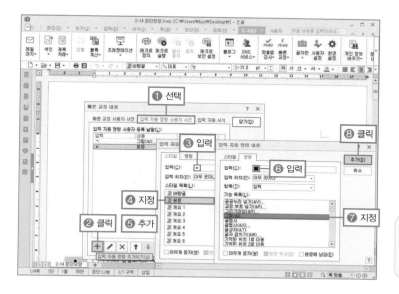

> **Tip** 입력에 사용할 글자는 본문을 입력할 때 사용하지 않을 것으로 지정해야 합니다.

04 본문에서 'ㅂ'을 입력하고 Spacebar 키를 누릅니다. 입력했던 문단에 '본문' 스타일이 적용된 것을 확인할 수 있습니다.

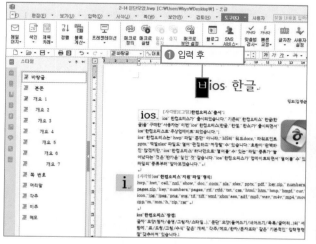

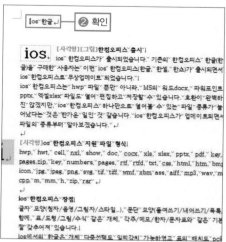

05 본문에서 'ㄱ'을 입력하고 Spacebar 키를 누릅니다.

06 입력 자동 명령의 내용을 '그림'으로 지정했기 때문에 [그림 넣기] 대화상자가 열리는 것을 확인할 수 있습니다.

> Tip 한글 2010 버전 이후로는 [입력 자동 서식]이 추가되어 번호나 기호로 목록 등이 자동 시작되도록 할 수 있습니다.

• 원본 파일 : 05/01_Sub8(원본) • 완성 파일 : 05/01_Sub8

차례는 개요, 스타일, 그리고 제목 차례(차례 코드) 중 하나로 만들 수 있습니다. 차례로 만들어야 할 제목에는 개요를 포함한 스타일을 적용해 두는 것이 좋고, 표나 그림과 같은 개체에는 캡션을 적용하거나 캡션을 대신할 스타일을 만들어 적용해 두어야 합니다.

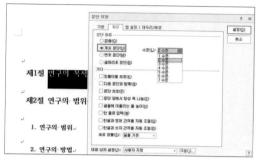 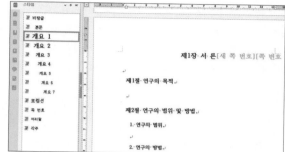

1 차례 만들기

[도구] 탭-[제목 차례]-[차례 만들기]를 선택하여 표시되는 대화상자에서 '개요 문단으로 모으기'에 체크 표시하고 개요 수준을 '3수준'까지로 지정합니다. 탭 모양에서 '오른쪽 탭'을 선택하고 '채울 모양'을 지정한 후 [만들기] 버튼을 클릭합니다.

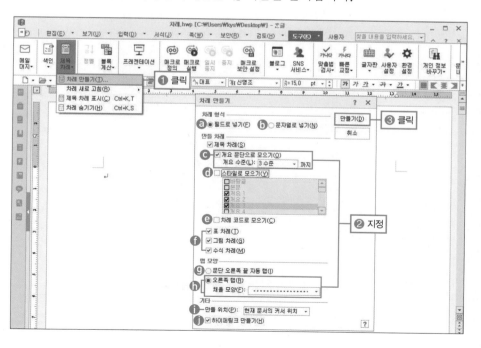

- ⓐ **필드로 넣기** : 차례를 필드로 만들어서 '차례 새로 고침'(업데이트)이 가능하도록 합니다. 2010 이하의 버전에서 열 경우 파일이 열리지 않을 수 있습니다.
- ⓑ **문자열로 넣기** : 필드를 제거한 글자로 입력합니다. '차례 새로 고침'은 불가능합니다.
- ⓒ **개요 문단으로 모으기** : 개요 수준이 사용된 제목 중 선택한 수준까지 차례로 만듭니다. 차례 스타일이 자동 적용됩니다.
- ⓓ **스타일로 모으기** : 스타일이 적용된 제목 중 선택한 제목으로 차례를 만듭니다.
- ⓔ **차례 코드로 모으기** : 제목 차례 표시(Ctrl+K, T)를 한 문단을 모아 차례로 만듭니다.
- ⓕ **표/그림/수식 차례** : 표/그림/수식이 입력된 경우 자동으로 번호가 매겨지면서 차례가 만들어집니다. 캡션 번호가 있는 경우 캡션 번호로 만들어집니다.
- ⓖ **문단 오른쪽 끝 자동 탭** : 만들어진 차례 서식에 문단 모양의 '오른쪽 끝 자동 탭'이 설정되면서 쪽 번호가 오른쪽 끝으로 자동 맞춤됩니다.
- ⓗ **오른쪽 탭과 채울 모양** : 만들어진 차례 서식에 '오른쪽 탭'과 '채울 모양'이 설정되면서 쪽 번호가 오른쪽으로 맞춰지고, 쪽 번호와 제목 사이에 설정한 탭 모양이 표시됩니다.
- ⓘ **만들 위치** : 차례를 만들 위치를 지정합니다. '새 탭'은 한글 2010까지 설정할 수 있습니다.
- ⓙ **하이퍼링크 만들기** : 만들어진 차례에 하이퍼링크가 적용되어 클릭하면 제목으로 바로 이동 가능하게 됩니다.

② 차례 수정하기

01 개요 수준으로 차례를 만들면 차례 스타일이 자동 적용되어 입력됩니다. 차례 스타일은 스타일 작업 창 또는 F6 키를 눌렀을 때 열리는 [스타일] 대화상자에서 선택할 수 있고 [스타일 편집하기] 아이콘(✏)을 클릭하면 서식을 수정할 수 있습니다.

본문이 수정되었을 경우 [도구] 탭-[제목 차례]-[차례 새로 고침]-[모든 차례 새로 고침]을 선택하여 업데이트합니다.

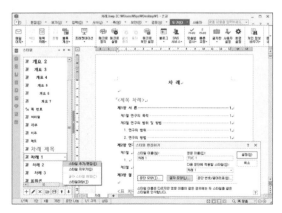

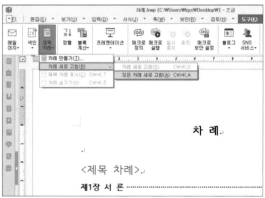

③ 제목 차례 코드로 만들기

편집을 마친 문서에 스타일이나 개요가 적용되어 있지 않을 때는 제목 차례 코드를 추가하여 차례를 만들 수 있는데요. 목차를 만들 제목에 '제목 차례 표시(Ctrl + K, T)'만 하면 됩니다.

01 제목에 커서를 가져다 놓고 Ctrl + K, T 키를 눌러 '제목 차례 표시'를 합니다. 조판 부호를 켜 보면 [제목 차례]라는 조판 부호가 입력되었음을 알 수 있습니다.

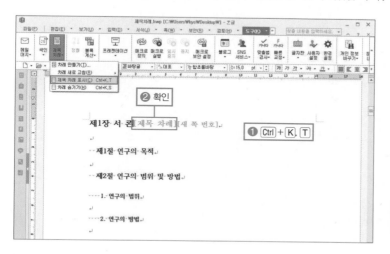

Tip 필요 없는 제목에는 '제목 숨기기'(Ctrl + K, S) 합니다.

02 조판 부호 [제목 차례]를 복사하여 제목이 있는 문단에 붙입니다.

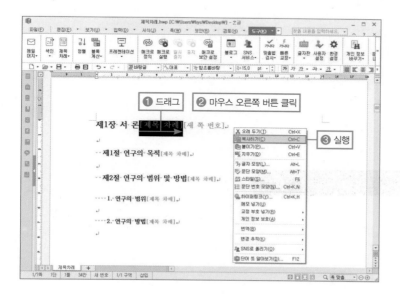

03 [도구] 탭-[제목 차례▼]-[차례 만들기]를 선택하여 [차례 만들기] 대화상자를 엽니다. '차례 코드로 모으기'에 체크 표시하고 탭 모양을 지정한 다음 [만들기] 버튼을 클릭합니다.

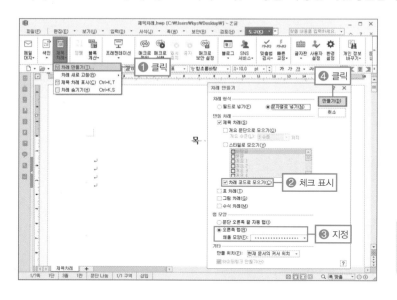

Tip 하위 버전에서 이상 없이 열어보려면 '문자열로 넣기' 옵션을 선택하는 것이 좋습니다.

04 스타일이나 차례 코드로 차례를 만들면 차례 스타일이 '차례 1'로만 적용됩니다. 필요하면 차례 수준마다 스타일도 '차례 2', '차례 3'으로 각각 적용해 주세요.

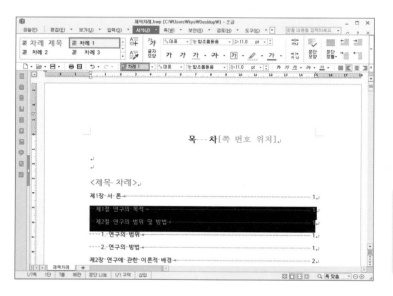

Tip 문자열로 차례를 만든 경우 업데이트(새로 고침)가 안되기 때문에 본문 제목이 변경되면 차례를 지우고 다시 만들어야 합니다.

④ 캡션과 그림 목차 만들기

01 그림을 선택하고 [그림 도구]-[캡션▼]-[아래]를 선택하여 그림 캡션을 삽입합니다. 마우스 오른쪽 버튼의 [캡션 넣기]나 단축키 Ctrl + N, C 또는 [개체 속성] 대화상자의 [여백/캡션] 탭 화면에서 위치를 지정해도 됩니다.

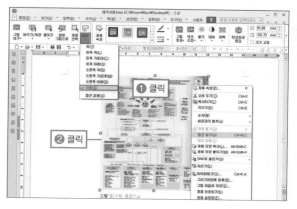
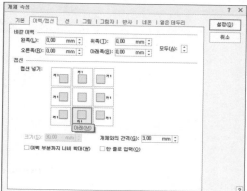

02 두 개의 그림에 캡션을 하나만 넣으려면 그림을 다중 선택하고 개체 묶기(G) 한 다음, 개체 속성에서 '번호 종류'를 '그림'으로 지정하고 캡션을 넣으면 됩니다. 이렇게 하면 그리기이지만 그림 캡션으로 연결됩니다.

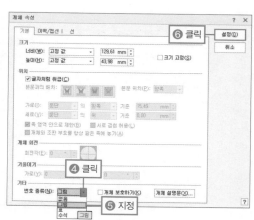

03 캡션 번호는 그림이 이동하면 자동으로 변경됩니다. 캡션도 제목과 마찬가지로 스타일을 만들어 적용하는 것이 좋습니다.

04 [도구] 탭-[제목 차례▼]-[차례 만들기]를 선택하여 [차례 만들기] 대화상자를 엽니다. '제목 차례'의 체크 표시를 해제하고 '그림 차례'에 체크 표시한 다음 '탭 모양'을 지정하고 [만들기] 버튼을 클릭합니다.

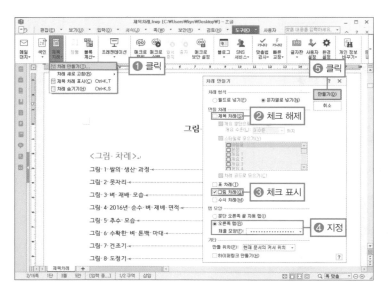

Tip 한글 2010은 한컴 사이트에서 업데이트를 받아야 필드로 입력된 차례 포함 문서를 열어볼 수 있습니다.

Sub 9 색인(Index)

01 색인 목록을 만들 낱말을 블록 지정(한 단어라면 커서만 가져다 놓음)하고 [도구] 탭－[색인 ▼]－[색인 표시]를 선택합니다. 하위 수준으로 넣을 낱말이라면 '두 번째 낱말'도 입력합니다.

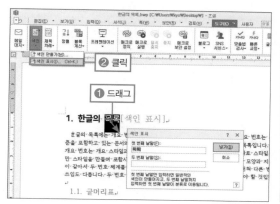
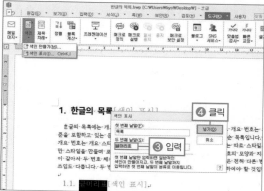

02 같은 색인이 다른 곳에도 있다면 조판 부호를 복사해서 붙이기 합니다.

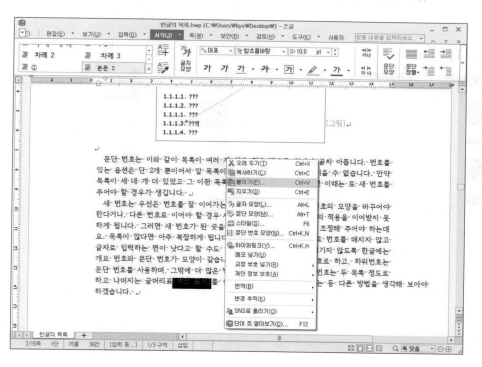

03 색인 표시를 마치면 [도구] 탭－[색인▼]－[색인 만들기]를 선택하여 색인 문서를 만듭니다. 다단이 필요할 경우 [쪽] 탭－[단▼]에서 단의 수를 선택합니다.

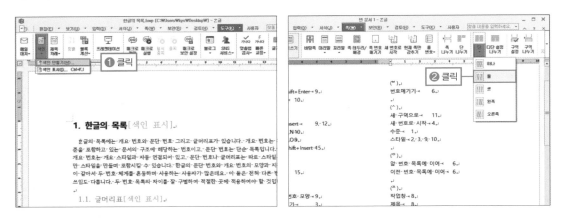

04 색인과 쪽 번호 사이에는 탭([Tab]) 간격이 있습니다. 색인의 쪽 번호를 가지런히 정렬하려면 [문단 모양] 대화상자의 [탭 설정]에서 '오른쪽' 탭을 추가하거나, '문단 오른쪽 끝 자동 탭'을 이용합니다. 바꾸기([Ctrl]+[H])에서 탭을 빈 칸 등으로 바꾸기 할 수도 있습니다.

Sub 10 검토 메뉴의 변경 내용 추적

변경 내용 추적은 수정할 내용에 일일이 메모를 달지 않고 본문에 직접 수정하여 알려 주는 명령입니다. 수정한 내용은 검토 후 문서에 적용할 것인지 적용하지 않을 것인지 설정할 수 있고 원본과 최종본을 비교하여 볼 수도 있습니다.

문서 비교는 수정된 두 문서의 차이점을 찾아 표시해 주는 것으로 교정 부호를 이용해 수정된 내용을 표시합니다. 문서 비교는 두 문서를 각각 비교하지만, 문서 이력 관리는 한 문서 안에 저장된 이전 버전을 비교합니다.

1 변경 내용 추적 기록하기

01 [검토] 탭-[변경 내용 추적▼]-[변경 내용 추적]을 선택하여 변경 내용 추적의 기록을 시작합니다. 상황선의 [변경 내용(기록 중지)] 버튼을 클릭하여 [변경 내용(기록 중)]으로 해도 됩니다. 상황선의 변경 내용 추적은 마우스 오른쪽 버튼을 클릭 후 평소에는 해제해 두는 것이 좋습니다.

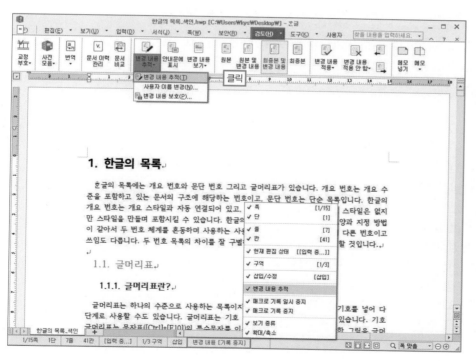

02 변경 내용 추적을 시작하면 입력한 것은 빨간 글씨와 밑줄로, 삭제한 것은 삭제되지 않고 취소선으로 표시됩니다. 이렇게 변경 내용을 표시해 두는 이유는 편집을 마친 후, 수정한 내용의 실제 적용 여부를 검토할 수 있게 하기 위함입니다.

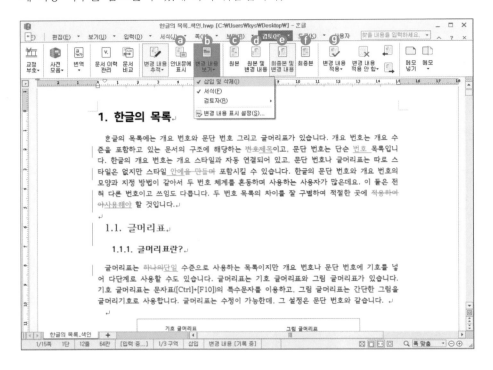

ⓐ **안내문에 표시** : 서식이나 삽입 삭제를 오른쪽 여백에 안내문으로 표시합니다. 안내문 보기 상태에서는 변경 내용을 기록할 수 없습니다.

ⓑ **변경 내용 보기** : '삽입 및 삭제', '서식' 등의 항목을 선택/해제 하여 일부만 표시합니다. 여러 명의 검토자가 수정한 경우 검토자별로 선택하여 표시할 수 있습니다. (검토자 : [변경 내용 추적▼]−[사용자 이름 변경])

ⓒ **원본** : 변경된 내용을 숨기고 원본 모양을 보여줍니다.

ⓓ **원본 및 변경 내용** : 원본 상태에서 변경된 내용을 표시합니다.

ⓔ **최종본 및 변경 내용** : 변경된 모양인 최종본 상태에서 변경된 내용을 표시합니다.

ⓕ **최종본** : 변경 내용이 적용된 문서 상태를 보여줍니다. 보기 메뉴일 뿐, 실제로 적용된 상태는 아닙니다.

ⓖ **변경 내용 표시 설정** : 변경 내용을 표시하는 색상이나 밑줄 등을 지정할 수 있습니다. '검토자별'로 정하면 검토자별로 다른 색으로 표시됩니다.

② 변경 내용 추적 끝내기(적용/적용 안 함)

❶ [검토] 탭-[변경 내용 추적▼]-[변경 내용 추적]을 선택 해제하여 기록을 중지합니다.

❷ 변경 내용 추적은 '적용'이나 '적용 안 함'을 하여야 완전히 끝낼 수 있습니다. 여러 가지 보기 방법을 활용하여 전체 또는 일부를 먼저 '적용'하고 필요 없는 나머지 모두를 '적용 안 함'하는 방법, 또는 그 반대의 방법으로 일괄 적용하여야 변경 내용이 포함되지 않은 일반 문서로 돌아가게 됩니다.

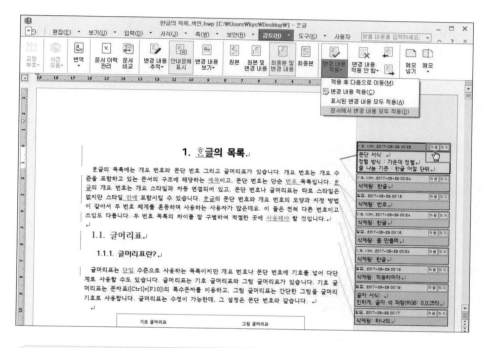

> Tip 최종본은 보기 방법의 하나로, 변경 내용이 모두 적용된 문서를 뜻하는 것은 아닙니다.

■ 여러 가지 적용 예

- **전체 적용** : 문서 전체의 변경 내용을 모두 적용하려면, [변경 내용 적용]-[문서에서 변경 내용 모두 적용]을 클릭합니다.
- **전체 적용 안 함** : 문서 전체의 변경 내용을 모두 적용하지 않으려면, [변경 내용 적용 안 함]-[문서에서 변경 내용 모두 취소]를 클릭합니다.
- **이전/다음** : 변경 내용을 맞춤법처럼 하나씩 찾아보며 '적용' 또는 '적용 안 함'하려면 [이전]/[다음] 아이콘을 클릭하여 변경 내용을 찾아가면서 [적용] 아이콘 또는 [적용 안 함] 아이콘을 클릭하여 줍니다. 안내문의 [적용]/[해제] 버튼을 이용해도 됩니다.

- **서식만 적용** : [변경 내용 보기]에서 [삽입 및 삭제]는 해제하고 [서식]만 선택한 다음 [변경 내용 적용]–[표시된 변경 내용 모두 적용]을 클릭합니다. 삽입, 삭제된 내용은 모두 해제하고 원본을 사용하려면 [변경 내용 적용 안 함]–[문서에서 변경 내용 모두 취소]를 클릭합니다.
- **검토자별 적용** : 특정 검토자의 수정 내용만 적용하려면 [변경 내용 보기]–[검토자]의 적용할 검토자만 선택하고 나머지 검토자는 해제한 다음 적용합니다.

⑤ 하위 버전에서의 변경 내용 표시

변경 내용 추적은 한글 2010SE 버전부터 새롭게 추가된 것으로, 이전 버전은 이 명령을 사용할수 없고 또 표시할 수도 없습니다. 변경 내용 추적이 '기록 중'이거나, 기록 중은 아니어도 변경 내용이 적용되지 않은 채 저장된 문서를 하위 버전에서 열 경우 문제가 생길 수 있습니다.

이것을 예방하기 위해서 [도구] 탭–[환경 설정]을 클릭하여 표시되는 대화상자의 [파일] 탭에 '변경 내용 저장 시 최종본 함께 저장'이라는 옵션이 있습니다. 이 옵션은 문서를 하위 버전에서 열었을 경우, 변경 내용 추적은 해제되고 기록 중인 내용은 최종본의 모양으로 '모두 적용'되도록 합니다. 이 옵션이 선택되지 않은 상태에서 하위 버전에서 문서를 열면 파일은 내용이 모두 삭제된 채 열리고, 그 상태에서 저장하면 파일 내용은 모두 삭제되니 변경 내용 추적 중인 문서를 공유할 때는 주의해야 합니다.

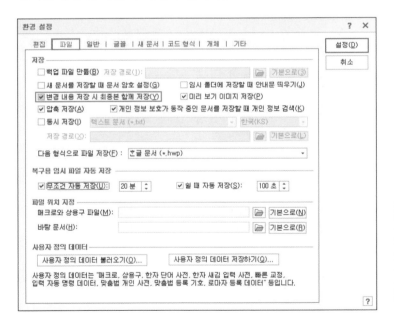

> Tip 변경 내용은 보기 방법이 해제되어 있어도 사라지지 않습니다. '적용'이나 '적용 안 함' 둘 중 하나를 반드시 선택해야 변경 내용 추적이 완전히 끝나게 됩니다.

한글 2010 SE + 버전부터 새롭게 추가된 메뉴로 [보안] 탭이 있습니다. 2010 SE + 는 이 [보안] 탭과 [개인 정보 탐색기]가 포함되어 있습니다. [보안] 탭에서는 문서의 '암호 설정'과 '배포용 문서 저장', '개인 정보 보호'가 포함되어 있습니다.

1 한글의 보안 문서

■ 문서 암호 설정

암호를 다섯 자 이상으로 설정하여 암호를 입력하지 않고서는 문서를 열어볼 수 없도록 합니다. [저장] 대화상자의 [도구]-[문서 암호] 사용과 같습니다.

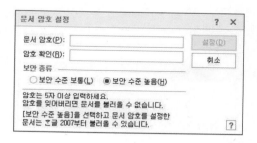

■ 읽기 전용 문서

다른 프로그램에서 사용 중인 문서나 파일의 속성에 '읽기 전용'이 체크 표시된 경우, 문서는 읽기 전용 문서가 되어 대부분의 메뉴가 비활성됩니다. 읽기 전용 문서는 보기 기능만 사용할 수 있지만 선택이 가능하고 '다른 이름으로 저장'도 가능하기 때문에 복사해서 새 문서에 붙이기 한 후 저장하거나 다른 이름으로 저장하여 편집할 수 있습니다.

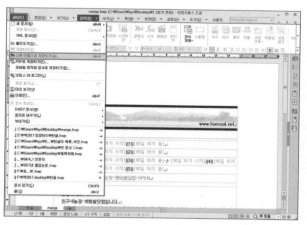

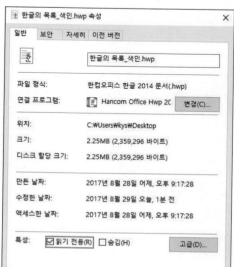

■ 배포용 문서

배포 문서는 '다른 이름으로 저장'을 할 수 없는 읽기 전용 문서로 '암호'를 지정하여 저장합니다. 읽기 전용 문서와 달리 '인쇄 제한'과 '복사 제한'을 선택할 수 있는데, '복사 제한'으로 저장된 경우 문서를 선택하거나 복사할 수 없습니다. '다른 이름으로 저장'할 수도 없기 때문에 읽기 전용 문서 보다 강력한 편집 제한 문서라고 할 수 있습니다.

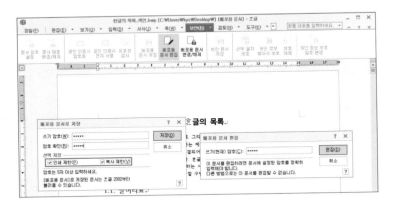

■ 개인 정보 보호

전화번호, 주민등록번호, 주소나 계좌 번호 등의 개인 정보를 자동으로 보호 문자로 변경합니다. 여러 문서를 보호할 때는 [개인 정보 탐색기]를 이용합니다.

■ 공인 인증서 전자 서명과 암호화

작성자의 공인 인증서를 이용하여 작성자가 최종 서명한 문서임을 전자 서명하고, 문서를 암호화할 수 있습니다. 암호화 된 문서를 다른 사용자가 열기 위해서는 작성자의 공인 인증서 파일(*.der 또는 *.cer)을 가지고 있어야 합니다.

※ 인증서 파일 위치 예 : C:₩사용자₩AppData₩LocalLow₩NPKI)

■ 보안 문서 저장

작성자가 공인 인증서를 이용하여 인증하고 수신자의 공인 인증서 파일을 추가하여 인증된 사용자만 열어볼 수 있는 강력한 보안 문서로, '인쇄 제한'과 '복사 제한', '열람 유효 기간'을 설정할 수 있습니다.

매크로는 반복된 작업을 할 때 키보드나 마우스의 사용 순서를 저장하여 메뉴나 명령에 없는 기능을 실행하는 것을 말합니다. 매크로로 저장할 수 없는 동작도 있으니 매크로 정의한 후 직접 실행해서 확인해 보는 것이 좋습니다. 매크로는 보안 설정이 낮아야 실행할 수 있습니다.

1 매크로 정의

01 [도구] 탭-[매크로 정의]를 클릭하여 [스크립트 매크로 정의] 대화상자를 엽니다. 목록에서 매크로를 선택하고 매크로 이름과 설명 등을 지정한 다음 [정의] 버튼을 클릭합니다.

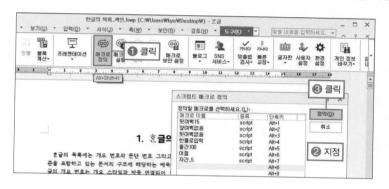

> Tip 찾아가기([Ctrl]+[H])와 바꾸기([Alt]+[G])등을 활용하여 매크로를 정의할 수도 있습니다.

02 [정의] 버튼을 클릭한 다음부터 수행한 동작은 모두 매크로로 저장됩니다. 예제에서는 편집 용지 설정을 변경하는 매크로를 만들기 위해 [F7] 키를 눌러 [편집 용지] 대화상자를 열고 용지 종류와 여백을 설정합니다.

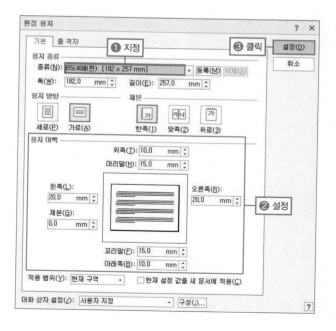

> Tip 정의해 놓은 매크로는 [도구] 탭-[사용자 설정]-[단축키]에서 찾아서 단축키를 지정할 수 있고, [명령]/[열림 상자]/[메뉴](빠른 메뉴)를 이용하여 메뉴에 추가할 수도 있습니다.

03 [도구] 탭-[중지]를 클릭하여 매크로 정의를 마칩니다. 상황선의 [매크로 기록 중지]를 클릭해도 됩니다.

② 매크로 실행

01 [도구] 탭-[매크로 실행]을 클릭합니다. [매크로 실행] 대화상자의 목록에서 이전 예제에서 정의한 매크로를 선택하고 [실행] 버튼을 클릭합니다. [F7] 키를 눌러 편집 용지를 확인해 보면 매크로에서 저장한 대로 용지 설정이 변경되었음을 알 수 있습니다.

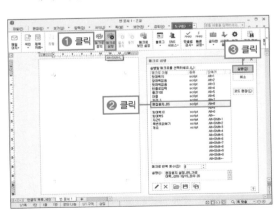
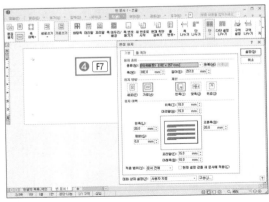

> Tip 여러 번 실행해야 하는 동작을 기록한 경우, '매크로 반복 횟수'에 횟수를 추가하여 실행해도 됩니다. 문서 끝까지 반복하고 초과된 횟수는 문서 처음부터 다시 실행하니 주의하여야 합니다.

02 정의한 매크로를 편집하려면 [매크로 실행]에서 매크로를 선택하여 [코드 편집] 버튼을 클릭합니다.

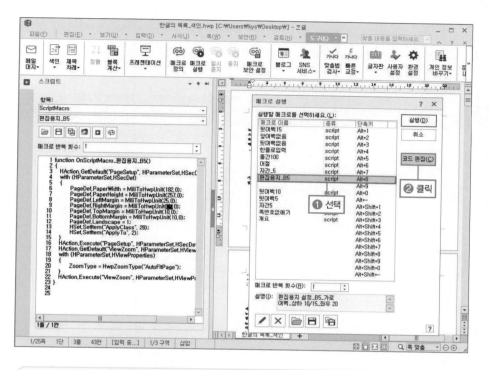

> **Tip 매크로 저장과 불러오기**
>
> 매크로를 수정한 후에는 별도로 저장할 필요가 없지만 정의한 매크로를 다른 버전이나 다른 PC에서 사용할 경우 스크립트 작업 창이나 [매크로 실행]의 하단 옵션 단추 중 [매크로 저장하기] 또는 [매크로 꾸러미 저장하기]로 매크로를 저장할 수 있습니다. [매크로 저장하기]는 선택한 매크로만 '.msr' 파일로 저장하고, [매크로 꾸러미 저장하기]는 매크로 실행에 표시된 매크로 전체를 '.hmi' 파일로 저장합니다. 저장한 파일은 [매크로 불러오기]로 추가할 수 있습니다.

한글 단축키

한글 단축키는 [도구] 탭 – [사용자 설정] – [단축키]에서 변경할 수 있습니다.

기본 단축키			
도움말	F1	도구 상자 단계별 접기/펴기	Ctrl + F1
메뉴	F10 / Alt, ↓ 방향키	빠른 메뉴	Shift + F10
글자판 보기	Alt + F1	글자판 바꾸기	Alt + F2
글자판 한/영 전환(1/2 글자판)	왼쪽 Shift + Spacebar	글자판 일본어 전환 (3/4 글자판)	오른쪽 Shift + Spacebar
글자의 한/영 변환	Alt + `	개체 선택	F11
새 문서	Alt + N	새 탭	Ctrl + Alt + T
문서마당	Ctrl + Alt + N	불러오기	Alt + O
최근 작업 문서	Alt + F3	저장하기	Alt + S / Ctrl + S
다른 이름으로 저장하기	Alt + V	호환 문서	Ctrl + N, D
문서 정보	Ctrl + Q, I / Ctrl + Q, D	인쇄	Alt + P / Ctrl + P
끝	Alt + X	문서 닫기	Ctrl + F4
필드 그룹 반복하기	Ctrl + G, R	필드 그룹 삭제하기	Ctrl + G, D
편집 용지	F7	머리말/꼬리말	Ctrl + N, H
쪽 번호 매기기	Ctrl + N, P	감추기	Ctrl + N, S
구역	Ctrl + N, G	쪽 나누기	Ctrl + Enter / Ctrl + J
단 나누기	Ctrl + Shift + Enter	다단 설정 나누기	Ctrl + Alt + Enter
구역 나누기	Alt + Shift + Enter	강제 줄 바꿈	Shift + Enter
맞춤법	F8	빠른 교정 내용	Shift + F8
한컴 사전	Shift + F6 / F12	한자 자전	Shift + F9
유의어/반의어 사전	Ctrl + F12		

편집 관련 단축키

뒤 글자 지우기	`Delete`	앞 글자 지우기	`Backspace`
뒷 단어 지우기	`Ctrl`+`T`/`Ctrl`+`Delete`	앞 단어 지우기	`Ctrl`+`Backspace`
한 줄 지우기	`Ctrl`+`Y`	줄 뒤 지우기	`Alt`+`Y`
지우기(클립보드에 남기지 않음)	`Ctrl`+`E`	고정폭 빈 칸	`Alt`+`Spacebar`
묶음 빈 칸	`Ctrl`+`Alt`+`Spacebar`	무른 하이픈	`Ctrl`+`Shift`+`─`
되돌리기	`Ctrl`+`Z`	다시 실행	`Ctrl`+`Shift`+`Z`
오려 두기	`Ctrl`+`X`/`Shift`+`Delete`	복사하기	`Ctrl`+`C`/`Ctrl`+`Insert`
붙이기	`Ctrl`+`V`/`Shift`+`Insert`	골라 붙이기	`Ctrl`+`Alt`+`V`
모양 복사	`Alt`+`C`	찾기	`Ctrl`+`Q`, `F`/`Ctrl`+`F`/`F2`
찾아 바꾸기	`Ctrl`+`F2`/`Ctrl`+`Q`, `A`/`Ctrl`+`H`	다시 찾기	`Ctrl`+`L`
거꾸로 찾기	`Ctrl`+`Q`, `L`	찾아가기	`Alt`+`G`
고치기	`Ctrl`+`N`, `K`	나가기	`Shift`+`Esc`

입력 관련 단축키

상용구 등록	`Alt`+`I`	상용구 내용 보기	`Ctrl`+`F3`
문자표	`Ctrl`+`F10`	문자표 유니코드 입력	`Alt`+`Shift`+`F10`
한글을 한자로 변환	`F9`	한자를 한글로 변환	`Alt`+`F9`
한자 단어 등록	`Ctrl`+`Alt`+`F9`	한자 부수/총획수	`Ctrl`+`F9`
한자 새김 입력	`Ctrl`+`Shift`+`F9`	인명 한자로 바꾸기	`Ctrl`+`Alt`+`F10`
날짜/시간 문자열	`Ctrl`+`K`, `D`	날짜/시간 코드	`Ctrl`+`K`, `C`
날짜/시간 형식	`Ctrl`+`K`, `F`	각주	`Ctrl`+`N`, `N`
미주	`Ctrl`+`N`, `E`	그림	`Ctrl`+`N`, `I`
글상자	`Ctrl`+`N`, `B`	수식	`Ctrl`+`N`, `M`
문단 띠	`Ctrl`+`N`, `L`	캡션 넣기	`Ctrl`+`N`, `C`
책갈피	`Ctrl`+`K`, `B`	쉬운 책갈피(위치 기억)	`Ctrl`+`K`, `1`, `2` …, `9`, `0`
기억된 책갈피 위치로 이동	`Ctrl`+`Q`, `1`, `2` …, `9`, `0`	기억된 위치에서 원래 위치로 이동	`Ctrl`+`Q`, `P`
하이퍼링크	`Ctrl`+`K`, `H`	하이퍼링크 뒤로	`Ctrl`+`Q`, `B`
하이퍼링크 앞으로	`Ctrl`+`Q`, `R`	상호 참조	`Ctrl`+`K`, `R`
필드 입력(누름틀)	`Ctrl`+`K`, `E`	문서 끼워 넣기	`Ctrl`+`O`
OLE 개체 삽입	`Ctrl`+`N`, `O`		

선택 단축키

모두 선택	`Ctrl`+`A`	줄 단위 블록 설정	`F3`/마우스 드래그
낱말 블록	`F3` 두 번/더블클릭	문단 블록	`F3` 세 번/세 번 클릭
칸 블록	`F4`/`Alt`+드래그	표의 셀 블록	`F5`
원하는 만큼 블록 설정	`Shift`+방향키	단어 단위 블록 설정	`Shift`+`Ctrl`+`←`/`→`
문단 처음/끝까지 선택	`Shift`+`Ctrl`+`↑`/`↓`	줄 처음/끝까지 선택	`Shift`+`Home`/`End`
한 화면 단위 선택	`Shift`+`Page up`/`Page Down`	앞 쪽 시작 위치까지 선택	`Shift`+`Alt`+`Page up`
뒤 쪽 시작 위치까지 선택	`Shift`+`Alt`+`Page Down`	문서의 처음까지 선택	`Shift`+`Ctrl`+`Page up`
문서의 끝까지 선택	`Shift`+`Ctrl`+`Page Down`		

이동 단축키

글자, 줄 단위 이동	방향키	단어 단위 이동	`Ctrl`+`←`/`→` `Shift`+`Alt`+`→`/`←`
문단 단위 이동	`Ctrl`+`↓`/`↑`	문단을 가지고 이동	`Alt`+`Shift`+`↓`/`↑`
화면 이동	`Alt`+방향키	셀 이동(표 안에서)	`Alt`+방향키
단 이동	`Ctrl`+`Alt`+`←`/`→`	줄 처음/끝으로 이동	`Home`/`End`
문단 처음/끝으로 이동	`Alt`+`Home`/`Alt`+`End`	화면 처음/끝으로 이동	`Ctrl`+`Home`/`Ctrl`+`End`
한 화면 앞/뒤로 이동	`Page up`/`Page Down`	앞 쪽 시작 위치로 이동	`Alt`+`Page up`
뒤 쪽 시작 위치로 이동	`Alt`+`Page Down`	문서의 처음으로 이동	`Ctrl`+`Page up`
문서의 끝으로 이동	`Ctrl`+`Page Down`		

보기 단축키

문단 부호 보이기/숨기기	`Ctrl`+`G`, `T`	조판 부호 보이기/숨기기	`Ctrl`+`G`, `C`
화면 확대 쪽 맞춤	`Ctrl`+`G`, `P`	화면 확대 폭 맞춤	`Ctrl`+`G`, `W`
화면 확대 100%	`Ctrl`+`G`, `Q`	화면 확대/축소	`Shift`+(Num)`+`/`−`/ `Ctrl`+마우스 스크롤
쪽 윤곽	`Ctrl`+`G`, `L`	창 순환	`Alt`+`Tab`
문서 탭 순환	`Ctrl`+`Tab`	모두 아이콘으로	`Ctrl`+`W`, `M`
편집 화면 분할의 화면 이동	`Ctrl`+`W`, `N`	미리 보기 내에서―여백보기	`.`(마침표)
미리 보기 내에서―편집 용지 보기	`,`(쉼표)		

문단 관련 단축키

문단 모양	Alt + T	양쪽 정렬	Ctrl + Shift + M
왼쪽 정렬	Ctrl + Shift + L	오른쪽 정렬	Ctrl + Shift + R
가운데 정렬	Ctrl + Shift + C	배분 정렬	Ctrl + Shift + T
문단 왼쪽여백 줄이기	Ctrl + Alt + F5 / Ctrl + Shift + E	문단 왼쪽여백 늘이기	Ctrl + Alt + F6 / Ctrl + Shift + G
문단 오른쪽여백 늘이기	Ctrl + Alt + F7 / Ctrl + Shift + D	문단 오른쪽여백 줄이기	Ctrl + Alt + F8 / Ctrl + Shift + F
문단 양쪽여백 늘리기	Ctrl + F7	문단 양쪽여백 줄이기	Ctrl + F8
첫 줄 내어쓰기	Ctrl + F5 / Ctrl + Shift + O	첫 줄 들여쓰기	Ctrl + F6 / Ctrl + Shift + I
빠른 내어쓰기	Shift + Tab	줄 간격 좁게	Alt + Shift + A / Ctrl + Shift + Q
줄 간격 넓게	Alt + Shift + Z / Ctrl + Shift + W	문단 이동	Alt + Shift + ↑, ↓
문단 번호 모양	Ctrl + K, N	문단 번호 삽입/해제	Ctrl + Shift + Insert
문단 번호 새 번호로 시작	Alt + Shift + Insert	글머리표 삽입/해제	Ctrl + Shift + Delete
한 수준 증가	Ctrl + (Num) —	한 수준 감소	Ctrl + (Num) +
개요 번호 모양	Ctrl + K, O	개요 번호 삽입/해제	Ctrl + Insert

개체를 선택한 상태에서 단축키

개체 속성	P	배경	C
테두리	L	글상자 선택 상태에서 내용 편집	Enter
복사하기	Ctrl + 마우스 끌기	본문과의 배치 – 글 앞으로	Shift + Home
본문과의 배치 – 글 뒤로	Shift + End	개체 정렬 – 맨 앞으로	Shift + Page up
개체 정렬 – 맨 뒤로	Shift + Page Down	캡션 넣기	Ctrl + N, C
개체 1pt씩 이동	방향키	개체 크기 확대/축소(아래쪽)	Shift + ↓ / ↑
개체 크기 확대/축소(오른쪽)	Shift + → / ←	개체 선택	F11
다음 개체로 이동	Tab / Shift + F11	이전 개체로 이동	Shift + Tab / F11
개체 묶기/풀기	G / U	그림 자르기	Shift + 마우스 조절
아래 겹쳐진 개체 선택	Alt + 클릭		

표 단축키			
표 만들기(셀 안의 표 만들기)	Ctrl + N, T	표에서 나가기	Shift + Esc
표 개체 선택	F11	셀 선택	F5
셀 선택 확장 모드	F5 2번/Shift + F5	표 전체 블록	F5 3번
칸 전체 블록	F5 – F7	줄 전체 블록	F5 – F8
셀 크기 조절(선택 셀)	F5, Shift + 방향키	줄/칸 전체 크기 조절(표 크기 변동)	F5, Ctrl + 방향키
줄/칸 전체 크기 조절(표 크기 고정)	F5, Alt + 방향키	셀 단위로 커서 이동	Alt + 방향키 또는 Tab Shift + Tab (환경 설정 필요)
줄 추가하기	Ctrl + Enter	줄 지우기	Ctrl + Backspace
줄/칸 추가하기	Alt + Insert	줄/칸 지우기	Alt + Delete
줄/칸, 표 삭제	선택 후 Delete/Ctrl + E	표 개체 속성(고치기)	Ctrl + N, K/표 선택 또는 셀 선택 후 P
각 셀마다 적용 테두리	F5, L	각 셀마다 적용 배경	F5, C
여러 셀에 적용 테두리	F5, B	여러 셀에 적용 배경	F5, F
표 자동 채우기	F5, A	셀 합치기	F5, M
셀 나누기	F5, S	줄 높이를 같게	F5, H
칸 너비를 같게	F5, W	표 뒤집기	표 선택 후 T
표 나누기 (나눌 첫 셀에서)	Ctrl + N, A	표 붙이기 (위쪽 표에서)	Ctrl + N, Z
계산식	Ctrl + N, F	블록 계산식 – 합계	F5, Ctrl + Shift + S
블록 계산식 – 평균	F5, Ctrl + Shift + A	블록 계산식 – 곱	F5, Ctrl + Shift + P
쉬운 계산식 – 가로 합계	Ctrl + Shift + H	쉬운 계산식 – 세로 합계	Ctrl + Shift + V
쉬운 계산식 – 가로 평균	Ctrl + Shift + J	쉬운 계산식 – 세로 평균	Ctrl + Shift + B
쉬운 계산식 – 가로 곱	Ctrl + Shift + K	쉬운 계산식 – 세로 곱	Ctrl + Shift + N

도구 관련 단축키			
키 매크로 정의	Alt + B	키 매크로 중지	Alt + A
스크립트 매크로 정의	Alt + Shift + H	스크립트 매크로 중지	Alt + Shift + X
매크로 실행	Alt + Shift + L	매크로1...	Alt + Shift + 1···, Alt + 1···
제목 차례 표시	Ctrl + K, T	차례 숨기기	Ctrl + K, S
색인 표시 달기	Ctrl + K, I	메일 머지 표시 달기	Ctrl + K, M
메일 머지 만들기	Alt + M	프레젠테이션 실행	Ctrl + K, P

글꼴 관련 단축키			
[서식]-[글자 모양] 대화 상자	Alt+L	모양 복사	Alt+C
진하게	Alt+Shift+B/Ctrl+B	기울임	Alt+Shift+I/Ctrl+I
밑줄	Alt+Shift+U/Ctrl+U	위 첨자/아래 첨자/보통	Alt+Ctrl+A
위 첨자 설정/해제	Alt+Shift+P	아래 첨자 설정/해제	Alt+Shift+S
보통 모양	Alt+Shift+C	글씨 작게	Alt+Shift+R/Ctrl+[
글씨 크게	Alt+Shift+E/Ctrl+]	다음 글꼴	Alt+Shift+F
이전 글꼴	Alt+Shift+G	장으로	Alt+Shift+J
평으로	Alt+Shift+K	자간 좁게	Alt+Shift+N
자간 넓게	Alt+Shift+W	파랑 글자 색	Ctrl+M, B
검정 글자색	Ctrl+M, K	빨강 글자 색	Ctrl+M, R
자주 글자 색	Ctrl+M, D	초록 글자 색	Ctrl+M, G
노랑 글자 색	Ctrl+M, Y	청록 글자 색	Ctrl+M, C
흰색 글자 색	Ctrl+M, W	스타일	F6
스타일 적용	Ctrl+1~0 Ctrl+Alt+1~0	기본 서식(바탕글)	Ctrl+1
글자 스타일 해제	Ctrl+—		

수식 편집 상태에서 단축키			
수식	Ctrl+N, M	위 첨자(^)	Shift+6
아래 첨자(_)	Shift+—	장식 기호(vec)	Ctrl+D
분수(over)	Ctrl+O	근호(sqrt)	Ctrl+R
합 기호(sum)	Ctrl+S	적분(int)	Ctrl+I
극한(lim)	Ctrl+L	상호 관계(REL lrarrow)	Ctrl+E
괄호(LEFT(/RIGHT))	Ctrl+9	경우(cases)	Ctrl+O
세로 쌓기(pile)	Ctrl+P	행렬(matrix)	Ctrl+M
줄 바꿈	편집 창 Enter 스크립트 입력창 #	줄 맞춤	스크립트 입력창 &
사이 띄기	스크립트 입력창 ~ (1 칸)/` (1/4 칸)	넣기(나가기)	Shift+Esc

Index_색인

한 권으로 끝내는 워드

참~ 쉽죠잉!

EDUWAY
에듀웨이

Contents _목차

Contents _목차

Contents _목차

Part ❻
워드 고급 기능 활용하기

01 ┊ 고급 기능 다루기 234

Part 01

워드 2016 시작하기

Part 1에서는 마이크로소프트 워드 워드프로세서의 기본 기능을 배우는 파트입니다.
워드 2016 버전의 새로운 기능과 화면 구성, 기본 문서 만드는 방법부터 환경 설정 방법 등을 알아보겠습니다.

워드 기본 기능 익히기

워드 2016은 리본 메뉴 위에 '공유'와 '수행할 작업을 알려 주세요'(설명)가 추가되었고, [삽입]의 '스토어', 추가 기능과 [검토]의 '스마트 조회'가 추가되어 워드 화면 안에서 검색하여 활용할 수 있는 방법이 다양해졌습니다. 워드 2016의 새로운 기능과 기본 기능에 대해 알아보겠습니다.

Sub 1 워드 2016의 새로운 기능

1 공유

파일을 [클라우드에 저장]하고, 이메일로 초대 메일을 보내어 다른 검토자와 함께 보기/편집 등 협업 작업을 하는 기능입니다. 검토자와 메시지를 주고받을 수 있고, 수정을 원하지 않는 부분은 선택 후 [작성자(검토자) 차단]을 할 수 있습니다.

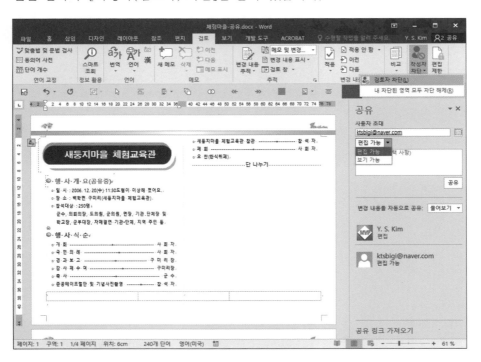

② 설명(Alt + Q)

'수행할 작업을 알려 주세요'에 내용을 입력하여 메뉴를 바로 이용하거나 관련 명령을 알아볼 수 있습니다. 부족한 내용은 [검토] 메뉴에 있는 '스마트 조회'를 이용해 'bing' 검색 내용을 찾고, 문서에 바로 적용할 수 있습니다. 온라인 그림이나 정보는 저작권 범위를 확인한 후 사용해야 하고 필요할 때 인용임을 밝혀야 합니다.

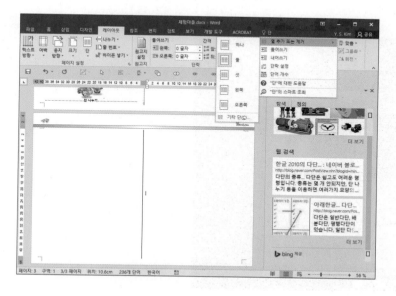

③ PDF 파일 편집

워드 2013부터는 PDF 문서를 열고 편집할 수 있습니다. PDF 문서는 워드프로세서에서 저장하여 만든 경우는 편집이 자연스럽지만, 어도비 아크로뱃에서 직접 만든 문서나 다른 형식에서 만든 문서는 복잡하게 변환되기 때문에 편집이 자유롭지 않을 수 있습니다.

1 MS 워드 실행

윈도우 시작 메뉴에서 'Word 2016'을 클릭하여 MS 워드를 시작합니다. 마우스 오른쪽 버튼을 클릭하고 [작업 표시줄에 고정]을 실행하거나 'Word 2016'을 바탕화면에 드래그하여 바로가기를 만들 수 있습니다.

2 MS 워드 문서로 실행하기

MS 워드 파일을 더블클릭하면 파일이 열리면서 MS 워드가 실행됩니다. 만약 다른 프로그램으로 실행된다면 [윈도우 시작]-[설정]-[앱]-[기본 앱]-[파일 형식별 기본 앱 선택](윈도우10 기준)에서 'docx' 파일에 관한 기본 앱을 재설정하거나, 파일을 마우스 오른쪽 버튼으로 클릭하여 [연결 프로그램]을 설정합니다.

③ 계정 설정

워드를 실행하여 '새 문서'를 만든 다음 [파일] 탭-[계정]을 클릭하면 '사용자 정보'와 '제품 정보'를 설정할 수 있습니다. '사용자 정보'에서는 'Office 테마'와 Office 온라인 계정을 설정합니다. '제품 정보'에서는 [제품 번호] 버튼을 클릭하여 제품 인증을 할 수 있습니다. 인증을 마치면 [Word 정보] 버튼을 클릭하여 제품 번호를 확인합니다.

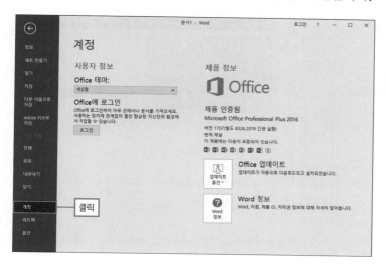

④ Office 배경과 테마

오피스에 로그인하면 MS 워드 창 윗부분 배경 그림과 색상 테마를 변경할 수 있습니다.

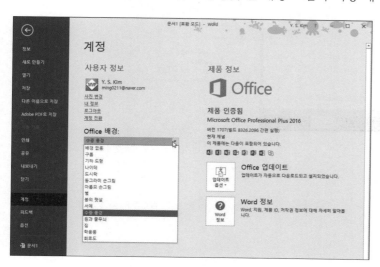

5 Office에 로그인

[로그인] 버튼을 클릭하여 'www.office.com'(www.microsoft.com)의 OneDrive 계정과 연결합니다. OneDrive는 MS Office의 클라우드(5GB)로 Online Office를 무료로 사용할 수 있고, Skype, Messenger 계정을 연결해 놓을 수 있습니다.

Tip **OneDrive(https://onedrive.live.com)**

Office 계정과 연결되면 워드 오른쪽 윗부분에 사용자 이름이 표시됩니다. 작업 표시줄의 'OneDrive'로 상태를 확인할 수 있고, 스마트 기기의 OneDrive 앱과도 연동됩니다.

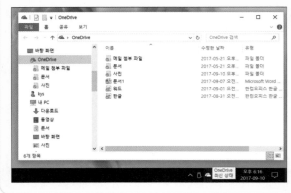 

⑥ 워드 종료

[파일] 탭−[닫기] 또는 화면 오른쪽 윗부분의 [×]를 클릭하여 MS 워드를 닫습니다.

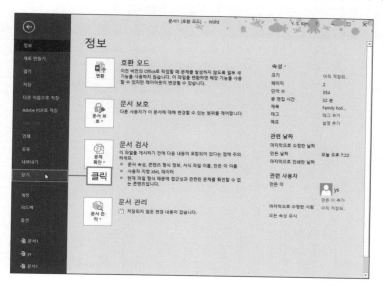

Tip 웹에서 바로 연 파일은 반드시 '다른 이름으로 저장'으로 PC에 저장하고 닫아야 파일을 다시 열어볼 수 있습니다.

워드 2016은 이전 버전의 몇몇 오류(예 : 개체 선택)나, '그리기 캔버스'의 불편하던 점이 해결되고 저장 속도가 빨라지는 등 사용이 많이 안정되었습니다. 또, 하위 버전에서 사용하던 불필요한 레이아웃 옵션이 정리되어 어려운 옵션을 찾아 수정하지 않아도 무리 없이 사용할 수 있습니다.

워드에는 많은 자동 기능이 있고 명령마다 조정할 수 있는 옵션들이 다양하기 때문에 기능을 정확하게 알지 못하면 문서를 다루기가 어려울 수 있습니다. 이 책에서는 워드 기능 설명뿐만 아니라 작업자가 흔히 하는 실수로 인한 오류의 예방, 또 기능과 연결된 'Word 옵션'의 설정까지 빠짐없이 이해되도록 설명되어 있습니다.

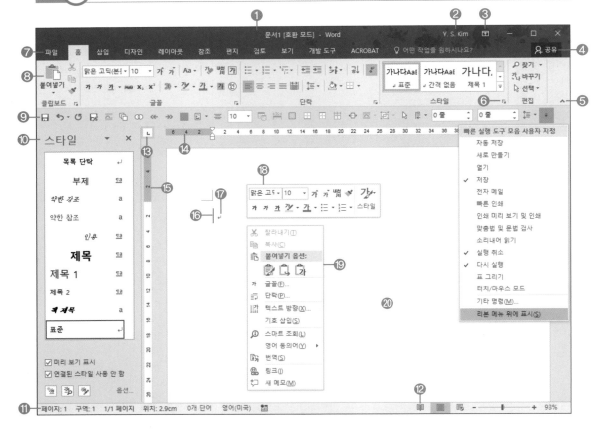

❶ **제목 표시줄** : 하위 버전인 경우 '호환 문서'가 표시됩니다.

❷ **사용자** : OneDrive 로그인 계정 사용자를 표시합니다.

❸ **창 조절 아이콘** : 리본 메뉴 표시 옵션, 최소화, 최대화, 닫기 등이 있습니다.

❹ **공유** : OneDrive에 저장하여 다른 사용자와 공유 또는 협업합니다.

❺ **리본 메뉴 축소([Ctrl]+[F1])** : 리본 메뉴를 숨기고 메뉴 탭만 표시합니다.

❻ **대화상자** : 대화상자나 작업 창을 엽니다.

❼ **메뉴 탭** : 클릭하면 리본 메뉴에 명령들이 표시됩니다. 더블클릭하면 숨기거나 펼칠 수 있습니다.

❽ **리본 메뉴** : [파일] 탭 – [옵션] – [리본 사용자 지정]에서 메뉴를 추가/제거할 수 있고, [가져오

기/내보내기]로 UI를 불러오기/저장할 수 있습니다. ([개발 도구] 탭은 '리본 메뉴 사용자 지정'의 메뉴에 체크해야 사용할 수 있습니다.)

⑨ **빠른 실행 도구 모음** : 리본 메뉴의 각 명령에서 마우스 오른쪽 버튼을 클릭하여 '빠른 실행 도구 모음에 추가'할 수 있고, [파일] 탭-[옵션]-[빠른 실행 도구 모음]에서도 추가하거나 위치를 변경할 수 있습니다. 리본 메뉴의 위나 아래에 표시합니다.

⑩ **작업 창(스타일)** : 탐색창, 스타일, 리서치, 스마트 조회, 선택 창과 개체의 서식을 변경할 수 있는 작업 창이 있습니다.

⑪ **상태 표시줄** : 커서 위치의 정보를 알려 주고 클릭하여 찾아가기 할 수 있습니다. 마우스 오른쪽 버튼을 클릭하여 표시할 항목을 선택할 수 있습니다.

⑫ **보기와 확대/축소** : 읽기 모드, 인쇄 모양 보기, 웹 모양 보기, 화면 확대/축소가 가능합니다.

⑬ **탭 종류** : 가로 눈금자에 설정할 수 있는 탭 종류를 표시하고 변경합니다.

⑭ **가로 눈금자** : [보기] 탭-[눈금자]를 선택하여 표시하고 단락의 여백과 들여쓰기, 탭 설정 상태를 표시합니다.

⑮ **세로 눈금자** : 여백과 본문을 구분하여 표시하고, 표 등 영역 안에 글자를 입력할 수 있는 공간을 흰색으로 표시합니다. 회색과 흰색의 경계선을 마우스로 조절하면 페이지 설정의 여백이 조정됩니다.

⑯ **커서** : 글자와 개체를 입력하고 수정할 수 있는 위치를 표시합니다.

⑰ **단락 기호** : 단락(문단)의 끝을 표시합니다. 단락 기호를 선택 후 복사하면 단락 서식만 복사할 수 있습니다.

⑱ **미니 도구 모음** : 주로 사용하는 명령이 모여 있어 편리하게 사용할 수 있습니다.

⑲ **마우스 오른쪽 버튼 메뉴** : 미니 도구 모음과 함께 선택한 부분에 관련된 명령을 표시합니다.

⑳ **편집 화면** : 글자나 개체를 입력할 수 있는 페이지 영역입니다. 가장자리는 '페이지', 여백 표시 안쪽은 '여백'이라 말합니다.

워드의 메뉴 탭에는 파일, 홈, 삽입, 디자인, 레이아웃, 참조, 검토, 보기 메뉴가 기본적으로 표시되어 있습니다. 기본적으로 표시되는 메뉴 탭은 아니지만 [개발 도구] 탭을 추가할 수 있는데, [개발 도구]에는 매크로와 양식 개체 명령이 있습니다. 그 밖에 개체를 선택하거나 머리글 등에 들어갔을 경우 자동으로 표시되는 도구 탭과 개체 서식 작업 창이 있습니다.

리본 메뉴는 창 너비에 따라 아이콘 배열이 자동으로 조정됩니다. 리본 메뉴의 아이콘을 클릭하여 대화상자를 열면 각각의 메뉴 명령을 좀 더 자세하게 설정할 수 있습니다. [홈] 탭의 [클립보드]와 [스타일], 그리고 개체 도구의 [스타일] 대화상자 아이콘(□)을 클릭하면 작업 창으로 열립니다.

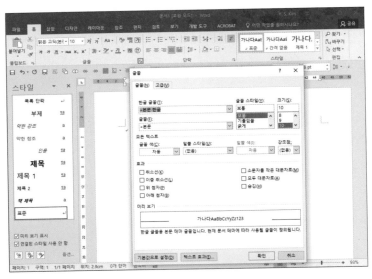

리본 메뉴의 명령 중 자주 사용하는 명령은 마우스 오른쪽 버튼을 클릭한 다음 [빠른 실행 도구 모음에 추가]합니다. '빠른 실행 도구 모음'은 리본 메뉴의 위나 아래에 표시할 수 있습니다.

추가한 빠른 실행 도구 모음은 [파일] 탭-[옵션]의 '빠른 실행 도구 모음'에서 편집할 수 있습니다.

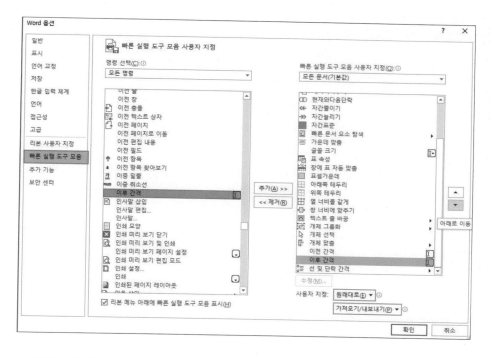

■ '리본 메뉴'(리본 사용자 지정) 및 '빠른 실행 도구 모음'의 수정 방법

❶ 명령 선택에서 '모든 명령' 등 명령이 있는 메뉴 탭을 선택합니다. '모든 명령'에서는 리본 메뉴에 없는 명령이나 개체 도구의 명령을 찾아볼 수 있습니다.

❷ 메뉴에 추가할 명령을 선택하고 사용자 지정 부분에서 추가할 메뉴 탭을 선택합니다. 사용자 탭을 추가하려면 아랫부분의 [새 탭]에서 추가하여 [이름 바꾸기]로 변경할 수 있습니다. 기본 탭에 추가하려면 [새 그룹]을 만들어야 합니다.

❸ [추가] 버튼을 클릭하여 선택한 명령을 추가합니다. 화면 오른쪽의 화살표로 위치를 조정할 수 있습니다.

❹ 사용자 지정 메뉴에서 명령을 제거하려면 명령을 선택하고 [제거] 버튼을 클릭합니다.

❺ 사용자 지정 UI를 저장하려면 [가져오기/내보내기▼]-[모든 사용자 지정 항목 내보내기]를 클릭하고 [저장] 버튼을 클릭합니다. 저장된 UI 파일은 다른 컴퓨터로 옮긴 다음 [사용자 지정 파일 가져오기]로 불러와서 똑같은 UI를 사용할 수 있습니다.

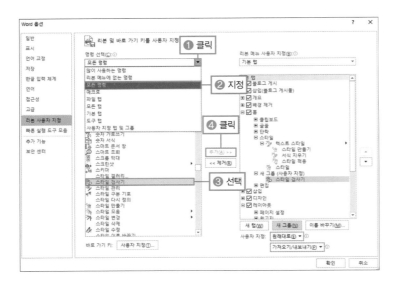

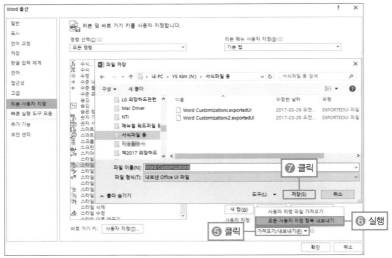

워드 작업 시작하기

본격적으로 워드를 실행하여 새로운 문서를 만들어 보고 기존 파일을 열어 보겠습니다. 워드를 마음대로 관리할 수 있는 주요 옵션도 살펴봅니다.

Sub 1 새 문서와 서식 파일 만들기

❶ 워드 시작 화면에서 '새 문서'를 클릭합니다.

❷ 서식 파일을 이용하여 문서를 만들려면 화면의 서식 파일 중 하나를 선택하거나 검색어를 입력하여 원하는 서식을 선택하고 [만들기] 버튼을 눌러 다운로드 받습니다. MS 오피스의 서식 파일은 'https://templates.office.com'에서도 찾을 수 있습니다.

❸ 다른 새 문서나 서식 파일을 열고자 할 때는 [파일] 탭–[새로 만들기]에서 다시 선택합니다.

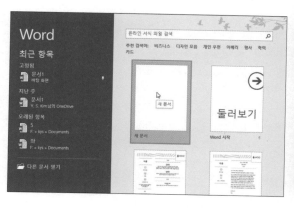

Tip 파일 관련 바로 가기 키

- 새 문서 : Ctrl+N
- 저장 : Ctrl+S
- 열기 다음 이전 작업 위치로 이동 : Shift+F5

- 열기 : Ctrl+O
- 다른 이름으로 저장 : F12

01 워드 시작 화면 왼쪽의 '최근 항목'에서 작업하던 문서를 선택한 후 엽니다. '최근 항목'은 [파일] 탭-[옵션]-[고급]의 '화면 표시'에서 개수를 정할 수 있습니다. ('최근 항목' 중 계속 사용해야 하는 문서는 압정 모양을 클릭하여 고정해 둡니다.)
'최근 항목'에 없다면 [다른 문서 열기]를 클릭하고 [찾아보기]에서 파일을 찾아 [열기] 버튼을 클릭합니다.

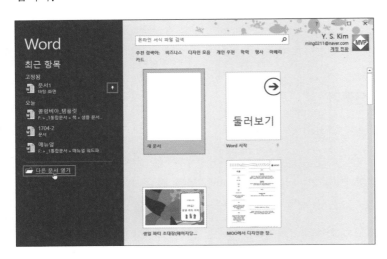

Tip [열기] 대화상자에서 '읽기 전용'이나 '복사본'으로 열기하려면 [열기] 버튼 옆 [▼] 버튼을 클릭하여 선택하고 엽니다.

Tip 워드 시작 화면 없이 바로 새 문서로 열리도록 하려면 [파일] 탭 [옵션]-[일반]에서 '이 응용 프로그램을 시작할 때 시작 화면 표시'를 체크 해제합니다.

01 [파일] 탭-[저장]을 클릭합니다. [이 PC]에서는 최근 저장한 폴더와 '현재 폴더' 등이 표시됩니다. 최근 저장 폴더를 계속 고정해 두려면 오른쪽 끝에 있는 압정 아이콘을 누릅니다. 이 화면을 'BackStage'라고 합니다.

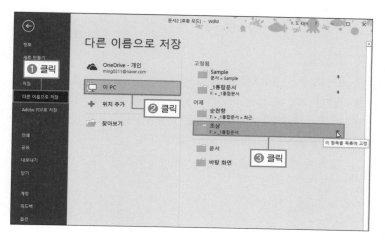

02 [이 PC]에 저장 폴더가 없으면 [찾아보기]를 클릭하여 위치를 지정한 후 이름을 입력하고 [저장] 버튼을 클릭합니다. 파일 형식을 변경하여 저장하려면 파일 형식에서 선택하고 저장합니다. 파일 형식이 변경되면 편집 상태가 달라질 수 있습니다.

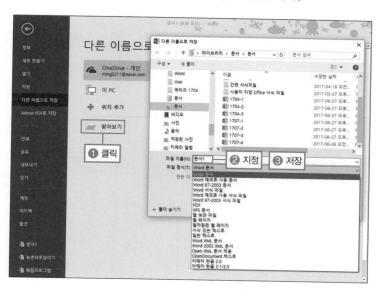

- **MS 워드 파일 형식**
  - **워드 문서(DOCX)** : 워드 2007 이상 버전에서 사용하는 워드 문서입니다.
  - **워드 매크로 사용 문서(DOCM)** : 매크로를 저장할 수 있는 워드 문서입니다.
  - **워드 97–2003 문서(DOC)** : 워드 2003 이하 버전에서 사용할 수 있는 워드 문서입니다.
  - **워드 서식 파일(DOT)** : 워드 2003 이하 버전에서 사용할 수 있는 서식 파일입니다.
  - **워드 매크로 사용 서식 파일(DOTM)** : 워드 2007 이상 버전에서 사용하는 서식 파일입니다. (예 : 새 문서
    – Normal.dotm)

- **저장 도구**
  - **저장 옵션** : 저장 파일 형식과 자동 저장 파일(.asd)의 위치 등을 설정합니다.
    - **파일을 저장할 때 BackStage 표시 안 함** : BackStage를 표시하지 않고 [찾아보기]로 바로 저장합니다.
    - **파일의 글꼴 포함** : 다른 PC에 없을 수 있는 글꼴이 문서에 포함된 경우 파일에 글꼴을 함께 저장합니다.
    - **[고급 옵션]–[저장]의 '백업 파일을 항상 만들기'** : 백업 파일(.wbk)을 만듭니다.
  - **일반 옵션** : 문서를 '읽기 전용'이나 '암호 문서'로 저장합니다. 암호 설정은 [파일] 탭–[정보]–[문서 보호]
    에서도 가능합니다.
  - **그림 압축** : 문서에 포함된 그림의 압축 정도를 설정합니다.

Tip 파일 정보

[파일] 탭을 클릭하면 먼저 [정보] 탭이 표시됩니다. 파일 정보에서는 '문서 보호', '문서 검사', '문서 관리', 호환 문서의
경우 '호환 모드' 항목이 있고, 오른쪽에 파일의 '속성'과 만든 '날짜', '만든 이' 등이 표시됩니다. 파일 속성은 '모든 속성
표시'로 더 자세한 정보를 알 수 있고, 각 부분 클릭하여 추가 입력도 가능합니다.

■ 문서 보호

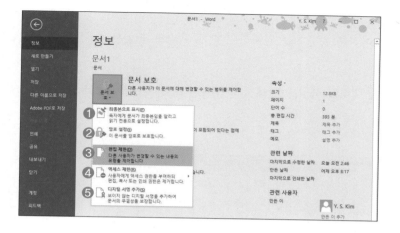

❶ 최종본으로 표시 : 작업자가 더 이상 수정하지 않을 최종본임을 표시합니다. 해제 후 편집할 수 있습니다.

❷ 암호 설정 : 문서를 열 때 암호를 입력하도록 암호를 설정합니다.

❸ 편집 제한 : '읽기 전용'/'서식 제한' 등의 문서로 보호합니다.

❹ 액세스 제한 : IRM을 사용하여 액세스 권한을 지정하고 제한합니다.

❺ 디지털 서명 추가 : 디지털 ID를 발급 받아 사용자의 디지털 서명을 추가합니다.

■ 문서 검사

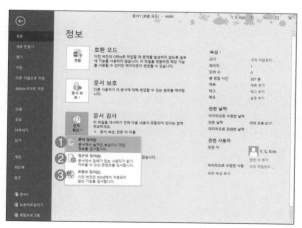
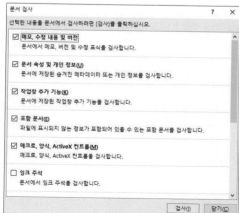

❶ 문서 검사 : 문서의 메모나 개인정보, 매크로 등을 검색합니다. 검색한 내용은 [모두 제거] 버튼을 클릭하여 제거할 수 있습니다.

❷ 접근성 검사 : 사용자가 읽기 어려운 콘텐츠를 검사하여 대체 텍스트나 읽는 순서 등을 지정합니다.

❸ 호환성 검사 : 표시할 버전을 선택하여 해당 버전에서 호환되지 않는 항목을 찾습니다.

■ 문서 관리

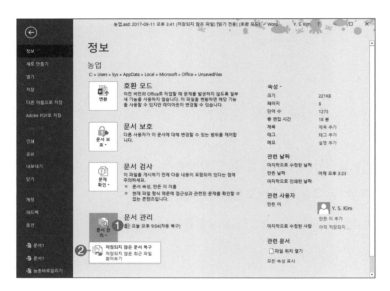

❶ 버전 : 자동 저장된 버전이 표시되면 선택하여 이전 버전으로 복구할 수 있습니다.

❷ 저장되지 않은 문서 복구 : 자동 저장 파일(.asd)이 저장된 폴더를 열어 저장되지 않은 문서를 복구할 수 있도록 합니다.

> Tip 하위 버전에서 저장된 문서를 상위 버전에서 불러오면 '호환 모드'로 열립니다. '새 문서 서식 파일'이 하위 버전에서 만들어졌거나, [파일] 탭-[옵션]-[고급]의 '호환성 옵션'-'모든 새 문서'가 현재 버전보다 하위 버전으로 지정되었다면 모든 '새 문서'가 '호환 모드'로 열리게 됩니다. 호환 문서는 상위 버전의 새로운 기능을 사용하지 못할 수 있지만 편집 상태는 하위 버전에서도 열 수 있습니다.

워드의 환경 설정과 사용자 설정은 모두 워드 옵션에서 변경합니다. 자동 변경 서식이나 각 명령의 설정으로 조정이 되지 않는 설정이 있다면 워드 옵션에서 항목을 찾아보세요.

1 표시

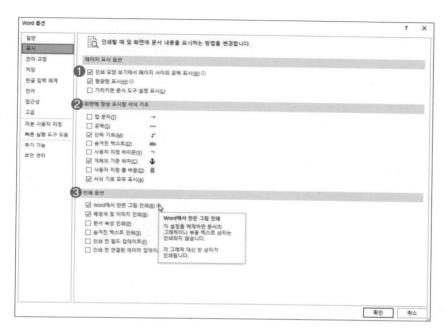

❶ **인쇄 모양 보기에서 페이지 사이의 공백 표시** : 페이지의 위/아래 여백, 머리글/바닥글의 표시 여부를 선택합니다. 한글의 '쪽 윤곽'과 비슷한 기능으로, 페이지 사이 부분에서 ⊞ 표시가 나왔을 때 더블클릭하면 표시/숨기기 됩니다.

❷ **화면에 항상 표시할 서식 기호** : '편집 기호'(Ctrl+*)를 켜지 않아도 항상 표시되는 서식 기호를 선택합니다. 서식 기호와 편집 기호는 화면에만 표시되고 실제로 인쇄되지 않습니다.

❸ **인쇄 옵션** : 도형, 그림, 문서 속성이나 숨겨진 텍스트(점선 밑줄 표시)의 인쇄 여부와 인쇄 전 업데이트를 설정합니다.

> Tip 선택 항목은 저자 권장 사항입니다.

2 언어 교정

● **자동 고침 옵션** : 한글의 '빠른 교정'과 같이 입력과 동시에 수정될 글자와 자동 서식을 설정합니다.

ⓐ **자동 고침 옵션 단추 표시** : 자동으로 교정되었을 때 '자동 고침 옵션 단추'를 표시하여 교정을 선택할 수 있습니다.

ⓑ **한/영 자동 고침** : 한글을 영문으로, 영문을 한글로 입력해도 자동 변환되도록 합니다.

ⓒ **다음 목록에 있는 내용대로 자동으로 바꾸기** : 잘못된 글자와 교정될 글자를 '입력'/'결과'에 각각 입력합니다.

ⓓ **자동으로 글머리 기호(번호 매기기) 넣기** : ' - '/'1.'과 같은 특정 글자를 입력하여 목록을 자동 실행합니다.

ⓔ **탭과 백스페이스 넣을 때 첫 부분에 왼쪽으로 들여쓰기** : [Tab] 키나 [Spacebar] 키로 단락의 '첫 줄' 설정을 합니다.

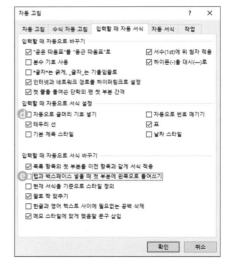

❷ **워드에서 맞춤법 검사 및 문법 검사** : 잘못 입력된 오타나 문법 오류를 표시합니다.

③ 언어

문서에 사용될 언어를 추가하고 메뉴 표시 언어를 선택합니다. 편집 언어를 '영어'로 변경하면 단락 기호가 '¶' 모양이 됩니다. 편집 언어를 추가하려면 [다른 편집 언어 추가]에서 언어를 선택한 다음 언어 액세서리 팩을 설치하고 키보드 레이아웃을 '사용 가능'으로 설정합니다.

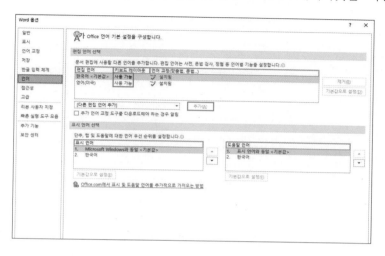

④ 보안 센터

매크로의 사용 설정과 인터넷에서 가져온 파일에 관한 제한된 보기 설정 등 보안에 관한 설정을 합니다.

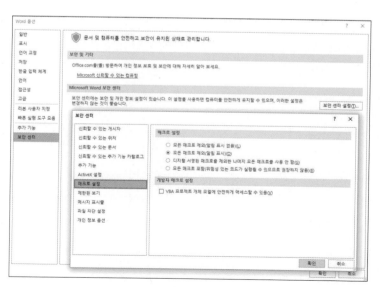

5 고급

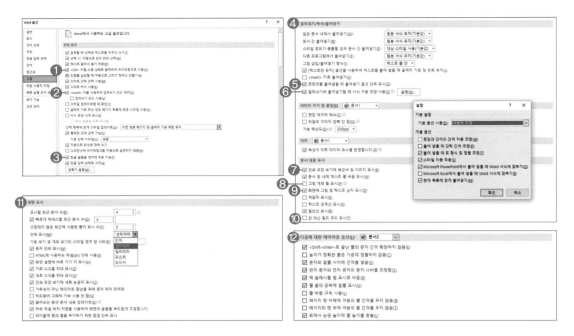

❶ 〈Ctrl〉 키를 누른 상태로 클릭하여 하이퍼링크로 이동 : 해제하면 클릭만으로 하이퍼링크로 이동됩니다.

❷ 〈Insert〉 키를 사용하여 겹쳐쓰기 모드 제어 : '삽입 잠금'으로 사용하려면 '겹쳐쓰기 모드 사용'을 해제합니다.

❸ 한글 글꼴을 영어에 적용 가능 : 이 옵션을 선택하고 글꼴 입력란에 한글 글꼴을 직접 입력하면 '한글 글꼴'과 '글꼴'(한글 글꼴 사용)에 동시 적용됩니다.

❹ 잘라내기/복사/붙여넣기 : 서식이나 개체의 붙여넣기 기본 옵션을 지정합니다.

❺ 콘텐츠를 붙여넣을 때 붙여넣기 옵션 단추 표시 : 붙여넣은 내용 오른쪽 아랫부분에 붙여넣기 옵션 단추를 표시합니다.

❻ 잘라내기와 붙여넣기할 때 서식 자동 조정 사용 : [설정] 버튼을 클릭하면 개별 옵션이 자세하게 표시됩니다. 예를 들어, '문장과 단어의 간격 자동 조정'이 선택되어 있으면 붙여넣기 할 때 '단락 첫 부분 빈칸'은 제거되고 붙여집니다.

❼ 인쇄 모양 보기에 배경색 및 이미지 표시 : 편집 화면(인쇄 모양 보기)에 배경색(그림)을 표시합니다.

⑧ **그림 개체 틀 표시** : 그림을 표시하지 않고 틀만 표시합니다.

⑨ **화면에 그림 및 텍스트 상자 표시** : 그림이나 도형을 표시합니다.

⑩ **값 대신 필드 코드 표시** : 필드를 값 대신 코드로 표시합니다. (예 : { HYPERLINK … })

⑪ **화면 표시** : 최근 문서와 단위 표시 등을 지정할 수 있습니다.

⑫ **레이아웃 옵션** : 줄 끝의 공백 처리, 페이지 위/아래에 있는 여분의 간격 처리, '페이지 나누기 및 단락 기호 구분', '여러 페이지에 겹쳐진 표를 나누지 않음' 등 레이아웃에 관한 다양한 옵션을 설정합니다. 하위 버전의 레이아웃 옵션은 '호환성 옵션'을 변경하여 설정합니다.

> Tip 문자 단위 표시 : '단위 표시'를 변경해도 눈금자 등 특정 부분은 문자(글자) 단위로 표시하도록 설정합니다.

Part 02

문자 입력과
서식 지정하기

Part 2에서는 워드를 이용한 문서의 기본 형식을 작성하는 방법을 배우는 파트입니다.
기본 글자를 작성하고 편집하는 방법부터 문단 모양을 편집하는 방법 등을 알아보겠습니다.

문자 입력하기

　　워드에서 다양한 문자를 입력하는 방법과 기호, 한자, 윗주, 원문자를 추가하는 방법을 알아보겠습니다.

• 원본 파일 : 02/01_Sub1(원본)

❶ [한/영] 키를 누른 후 영문 'word'를 입력합니다.

❷ 다시 한 번 [한/영] 키를 누르고 한글로 '용어집'을 입력합니다.

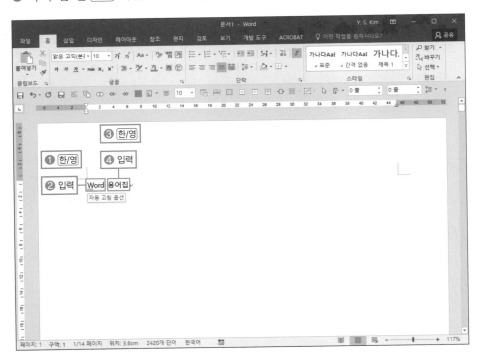

1 대문자

영문 대문자를 입력하려면 Shift 키를 누른 채 알파벳 키를 누릅니다. 대문자를 계속해서 입력하려면 Caps Lock 키를 눌러놓고 입력합니다.

■ 자동 고침

문장 처음에 오는 대문자는 자동 고침 옵션으로 자동 변경됩니다. 자동으로 변경된 대문자('W')에 커서를 가져다 놓고 아래에 나타나는 표식을 클릭하면 자동 고침의 취소나 중지를 선택할 수 있습니다.

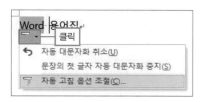

■ 대/소문자 바꾸기

입력을 마친 영문의 대/소문자를 변경하려면 블록 지정하고 [홈] 탭-[글꼴]의 [대/소문자 바꾸기]를 클릭합니다. [대/소문자 바꾸기]에서는 영문뿐만 아니라 '반자로'/'전자로'와 '가타카나'/'히라가나'도 바꾸기 할 수 있습니다.

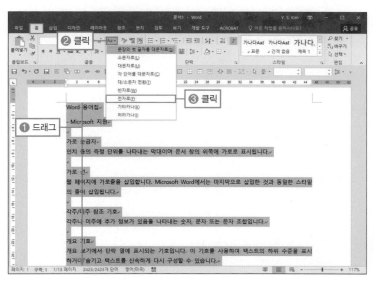

■ 글꼴([Ctrl]+[D]) 서식의 대문자

[글꼴] 대화상자에는 '모두 대문자로'와 '소문자를 작은 대문자로' 설정이 있습니다. '작은 대문자'는 한글에 없는 대문자 형식입니다. 글꼴 서식은 스타일로 저장이 가능하기 때문에 제목에서 '모두 대문자로' 설정해야 하는 경우 일일이 적용할 필요 없이 '제목 스타일'에 이 옵션을 설정하여 일괄 적용할 수 있습니다.

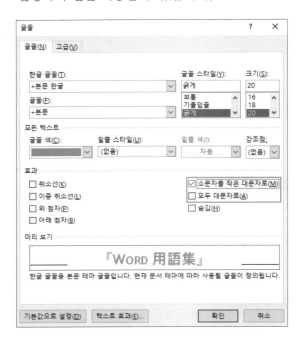

② 삽입과 겹쳐쓰기

[Insert] 키를 누르면 '삽입'과 '겹쳐쓰기'가 번갈아 변경됩니다. '삽입' 상태에서는 커서 이후 내용이 밀리면서 입력되고, '겹쳐쓰기' 상태에서는 커서 이후 내용이 지워지면서 입력됩니다. 삽입과 겹쳐쓰기는 상태 표시줄에 표시됩니다.

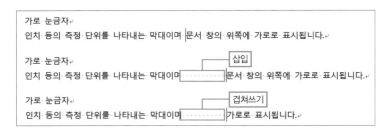

③ 줄과 단락

글자를 입력하여 오른쪽 끝 여백에 다다르면 자동으로 다음 줄로 넘어가면서 입력됩니다. 줄은 Enter 키를 입력할 때까지 여러 줄로 이어질 수 있습니다. 글자 서식은 줄 단위로 지정 가능하지만, 단락 서식은 줄 단위로 지정할 수 없습니다.

단락은 Enter 키를 눌러서 나누어진 영역을 말합니다. 단락의 끝에는 단락 기호(↵)가 표시되고 단락 기호에는 단락의 성질이 저장됩니다. 단락 기호는 다양하게 활용할 수 있는데, 단락 기호만 선택/복사하여 단락 서식을 복사할 수 있고, Ctrl + Shift + H (숨겨진 텍스트) 키로 숨겨서 두 개의 단락을 하나의 단락처럼 보이도록 할 수도 있습니다.

사용자 지정 줄 바꿈(강제 줄 나눔)을 하려면 Shift + Enter 키를 눌러서 줄을 끝까지 입력하지 않고 중간에 나누어 다음 줄로 입력하도록 합니다. 줄을 나누어도 단락은 나누어지지 않기 때문에 단락 서식은 유지됩니다.

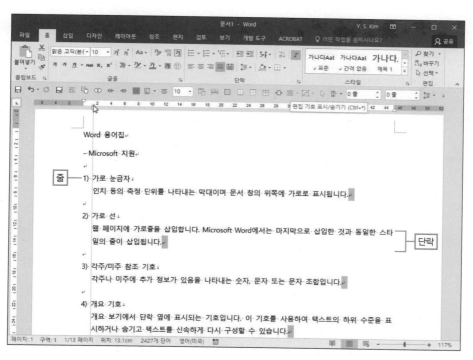

❶ [삽입] 탭−[기호▼]−[기호]를 선택하면 최근 사용한 기호가 스무 개 표시됩니다. 더 많은 기호를 찾아보려면 [다른 기호]를 클릭하여 [기호] 대화상자를 엽니다.

❷ '하위 집합'에서 문자 영역을 지정한 후 원하는 기호를 선택하고 [삽입] 버튼을 클릭합니다.

❸ [기호] 대화상자는 띄워 놓고 사용할 수 있습니다. 화면 옆에 띄워 두고 본문에 필요한 기호를 모두 삽입한 뒤 [취소]나 [×] 버튼을 클릭하여 대화상자를 닫습니다.

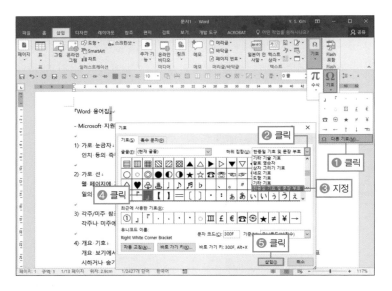

1 기호 글꼴

워드의 기호는 글꼴에 따라 입력할 수 있는 종류가 다르게 표시됩니다. 더 많은 기호를 찾아보려면 글꼴을 변경해 봅니다. 기호 문자는 주로 'Webdings', 'Wide Latin', 'Wingdings', 'Wingdings 2', 'Wingdings 3' 글꼴에 있습니다.

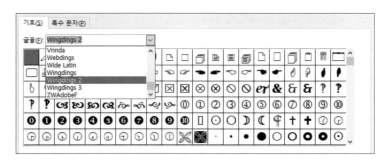

② 바로 가기 키

기호 중 '유니코드' 번호가 있는 기호는 바로 가기 키를 사용할 수 있습니다. 유니코드 번호를 입력하고 Alt + X 키를 누르면 해당 기호가 입력됩니다. 유니코드 번호가 아니더라도 [기호] 대화 상자의 [바로 가기 키] 버튼을 클릭하여 문자에 바로 가기 키를 만들 수 있고, [자동 고침]을 이용할 수도 있습니다. [바로 가기 키]는 새 문서 서식 파일(Normal.dotm)에 저장됩니다.

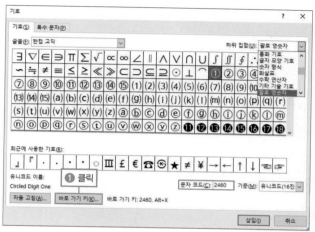
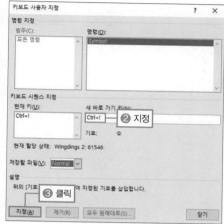

③ 특수 문자

특수 문자에서는 서식 기호나 보이지 않는 문자 등을 입력합니다. 워드의 '묶음 빈 칸'이라고 할 수 있는 '줄 바꿈 하지 않는 공백'이나 영문을 줄 끝에서 글자 단위로 나누도록 할 수 있는 '보이지 않는 나누기' 등 여러 가지 공백과 하이픈이 포함되어 있습니다. 편집 기호(Ctrl + *)를 켜 보면 특수 문자를 서식 기호로 구별해 볼 수 있습니다.

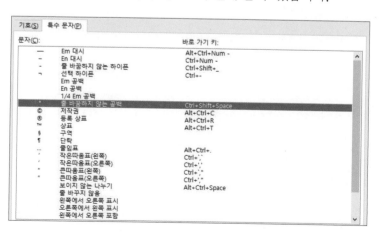

1 한자 변환

❶ 한자로 변경할 단어 또는 문단을 블록 지정하고 한자(또는 Alt + Ctrl + F7) 키를 누릅니다.

❷ 단어에 맞는 한자를 선택하고 [변환] 버튼을 클릭합니다.

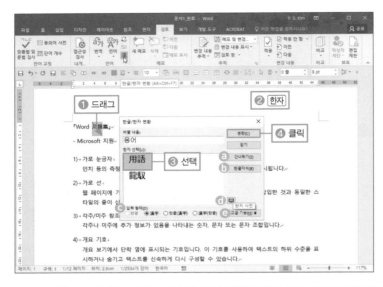

ⓐ **건너뛰기** : 블록 지정한 부분 중 한자 변환이 필요 없는 단어를 건너뜁니다.

ⓑ **한 글자씩** : '한자 선택'에 없는 단어를 한 글자씩 찾아 입력합니다.

ⓒ **입력 형태** : 한자(한자의 경우 한글로 변환)와 한글을 함께 표기할 때 선택합니다.

ⓓ **한자 사전** : 한자의 자전을 보여 줍니다.

ⓔ **고급 기능** : '한자 선택'에 없는 단어를 등록하거나 삭제합니다.

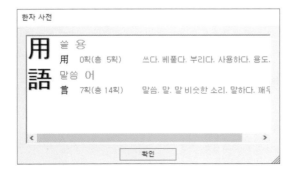

② 일본어 입력

❶ 외국어를 입력하기 위해서는 언어 IME(입력기)를 추가해야 합니다. [제어판]–[언어]에서 [언어 추가] 버튼을 클릭하여 '일본어'를 선택하고 [추가] 버튼을 클릭합니다.

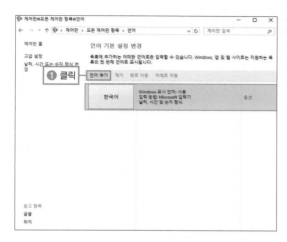

❷ 작업 표시줄의 [한] 아이콘(한)을 클릭하여 입력기 종류를 '일본어'로 변경합니다. 일본어로 변경되면 언어 표시가 [あ]로 변경되고, 마우스 오른쪽 버튼을 클릭하면 Hiragana/Katakana 등 옵션을 변경할 수 있습니다.

일본어를 알파벳 발음을 누르고 아래에서 선택하여 입력합니다. 언어 변경은 [윈도우 키]＋Spacebar 또는 Alt ＋ Shift 키를 이용합니다. 일본어를 입력하고 Spacebar 키를 눌러 한자 변환, Enter 키를 눌러 입력을 완료합니다. 입력기의 '터치 키보드'나 'IME PAD'를 이용하여 입력할 수도 있습니다.

> Tip 언어 팩이나 키보드 레이아웃 변경없이 외국어를 입력하려면 [삽입] 탭–[기호]에서 언어 부분을 찾아 입력합니다.

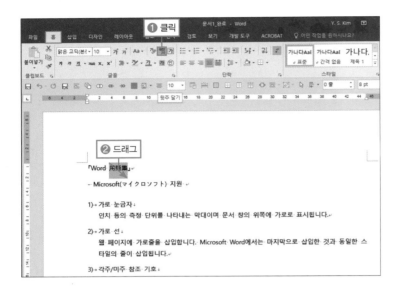

Sub 4 윗주 달기

01 윗주를 달 부분을 블록 지정하고 [홈] 탭-[글꼴]-[윗주 달기]를 클릭합니다.

02 '텍스트'는 블록 지정한 내용으로 자동 선택됩니다. '윗주'에 내용을 입력하고 [확인] 버튼을 클릭합니다. 언어팩이 설치되어 있는 경우 독음도 자동으로 표시됩니다.

> **Tip 언어팩 추가하기**
>
> [파일] 탭-[옵션]-[언어]-[다른 편집 언어 추가]에서 언어를 선택하고 [추가] 버튼을 클릭합니다. 언어팩을 설치한 다음 언어 옵션의 '키보드 레이아웃'에서 '사용 안 함'을 클릭하고 입력기 언어를 추가하여 '사용 가능'으로 변경합니다.

■ 강조점

❶ [글꼴] 대화상자에서 '강조점'을 입력할 수 있지만 종류가 많지 않고 여러 설정을 할 수 없기 때문에 강조점은 '윗주'를 이용하기도 합니다. 윗주나 원문자에서는 [한글 자음]+한자 키로 만들 수 있는 키보드 특수문자 사용이 가능합니다. ㄷ+한자 키를 눌러 강조점을 입력합니다.

❷ 글꼴과 글꼴 크기, 맞춤 모양('1-2-1')을 지정하고 [확인] 버튼을 클릭합니다.

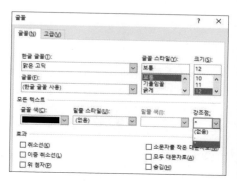
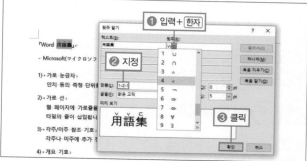

Sub ⑤ 원문자 입력하기

❶ [홈] 탭-[글꼴]-[원 문자(㉠)]를 클릭하여 [원 문자] 대화상자를 엽니다.

❷ '스타일'을 '문자를 작게'로 선택하고 '텍스트'를 '16', '모양'을 'ㅇ'로 지정한 다음 [확인] 버튼을 클릭합니다.

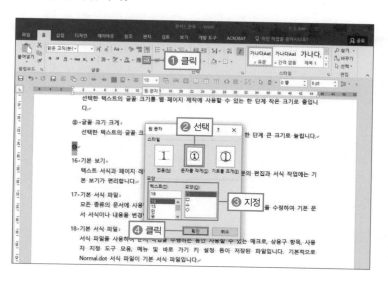

> **Tip**
> • 가⃞ 는 텍스트 '테두리 및 음영'입니다.
> • 원 문자에서도 키보드 특수 문자(예 : ㅁ+한자)를 사용할 수 있습니다. 원 문자나 윗주와 같이 조합하여 만든 문자는 선택하면 필드처럼 회색 음영으로 표시됩니다.

글자 서식 지정하기

글자 서식을 적용하고 글꼴을 수정하는 방법을 알아봅니다. 취소선 첨자를 넣어 보고, 텍스트 효과와 워드아트, 테두리, 음영 등을 사용하는 방법도 알아봅니다. 적용한 서식을 깔끔하게 제거해 보고 서식을 복사하여 사용해 보겠습니다.

Sub 1 글자 서식과 글꼴   • 원본 파일 : 02/02_Sub1(원본)

워드는 글꼴 자체의 줄 높이를 그대로 줄 간격에 적용합니다. 글꼴에 따라 줄 간격의 기준 배수 1줄이 서로 다르기 때문에 글꼴을 변경할 때는 줄 간격까지 고려하는 것이 좋습니다.

글꼴

❶ 본문을 선택하고 [홈] 탭의 글꼴 란에 'Arial'을 입력합니다. 한글 글꼴을 입력하면 '한글 글꼴'이, 영문 글꼴을 입력하면 '글꼴'이 각각 변경됩니다. [글꼴] 대화상자(Ctrl+D)를 열어보면 '글꼴'만 'Arial'로 변경된 것을 알 수 있습니다.

❷ 한글 글꼴을 '함초롬돋움'으로 지정하고 [확인] 버튼을 클릭합니다.

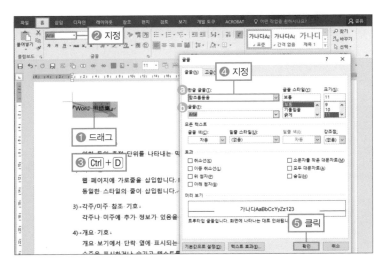

> **Tip** 간혹 영문 글꼴이 '한글 글꼴'에 입력된 경우가 있습니다. 이 경우는 여러 가지 오류가 생길 수 있고 편집하면서 정하지 않은 이상한 글꼴로 변경될 수 있으니 수정해야 합니다.

ⓐ **한글 글꼴** : 한글 등 아시아 언어에만 적용됩니다. 외국어는 폰트에 해당 언어가 포함된 경우에만 적용됩니다.

ⓑ **글꼴** : 영문과 숫자, 기호 등에 적용됩니다. '한글 글꼴 사용'을 선택하면 한글 글꼴을 동일하게 적용합니다.

Tip [고급] 옵션에서 '한글 글꼴을 영어에 적용 가능'에 체크 표시하면 [홈] 탭의 글꼴 입력란에 한글 글꼴을 입력했을 때 '한글 글꼴'뿐만 아니라 '글꼴'에서도 '한글 글꼴 사용'으로 동일하게 적용됩니다.

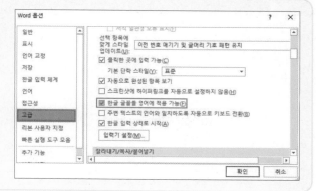

Tip **테마 글꼴**

글꼴 란을 보면 '(제목)', '(본문)' 등으로 표시된 글꼴이 있습니다. [글꼴] 대화 상자에서는 '+제목 한글' 등으로 표시되는데, 이것은 '테마 글꼴'로, 반드시 '맑은 고딕'으로 정해진 것이 아니라, '테마 글꼴'에 따라 자동으로 변경될 글꼴을 말합니다.

테마나 테마 글꼴은 [디자인] 탭에서 변경할 수 있습니다. '테마'는 글꼴과, 줄 간격, 색 등을 모두 변경하는 것이고 '테마 글꼴'은 같은 테마를 사용하면서 글꼴 조합만 변경하는 것입니다. 테마는 파일로 저장할 수도 있습니다.

'테마'/'테마 글꼴'/'테마 색'이 바뀌면 '스타일'의 서식과 '스타일 기본 값'도 바뀝니다.

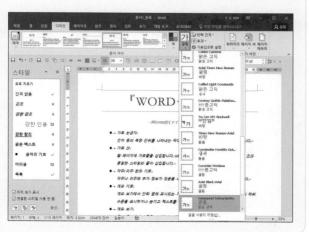

☑ 글꼴 크기

❶ [홈] 탭-[글꼴 크기▼]에서 글꼴 크기를 설정하거나 입력란에 직접 크기를 입력합니다.

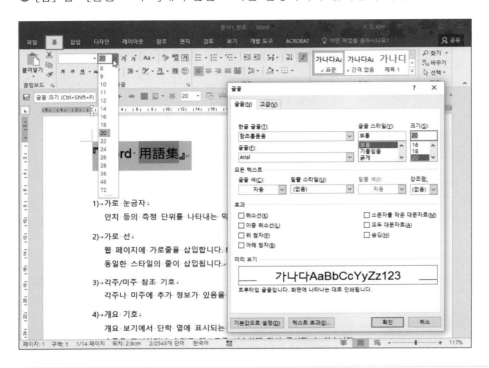

Tip **글꼴 관련 바로 가기 키**

- 글꼴 대화상자 : Ctrl + D
- 글꼴 대화상자(크기) : Ctrl + Shift + P
- 기울임꼴 : Ctrl + I
- 밑줄(공백 제외) : Ctrl + Shift + W
- 아래 첨자(취소) : Ctrl + =
- 대/소문자 전환 : Shift + F4
- 소문자로 : Ctrl + Shift + K
- 글자 서식 제거 : Ctrl + Spacebar

- 글꼴 대화상자(글꼴) : Ctrl + Shift + F
- 글꼴 크기 크게 : Ctrl +] 또는 Ctrl + Shift + >
- 굵게 : Ctrl + B
- 밑줄 : Ctrl + U
- 밑줄(이중) : Ctrl + Shift + D
- 위 첨자(취소) : Ctrl + Shift + =
- 대문자로 : Ctrl + Shift + A
- 숨겨진 텍스트 : Ctrl + Shift + H
- Symbol 글꼴로 변환 : Ctrl + Shift + Q

③ 글꼴 색

글자를 선택하고 [홈] 탭-[글꼴 색▼]에서 글꼴 색을 지정합니다. '테마 색'을 사용하지 않으려면 [다른 색] 버튼을 클릭하여 [색] 대화상자를 열고, [표준] 또는 [사용자 지정] 탭 화면에서 색을 지정합니다. [사용자 지정] 탭에서는 'RGB' 값으로 색을 지정할 수 있습니다.

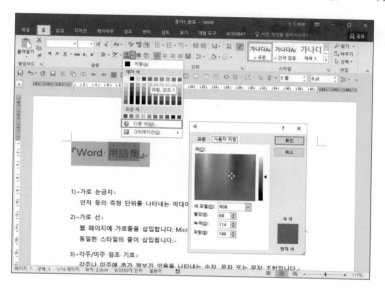

■ 테마 색

색상 표의 '테마 색'은 [디자인] 탭-[색]에서 변경 가능합니다. 테마 색은 서식의 스타일과 같이 테마가 다른 문서로 이동하면 다른 색으로 표시됩니다. 테마는 편리하긴 하지만 여러 문서를 취합할 경우에는 주의해야 합니다.

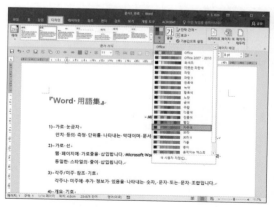
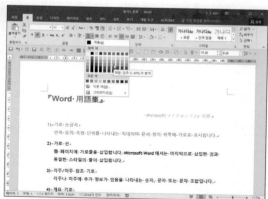

■ 자동 색

　일반적으로 검정색은 '자동 색'으로 지정하는 경우가 많습니다. '자동 색'은 배경이 어두운 곳에서는 '흰색'으로 변경되는 색을 말하는데, 다른 문서로 복사하여 붙이거나 한글 등 다른 프로그램에서 열 때 호환이 안 될 수 있기 때문에 반드시 검정색으로 보여야할 부분은 '자동 색' 대신 '검정'으로 지정하는 것이 좋습니다.

Sub 2 취소선 첨자

1 밑줄

❶ 밑줄 표시할 부분을 블록 지정하고 [홈] 탭 – [글꼴] – [밑줄]을 선택합니다. 기본적인 밑줄은 단축키 Ctrl + U 키로 지정할 수 있습니다.

❷ 밑줄 모양과 색을 변경하려면 [밑줄▼]을 클릭하여 선택하거나, [다른 밑줄]을 클릭하여 [글꼴] 대화상자에서 변경합니다.

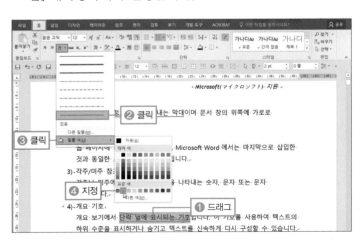

② 취소선

취소선을 표시한 부분을 블록 지정하고 [홈] 탭-[글꼴]-[취소선]을 선택합니다. [글꼴] 대화상자에서 '취소선'에 체크 표시해도 됩니다. 여기서는 '이중 취소선' 옵션도 선택 가능합니다.

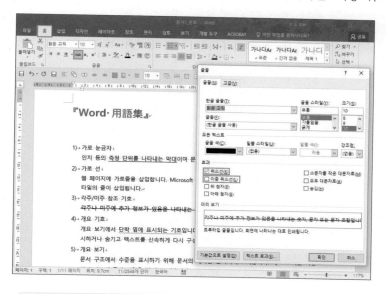

Tip '변경 내용 추적' 설정할 때의 삽입/삭제

[검토] 탭-[변경 내용 추적]을 시작하고(상황선 표시) 본문을 삭제한 경우, 취소선처럼 빨간 줄이 표시됩니다. 표시된 줄은 취소선은 아니며, 문서에 [적용]하고 추적을 중지하면 삭제될 내용입니다. 밑줄은 삽입된 내용입니다.

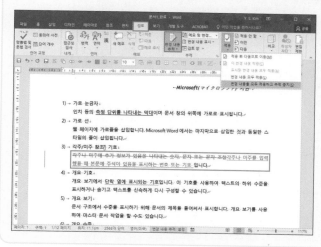

❸ 첨자

- **위 첨자**(Ctrl + Shift + +) : 본문을 선택하고 [홈] 탭─[글꼴]─[위 첨자]를 클릭합니다. [글꼴] 대화상자에서 '위 첨자'에 체크 표시하고 [확인] 버튼을 클릭해도 됩니다.

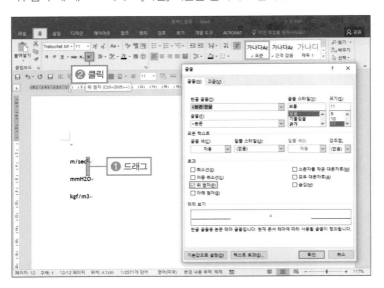

- **아래 첨자**(Ctrl + =) : 본문을 선택하고 [홈] 탭─[글꼴]─[아래 첨자]를 클릭합니다. [글꼴] 대화상자에서 '아래 첨자'에 체크 표시하고 [확인] 버튼을 클릭해도 됩니다.

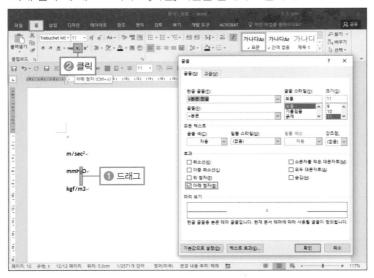

Tip 기타 첨자 입력법

[삽입] 탭-[기호▼]를 클릭하여 [기호] 대화
상자를 열고 '하위 집합'의 '라틴어-1 추가'
와 '위 첨자 및 아래 첨자'를 보면 첨자 숫자
를 찾을 수 있습니다.

첨자 서식은 편집하면서 서식이 해제될 수
있지만 기호의 첨자는 해제되지 않습니다.

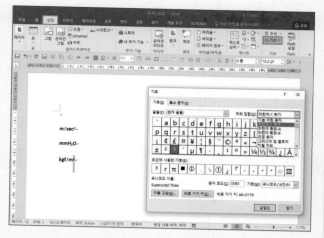

단위의 경우 '한중일 호환' 집합에서 찾아
입력할 수 있습니다.

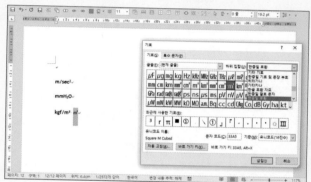

수학식 첨자는 서식의 첨자를 사용하기보다
[삽입] 탭-[수식]의 [첨자]를 이용합니다. 수
식 또한 서식을 적용하면서 첨자가 해제되
지 않습니다.

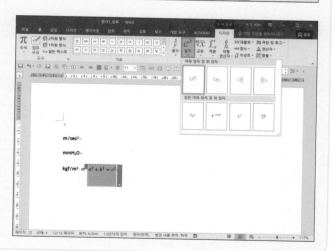

워드는 텍스트에 그라데이션, 네온, 반사와 같은 다양한 시각 효과를 적용할 수 있습니다. [홈] 탭-[텍스트 효과]에서 적용할 수 있는데요. 그림자와 외곽선도 [텍스트 효과] 메뉴에서 지정합니다.

1 텍스트 그라데이션

[홈] 탭-[글꼴 색]-[그라데이션]에서 선택하거나, [기타 그라데이션]에서 직접 지정합니다.

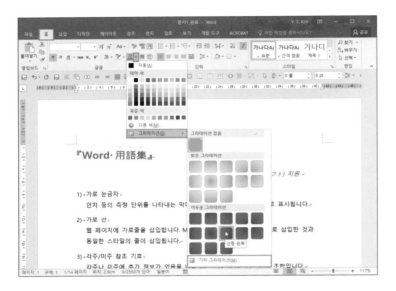

2 그림자/윤곽선/반사/네온

[홈] 탭-[텍스트 효과]에서 각각 지정합니다.

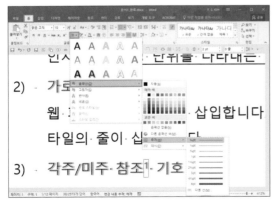
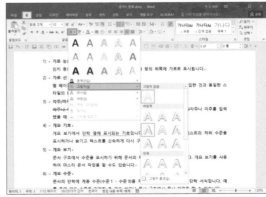

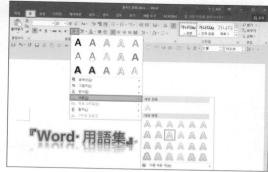

③ WordArt(워드아트)

[삽입] 탭-[WordArt] 갤러리를 보면 [텍스트 효과]와 같은 모양의 샘플 서식들이 있습니다. 모양은 같지만 [WordArt]는 한글의 '글맵시'와 같은 '개체'입니다. 그래서 배치/맞춤/회전과 같은 다양한 개체 설정들을 적용할 수 있고, 텍스트의 서식과 효과도 지정 가능합니다.

'워드아트'는 '텍스트 효과'와 달리 '입체 효과'/'3차원 회전'/'변형 효과'를 지정할 수 있습니다. '변형 효과'(변환)는 적용한 다음 노란 색 핸들로 모양을 다시 조정할 수 있습니다.

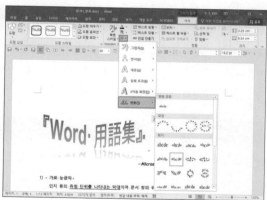

> **Tip**
>
> • 핸들 : 워드에서는 조절하거나 선택할 수 있는 표시를 '핸들'이라 말합니다.
>
> • 갤러리 : '머리글'/'텍스트 상자'/'표'/'상용구' 등 '문서 블록'을 종류별로 모아둔 위치를 말합니다. 갤러리에는 미리 지정된 서식의 템플릿이 있고, 사용자가 추가로 저장할 수 있습니다.

워드의 테두리와 음영은 모두 [테두리 및 음영] 대화상자에서 지정할 수 있습니다. '텍스트'/'단락'/'페이지'와 같은 '적용 대상'만 다르게 지정하면 됩니다.

1 글자 테두리

01 테두리를 지정할 부분을 블록 지정하고 [홈] 탭–[글자 테두리]를 클릭합니다.

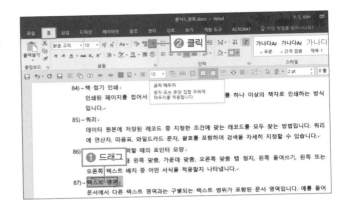

02 선 스타일 등을 변경하려면 [디자인] 탭–[페이지 테두리]를 클릭하여 [테두리 및 음영] 대화상자를 엽니다. [테두리] 탭 화면에서 적용 대상을 '텍스트'로 지정하고 스타일, 색, 두께를 지정한 다음 [확인] 버튼을 클릭합니다. 테두리를 해제하려면 테두리가 적용된 텍스트를 선택하고 [홈] 탭–[글자 테두리] 아이콘을 클릭합니다.

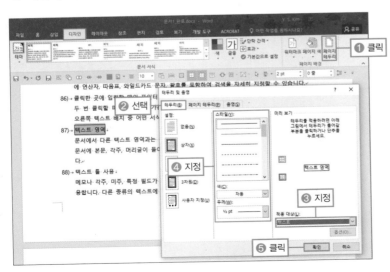

② 단락 테두리

01 단락 기호(↵)를 선택합니다. 여러 단락에 지정할 경우 필요한 만큼 블록 지정합니다. [홈] 탭–[단락]–[테두리▼]에서 테두리를 설정할 위치를 선택합니다.
선 스타일 등을 변경하려면 [테두리 및 음영]을 클릭하거나, [디자인] 탭–[페이지 테두리]–[테두리] 선택하여 대화상자를 엽니다.

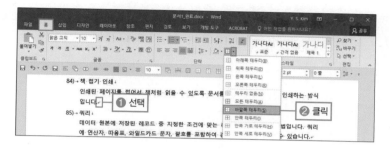

02 적용 대상을 '단락'으로 지정하고 스타일, 색, 두께를 지정한 다음 미리 보기에서 위치를 선택합니다. 단락 테두리를 포함한 단락 서식 전체를 해제하려면 Ctrl+Q 키를 누릅니다.

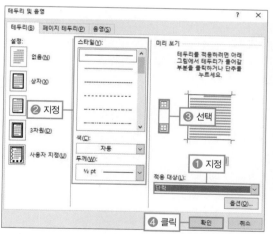
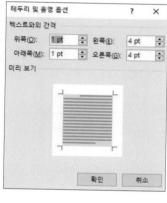

Tip

• 단락 테두리는 글자 테두리와 달리 4변의 일부만 테두리를 지정할 수 있고, [옵션]에서 '텍스트와의 간격'을 지정할 수 있습니다.

• '자동 고침 옵션'에서 '입력할 때 자동 서식'이 선택되어 있는 경우, '–'/'='/'~'/'#'/'*' 등의 문자를 세 자 이상 입력한 다음 Enter 키를 눌러 '테두리 선'을 자동 입력할 수 있습니다.

③ 페이지 테두리

❶ [디자인] 탭-[페이지 배경]-[페이지 테두리]를 클릭하고 적용 대상과 스타일, 색, 두께를 각 각 지정합니다.

❷ 미리 보기에서 테두리를 표시할 위치를 선택합니다. 위치를 변경하려면 [옵션]에서 기준과 여백을 지정한 다음 [확인] 버튼을 클릭합니다.

❸ 해제하려면 [페이지 테두리] 탭 화면의 설정에서 [없음]을 클릭하고 [확인] 버튼을 클릭합니다.

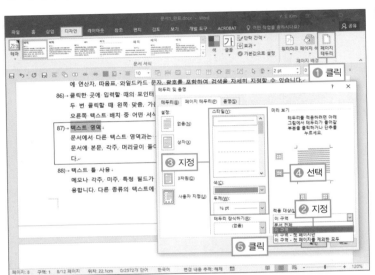 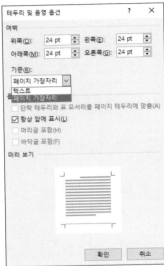

Tip
• '기준'을 '텍스트'로 지정할 경우 '바닥글 포함' 등 '옵션'을 지정할 수 있습니다.
• 문서의 일부에만 페이지 테두리를 만들 경우 먼저 구역을 나누고 적용 대상을 '이 구역'으로 선택합니다. 구역은 [레이아웃] 탭-[나누기]에서 [다음 페이지부터] 등을 선택하여 나눌 수 있습니다.

④ 음영

　[디자인] 탭-[페이지 배경]-[페이지 테두리]를 선택하여 대화상자를 열고 [음영] 탭 화면에서 적용 대상을 '텍스트'나 '단락'으로 지정한 다음 채우기 색을 지정합니다. '무늬'로 지정하려면 스타일과 색을 지정합니다.

• 텍스트 음영은 선택한 텍스트에만 적용되고, 단락 음영은 단락 전체에 적용됩니다.
• [홈] 탭-[글꼴]-[음영(가)]은 텍스트 음영으로 '스타일', '15%'입니다.
• 엑셀이나 다른 형식 문서의 표를 복사할 때 셀에 채우기 색이 있으면 단락 음영으로 변환될 수 있습니다.

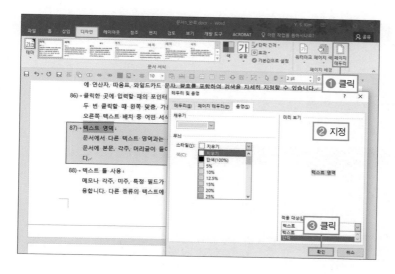

5 형광펜 표시

　'형광펜'은 사용자가 다시 검토해야 할 부분을 확인하기 위해 눈에 띄는 색으로 표시해 놓는 것으로 '음영'과는 다릅니다. 문서의 형광펜 표시는 [파일] 탭-[옵션]-[표시]의 '형광펜 표시'를 선택하여 보거나 인쇄할 수 있습니다. '형광펜 표시'를 해제하면 형광펜 표시가 있다 하더라도 화면에 보이거나 인쇄되지 않습니다. 형광펜은 F5 키를 누르고 [찾기] 항목에서 [서식]-[강조]를 선택하여 찾을 수 있습니다.

❶ 형광펜 표시할 부분을 블록 지정하고 [홈] 탭-[형광펜]에서 색을 선택합니다.

❷ 해제하려면 지정한 부분을 다시 선택하고 [형광펜▼]에서 [색 없음]을 클릭합니다. 문서 전체를 해제하려면 Ctrl+A 키로 문서 전체를 선택하고 [색 없음]을 클릭합니다.

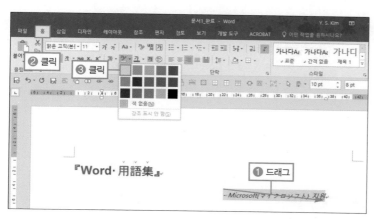

1 장평(글자 너비)

01 장평을 조절할 부분을 Ctrl 키를 이용해 다중 선택합니다. [홈] 탭–[단락]–[문자 모양]–[장평]에서 장평 비율을 선택합니다. 원하는 비율이 없다면 [자세히]를 클릭합니다.

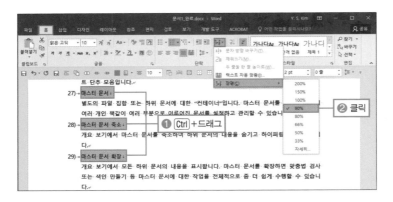

02 장평은 [글꼴] 서식입니다. [자세히]를 클릭하면 [글꼴]–[고급] 대화상자가 열립니다. 장평의 비율을 숫자로 입력하고 [확인] 버튼을 클릭합니다.

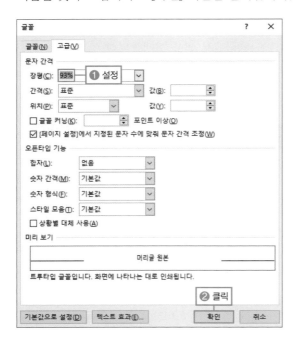

② 자간(글자 간격)

01 자간을 조절할 부분을 [Ctrl] 키를 이용해 다중 선택합니다. 한 두 글자가 줄을 넘어간 경우 자간을 조절하여 줄 수를 줄일 수 있습니다.

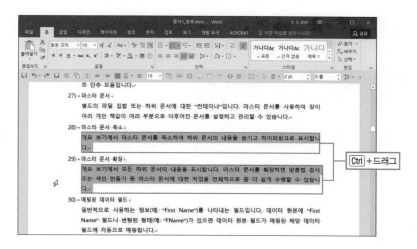

02 [Ctrl]+[D] 키를 눌러 [글꼴] 대화상자를 연 다음 [고급] 탭 화면에서 간격을 '좁게'로 지정하고 값을 '0.2pt'로 입력한 후 [확인] 버튼을 클릭합니다.

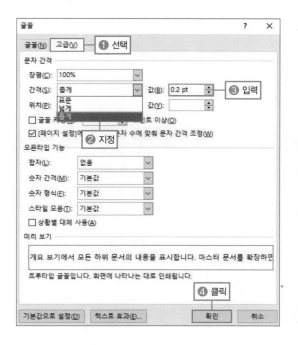

Tip

- 워드에서 '장평'과 '자간'은 바로 가기 키가 없습니다. 반드시 필요할 경우 매크로를 만든 다음 매크로에 바로 가기 키를 설정하면 됩니다. '자간'은 한글과 단위가 다르기 때문에 호환되지 않습니다.

- 한글의 '글꼴에 어울리는 빈칸'/'최소 공백'과 비슷한 설정으로서 [고급 옵션]-'레이아웃 옵션'의 '반자 문자와 전자 문자의 문자 너비를 조정함' 옵션을 사용할 수 있습니다. 이 옵션을 해제하면 자간을 줄이지 않고도 간격을 줄여서 더 많은 글자를 입력할 수 있습니다.

Sub 6 서식 제거하기

서식을 제거하는 방법은 여러 가지가 있습니다. 설정된 서식이 '스타일'의 서식인지, 블록 지정하여 사용자가 직접 정한 '기타 서식'인지에 따라서 서식 제거 방법도 달라집니다.

1 모든 서식 지우기

서식을 지울 부분을 블록 지정하고 [홈] 탭–[글꼴]–[모든 서식 지우기]를 클릭합니다.

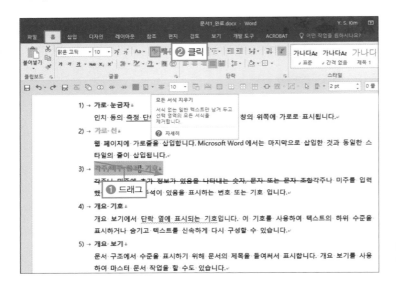

> Tip 글자 서식만 지우려면 Ctrl + Spacebar 키를 누릅니다.

만약 각주의 참조 표시 등 '문자 스타일'이 적용되어 있다면 '문자 스타일'도 해제될 수 있습니다. 이럴 경우 '스타일' 작업 창을 열어 해당 스타일을 찾아 다시 적용해 주어야 합니다. '단락' 스타일은 해제되지 않습니다.

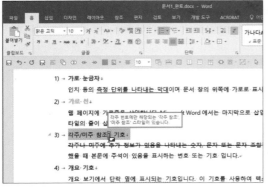
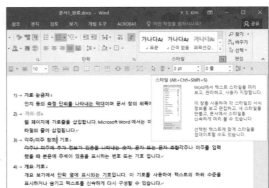

② 단락 서식 제거

'단락 간격' 등 단락 서식이 있는 경우 Ctrl+Q 키를 이용하여 단락 서식만 제거할 수 있습니다.

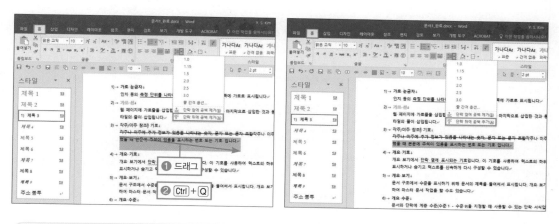

> Tip · 적용된 스타일에 있는 단락 서식(예 : 단락 앞에 공백)이라면 제거되지 않습니다. '서식 지우기'와 '서식 제거'는 적용된 스타일의 서식으로 제거됩니다.

③ 스타일 서식

스타일은 '표준' 스타일(Ctrl+Shift+N)을 실행하여 제거할 수 있습니다. 만약 스타일에 사용자가 직접 설정한 서식이나 '문자 스타일'이 적용되어 있다면 해당 서식은 유지하면서 스타일만 제거됩니다.

■ 스타일 검사기

선택한 영역의 서식이 스타일인지, 기타 서식인지 표시하고 제거할 수 있습니다.

❶ [스타일] 작업 창(Ctrl+Shift+Alt+S) 아래의 [스타일 검사기] 아이콘(🔍)을 클릭합니다.

❷ '단락 서식'에는 '단락(연결) 스타일'(제목 3)과 '기타 단락 서식'(기타 : 단락 뒤 12pt)이 표시되고 '텍스트 수준 서식'에는 '문자 스타일'과 '기타 문자 서식'(기타 : 물결선 밑줄, 빨강)이 표시됩니다. 스타일과 서식은 [지우기] 아이콘(🗑)을 클릭하여 지울 수 있습니다.

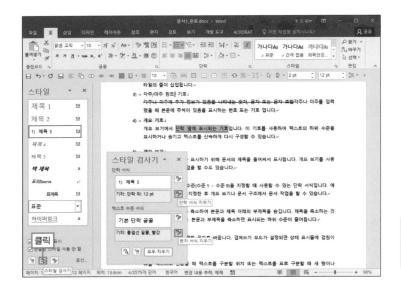

■ 같은 서식 선택하기 : 스타일 창 옵션의 기타 서식

스타일로 적용된 서식은 적용 스타일 옆의 화살표(▼)를 클릭하여 같은 서식을 선택할 수 있습니다. 스타일로 적용된 서식이 아닌 기타 서식은 '스타일 창'에 표시되지 않는데요. 스타일 창 아래의 [옵션...]을 클릭하여 [스타일 창 옵션] 대화상자를 연 다음 '단락 수준 서식', '글꼴 서식', '글머리 기호 및 번호 매기기 서식'에 체크 표시하여 스타일 창에 표시할 수 있습니다. 표시된 서식은 '같은 서식 선택'을 클릭하여 다중 선택이 가능하고, 스타일로 저장하거나 다른 스타일을 적용 또는 서식 적용/제거 등으로 활용할 수 있습니다.

01 복사하고자 하는 서식에 커서를 가져다 놓고, [홈] 탭-[클립보드]-[서식 복사]를 클릭합니다.

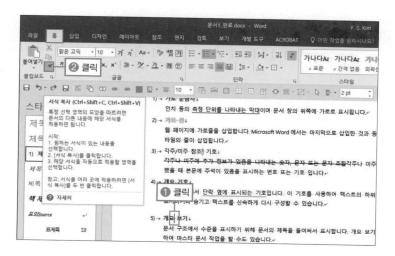

02 마우스 포인터가 서식 복사 모양으로 바뀌면 서식을 붙여넣기 할 부분을 선택합니다. 마우스 포인터가 일반으로 바뀌었을 경우에는 필요한 부분을 블록 지정(Ctrl 키로 다중 선택 가능)한 다음 Ctrl+Shift+V 키를 눌러 서식을 붙여넣기 합니다.

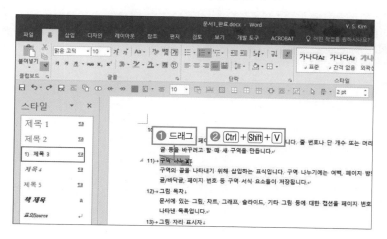

Tip 복사할 서식이 [단락] 서식이라면 '단락 기호'(↵)를 블록 지정하고 Ctrl+C 키를 눌러 복사한 다음 붙여질 '단락 기호'를 블록 지정한 후 Ctrl+V 키를 눌러 붙여넣기 할 수 있습니다.

단락 서식 지정하기

　　단락 서식에는 크게 목록, 여백, 맞춤(정렬), 탭, 줄 간격 등이 있습니다. 단락 서식에는 중요한 명령들이 많기 때문에 단락 서식을 잘 모르는 사용자는 문서를 제대로 편집하기 어려울 수 있습니다. 단락 서식을 지정하는 방법을 알아보겠습니다.

Sub 1 　단락 서식과 단락 기호

　　단락 서식은 가로 눈금자와 편집 기호를 잘 활용할 수 있어야 하고, [단락] 대화상자뿐만 아니라 워드 옵션의 옵션에 대해서도 알아두어야 합니다. 또, 단락 서식이 표의 모양과 목차, 필드 등과도 연관성이 있기 때문에 서식을 적용할 때 이어질 스타일과 목차, 참조 가능성도 염두에 두고 편집하여야 합니다.

- **편집 기호**([Ctrl]+[*]) : '단락 기호'와 '공백', '탭', '개체 기준 위치', '숨겨진 텍스트'(밑줄 점선) 등의 입력을 화면에서 서식 기호로 확인할 수 있습니다.
- **가로 눈금자**([보기]−[눈금자]) : 단락마다 적용된 '왼쪽/오른쪽 여백', '첫 줄 들여쓰기/내어쓰기', '페이지 매김', '탭' 등의 값을 바로 확인하고, 직접 조절하여 설정할 수 있습니다.

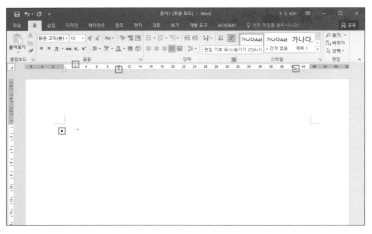

▲ 단락 기호를 보면, [단락] 대화상자를 열어보지 않아도 '첫 줄 들여쓰기'와 '오른쪽 여백', '페이지 매김' 설정과 '왼쪽 탭', '오른쪽 탭'이 있음을 알 수 있습니다.

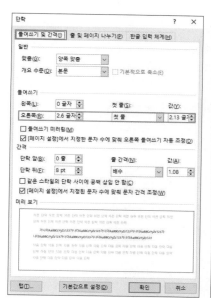
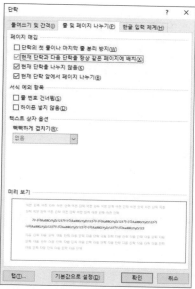

Tip **단락 관련 바로 가기 키**

- 단락 : Alt + O, P
- 한 단락 아래로 : Ctrl + ↓
- 선택한 단락을 아래로 이동 : Alt + Shift + ↓
- 단락 수준 내기기(제목/목록 단락) : Alt + Shift + →
- 단락의 시작까지 선택 : Ctrl + Shift + ↑
- 양쪽 맞춤 : Ctrl + J
- 왼쪽 맞춤 : Ctrl + L
- 단락 첫 줄 내어쓰기 : Ctrl + T (취소: Ctrl + Shift + T)
- 단락 서식 제거 : Ctrl + Q
- 2줄 간격 : Ctrl + 2
- 단락 앞에 한 줄 간격 추가/제거 : Ctrl + O

- 한 단락 위로 : Ctrl + ↑
- 선택한 단락을 위로 이동 : Alt + Shift + ↑
- 단락 수준 올리기(제목/목록 단락) : Alt + Shift + ←
- 단락의 끝까지 선택 : Ctrl + Shift + ↓
- 가운데 맞춤 : Ctrl + E
- 오른쪽 맞춤 : Ctrl + R
- 단락 왼쪽 여백 : Ctrl + M (취소: Ctrl + Shift + M)

- 1줄 간격 : Ctrl + 1
- 1.5줄 간격 : Ctrl + 5
- 줄 바꿈 : Shift + Enter

Sub ② 단락 맞춤

‘단락 맞춤’에는 ‘왼쪽 맞춤’/‘가운데 맞춤’/‘오른쪽 맞춤’/‘양쪽 맞춤’/‘균등 분할’이 있습니다. ‘균등 분할’의 경우 텍스트만 선택하면 ‘텍스트 자동 맞춤’으로 사용됩니다. 또, 마우스 포인터가 이동하는 위치에 따라 모양이 변경되며 더블클릭하여 바로 단락 맞춤을 결정할 수 있는 편리함도 있습니다.

1 클릭한 곳에 입력 가능

[파일] 탭－[옵션]－[고급]에서 ‘클릭한 곳에 입력 가능’ 옵션이 선택되어 있으면, 페이지에서 원하는 부분을 더블클릭하여 입력할 수 있습니다. 단락 기호와 탭이 자동으로 만들어지기 때문에 입력이 가능한데요. 이 기능으로는 단락 맞춤도 가능하게 됩니다.

내용이 없는 빈 단락에서 다음과 같은 모양으로 마우스 포인터가 변경되었을 때 더블클릭하여 맞춤과 탭을 자동으로 설정해 보세요.

- I▪ : ‘왼쪽 맞춤’이 되면서 더블클릭한 위치에 ‘왼쪽 탭’이 설정됩니다.
- ⫟ : 더블클릭하면 ‘가운데 맞춤’이 설정됩니다.
- ▪I : 더블클릭하면 ‘오른쪽 맞춤’이 설정됩니다.
- I▪ : 더블클릭하면 ‘첫 줄 들여쓰기’가 설정됩니다.
- ▪I : 개체의 경우 사용합니다. 개체가 ‘둘러싸기’(‘정사각형’) 배치로 변경됩니다.

> Tip 설정된 곳에 입력하지 않고 다시 클릭하면 설정이 해제됩니다.

2 단락 맞춤

[홈] 탭－[단락]－[단락 맞춤] 아이콘을 클릭하거나 [단락] 대화상자(Alt+O, P)를 표시하고 ‘맞춤’에서 원하는 맞춤을 선택합니다. 리본 메뉴의 아이콘을 클릭했을 경우 다시 한 번 클릭하면 해제되므로 매크로 등을 사용할 때 주의해야 합니다.

- 왼쪽 맞춤([Ctrl]+[L])

  단락을 왼쪽으로 정렬합니다. 공백 크기가 동일합니다.

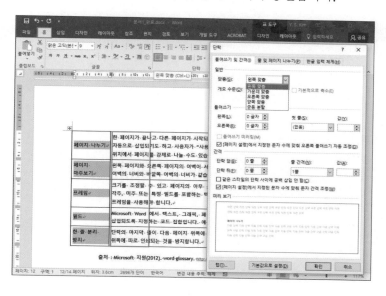

- 가운데 맞춤([Ctrl]+[E])

  단락을 가운데로 정렬합니다.

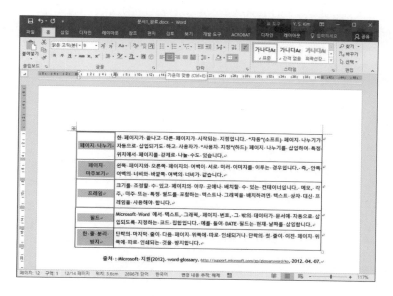

■ 오른쪽 맞춤(Ctrl+R)

단락을 오른쪽으로 정렬합니다.

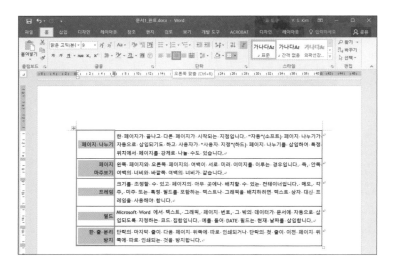

■ 양쪽 맞춤(Ctrl+J)

　단락을 양쪽 여백에 맞춥니다. 양쪽을 맞추기 때문에 일부 공백은 넓어질 수 있습니다. 최대한 자연스럽게 표현하려면 '한글 입력 체계'의 '한글 단어 잘림 허용'(글자 단위 줄 나눔) 옵션을 선택하는 것이 좋습니다. 영문은 불가능하기 때문에 한 단어를 강제로 나누려면 [레이아웃] 탭-[페이지 설정]-[하이픈]이나 [기호]에서 '보이지 않는 나누기 기호'를 사용합니다.

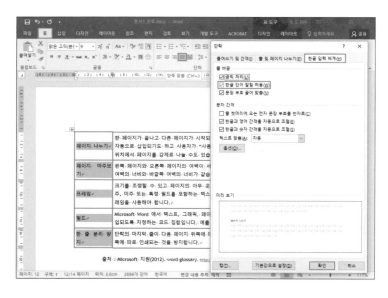

■ 균등 분할(Ctrl + Shift + J)

글자를 양쪽 여백에 맞추어 균등하게 분할합니다.

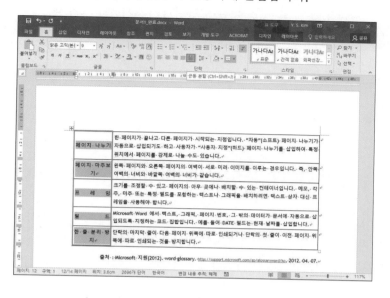

■ 텍스트 자동 맞춤(Ctrl + Shift + J)

　단락 기호를 포함하지 않은 글자만 선택한 후 [균등 분할]을 클릭하면 '텍스트 자동 맞춤' 기능으로 사용됩니다. 텍스트 너비를 특정 글자 수만큼 늘리거나 줄여서 맞출 수 있습니다. 줄어들 경우 자간이 아닌 장평이 줄어듭니다.

　'텍스트 자동 맞춤'이 적용된 곳은 커서를 가져다 놓으면 형광색 밑줄이 표시됩니다. 해제하려면 맞춤이 적용된 부분을 선택한 다음 [균등 분할]을 클릭하고 [제거] 버튼을 클릭하면 됩니다. 이 기능은 표의 셀 옵션에서도 사용할 수 있습니다.

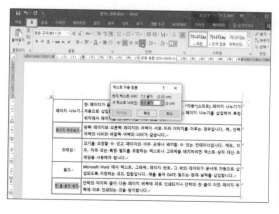
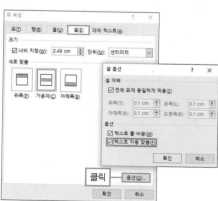

단락에 설정된 여백이나 탭은 '눈금자'를 보면 바로 알 수 있습니다. [보기] 탭－[표시]－[눈금자]를 꼭 선택해 두고 작업하세요. 가로 눈금자의 왼쪽 부분에는 '들여쓰기', '내어쓰기'와 '왼쪽 여백'에 관한 표식이 있습니다. 이 표식을 조정하면 [단락] 대화상자의 '첫 줄'과 '왼쪽 여백'('왼쪽')의 설정 값이 변경됩니다.

❶ 들여쓰기(위 세모) : 단락 '첫 줄'의 '들여쓰기'를 말합니다. '내어쓰기'가 있는 단락에서는 '왼쪽 여백'을 표시합니다.

❷ 내어쓰기(가운데 세모, Ctrl+T) : 단락 '첫 줄'의 '내어쓰기'(둘째 줄 이후 내어쓰기)를 말합니다. '내어쓰기' 표식은 '왼쪽 여백' 표식과 항상 붙어서 조절됩니다. Ctrl+T 키로 내어쓰기를 설정하면 탭의 위치로 맞춰지는데, 기본 탭(네 글자) 값을 다시 지정하려면 [단락]－[탭]의 '기본 탭'에서 설정하면 됩니다.

❸ 단락 왼쪽 여백(네모 표식, Ctrl+M) : '왼쪽 여백'은 '들여쓰기'와 '내어쓰기'의 기준 위치가 됩니다. '들여쓰기'와 '내어쓰기'는 동시에 지정할 수 없고, '왼쪽 여백'과 '들여쓰기' 또는 '왼쪽 여백'과 '내어쓰기'로만 사용할 수 있습니다.

1 들여쓰기

❶ 들여쓰기 할 단락을 블록 지정합니다. Ctrl 키를 누른 채 선택하면 떨어진 단락을 선택할 수 있습니다.

❷ 눈금자의 위 세모를 마우스로 끌어 조정합니다. 좌우 거리를 확인하면서 세밀하게 조정하려면 Alt 키를 누르며 조절합니다. 정확한 값으로 입력하려면 [단락] 대화상자를 열어서 '첫 줄'을 선택하고 값을 단위와 함께 입력합니다('1글자', '10pt' 등).

❸ 들여쓰기를 해제하려면 Ctrl+Q 키를 눌러서 단락 서식을 제거합니다.

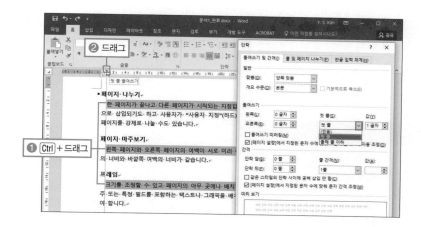

② 내어쓰기

❶ 내어쓰기 할 단락을 블록 지정합니다.

❷ 눈금자 가운데 세모 표식을 마우스로 끌어 조정합니다. [단락] 대화상자를 열어 지정하려면 '첫 줄'의 '둘째 줄 이하'(내어쓰기)를 선택하고 값을 입력한 다음 [확인] 버튼을 클릭합니다.

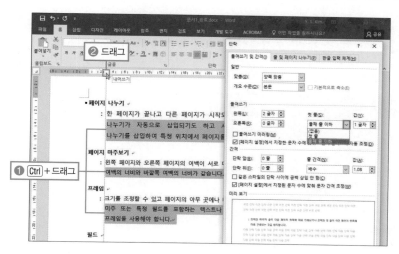

Tip

• 만약 내어쓰기 값을 주었더니 단락 전체가 용지 여백(−값)으로 튀어나가 버렸다면, 단락 여백을 '왼쪽'과 '첫 줄' 모두 없앤 다음 다시 지정합니다. 약간의 '첫 줄' 값이 있는 상태에서 '둘째 줄 이하' 값을 주어서 '첫 줄' 값이 '왼쪽' 여백으로 제대로 전환되지 못해서 생기는 오류입니다.

• 내어쓰기가 된 단락의 첫 줄에서 Tab 키를 누르면 내어쓰기 위치에 맞추어 자동 탭이 띄어집니다.

⊟ 왼쪽 여백(왼쪽 들여쓰기)

■ [레이아웃] 탭

'들여쓰기' 란에 왼쪽 여백 값을 직접 입력합니다. 화살표를 클릭하면 영문 한 글자인 '0.5글자' 단위로 지정됩니다. Ctrl+M 키를 누르면 '4글자'씩 떨어집니다.

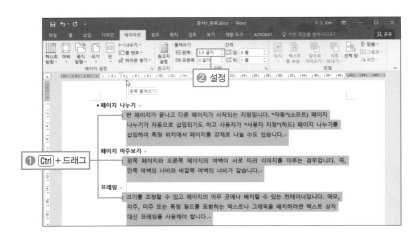

Tip 눈금자를 이용하려면 왼쪽 표식 중 맨 아래의 '네모 표식'을 이동시킵니다.

■ [홈] 탭

[들여쓰기] 아이콘을 클릭합니다. '한 글자'씩 조정됩니다. 취소하려면 [내어쓰기]를 클릭합니다.

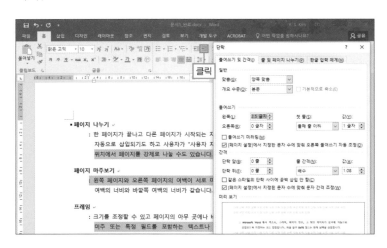

Tip 워드에서는 본문 안쪽으로 들여쓰는 여백을 모두 '들여쓰기'(Indent)라고 말합니다. 그래서 [홈] 탭-[단락]-[내어쓰기]와 [들여쓰기]는 실제로는 '왼쪽 여백 취소'(Decrease Indent)와 '왼쪽 여백'(Increase Indent)을 뜻합니다.

4 자동 고침의 들여쓰기/내어쓰기

워드에서는 기본적으로 첫 줄에 관한 자동 고침 옵션이 설정되어 있기 때문에 첫 줄이나 둘째 줄 맨 앞에서 Spacebar 또는 Tab 키를 누르면 공백이 아니라 '첫 줄 들여쓰기' 또는 '둘째 줄 이하 내어쓰기'가 적용됩니다.

01 첫 줄의 ':' 앞에 커서를 두고 빈 칸을 두 칸 띄면 '첫 줄' 들여쓰기가 '2글자'로 입력됩니다.

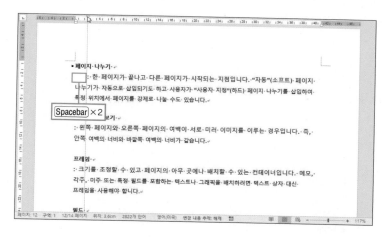

02 둘째 줄의 '나' 앞에서 빈 칸을 세 칸 띄면 '첫 줄' 값은 '왼쪽' 여백으로 전환되고, '둘째 줄 이하' 내어쓰기 값이 '1글자'로 입력됩니다.

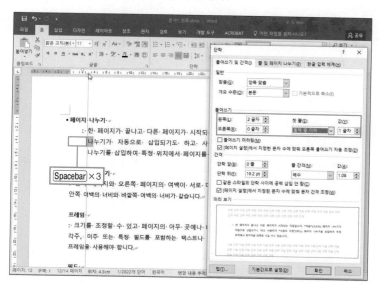

워드의 줄 간격은 줄 아래에서 바로 다음 줄 아래까지의 높이를 말합니다. 워드의 줄 간격은 '글꼴'에 따라서 기준 높이가 각각 다릅니다. 단락 간격은 줄 간격과 달리 단락의 바깥(앞/뒤) 여백을 말합니다. 단락 간격이 있으면 줄 간격이 최소한이어도 Enter 키가 입력된 것처럼 단락과 단락 사이가 떨어지게 됩니다.

1 줄 간격

■ 줄 간격의 종류

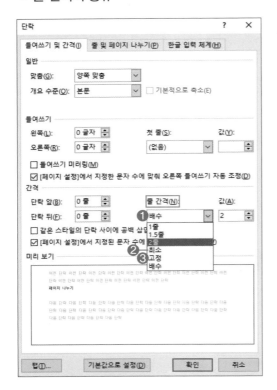

❶ 배수 : 글꼴이 가지고 있는 기본 줄 높이에 비례해서 줄 간격을 주는 것으로 글꼴과 크기에 따라 기준이 되는 '1줄'의 높이는 달라집니다. 줄에서 가장 큰 글자나 인라인 개체(텍스트 줄 안)를 기준으로 간격이 띄어집니다. '한글 글꼴'과 '글꼴'이 서로 다른 경우 '한글 글꼴'을 기준으로 줄 간격이 정해집니다.

　ⓐ 1줄(Single Space, Ctrl+1) : 기준 줄 간격입니다. 영문 글꼴은 한 줄 간격이 넓은 편이고, 한글 글꼴은 상대적으로 기본 한 줄 간격이 좁은 편입니다. '1줄' 이하의 줄 간격을 줄 수도 있으나, 너무 적은 경우 글

자의 일부가 잘려서 보이지 않을 수 있으므로 주의해야 합니다.

ⓑ 1.5줄(1.5 lines, Ctrl+5) : 1줄의 150% 줄 높이이지만 글꼴마다 기준 100%(1줄) 값이 다르기 때문에 한 글의 150% 줄 간격과는 다릅니다.

ⓒ 2줄(Double Space, Ctrl+2) : 기준 줄 높이의 두 배에 해당하는 줄 높이입니다.

❷ 최소 : 글자가 보일 수 있는 최솟값 이하로는 지정되지 않는 줄 간격입니다. 최솟값은 글꼴과 크기마다 다른데, 12~16pt 이하의 값은 설정해도 적용되지 않습니다. 최소 줄 간격을 주려 면 '0'으로 지정합니다.

❸ 고정 : 글꼴이나 글자 크기와 상관없이 지정한 값으로 고정된 줄 간격입니다. 단위만 통일하 면 한글의 '고정' 줄 간격과도 같은 높이를 만들 수 있습니다. 단, 너무 적은 '고정' 줄 간격은 글자(또는 '텍스트 줄 안' 상태의 개체)가 잘려 보일 수 있으니 주의해야 합니다.

> Tip 워드는 단위를 글자로 직접 입력합니다. 'pt(포인트)', 'mm(밀리미터)', 'cm(센티미터)', 'in(인치)', 'pi(파이카)' 등을 사용할 수 있고, 여백의 단위로는 '글자'도 사용 가능합니다.

■ 줄 간격 지정하기

01 [홈] 탭-[단락]-[선 및 단락 간격]을 클릭하여 '1.0'(1줄) 등의 배수 줄 간격을 선택할 수 있 습니다. 원하는 줄 간격 값이 없는 경우 [줄 간격 옵션] 또는 [단락] 대화상자(Alt+O, P) 아이콘 을 클릭하여 대화상자를 엽니다.

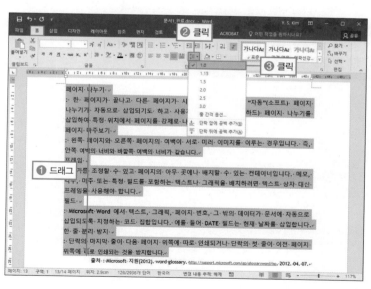

02 [단락] 대화상자에서는 줄 간격 종류를 '배수'로 지정하고, 값을 '1.6'으로 설정한 다음 [확인] 버튼을 클릭합니다.

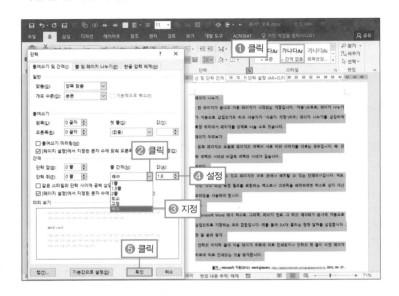

Tip '1.6줄'은 한글의 160% 줄 간격보다 훨씬 넓습니다.

② 단락 간격

01 단락 간격을 줄 부분을 블록 지정합니다. [홈] 탭-[선 및 단락 간격]의 [단락 앞에 공백 추가] 또는 [단락 뒤에 공백 추가]를 선택하여 단락 여백(기본 '1줄')을 줍니다. '추가'로 표시되면 단락 여백이 없는 것이고, '제거'로 표시되면 단락 여백이 있어서 제거할 수 있는 상태입니다.

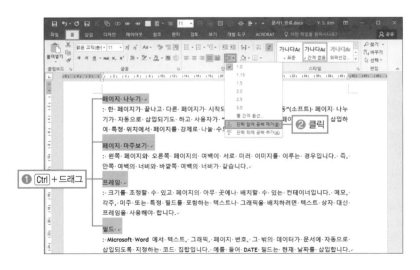

02 정확한 값으로 설정하려면 [단락] 대화상자를 열어서 '단락 앞', '단락 뒤' 입력란에 값을 입력합니다. [레이아웃] 탭-[단락] 그룹에 있는 '앞'/'뒤' 간격으로 조정해도 됩니다.

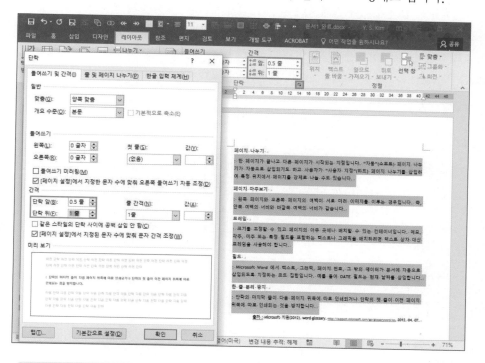

Tip

- 페이지의 첫 부분 '단락 앞 간격'과 페이지 끝의 '단락 뒤 간격'은 여백으로 숨겨집니다. 그렇기 때문에 페이지 경계의 단락 기호는 단락 여백으로 대체하는 것이 좋습니다. 페이지 경계에서는 보이지 않고, 본문 중에서는 공백으로 표시되니까요.

- 같은 스타일의 단락이 연속될 경우 단락 간격을 숨길 수 있습니다. [단락] 대화상자의 '같은 스타일의 단락 사이에 공백 삽입 안 함' 옵션을 선택하면 되는데요. 소제목 스타일에 설정하면 소제목을 항목 번호로 사용할 때 편리합니다.

- 단락 앞 여백을 주려면 Ctrl + O (단락 앞 '1줄', '12pt') 단축키를 이용할 수 있습니다. 추가/제거로 사용됩니다.

01 표가 페이지 경계에 걸쳐 있거나 제목과 본문 내용 또는 캡션과 개체가 페이지가 나뉘면서 각각의 페이지로 떨어지는 경우가 있습니다. 단락 설정에는 이런 경우를 방지하기 위해서 여러 가지 옵션들이 있는데요. [단락] 대화상자를 열고 [줄 및 페이지 나누기] 탭 화면의 '페이지 매김'에서 선택할 수 있습니다.

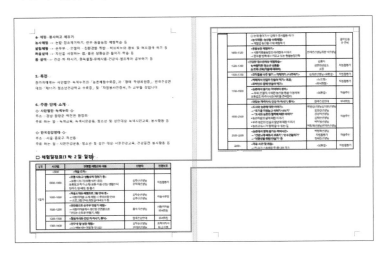

02 현재 단락 앞에서 페이지 나누기' 옵션에 체크 표시하고 [확인] 버튼을 클릭하면 앞 단락에서 '페이지 나누기'(Ctrl+Enter) 한 것처럼 페이지가 나누어지게 됩니다.

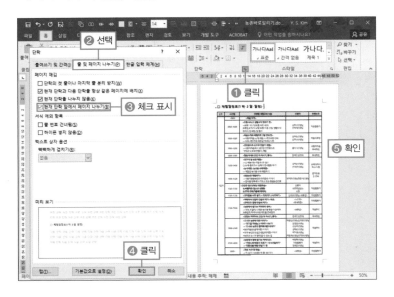

Tip Ctrl+Enter 키를 이용하는 것보다 좋은 점은 자리를 차지하는 '-페이지 나누기-' 표시가 없고 서식이기 때문에 스타일에 설정해 둘 수 있다는 것입니다. '장 제목'에 설정하면 챕터가 바뀔 때마다 새 페이지로 시작됩니다. 이 옵션은 '자동' 또는 '소프트 페이지 나누기'라고도 합니다.

Sub 6 한글 입력 체계와 세로 맞춤

[단락] 대화상자의 [한글 입력 체계] 탭에서는 한글의 '줄 바꿈' 규칙과 한글과 영문(숫자)과의 '문자 간격', 그리고 단락의 '텍스트 맞춤'에 대한 옵션을 설정할 수 있습니다.

1 줄 바꿈

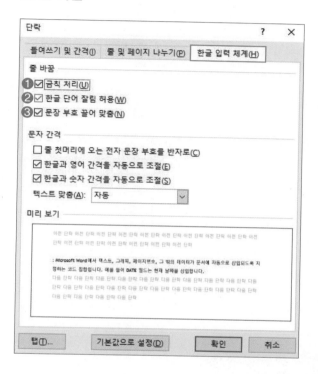

❶ **금칙 처리** : [옵션]−[한글 입력 체계]에 표시된 글자를 행의 시작(예, ')', '"')이나 끝(예, '(', '"')에 두지 않도록 합니다.

❷ **한글 단어 잘림 허용** : 한글에 한해서 줄 끝에서 단어가 아닌 글자 단위로 잘릴 수 있도록 설정합니다.

❸ **문장 부호 끌어 맞춤** : 한 글자 정도의 문장 부호가 줄 끝에서 다음 줄로 넘어가는 경우, 다음 줄로 넘기지 않고 여백으로 약간 나가더라도 한 줄에 끌어다가 모두 표시합니다.

② 문자 간격

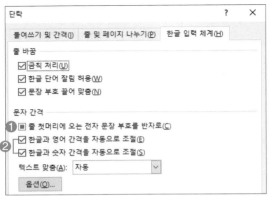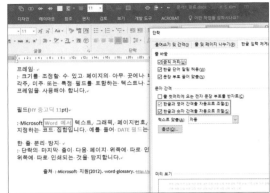

❶ 줄 첫머리에 오는 전자 문장 부호를 반자로 : 따옴표 등의 문장 부호가 '전자'(영문 2글자 크기) 너비인 글꼴이 있습니다. 이런 글꼴의 경우 줄의 첫머리에 오는 문장 부호는 자동으로 반자 처리하여 맞춤이 깔끔하게 보이도록 합니다.

❷ 한글과 영어(숫자) 간격을 자동으로 조절 : 한글과 영어, 한글과 숫자가 서로 붙어서 입력되는 경우 자동으로 약간의 간격을 띄어 줍니다.

③ 텍스트 맞춤

단락의 가로가 아닌 세로 맞춤을 설정합니다. 개체(수식)와 글자가 함께 있는 문단에서 활용하면 좋습니다.

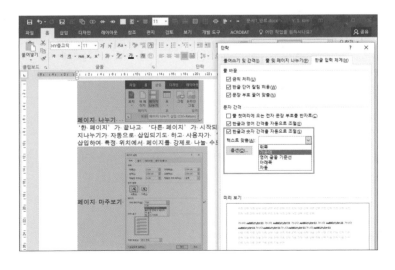

 **Sub 7 탭 설정** • 원본 파일 : 02/03_Sub7(원본) • 완성 파일 : 02/03_Sub7

워드의 탭 종류에는 '왼쪽'/'가운데'/'오른쪽'/'소수점'/'줄 탭'이 있습니다. 탭 설정은 가로 눈금자를 클릭하여 직접 설정하거나 [단락] 대화상자의 [탭] 부분을 클릭하여 설정할 수 있습니다. 일반적으로 가로 눈금자는 '문자' 단위로 표시되므로 탭 설정도 '글자' 단위로 설정하면 됩니다. 다른 단위를 사용할 때는 탭 위치와 단위를 함께 입력합니다. '문자' 단위를 해제하려면 [고급 옵션]의 '단위 표시'를 변경하고 '문자 단위 표시'를 해제하면 됩니다.

1 왼쪽 탭

❶ 탭을 설정할 단락을 블록 지정합니다.

❷ 눈금자에서 '탭 모양' 아이콘이 '왼쪽 탭'인 것을 확인하고 원하는 위치를 클릭하여 탭을 설정합니다.

❸ 단락의 필요한 위치에서 키를 눌러 줄을 맞춥니다.

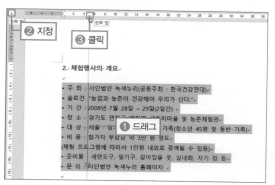
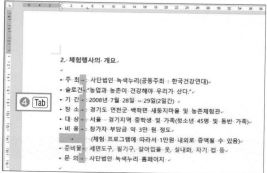

> Tip 탭을 클릭한 채 이동하여 위치를 조정할 수 있고 [Alt] 키를 함께 눌러서 좌우 간격을 표시할 수 있습니다.

2 가운데 탭

❶ '가운데 탭'은 탭 이후 부분을 가운데 정렬하는 탭입니다. 눈금자의 왼쪽 '탭 종류'를 '가운데 탭'이 되도록 클릭합니다.

❷ 필요한 단락을 선택하고, 눈금자 아래 부분을 클릭하여 탭을 설정합니다.

❸ 단락마다 키보드의 [Tab] 키를 눌러서 가운데 맞춤이 되도록 합니다. 단락 맞춤이 '양쪽 맞춤'인데도 불구하고 탭(→) 이후 부분이 탭에 맞추어 가운데 정렬된 것을 알 수 있습니다.

Section 3 단락 서식 지정하기 **81**

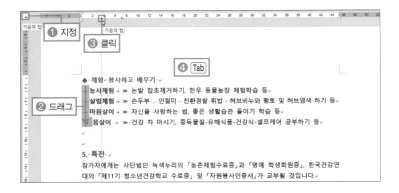

3 오른쪽 탭

‘오른쪽 탭’은 목차에 주로 사용하며 탭 이후 부분을 오른쪽 정렬하는 탭입니다. 눈금자 ‘탭
종류’ 아이콘이 ‘오른쪽 탭’이 되도록 클릭한 다음 원하는 위치를 클릭하여 탭을 설정합니다.

■ 단락 대화상자의 탭 설정(채움선)

❶ [단락] 대화상자를 열고, [탭] 버튼을 클릭합니다.

❷ 탭 위치를 ‘45글자’로 설정하고, 탭 맞춤을 ‘오른쪽’, 채움선을 ‘2.....’으로 지정한 다음 [설
정] 또는 [확인] 버튼을 클릭합니다. 이미 설정된 탭의 모양을 변경하려면 목록에서 탭을 선
택하고 ‘맞춤’과 ‘채움선’을 다시 지정하면 됩니다. 설정된 탭을 지우려면 탭을 선택하고 [지
우기] 버튼을 클릭합니다.

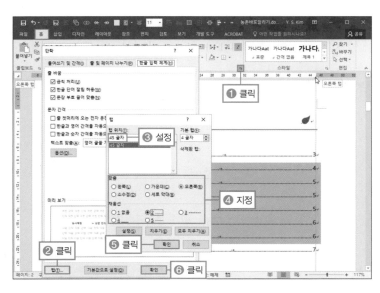

4 소수점 탭

① '소수점 탭'은 소수점의 위치로 줄을 맞추는 탭입니다. 단락 또는 표인 경우, 셀을 선택하고 눈금자 왼쪽의 '탭 종류'를 '소수점 탭'이 될 때까지 클릭합니다.

② 눈금자에서 필요한 위치를 클릭하여 탭을 설정합니다.

③ 글자 앞에서 Tab 키를 누릅니다. 셀 안에서는 Ctrl + Tab 키를 이용합니다. 소수점이 없는 경우 정수 끝에 맞춥니다.

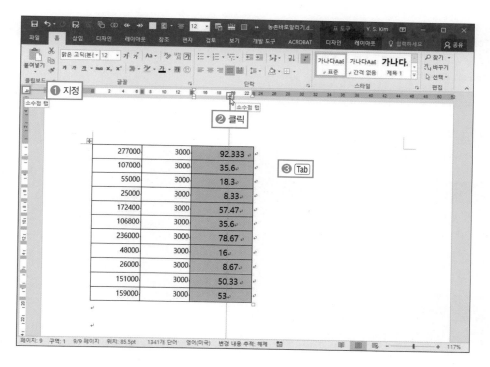

5 줄 탭

'줄 탭'은 특별한 탭 기능은 없고 설정한 단락에 세로 선만 표시해 주는 탭입니다. 선을 표시하고 선에 맞추어 내용도 정렬하려면 '줄 탭'과 '왼쪽 탭' 등을 같이 사용해야 합니다. 단락 테두리와 함께 사용하면 마치 표의 테두리선처럼 표현할 수도 있습니다. 특별한 기능은 없기 때문에 '훈민정음'(정음 Global) 워드의 '지침선'이나 '눈금선'처럼 쓸 수도 있겠으나, 그것들과는 달리 인쇄되는 실선입니다.

01 몇 개의 단락을 선택하여 [홈] 탭 – [단락] – [테두리]에서 [모든 테두리]를 선택합니다. 선택한 단락에 표가 만들어진 것처럼 단락 테두리가 표시됩니다.

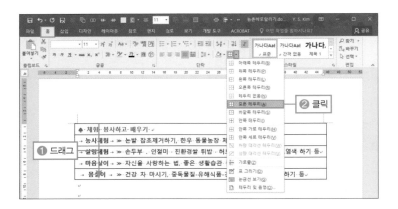

02 눈금자 왼쪽의 '탭 종류'를 클릭하여 '줄 탭'으로 바꾸고, 눈금자에 탭을 설정합니다. 줄 탭은 Tab 키를 누를 필요 없이 선택된 단락에 바로 줄이 표시됩니다.

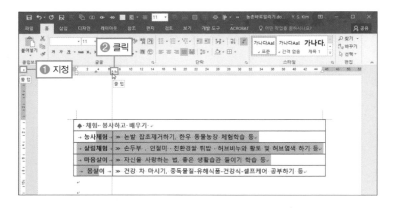

Tip

- 탭은 단락 단위로 설정할 수 있습니다. 여러 단락에 같은 탭을 설정하려면 먼저 필요한 단락을 블록 지정한 다음 설정합니다. 서로 다른 탭이 설정된 단락을 블록 지정하면 정확한 탭 설정 상태를 알 수 없습니다.
- 탭을 설정하면 설정된 왼쪽 부분의 기본 탭은 모두 삭제됩니다.
- 설정된 탭을 삭제하려면 눈금자의 탭을 클릭하여 눈금자 바깥으로 빼 버리면 됩니다.
- 눈금자 아래 부분이나 설정된 탭을 더블클릭하면 [탭 설정] 대화상자가 열립니다.
- 탭은 단락 설정으로 단락 기호를 복사하거나, 서식 복사(Ctrl+Shift+C/V), 단락 서식 제거(Ctrl+Q) 등의 단락 관련 기능들을 사용하여 복사/제거할 수 있습니다.
- 같은 탭 위치를 반복하여 사용하려면 '스타일'로 저장하는 것이 좋습니다.

01 단락에 커서를 두고 [삽입] 탭 – [텍스트] – [단락의 첫 문자 장식 추가] – [본문]을 선택합니다.

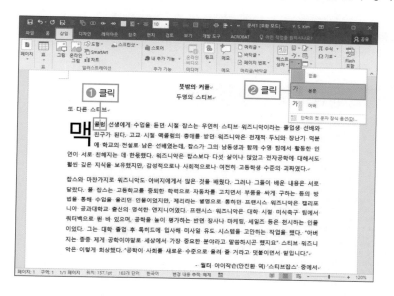

02 본문 안의 첫 문자 장식은 기본적으로 '3줄' 높이로 만들어지는데, 이 '줄 수'와 '텍스트와의 간격' 등을 수정하려면 [단락의 첫 문자 장식 옵션] 대화상자를 엽니다. 첫 문자 장식에서 마우스 오른쪽 버튼을 클릭해도 선택할 수 있습니다.

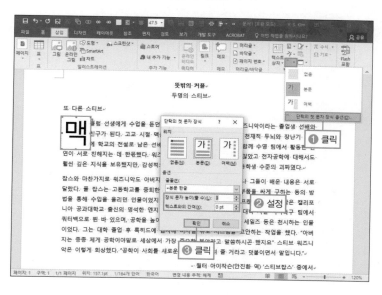

Tip **틀**

첫 문자 장식은 '틀'로 만들어집니다. '틀'은 별다른 기능은 없고 텍스트나 그림 등을 담을 수 있는 '컨테이너'입니다. '틀'도 '텍스트 상자'처럼 '테두리 및 음영'을 지정할 수 있고, '둘러싸기' 정도의 배치와 간단한 '가로/세로 위치'를 정할 수 있습니다.

'텍스트 상자'와 다른 점이라면, '텍스트 상자'는 도형으로서 다양한 꾸미기가 가능한 반면에 '각주/미주'나 '메모', 그리고 '텍스트 필드'와 같은 이전 양식 개체들은 입력할 수 없습니다. 그러나 틀은 가능합니다. 대신 틀은 다양한 배치, 위치가 불가능하고 '텍스트 줄 안'으로 단락에 배치할 수 없습니다.

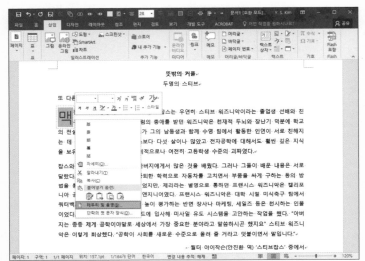 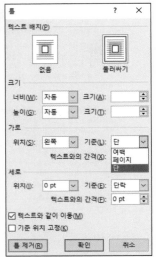

- 틀은 [개발 도구]–[이전 도구]–[가로 틀 삽입]으로 입력할 수 있고, 더블클릭으로 대화상자를 열어서 자세한 설정을 변경할 수 있습니다. 대화상자의 [틀 제거]를 선택하면 점선 테두리의 틀이 제거됩니다.

  다른 형식의 문서가 변환되어 열릴 때 크기 등을 고정할 목적으로 틀이 자동 삽입되는 경우가 많습니다.

- 틀은 개체로, '개체 기준 위치'(닻 모양. ⚓)가 표시됩니다. '개체 기준 위치'는 개체를 선택하면 개체가 입력된 위치(단락)에 표시되고 마우스로 선택하여 이동할 수 있습니다.

  '개체 기준 위치'가 표시된 단락이 페이지를 넘어가면 개체도 따라서 다음 페이지로 표시됩니다. '틀 서식'을 비롯하여 '도형'/'그림' 등 개체 서식의 '기준 위치 고정'은 이 '개체 기준 위치'를 특정 단락에 고정한다는 뜻입니다.

Sub 9 글머리 기호

· 원본 파일 : 02/03_Sub9(원본)   · 완성 파일 : 02/03_Sub9

'글머리 기호', '번호 매기기', '다단계 목록' 등을 '목록'이라 말합니다. 목록은 항목이나 제목을 만들 때 번호나 기호를 자동으로 매겨서 도드라져 보이도록 하는 명령인데요. '글머리 기호'와 '번호 매기기'는 1 수준의 기호와 번호를 사용하는 목록이고, '다단계 목록'은 이 기호나 번호를 총 '9 단계 수준'으로 구조를 만들어 사용하는 목록입니다. '다단계 목록'에는 개요 수준이 포함된 '제목' 스타일을 연결할 수 있고, 번호의 들여쓰기를 조정할 수 있습니다. 한글이나 워드 문서의 주요 목록은 항상 '개요' 수준을 포함하여 하나의 구조만 만들어 사용해야 합니다.

01 항목이 될 단락을 선택하여 [홈] 탭-[단락]-[글머리 기호]를 클릭합니다. [글머리 기호]를 먼저 클릭하고 본문 내용을 입력해도 됩니다.

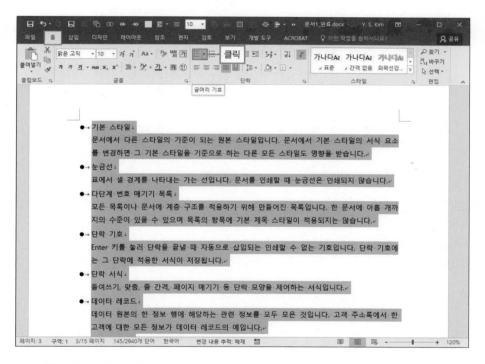

> Tip
>
> 기호나 번호 단락에서 Enter 키를 누르면 같은 목록이 이어져서 만들어집니다. Enter 키를 한 번 더 누르면 목록이 해제됩니다. Backspace 키를 누르면 서식은 유지한 채 목록만 제거됩니다.

02 글머리 기호의 모양을 바꾸려면 글머리 단락에 커서를 두고, [글머리 기호▼]를 클릭하여 다른 기호를 선택합니다. 적당한 기호가 없다면 [새 글머리 기호 정의]로 대화상자를 열어 [기호]나 [그림]에서 모양을 선택하고 [확인] 버튼을 클릭합니다.

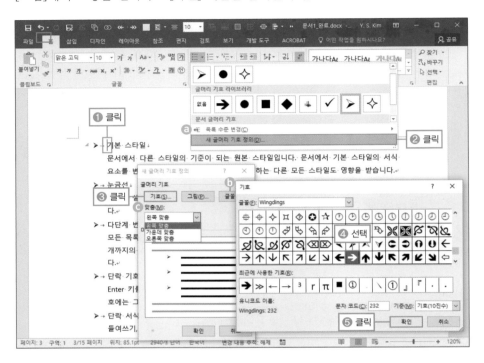

ⓐ **목록 수준 변경** : '글머리 기호'를 '1수준'으로 하고, '2수준'부터는 '다단계 목록'을 사용합니다. 기호로 다단계 목록을 만들어도 됩니다('새 다단계 목록 정의').

ⓑ '새 글머리 기호 정의'의 [글꼴] : 기호의 글꼴 서식을 지정합니다. 본문과 다른 서식이 됩니다.

ⓒ '새 글머리 기호 정의'의 [맞춤] : 번호 너비 안에서 번호의 정렬('왼쪽'/'가운데'/'오른쪽 맞춤')을 지정합니다.

03 '글머리 기호'의 들여쓰기 값을 조정하려면 기호를 마우스 오른쪽 버튼으로 클릭하고 [목록 들여쓰기 조정]을 실행하여 대화상자를 연 다음 '글머리 기호 위치'(왼쪽 여백)와 '텍스트 들여쓰기'(내어쓰기에 해당) 값을 설정합니다.

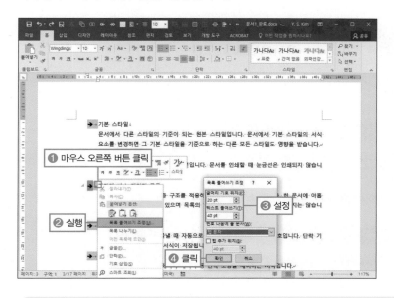

Tip

• '텍스트 들여쓰기' 값을 너무 작게 설정한 경우 본문과 '목록과의 간격'이 오히려 넓어질 수 있으니 주의합니다.

• 기호와 본문 사이에는 일반적으로 '탭 문자'가 입력됩니다. '탭 문자'가 '번호 다음에 올 문자'로 선택된 경우 내어쓰기 위치로 첫 줄의 본문 시작 글자가 자동으로 맞추어지는 편리함이 있습니다. '가운데 맞춤' 단락 등 특별한 이유가 있는 경우 '탭 문자' 대신 '공백'이나 '없음'을 지정합니다.

04 기호를 새 모양으로 다시 시작하거나 들여쓰기 정도를 이전 목록과 다르게 설정하려면 '목록 나누기'를 한 다음 변경합니다. 이전 목록과 이어서 매기려면 '목록 나누기'가 된 첫 글머리 기호를 마우스 오른쪽 버튼으로 클릭하고 [이전 목록에 조인]을 실행합니다.

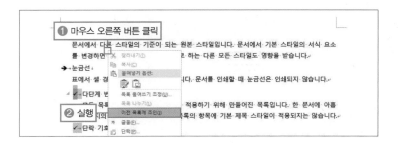

01 번호를 매길 단락을 선택하고 [홈] 탭-[번호 매기기]를 클릭합니다. [번호 매기기]를 먼저 선택하고 입력하여도 됩니다. Enter 키를 눌러서 새 단락이 시작되면 번호가 이어서 매겨집니다.

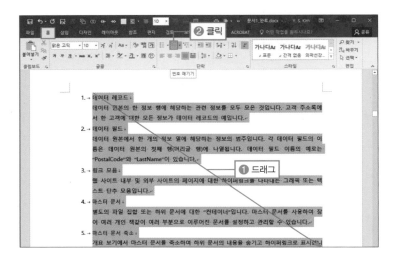

02 번호의 모양(서식)을 변경하려면 [홈] 탭-[번호 매기기▼]를 클릭하여 '번호 매기기 라이브러리'에서 선택하거나, '새 번호 서식 정의'에서 '번호 스타일'을 선택하고 '번호 서식'에 주변 글자를 입력한 다음 [확인] 버튼을 클릭합니다.

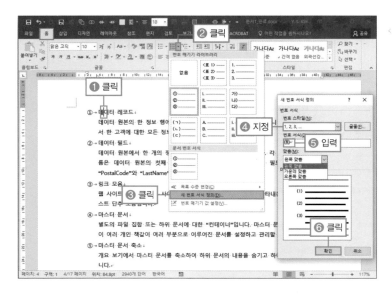

- 목록의 모양을 변경할 때 단락을 블록 지정하여 변경하면 선택한 단락에만 새 목록이 만들어집니다.

- 번호나 기호의 모양이 같다고 해서 반드시 같은 목록은 아닙니다. '문서 번호 서식'에는 현재 문서 안에 포함된 목록이 나타냅니다. 하나의 번호 체계로 이어질 번호라면 여러 목록으로 만들지 않도록 주의합니다.

- '새 번호'를 준다는 것은 '새 목록'으로 다시 시작한다는 것을 말합니다. 이어져 오던 목록을 중단하고 새 번호 목록으로 다시 시작하려면, '번호 매기기'를 클릭한 다음 표시되는 '자동 고침'을 클릭하여 '번호 새로 매기기'를 선택합니다. 또, 새 번호를 원래의 번호와 이어서 매길 경우 '번호 매기기 계속'을 선택합니다.

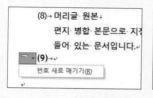 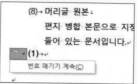

- 이미 입력된 번호를 '새 번호'로 변경하려면, 단락을 블록 지정하지 않고 번호만 마우스 오른쪽 버튼으로 클릭한 다음 '1에서 다시 시작'을 클릭하거나 [번호 매기기 값 설정] 대화상자를 열어서 시작 번호를 지정합니다. '이전 목록에 이어서'나 '번호 매기기 계속'을 선택하면 원래의 번호로 이어서 매겨집니다.

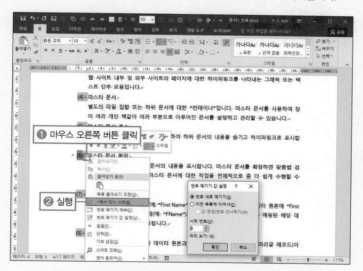

- 새 번호로 목록을 다시 시작하면 목록 모양을 바꾸었을 때 이전 목록은 모양이 변경되지 않습니다.
- 번호 목록은 기본적으로 '단락 목록' 스타일의 서식을 적용받습니다.

Part 03

간편하게
문서 작성하기

Part 3에서는 번거로운 문서를 손쉽게 작성하기 위한 스타일을 만드는 방법부터
클립보드를 이용하여 빠르고 간편하게 문서를 작성하는 방법 등을 알아보겠습니다.

다단계 목록과 스타일 설정하기

다단계 목록을 사용해 보고, 다양한 스타일을 적용해 봅니다. 이동과 복사, 붙여넣기를 하는 다양한 방법과 같은 내용이 반복될 때 상용구를 사용하는 방법도 알아봅니다. 찾기 및 바꾸기도 익혀 보겠습니다.

Sub 1 다단계 목록 · 원본 파일 : 03/01_Sub1(원본) · 완성 파일 : 03/01_Sub1

제목과 구조를 가진 문서라면 목록을 시작하기 전에 먼저 '새 다단계 목록 정의'를 해서 문서의 목록을 하나로 통일해야 합니다. '새 다단계 목록 정의'는 번호 모양과 들여쓰기, 연결 스타일을 지정하는 과정으로, 한 번만 설정하면 되고 수정도 가능합니다.

1 새 다단계 목록 정의

01 [홈] 탭–[다단계 목록▼]의 '목록 라이브러리'에서 목록을 선택하여 다단계 목록을 정의합니다. '제1장'/'제一장'/'부록' 목록은 제목 스타일(개요 포함)이 자동 연결되어 있는 목록이기 때문에 이 목록을 선택하고 수정하여도 좋습니다. [다단계 목록▼]의 [새 다단계 목록 정의]를 클릭합니다.

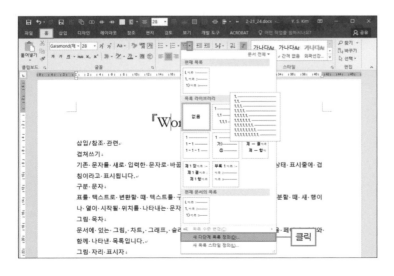

02 [자세히 >>] 버튼을 클릭하여, '1' 수준을 선택하고 '번호의 서식을 입력하세요'의 내용을 모두 삭제합니다. 번호 스타일에서 'Ⅰ, Ⅱ, Ⅲ'를 선택하고, '번호의 서식을 입력하세요'의 'Ⅰ' 옆에 '.'(마침표)를 입력합니다. 맞춤 위치는 '0pt', 번호 다음에 올 문자는 '공백', 단계에 연결할 스타일은 '제목 1' 스타일을 선택합니다.

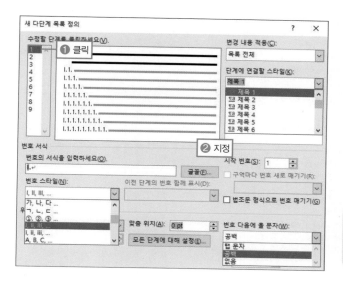

Tip '제목 1' 스타일부터 개요 수준([단락]–[개요 수준])이 각각 '1~9수준'까지 포함되어 있습니다.

03 '2' 수준을 선택하고 '번호의 서식을 입력하세요'의 내용을 모두 삭제합니다. 번호 스타일에서 '1,2,3'을 선택합니다. 간격이 넓은 것은 '전자' 너비입니다. '번호의 서식...' 의 '1' 옆에 '.'를 입력합니다. 맞춤 위치는 '0pt', 목록과의 간격은 '18pt', 번호 다음에 올 문자는 '탭 문자', 단계에 연결할 스타일은 '제목 2' 스타일을 선택합니다.

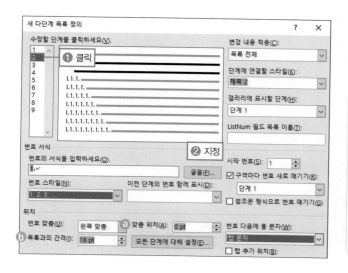

Tip

ⓐ **맞춤 위치** : '왼쪽 여백'에 해당합니다.

ⓑ **목록과의 간격** : '내어쓰기'에 해당합니다. 단락 서식으로는 '왼쪽 여백'과 '내어쓰기' 값을 더한 값이지만, 가로 눈금자로는 '내어쓰기' 표식으로 조절합니다. '맞춤 위치'와 '목록과의 간격'은 스타일이나 단락 서식에서 조정하지 않고 '새 다단계 목록 정의'에서 지정합니다.

04 '3' 수준을 선택하고 '번호의 서식을 입력하세요'의 내용을 모두 삭제합니다. '번호 스타일'에서 '1,2,3'을 선택하고 '번호의 서식...'의 '1' 옆에 ')'를 입력합니다. '맞춤 위치'는 '10pt', '목록과의 간격'은 '36pt', '번호 다음에 올 문자'는 '탭 문자', '단계에 연결할 스타일'은 '제목 3' 스타일을 선택합니다.

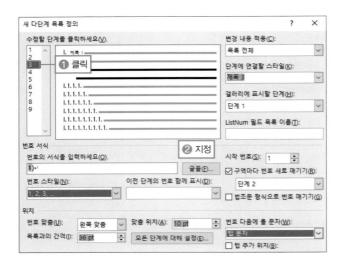

05 '4' 수준을 선택하고 '번호의 서식을 입력하세요'의 내용을 모두 삭제합니다. 번호 스타일에서 '①,②,③'을 선택합니다. 맞춤 위치는 '20pt', 목록과의 간격은 '46.8pt', 번호 다음에 올 문자는 '탭 문자', 단계에 연결할 스타일은 '제목 4' 스타일을 선택합니다.

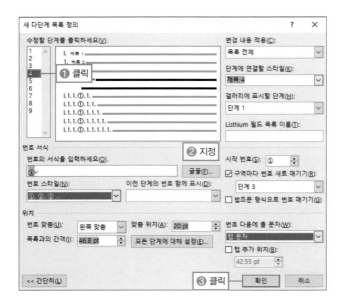

> Tip '목록과의 간격'은 미리 보기를 보면서 화살표로 조절하면 됩니다.

❷ 다단계 목록의 적용과 서식 편집

01 번호를 적용하기 위해 연결된 스타일을 사용합니다. Ctrl+Shift+Alt+S 키를 눌러 스타일 작업 창을 엽니다. 단락에 커서를 가져다 놓고 해당하는 번호의 제목 스타일을 선택합니다. 제목 스타일의 서식이 맞지 않다면 서식을 수정한 다음, 스타일의 오른쪽 [▼]를 클릭하여 스타일을 업데이트합니다.

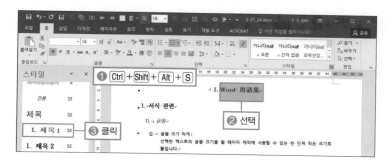

02 번호와 본문 내용의 사이(탭 문자)가 너무 벌어져 있다면 [새 다단계 목록 정의] 대화상자를 다시 열어서 '목록과의 간격'을 조정합니다.

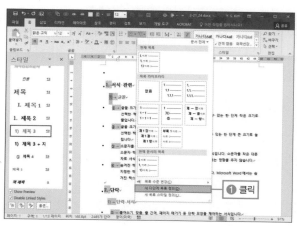
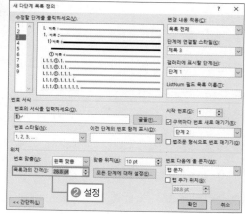

Tip

- 탭 문자로 본문과의 간격을 조정하기 때문에 '목록과의 간격'이 너무 적어도 '탭 간격'이 벌어질 수 있습니다.
- '맞춤 위치'와 '목록과의 간격'에 해당하는 '왼쪽 여백'과 '내어쓰기'를 제외한 모든 서식은 '스타일'에서 지정합니다.
- 번호가 본문 서식과 다른 서식일 경우는 '새 다단계 목록 정의'에서 [글꼴] 버튼을 클릭하여 지정합니다.
- 번호는 목록이 연결되지 않을 수도 있으니 반드시 제목 스타일을 이용하여 매깁니다.

③ 그 밖의 '새 다단계 목록 정의' 옵션 설정

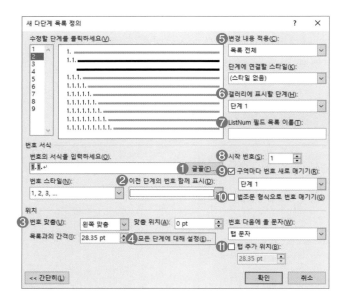

❶ 글꼴 : 본문 내용(스타일)에는 적용되지 않고 번호에만 적용되는 글꼴 서식입니다. 한 단락만 번호 서식을 변경하려면 단락 기호를 선택하여 서식을 변경하면 됩니다.

❷ 이전 단계의 번호 함께 표시 : '1.1.1.' 형식일 때 이전 단계 번호를 '번호 서식'에 추가합니다.

❸ 번호 맞춤 : 번호 너비 안에서의 번호의 맞춤 정렬(왼쪽/가운데/오른쪽)합니다.

❹ 모든 단계에 대해 설정 : 단계별 들여쓰기 정도를 일괄 지정합니다. 서식이 같아야 제대로 적용됩니다.

❺ 변경 내용 적용 : 적용 범위(문서 전체/현재위치 다음부터/현재 단락/선택한 텍스트)를 설정합니다.

❻ 갤러리에 표시할 단계 : [다단계 목록]의 '현재 문서의 목록'을 클릭하면 바로 적용될 단계를 선택합니다. 이전 단계는 갤러리에서 회색으로 표시됩니다.

❼ ListNum 필드 목록 이름 : 'ListNum' 필드는 한 단락에 여러 목록 번호를 입력하는 필드입니다. Ctrl+Alt+L 키를 눌러 바로 다음 목록 번호를 입력할 수 있고, [필드 편집]으로 번호를 변경할 수 있습니다. [삽입] 탭-[빠른 문서 요소]-[필드]의 'ListNum'에 '목록 이름'을 추가하려면 이 'ListNum 필드 목록 이름'에 입력합니다.

⑧ **시작 번호** : 선택 수준의 시작 번호입니다.

⑨ **구역마다 번호 새로 매기기** : 새 시작 번호로 바뀌게 될 단계를 설정합니다. 일반적으로는 이전 단계로 지정되지만, 이전 단계 번호가 바뀌어도 새 번호로 시작하지 않고 이어서 매길 경우 다른 단계로 선택합니다.

⑩ **법조문 형식으로 번호 매기기** : 번호 스타일을 정할 수 없고('1'만 가능) 번호 서식만 설정 가능합니다. 번호 모양을 변경할 수 없기 때문에 이전 단계('Ⅰ')와 다른 번호 모양('1')을 표시할 때 사용할 수 있습니다.

⑪ **탭 추가 위치** : '번호 다음에 올 문자'를 '탭 문자'로 선택했을 때 추가할 수 있습니다. 탭을 추가하면 번호 너비가 늘어날 때 첫 줄 본문 시작 위치가 추가 탭 위치로 맞춰집니다.

Tip **목록 관련 바로 가기 키**

• 제목 1~3 스타일 : `Ctrl`+`Alt`+`1`/`2`/`3`

• 수준 내리기 : `Alt`+`Shift`+`→` 또는 `Tab`

• 수준 올리기 : `Alt`+`Shift`+`←` 또는 `Shift`+`Tab`

• `Tab` 키와 `Shift`+`Tab` 키는 [언어 교정 옵션]−[자동 고침 옵션]의 '탭과 백스페이스 넣을 때 첫 부분에 왼쪽으로 들여쓰기'가 선택된 경우에 사용할 수 있습니다.

01 워드의 다단계 목록은 구역을 나누지 않고 새 번호를 줄 수 있습니다. 다단계 목록의 중간에 새 번호로 다시 시작하려면 번호를 클릭하여(블록 지정하지 않고) 마우스 오른쪽 버튼을 클릭한 다음 [①에서 다시 시작]을 실행합니다.

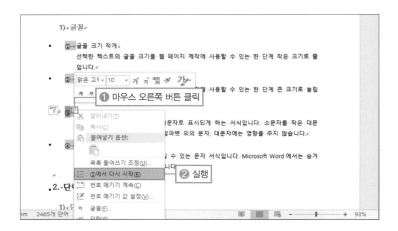

Tip 새 모양으로 바꾸려면 새 다단계 목록을 만들어야 합니다.

02 번호를 이전 목록과 이어서 매기려면 번호를 마우스 오른쪽 버튼으로 클릭한 다음 [번호 매기기 계속]을 실행합니다.

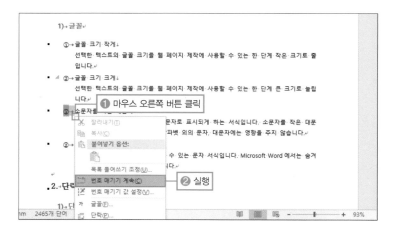

Tip **새 모양**
모양을 바꾸는 것은 스타일이 연결되지 않은 경우만 가능합니다. 스타일 서식은 구역을 나누어도 바꿀 수 없기 때문입니다. 하나의 스타일 이름으로 두 가지 서식을 사용할 수는 없습니다.

03 새 번호를 '1' 번이 아닌 다른 번호로 다시 시작할 경우에는 번호를 마우스 오른쪽 버튼으로 클릭한 다음 [번호 매기기 값 설정]을 실행합니다. [번호 매기기 값 설정] 대화상자가 열리면 '시작 번호'에 바꿀 새 번호를 입력한 다음 [확인] 버튼을 클릭합니다.

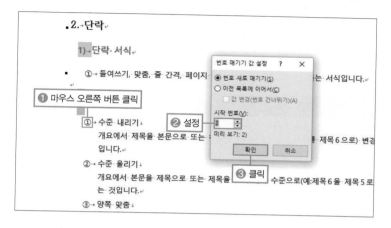

04 다단계 목록의 들여쓰기 정도를 재설정하려면 번호를 마우스 오른쪽 버튼으로 클릭하고 [새 다단계 목록 정의]를 실행하여 '맞춤 위치'와 '목록과의 간격'을 다시 지정합니다. [홈] 탭-[단락]-[다단계 목록]-[새 다단계 목록 정의]를 선택하는 것과 동일한 방법이고, 이전 번호까지 목록 전체에 적용됩니다.

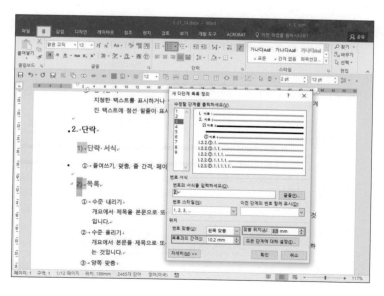

'새 다단계 스타일 정의'는 설정한 다단계 목록 전 수준을 하나의 '목록 스타일'에 저장하는 명령입니다. 스타일에 다단계 목록을 저장하면 하나의 서식으로 여러 수준을 사용합니다.

01 목록에 커서를 가져다 두고 [홈] 탭-[단락]-[다단계 목록]-[새 다단계 스타일 정의]를 선택하여 대화상자를 엽니다.

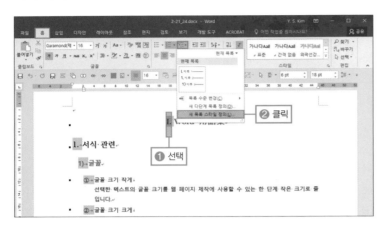

02 스타일 '이름'을 입력하고 [확인] 버튼을 클릭합니다. 서식이나 시작 번호 등을 변경하려면 '서식 적용 대상'에서 수준을 선택하고 변경합니다. 변경 내용은 미리 보기에 표시됩니다. [서식▼] 버튼을 클릭하면 [글꼴]이나 [바로 가기 키] 등을 지정할 수 있습니다.

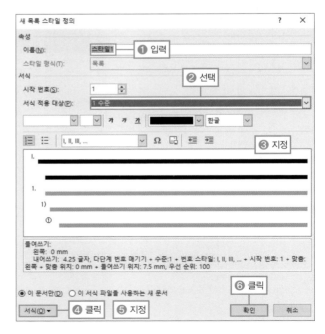

Sub ④ 스타일

스타일은 '서식 세트'라고 말할 수 있습니다. 새 워드 문서를 만들면 적용되어 있는 기본 서식은 '표준' 스타일입니다. 스타일이 적용된 단락은 스타일을 수정하면 서식이 자동으로 바뀌고, 이 단락을 복사하여 다른 문서에 붙여넣기 하면 같은 이름의 스타일 서식을 적용받기 때문에 모양이 달라질 수 있습니다. 스타일은 다양한 참조에 활용될 수 있고 목차를 만들거나 목록과 연결할 수 있습니다. 워드에 기본적으로 만들어져 있는 스타일은 400개 이상인데, 이 중에는 명령을 사용하면 자동 적용되는 스타일이 있고 다른 스타일의 '기준' 스타일도 있습니다. 워드 명령 대부분이 스타일과 연결되어 있다고 할 수 있기 때문에 문서를 통일하려면 스타일에 대해 자세히 알아둘 필요가 있습니다.

1 스타일 형식

- **단락** : [글꼴] 서식과 [단락] 서식을 모두 지정할 수 있는 스타일입니다.
- **문자** : [글꼴] 서식만 지정할 수 있고 [단락] 서식은 지정할 수 없습니다. '위 첨자'나 '진하게' 등 강조된 글자를 통일할 때 사용합니다. 단락 스타일과 이중으로 적용할 수 있습니다.
- **연결** : 단락 스타일이지만, 문자 스타일로도 사용할 수 있는 스타일입니다. 텍스트 일부를 블록 지정하여 적용하면 문자 스타일로 사용되고, 블록 지정하지 않고 커서만 가져다 놓고 적용하거나, 단락 전체를 선택하여 적용하면 단락 스타일로 적용됩니다.
- **표** : 표 테두리나 음영, 맞춤, 표 속성, 글꼴 등 서식을 지정할 수 있는 스타일로, 문서의 기본 표 스타일은 '표 구분선'입니다. 이 스타일을 수정하면 매번 같은 모양으로 표를 만들 수 있습니다.
- **목록** : 다단계 목록을 저장할 수 있는 목록으로, 이 스타일을 사용하면 서식은 '목록 단락' 스타일이 적용되고, '목록 단락' 스타일은 '기본값 설정'의 서식이 사용됩니다.

2 자동으로 적용되는 스타일

- **목록** : 목록이 사용되면 '목록 단락' 스타일이 적용됩니다.
- **표** : 표를 삽입하면 '표 구분선' 스타일의 모양으로 만들어집니다.
- **각주(미주/메모) 참조** : 각주 등의 번호(위 첨자)에 자동 적용됩니다.
- **각주(미주/메모/풍선 도움말) 텍스트** : 각주 등의 내용에 자동 적용됩니다.
- **하이퍼링크/열어본 하이퍼링크** : 웹 주소나 목차, 참조 등 하이퍼링크가 연결된 텍스트에 자동 적용됩니다. 문자 스타일입니다.
- **캡션** : 개체에 캡션을 넣으면 자동 적용되는 스타일입니다. 캡션 종류와 상관없이 하나의 스타일로 적용되기 때문에 개체의 종류가 여러 가지라면 목차에 사용하기 어렵습니다.
- **목차** : 목차를 만들면 정해진 수준별로 자동 적용되는 스타일로, '자동 업데이트' 옵션이 선택되어 있습니다.
- **머리글/바닥글** : 머리글이나 바닥글을 더블클릭해서 들어가면 적용되어 있는 스타일입니다.
- **줄 번호** : [레이아웃] 탭-[줄 번호]를 설정하였을 때 줄 번호에 적용되는 스타일입니다.

③ 스타일 기본값과 기준 스타일

- **스타일 기본값 설정** : 스타일은 '테마'와 '테마 글꼴'의 적용을 받고 이 기본 테마의 '기본값 설정'은 [스타일 관리]에서 수정할 수 있습니다. ' +본문' 글꼴은 테마의 기본 글꼴을 말합니다.
- **기준 스타일** : 다른 스타일의 기준이 되는 스타일로, 기준 스타일이 변경되면 하위 스타일도 같은 항목이 변경됩니다.
- **표준 스타일**(Ctrl+Shift+N) : 표준 스타일은 대부분의 스타일의 '기준' 스타일입니다. 표준 스타일의 글꼴을 변경하면 대부분의 스타일 글꼴이 함께 변경됩니다.

④ 스타일 창

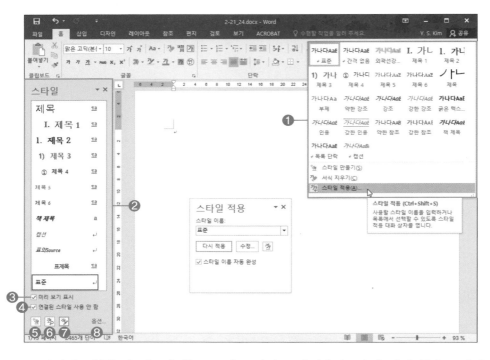

❶ **자세히** : [홈] 탭–[스타일] 그룹에 표시된 스타일을 '스타일 갤러리'라고 말합니다. 스타일 갤러리의 [자세히] 버튼(▽)을 클릭하면 갤러리에 포함된 스타일을 적용할 수 있고, [스타일 만들기], [스타일 지우기], [스타일 적용](Ctrl+Shift+S) 등을 사용할 수 있습니다.

❷ **스타일 작업 창**(Ctrl+Shift+Alt+S) : 스타일 갤러리에 없는 스타일과 [옵션...]을 통해 문서 전체의 스타일을 찾아 적용할 수 있습니다.

> Tip 스타일 이름 오른편에 스타일의 형식이 아이콘으로 표시됩니다. 문자(a), 단락(↵), 연결(¶a)

❸ 미리 보기 표시 : 스타일의 서식을 스타일 이름에 미리 보기로 표시합니다.

❹ 연결된 스타일 사용 안 함 : '연결' 스타일을 '단락' 스타일로만 사용하고 '문자' 스타일은 사용하지 않도록 합니다.

❺ 새 스타일 : 커서 위치의 서식으로 스타일을 만듭니다. '스타일 형식'을 지정할 수 있고, [서식]에서 [글꼴]이나 [단락] 서식 등을 수정할 수 있습니다.

❻ 스타일 검사기 : 커서 위치 또는 블록 지정한 부분의 '스타일'과 '기타 서식'을 알려주고 [지우기] 할 수 있습니다.

❼ 스타일 관리 : '목록'이나 '표' 스타일과 같이 스타일 창에 표시되지 않는 스타일까지 모두 표시, 관리, 제한할 수 있고, '기본값 설정'과 '가져오기/내보내기' 할 수 있습니다.

❽ 옵션... : 스타일 창에 표시될 스타일을 선택(권장/사용중/현재 문서의 스타일/모든 스타일)할 수 있고, 스타일이 아닌 기타 서식(글꼴/목록 등)도 볼 수 있도록 선택할 수 있습니다.

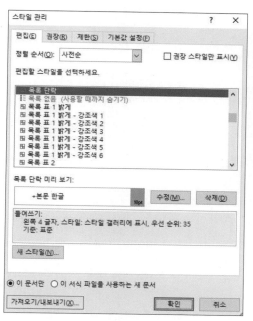

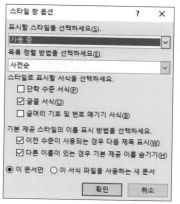

Tip

[옵션...]을 변경하고 닫으면 모든 글꼴이 테마의 기본 글꼴로 변환되는 오류가 발생할 수 있습니다. 이 경우, 바로 Ctrl +Z 키를 눌러 주면 원래의 서식으로 정상 복귀됩니다. 되돌리기 하지 않으면 오류 서식이 그대로 적용되기 때문에 주의해야 합니다.

5 서식에서 새 스타일 만들기

완성된 서식에 커서를 가져다 놓고 스타일 창의 [새 스타일] 아이콘을 클릭하여 표시되는 대화상자에서 스타일 이름을 입력하고 [확인] 버튼을 클릭합니다.

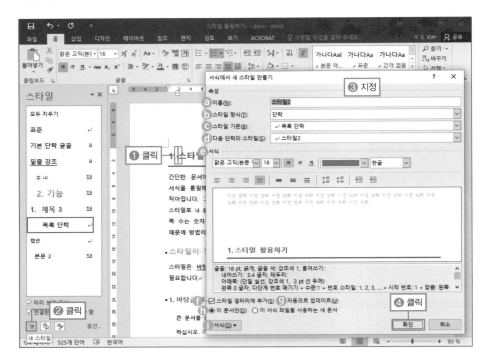

- ⓐ **이름** : 기본 스타일과 동일하지 않은 것으로 스타일 이름을 지정합니다. 다른 문서에 복사해 붙였을 때 서식이 유지되어야 한다면 다른 문서의 스타일 이름과 중복되지 않아야 합니다.
- ⓑ **형식** : 스타일 형식은 [새 스타일]에서만 지정할 수 있고, 스타일이 만들어진 후에는 변경할 수 없습니다. '단락'/'문자'/'연결'/'목록'/'표' 스타일 중 형식을 지정합니다.
- ⓒ **기준** : 새로 만들 스타일의 기준이 될 스타일을 지정합니다.
- ⓓ **다음 단락의 스타일** : 새 스타일을 입력하고 Enter 키를 눌렀을 때 적용될 스타일을 지정합니다. 현재 단락과 같은 스타일을 적용하려면 수정하지 않고, '표준' 등 다른 스타일로 적용하려면 해당 스타일을 찾아서 변경해 줍니다.
- ⓔ **서식** : 서식은 여기서 수정하지 않는 것이 좋습니다. 영문 글꼴이 한글에 적용되거나 대화상자에서 이미 적용된 '진하게' 등의 서식이 해제되어 버리는 등 오류가 발생할 수 있기 때문입니다. 서식은 아래 [서식] 버튼을 눌러서 대화상자를 열어 직접 변경하는 것이 좋습니다.
- ⓕ **스타일 갤러리에 추가** : [홈] 탭의 '스타일 갤러리'에 새 스타일을 추가합니다.
- ⓖ **자동으로 업데이트** : 스타일이 적용된 단락의 서식을 변경하면 스타일에 자동 업데이트되어서 적용된 단락 전체가 변경됩니다.

ⓗ **이 문서만/이 서식 파일을 사용하는 새 문서** : 새 스타일을 현재 문서에만 저장할 것인지, Normal.dotm 서식 파일에 저장하여 모든 새 문서에 동일하게 적용할 것인지 선택합니다.

ⓘ **서식** : [글꼴], [단락] 등의 서식을 정확하게 설정하고, '테두리', '틀', '번호 매기기', '텍스트 효과' 등을 추가 설정합니다. '바로 가기 키'를 설정하면 스타일을 단축키로 적용할 수 있습니다.

⑥ 스타일 가져오기/내보내기

❶ 스타일 창의 [스타일 관리] 대화상자를 열고 [가져오기/내보내기] 버튼을 클릭합니다.

❷ '원본 문서'의 [파일 닫기] 버튼을 클릭하고 다시 [파일 열기] 버튼을 클릭합니다. 파일 형식을 '모든 Word 문서'로 변경하고 파일을 찾아 선택한 다음 [열기] 버튼을 클릭합니다.

❸ 스타일을 선택하고([Ctrl] 키로 다중 선택 가능), [복사] 버튼을 눌러서 '대상 문서'로 복사해 옵니다.

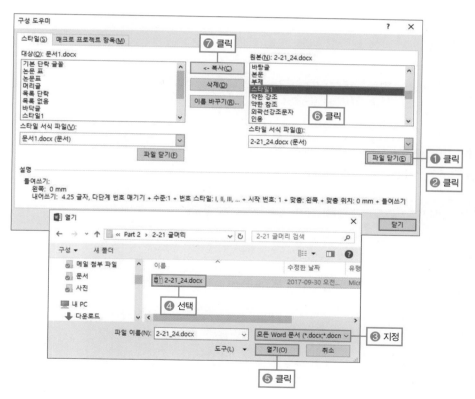

■ 설정한 스타일을 새 문서의 기본값으로 저장하는 방법

❶ '표준' 스타일을 수정하고 '이 서식 파일을 사용하는 새 문서' 옵션을 선택하여 저장하면 새 문서의 기본값이 변경됩니다.

❷ '스타일 내보내기'로 'normal.dotm' 새 문서 서식 파일에 [복사]하면 새 문서가 수정됩니다.

❸ [글꼴] 또는 [단락] 대화상자에서 서식을 변경한 다음 [기본값으로 설정] 버튼을 클릭하면 서식 파일에 저장됩니다.

❹ 'normal.dotm' 서식 파일을 직접 찾아 연 다음 스타일을 변경하고 저장하면 새 문서가 설정한 기준으로 열립니다.

> Tip 서식 파일을 변경한 후 워드를 종료할 때 '기본 서식 파일 Normal.dotm이 변경되었습니다. 변경 내용을 저장하시겠습니까?'라는 메시지가 나온다면 반드시 [저장]하고 닫아야 서식 파일에 적용됩니다.

7 스타일 참조

스타일 참조는 스타일이 적용된 단락의 내용이나 번호를 끌어다 표시하는 것으로, 원문의 내용이 변경되면 따라서 변경될 수 있는 필드를 말합니다.

01 [삽입] 탭-[빠른 문서 요소]-[필드]에서 'StyleRef'를 선택하고, 스타일 이름을 찾아 클릭한 다음 [확인] 버튼을 누릅니다.

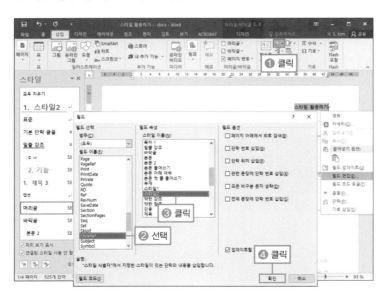

8 스타일 적용하기

• 원본 파일 : 03/01_Sub4_8(원본) • 완성 파일 : 03/01_Sub4_8

01 본문 일부분을 블록 지정하고 문서의 바탕이 될 서식으로 [글꼴]/[단락]을 지정합니다. 글꼴을 다른 문서로 복사한 경우에도 서식을 유지하려면 대화상자를 열어 정확하게 지정합니다. 설정을 마치면 [새 스타일] 아이콘을 누릅니다.

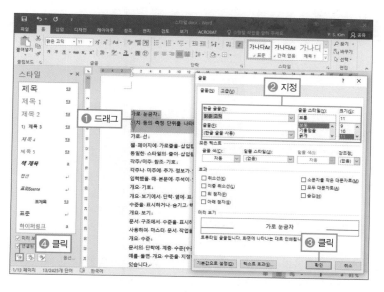

02 [서식에서 새 스타일 만들기] 대화상자에서 스타일 이름을 입력하고 [확인] 버튼을 클릭합니다.

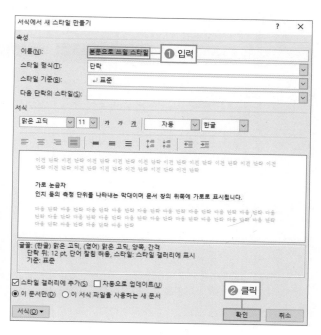

> **Tip** 다른 문서로 복사해서 서식을 유지하려면 스타일 이름을 기본 스타일이 아닌 다른 이름으로 지정합니다. '표준' 스타일을 변경해도 된다면 '표준' 스타일을 업데이트하면 좋습니다. 단, '표준' 스타일은 다른 스타일의 '기준' 스타일이기 때문에 문서 전체의 스타일과 서식에 영향이 있으니 주의해야 합니다.

03 본문이 될 부분을 블록 지정하고 스타일 작업 창에서 새로 만든 스타일을 클릭합니다. 단락 전체가 아닌 일부 문자의 강조 서식(첨자, 진하게, 밑줄, 기울임 등)은 해제되지 않고 유지됩니다. 목록이 있는 경우 해제됩니다.

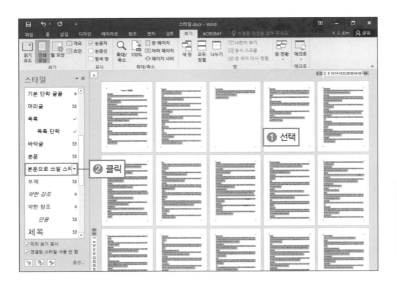

Tip 많은 영역을 적용할 경우 화면을 줄여 두고 선택하거나, 커서 위치부터 Shift+클릭한 부분까지로 선택하여 적용하면 편리합니다.

04 제목이 될 서식을 지정하고, 기존 스타일의 [▼]를 눌러서 스타일을 업데이트합니다. 새 스타일을 만들어도 좋습니다. 제목이 될 부분을 Ctrl 키와 함께 다중 선택하고 제목 스타일을 클릭하여 적용합니다.

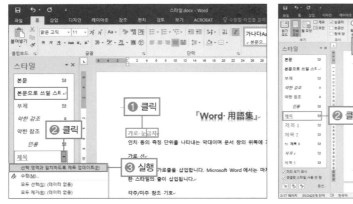

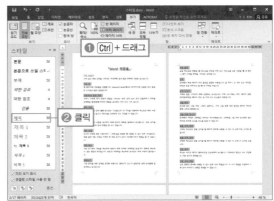

Tip '제목' 스타일에는 개요 수준이 포함되어 있지 않습니다. 만약 제목에 번호가 필요할 경우 '새 다단계 목록 정의'를 설정하고, '제목 1~9' 스타일을 수정하여 각각 적용합니다.

⑨ 개요 수준(제목 스타일)과 탐색창

개요 수준이 포함된 '제목1~9' 스타일이나, 단락은 '탐색창'에 표시됩니다. [보기] 탭의 '탐색창'에 체크 표시하면 문서에서 개요 수준이 포함된 단락을 바로 알아볼 수 있습니다. 탐색창에는 다양한 기능이 포함되어 있는데, 수준을 올리고 내리거나 하위 수준을 포함한 내용 전체를 선택/삭제할 수 있습니다.

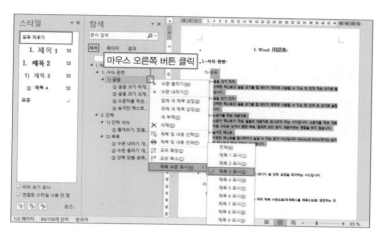

개요 수준이 포함된 단락 왼쪽에 마우스를 가져다 놓으면 [확장/축소] 표시가 나타납니다. 클릭하면 하위 수준과 내용이 모두 축소되어 제목만 표시되고, 한번 더 클릭하면 확장됩니다. [단락] 대화상자의 '기본적으로 축소'에 체크 표시하면 문서를 열 때 축소되어 열립니다.

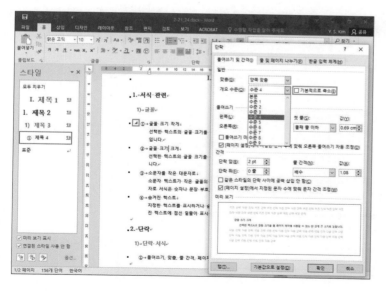

> Tip 모든 워드 문서의 제목을 확장하여 열려면 [고급 옵션]의 '문서를 열 때 모든 제목을 확장합니다'에 체크 표시합니다.

1 마우스로 블록 지정

- **드래그** : 마우스를 클릭한 채 이동하여 범위를 선택합니다. 시작 위치를 클릭해 두고 이동한 다음 Shift+클릭하여도 됩니다.

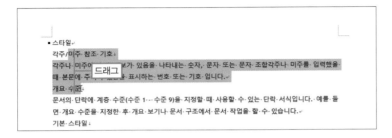

- **Alt +드래그** : Alt 키를 누른 상태에서 드래그하면 박스 모양으로 선택됩니다.

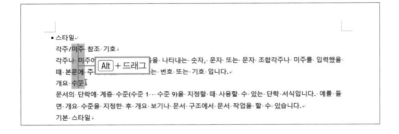

- **Ctrl +드래그(다중 선택)** : Ctrl 키를 누른 상태에서 여러 부분을 드래그하면 텍스트 다중 선택이 가능합니다.

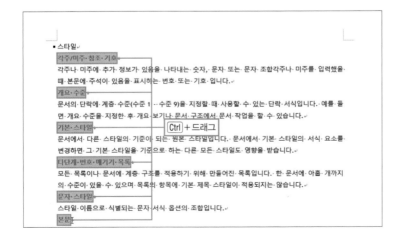

■ 왼쪽 여백 이용하기

- **클릭** : 줄 선택(표의 경우 행 선택)
- **더블클릭** : 단락 전체 선택
- **세 번 클릭** : 문서 전체 선택
- **클릭하고 이동한 다음 Shift+클릭** : 클릭한 부분부터 Shift+클릭한 부분까지 줄 선택
- **Ctrl+클릭 또는 드래그** : 줄 단위 다중 선택

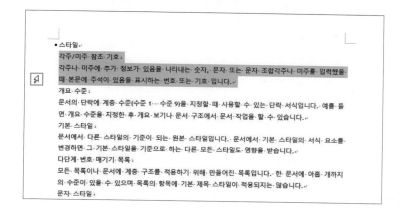

> Tip 드래그하면 확장됩니다.

② 키보드로 블록 지정

- **Shift+방향키** : 문자 단위(→), 줄 단위(↓)로 확장하여 선택합니다.
- **F8, 방향키** : F8 키를 누른 다음 방향키를 눌러 범위를 확장합니다. Esc 키를 누르면 해제됩니다.
- **F8 2번** : 단어를 선택합니다.
- **F8 3번** : 문장을 선택합니다.
- **F8 4번** : 단락을 선택합니다.
- **Shift+F8** : Shift+F8 키를 누른 다음 방향키로 이동하여 박스 모양 블록을 지정할 수 있습니다.

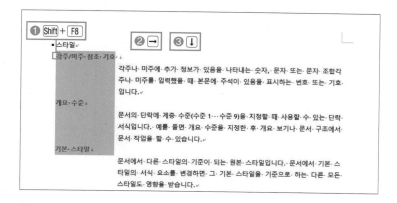

[F5] 키나 [Ctrl]+[G] 키를 누르면 [이동] 대화상자가 열리고, 페이지/구역/줄/책갈피/메모/각주/미주/필드/표/그래픽(그림이나 도형 – 인라인)/수식/개체/제목 스타일로 이동할 수 있습니다. 상태 표시줄의 '페이지'나 '구역' 부분을 클릭해도 됩니다. 대화상자를 닫은 다음에는 [Ctrl]+[Page Down]/[Page up] 키를 눌러 [다음]/[이전]으로 이동할 수 있습니다.

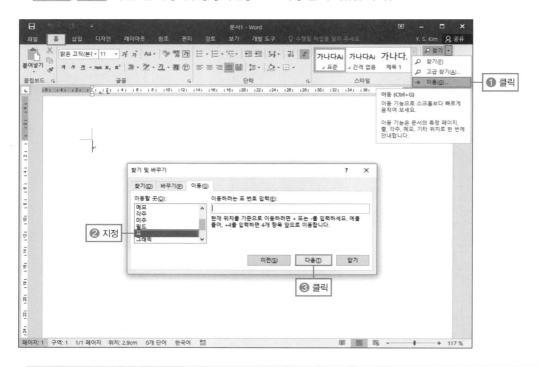

Tip **선택/이동 바로 가기 키**

- [Shift]+[Ctrl]+[→] : 단어 선택(더블클릭도 같습니다.)
- [Shift]+[Ctrl]+[↓]/[↑] : 커서 위치부터 단락 끝/시작까지 선택(세 번 클릭은 단락 전체가 선택됩니다.)
- [Shift]+[End]/[Home] : 커서 위치부터 줄 끝/시작까지 선택
- [Shift]+[Page Down]/[Page up] : 커서 위치부터 화면 단위 다음 화면/이전 화면까지 선택
- [Shift]+[Ctrl]+[Alt]+[Page Down]/[Page up] : 커서 위치부터 현재 화면의 끝/시작까지 선택
- [Shift]+[Ctrl]+[End]/[Home] : 커서 위치부터 문서 끝/시작까지 선택
- [F8], [Ctrl]+[Page Down]/[Page up] : 커서 위치부터 다음/이전 페이지 첫 부분까지 선택(페이지 시작에서 [F8] 키를 눌러 놓고 [Ctrl]+[Page Down] 키를 누르면 1페이지 전체가 선택됩니다.)
- ※ [Shift]나 [F8] 키를 빼면 이동 키가 됩니다. 선택/이동을 확장하려면 마지막 키를 반복해서 누릅니다.

1 클립보드

❶ [홈] 탭 – [클립보드] – 대화상자 열기 아이콘(▣)을 클릭하여 클립보드 작업 창을 엽니다.

❷ 블록 지정하거나 개체를 선택하고 Ctrl + C 키를 누르면 클립보드에 저장되어 '붙여넣을 항목'에 표시됩니다. 클립보드에는 스물네 개까지 저장됩니다.

❸ 클립보드 항목을 클릭하면 커서 위치에 해당 내용이 붙여넣기 됩니다. 옆의 [▼]를 클릭하면 해당 항목을 삭제할 수 있습니다.

❹ [옵션] 버튼을 클릭하여 클립보드 작업 창에 관한 몇 가지 옵션을 설정할 수 있습니다.

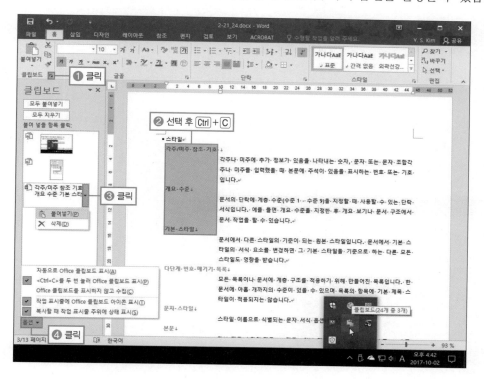

> Tip 간혹 Ctrl + C / Ctrl + V 키가 동작하지 않는 경우가 있습니다. 이럴 때는 클립보드의 [모두 지우기]를 클릭하여 클립보드를 비운 다음 다시 복사하거나 PC를 껐다 켜면 해결할 수 있습니다.

② 붙여넣기 옵션

01 문서의 일부를 복사해서 붙이거나, 다른 문서나 다른 형식에서 복사해 붙일 때 붙여진 내용의 끝 부분에는 항상 '붙여넣기 옵션'이 표시됩니다.

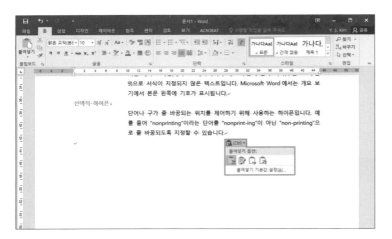

02 '붙여넣기 옵션'에 표시된 방법에 마우스를 가져다 놓으면, 붙여진 내용이 옵션에 따라서 어떻게 변경되는지 실시간 미리 보기로 알 수 있습니다. 붙여넣기 방법은 복사한 내용과 붙여넣기 될 위치에 따라서 달라집니다.

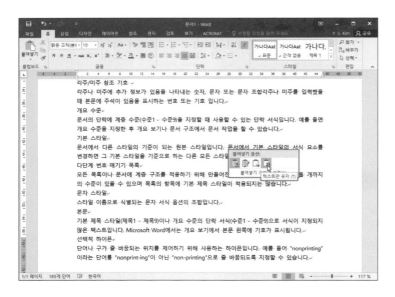

■ **붙여넣기 방법**

- **대상 테마 사용(🖼)** : 복사한 문서를 '원본 문서', 붙여넣은 문서를 '대상 문서'라 말합니다. '대상 테마 사용'은 스타일 적용은 유지하면서 스타일에서 직접 지정하지 않은 서식은 대상 문서의 테마를 사용하여 붙여넣는 방식입니다. 예를 들어, '+본문', '+제목' 같은 테마 글꼴이 다른 경우 붙여넣는 문서의 글꼴로 변경될 수 있고, 스타일에서 지정할 수 없는 '목록의 모양', '각주 모양' 등이 변경될 수 있습니다. 같은 문서나 다른 형식의 문서는 표시되지 않습니다. 스타일 이름이 같고 서식이 다른 경우 대상 문서의 서식으로 적용됩니다.
- **원본 서식 유지(🖼)** : 스타일이 해제되지만 서식은 유지됩니다. 스타일이 해제되기 때문에 모두 '표준' 스타일이 되고, 목록의 경우 원본 문서의 모양이 유지되거나, 해제될 수 있습니다.
- **서식 병합(🖼)** : 스타일이 해제되면서 대상 테마의 서식이 적용되지만 '진하게', '밑줄' 등 강조 서식은 유지됩니다.
- **텍스트만 유지(🖼)** : 모든 서식이 해제되며 커서 위치의 서식으로 텍스트만 붙여넣기 됩니다. 도형이나 그림 등의 개체는 붙여넣기 되지 않고, 표는 해제되어 텍스트만 붙여집니다. '텍스트 상자' 내의 텍스트는 붙여지지 않습니다.

> **Tip** [파일]-[옵션]-[고급 옵션]의 '[텍스트만 유지] 옵션을 사용하여 텍스트를 붙여넣을 때 글머리 기호 및 번호 유지' 옵션에 체크 표시되어 있다면 글머리 기호나 번호는 유지됩니다.

- **대상 스타일 사용(🖼)** : 스타일 적용과 목록 모양을 유지하면서 대상 문서의 테마에 맞추어 글꼴과 색 등이 조정됩니다.
- **목록 계속(🖼)** : 붙여넣을 윗부분에 목록이 있는 경우 번호를 이어서 매깁니다.
- **새 목록(🖼)** : 붙여넣은 부분을 새 번호로 시작합니다.
- **그림(🖼)** : 복사한 부분을 그림으로 붙여넣기 합니다.

> **Tip**
> - 붙여넣기는 항상 같은 모양으로 붙여지지는 않습니다. 경우에 따라서 같은 내용을 같은 방법으로 붙여넣었다 하더라도 모양이 조금씩 다르게 붙여질 수 있습니다.
> - 붙여넣기 할 때 원본 '서식을 최대한 유지하기 위해서는 커서 위치에 특별한 서식이 없도록 '표준' 스타일을 적용하고 [모든 서식 지우기]를 한 다음 붙여넣는 것이 좋습니다.

③ 선택하여 붙여넣기

복사한 내용의 형식을 바꾸어 붙여넣기 할 때는 [홈] 탭-[클립보드]-[붙여넣기]-[선택하여 붙여넣기]($Ctrl$+Alt+V)를 선택합니다. 텍스트나 도형을 그림으로 붙여넣는 등 형식을 바꾸어 붙여넣을 수 있습니다.

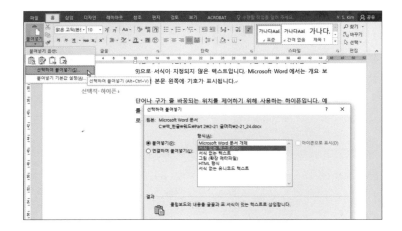

■ 선택하여 붙여넣기 형식 예

- **서식 있는 텍스트(RTF)** : '워드 패드' 문서로 붙여넣어지기 때문에 최소한의 서식은 유지하면서 복잡한 설정은 제거한 채 붙여넣을 수 있습니다. 예를 들어, 한글-워드 사이 문서를 복사할 경우 호환을 위한 설정에 의해 알 수 없는 서식이 추가될 수 있는데, 이럴 경우 편집이 수월할 수 있도록 변환 서식은 제거되는 'RTF 텍스트 문서'로 붙여넣기 할 수 있습니다.
- **서식 없는 텍스트** : 붙여넣기 옵션의 '텍스트만 유지'와 같습니다.
- **그림 (확장 메타파일)** : '확장 메타파일'은 '.emf' 그림 파일입니다. 복사한 내용에 따라서는 마우스 오른쪽 버튼을 클릭하여 '그림 편집'으로 '그룹 해제'하여 편집할 수 있습니다.

④ 이동과 복사

이동할 부분을 선택하고 F2 키를 누릅니다. (복사는 Shift + F2 키를 누릅니다.) 이동할 위치로 커서를 이동시킵니다. Enter 키를 누르면 선택한 부분이 이동됩니다.

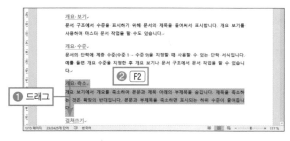

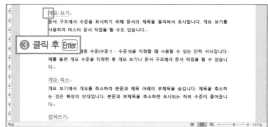

Tip

- 마우스로 이동할 경우 블록 지정한 부분을 마우스로 끌어서 이동시킬 수 있습니다. (복사는 Ctrl + 드래그합니다.)
- 이동할 부분이 한 단락이라면 Alt + Shift + ↑ 나 Alt + Shift + ↓ 키를 사용할 수 있습니다.

같은 내용이 반복될 때 텍스트, 기호, 표, 도형, 그림에 관계없이 상용구에 추가하여 입력할 수 있습니다. 상용구는 문서 블록의 하나로, 텍스트를 입력하면서 바로바로 추가할 수 있는 장점이 있습니다. 클립보드에 복사해 놓듯이 자주 쓰이는 부분을 상용구에 등록해 놓고 빠르고 통일성 있게 입력해 보세요.

01 필요한 부분을 블록 지정하고, [삽입] 탭-[텍스트]-[빠른 문서 요소]-[상용구]-[선택 영역을 상용구 갤러리에 저장]을 클릭합니다. [Alt]+[F3] 키를 눌러도 됩니다.

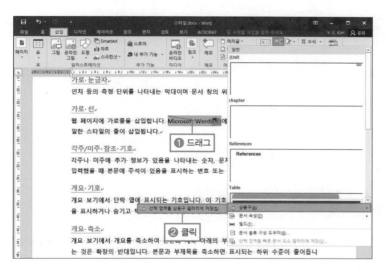

02 [새 문서 블록 만들기] 대화상자에서 상용구 이름을 확인하고 변경할 수 있습니다. 이름은 세 자 이상 입력해야 하고 한글 이름일 경우 인식이 느릴 수 있습니다.

Tip '갤러리'가 '상용구'인지 확인합니다. '저장 위치'가 'Normal.dotm' 이면 이 서식 파일을 다른 PC로 이동할 때 블록도 함께 옮겨집니다.

03 [삽입] 탭-[빠른 문서 요소]-[상용구]를 클릭해 보면 저장된 상용구를 찾아 볼 수 있습니다. 상용구 이름을 클릭하면 해당 상용구가 커서 위치에 입력됩니다.

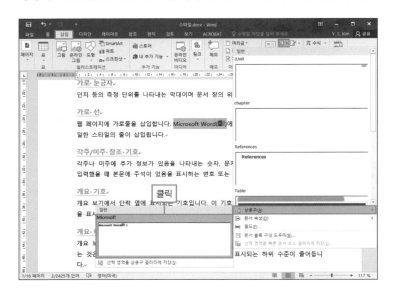

04 상용구는 입력하면서 바로 추가할 수 있다는 장점이 있습니다. '이름'의 앞부분을 입력하면 바로 위에 '(삽입하려면 〈Enter〉 키를 누르세요)'라는 안내 표시가 나타납니다. 이때 Enter 키를 누르면 저장된 상용구가 입력됩니다.

> Tip **상용구 잘라내기(Ctrl+F3)**
>
> 잘라내기 할 부분을 선택하고 Ctrl+F3 키를 누르면 상용구에 추가되면서 잘라내기 됩니다. 순서대로 여러 부분의 내용을 크기에 상관없이 잘라내기 한 다음 [홈] 탭-[상용구]에서 찾아 클릭하면 커서 위치에 잘라낸 전체 내용이 붙여넣기 됩니다. 클립보드와 비슷하지만, 클립보드는 끝 내용부터 붙여지는 반면 '상용구 잘라내기'는 잘라낸 순서대로 붙여넣기 된다는 차이점이 있습니다.

'빠른 문서 요소'나 '문서 블록' 역시 상용구와 마찬가지로 자주 사용하는 템플릿들이 모여 있는 갤러리가 있습니다. '문서 블록'은 이 갤러리에 사용자가 만든 템플릿을 저장하는 것이고 '빠른 문서 요소'는 '문서 블록'을 저장하는 갤러리 중 하나입니다.

01 표를 선택하고 Alt+F3 키를 누릅니다. '이름'을 입력하고 '갤러리'를 '빠른 문서 요소'로 지정한 다음 [확인] 버튼을 클릭합니다.

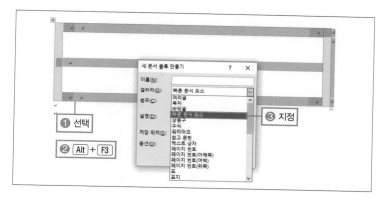

02 [삽입] 탭-[빠른 문서 요소]에 보면 저장한 문서 블록이 표시됩니다. 클릭하면 커서 위치에 입력됩니다.

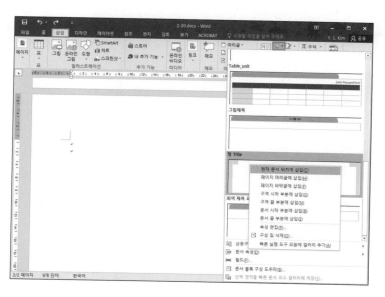

Tip 문서 블록을 삭제하거나 '이름', '갤러리' 등을 변경하려 면 마우스 오른쪽 버튼을 클 릭하고 [구성 및 삭제]나 [속성 편집]을 실행합니다.

1 찾기 및 바꾸기 방법

01 Ctrl+F 키를 눌러 [찾기 및 바꾸기] 대화상자를 열고 탐색 창에 텍스트를 입력하면 [결과] 탭에 해당 텍스트가 포함된 단락이 표시됩니다.

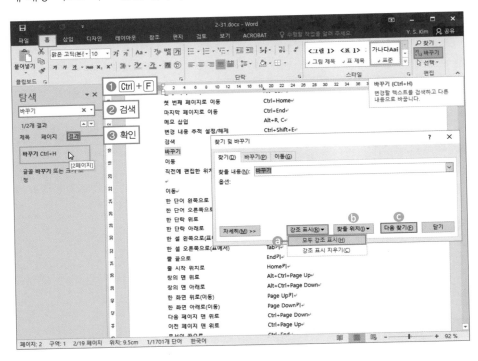

ⓐ **모두 강조 표시** : [강조 표시]-[모두 강조 표시]를 클릭하면 찾을 내용이 모두 형광펜 표시됩니다.

ⓑ **찾을 위치** : '주문서'/'머리글'/'바닥글'/'텍스트 상자'/'선택한 영역'/'각주'/'메모' 등 범위를 지정합니다.

ⓒ **다음 찾기** : 본문에서 Shift+F4, Ctrl+Alt+Y, Ctrl+Page up/Page Down 등의 키를 눌러서 '다음 찾기' 합니다.

Tip

• [홈] 탭 [바꾸기] 또는 F5([이동]) 키를 눌러 [찾기] 탭에서 '찾을 내용'을 입력하고 [다음 찾기] 버튼을 클릭하면 커서 이후의 찾을 내용이 찾아집니다.

• [바꾸기] 대화상자를 계속 열어 둔 상태로 본문을 편집할 수 있습니다.

---

02 [바꾸기] 탭(Ctrl+H)으로 이동하여 '바꿀 내용'을 입력하고, [바꾸기] 또는 [모두 바꾸기] 버튼을 클릭하면 찾은 내용을 바꿀 내용으로 바꿀 수 있습니다.

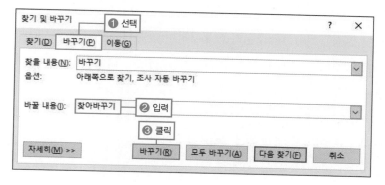

■ 검색 옵션과 서식, 옵션

[찾기 및 바꾸기] 대화상자에서 [자세히 >>] 버튼을 클릭하면 자세한 '검색 옵션'과 '서식', '옵션'을 지정하여 찾기 및 바꾸기 할 수 있습니다.

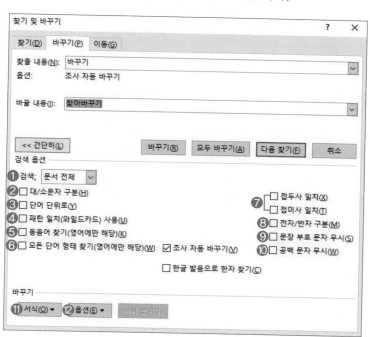

❶ 검색 : '아래쪽'/'위쪽'/'문서 전체' 범위를 지정합니다. 블록 지정한 상태라면 선택한 부분을 먼저 찾습니다. 다 찾은 다음에는 '문서의 나머지 부분에서도 찾으시겠습니까?'라는 메시지가 표시됩니다. [예] 버튼 또는 [아니요] 버튼을 클릭합니다.

❷ 대/소문자 구분 : '찾을 내용'에 입력된 대로 대/소문자를 구분하여 찾습니다.

❸ 단어 단위로 : 다른 단어와 붙어 있거나, 조사가 붙은 문자열은 제외하고 단어(기호 포함)만 단독으로 있는 경우를 찾습니다.

❹ 패턴 일치(와일드카드) 사용 : [옵션]의 와일드카드('?', '*' 등)로 조건식을 만들어 텍스트 패턴이 일치하는 곳을 찾거나, 텍스트 이외의 서식 기호 등을 찾습니다.

❺ 동음어 찾기(영어에만 해당) : 같은 발음의 단어도 찾습니다.

❻ 모든 단어 형태 찾기(영어에만 해당) : 명사, 동사, 복수 등 여러 가지 형태로 입력된 단어를 모두 찾습니다.

❼ 접두사/접미사 일치 : 접두사/접미사까지 같은 경우만 찾습니다.

❽ 전자/반자 구분 : 전자(영문 두 자), 반자(영문 한 자)를 구분하여 찾습니다. 문자는 본문에 입력된 내용을 복사 후 붙여넣기하여 찾는 것이 정확합니다. (기호를 입력하려면 키보드 특수 문자(ㅁ+한자)를 사용합니다.)

❾ 문장 부호 문자 무시 : ','(쉼표), '.'(마침표), ':'(클론) 등의 문장 부호는 무시하고 찾습니다.

❿ 공백 문자 무시 : '찾을 내용'에 공백이 없어도 공백이 포함된 문자까지 함께 찾습니다.

⓫ [서식] : '찾을 내용'과 '바꿀 내용'에 모두 사용할 수 있습니다. 예를 들어, '찾을 내용'에 [서식]−[글꼴]의 '진하게' 서식을 찾아서, '바꿀 내용'에 [서식]−[스타일]의 '제목' 스타일을 적용할 수 있습니다. 이때 '찾을 내용'과 '바꿀 내용'에는 내용을 입력하지 않아도 됩니다.

⓬ [옵션] : 옵션을 선택하면 옵션에 해당하는 문자가 입력되고 식을 채워서 완성하면 됩니다. 조건식에 사용되는 와일드카드를 글자로 찾을 경우 앞에 '₩'를 입력하거나, 좌우에 '[ ]'를 입력합니다. [옵션]은 '패턴 일치 사용'을 해제한 경우와 선택한 경우가 서로 다릅니다.

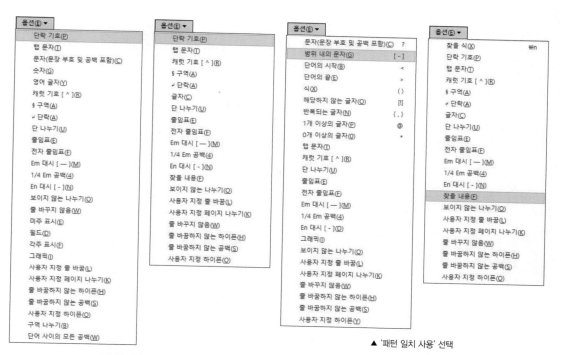

▲ '패턴 일치 사용' 해제

▲ '패턴 일치 사용' 선택

■ [옵션]에서 사용 가능한 와일드카드

- ^p(^13) : 단락 기호('↵ 단락'은 특수 문자의 '단락' 문자)
- ^t(^9) : Tab 문자
- ^# : 숫자
- ^$: 영어 글자
- ^f(^2) : 각주 표시
- ^e : 미주 표시
- ^d(^19 또는 ^21) : 필드(예 : 하이퍼링크를 찾을 경우 Alt + F9 키를 눌러서 필드 코드를 모두 표시한 다음, '찾을 내용'에 '^d HYPERLINK'를 입력해 찾습니다. 바꾸기 후에는 다시 Alt + F9 키를 눌러서 필드로 돌려 놓습니다.)
- ^g : 그림 또는 그래픽(인라인만 해당, 인라인은 배치 상태가 아닌 '텍스트 줄 안' 상태)
- ^a(^5) : 메모(인라인인 경우 – 풍선 도움말로 표시하지 않고 문장 안에 직접 표시된 메모)
- ^l(^11) : 사용자 지정 줄 바꿈
- ^n(^14) : 단 나누기
- ^m : 사용자 지정 페이지 나누기(패턴 일치 해지 시에는 구역 나누기를 찾거나 바꾸는 데도 사용)
- ^12 : 페이지/구역 나누기(바꾸기에서는 페이지 나누기)

- ^b : 구역 나누기('§ 구역'은 특수 문자의 '구역' 문자)
  ('Em' : 영문 'm' 크기의 공백, 'En' : 영문 'n' 크기의 공백, '줄 바꾸지 않는 공백' : 줄 끝에 있을 경우 여백으로 숨지 않고 바로 앞 문자와 함께 다음 줄로 넘겨지는 공백. 크기가 고정이고, 웹 문서를 복사할 때 공백 처리됨)
- ^w : 단어 사이의 모든 공백('Em'/'En' 공백 제외, '¼ Em' 공백…)
- ^c(바꿀 내용) : 클립보드 내용
- ^&(바꿀 내용) : '찾을 내용'의 내용('^숫자'는 기본 와일드카드 문자를 사용할 수 없을 때 사용합니다. 예를 들어, '^p' 단락 기호는 패턴 일치를 선택하면 '찾을 내용'에 사용할 수 없습니다. 이때는 '^13'을 입력하여 찾거나 바꿀 수 있습니다.)
- ? : 한 문자(공백 포함)
- * : 모든 문자(공백 포함, 문자열)
- 〈 : 단어의 시작(예 : '〈단어' (※ 빈칸이나 기호로 구분되어 있어야 단어로 찾습니다.)
- 〉 : 단어의 끝(예 : '단어〉')
- [ ] : [ ] 사이에 입력된 문자 중 해당 문자가 하나라도 있으면 찾습니다.
- [−] : 범위 지정(예 : '[가−힣0−9]' : 한글이나 숫자 찾기, 범위는 [삽입] 탭−[기호]의 문자 순서를 이용해도 됩니다.)
- [!] : '!' 다음의 문자나 범위는 제외(예 : '[!가−힣0−9]' : 한글, 숫자는 제외하고 기호나 영문, 빈칸 등 찾기)
- {n} : 숫자(n)만큼 앞 문자 반복(예 : '10{3}'으로 찾으면 '1000'을 찾음)
- {n,} : 숫자(n) 이상만큼 앞 문자 반복(예 : '10{3,}'으로 찾으면 '1000', '10000…'을 찾음)
- {n, m} : n~m번까지 범위만큼 앞 문자 반복(예 : '10{1,3}'이면 '10', '100', '1000'을 찾음)
- @ : 앞 문자(식)가 한번 이상 반복(예 : '10@'이면, '101', '1001', '10001…'을 찾음)
- ( ) : 그룹(예 : '171004' 형식의 날짜를 '([0−9]{2})([0−9]{2})([0−9]{2})'로 그룹을 만들어 찾아서, '20₩1년 ₩2월 ₩3일'('2017년 10월 04일') 형태로 바꾸기 할 수 있습니다. '₩n'는 n번째 그룹을 뜻합니다.)

> Tip 바꾸기가 잘못 되었을 경우는 즉시 [Ctrl]+[Z]나 [Alt]+[Backspace] 키를 누릅니다.

2 패턴 일치 사용 예

■ 괄호 추가하기

❶ '패턴 일치 사용' 옵션 체크 표시하고 '찾을 내용'에서 [옵션]의 '범위 내의 문자'([−])를 클릭합니다. '[A−Z]'로 식을 완성하여 영문 대문자를 찾도록 합니다. 한 글자씩 찾습니다.

❷ '바꿀 내용'에서 [옵션]의 '찾을 내용'을 클릭하고 '^&' 문자의 좌우로 '〈', '〉'를 입력합니다. '^&'는 '찾을 내용'에 입력된 조건식을 그대로 반복합니다.

❸ [다음 찾기] 버튼을 클릭하여서 찾은 영문자(예 : 'A')를 '〈A〉' 형식이 되도록 [바꾸기] 버튼을 클릭합니다. '〈', '〉' 문자는 '찾을 내용'에서는 단어의 시작과 끝을 찾는 와일드카드이지만, '바꿀 내용'에서는 사용할 수 없기 때문에 텍스트로 인식됩니다.

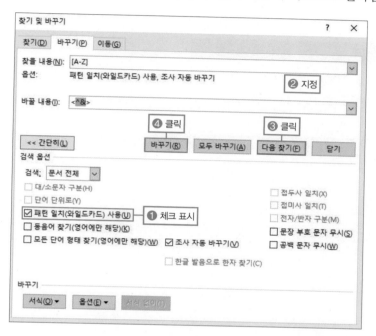

Tip [찾기 및 바꾸기] 대화상자는 열어 놓고 작업할 수 있습니다. 대화상자가 열려 있는 상태에서는 F 키를 눌러서 [다음 찾기](바꾸지 않음)로, R 키를 눌러서 [바꾸기]로 사용할 수 있습니다. (다음 찾기 : Ctrl + Page Down)

특별히 잘못 바뀌게 될 부분이 없다면 [모두 바꾸기] 버튼을 클릭하여 쉽게 바꾸기 할 수 있지만, '모두 바꾸기'는 원하지 않는 부분이 바뀔 수 있기 때문에 주의해야 합니다. 특별한 문자열이나 조건식이라서 예외의 경우가 없는 경우에만 '모두 바꾸기'를 사용하고, 잘못 바꾸기가 된 경우에는 즉시 Ctrl + Z 키를 눌러서 이전 상태로 '되돌리기' 합니다.

■ 숫자의 1,000단위 자릿점 찍기

워드에서는 표에서도 1,000 단위마다 구분 쉼표를 자동으로 넣을 수 없습니다. 천 단위 구분 쉼표는 수식(표의 수식이나 계산식 필드)의 숫자 형식으로만 표시할 수 있습니다. 바꾸기에서는 검색 방향을 '위쪽으로'로 지정하여 정수에 자릿점을 넣을 수 있습니다.

01 바꾸기 할 부분을 블록 지정하고 [Ctrl]+[H] 키를 누릅니다. [찾기 및 바꾸기] 대화상자의 '찾을 내용'에는 '([0-9])([0-9]{3})'(숫자 한 자리와 숫자 세 자리), '바꿀 내용'에는 '₩1,₩2'(1그룹 쉼표 2그룹)를 입력합니다. '검색' 방향을 '위쪽으로'로 지정하고, '패턴 일치 사용'에 체크 표시한 다음 [모두 바꾸기] 버튼을 클릭합니다.

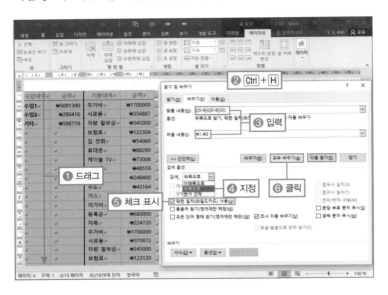

02 쉼표가 안 들어간 부분이 있다면, '문서의 나머지 부분에서도 계속 찾으시겠습니까?'에서 [아니오] 버튼을 클릭하고, [모두 바꾸기] 버튼을 한 번 더 클릭합니다.

■ 쓸데없는 빈 단락 제거하기

01 [Ctrl]+[H] 키를 누르고 [찾기 및 바꾸기] 대화상자가 표시되면 찾을 내용에 '^13^13', 바꿀 내용에 '^p'를 입력하고 [모두 바꾸기] 버튼을 클릭합니다. 문서에 [Enter]가 두 번 연속으로 입력된 부분이 한 번으로 줄어듭니다. 더 이상 찾을 내용이 없을 때까지 바꾸기를 계속합니다.

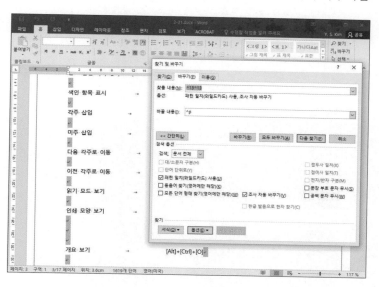

02 문서의 빈 단락이 모두 제거됩니다. (일부분만 바꾸기 하려면 먼저 블록을 지정합니다.)

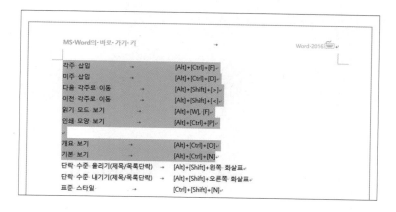

> **Tip** 워드에는 자동 서식이 있습니다. 단축키는 [Ctrl]+[Alt]+[K] 키를 사용하는데, 사용자가 [Enter] 키를 눌러 입력한 단락이 아니라 여기저기서 복사해 붙이면서 포함된 단락의 경우 이 단축키를 사용하면 누를 때마다 빈 단락이 제거되고 약간의 서식이 자동 적용됩니다.

Part 04

페이지 설정과
문서 인쇄하기

Part 4에서는 문서의 페이지를 설정하는 방법부터 페이지 구성, 머리글 작성을 배워보고,
표지 구성과 인쇄 방법까지 알아봅니다.

페이지 설정하기

용지와 여백을 설정하는 방법과 페이지와 구역을 나누는 방법, 다단을 설정하는 방법을 알아봅니다. 페이지 번호와 머리글 및 바닥글을 삽입해 보고, 표지를 삽입해 본 다음 테마를 활용하여 꾸미는 방법도 알아봅니다.

Sub 1 페이지 설정(용지)

[페이지 레이아웃] 탭에는 편집 용지와 여백, 구역, 단, 세로 쓰기, 줄번호, 자동 하이픈과 원고지, 단락 여백, 그리고 개체의 배치('텍스트 줄 바꿈')와 정렬, 맞춤에 대한 명령들이 포함되어 있습니다. 용지와 구역은 [레이아웃] 탭에서 지정하고, 연관되어 있는 페이지 번호와 머리글은 [삽입] 탭에서 지정한다는 것을 기억하세요.

1 페이지 레이아웃

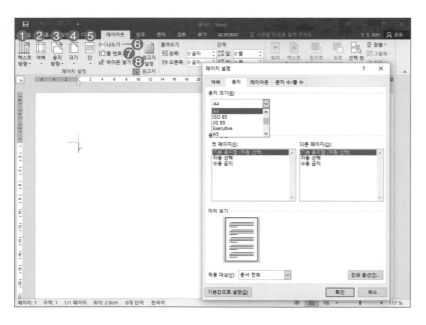

❶ **텍스트 방향** : 세로 쓰기 할 때 지정합니다. 비활성의 세로 쓰기는 표나 텍스트 상자에서 사용할 수 있습니다. 세로 쓰기는 문서 전체에 적용되기 때문에 일부 페이지에만 설정하려면 구역을 나누어야 합니다. [텍스트 방향 옵션]에서 '방향'을 지정하고, '적용 대상'을 '현재 위치 다음부터'로 선택하면 커서 위치에서 구역이 나누어지며 세로 쓰기가 됩니다.

❷ **여백** : 미리 설정된 여백에서 선택할 수 있습니다. [사용자 지정 여백]을 클릭하면 [페이지 설정]-[여백] 탭이 열립니다.

❸ **용지 방향** : '세로', '가로' 용지 방향을 지정합니다. '가로' 방향으로 작성하면 시계 반대 방향으로 90° 회전하여 인쇄됩니다.

❹ **크기** : 용지 크기를 변경합니다. [기타 용지 크기]를 클릭하면 [페이지 설정]-[용지] 탭이 열립니다. '용지'를 선택하면 용지의 '너비'와 '높이' 값이 표시됩니다. 크기를 변경하면 '사용자 지정 크기'가 됩니다.

❺ **단** : 구역의 단 개수를 설정합니다. [기타 단]을 클릭하면 '경계선 삽입'과 단 너비 등을 설정할 수 있습니다.

❻ **나누기** : '페이지 나누기'와 '구역 나누기'가 포함되어 있습니다.

❼ **줄 번호** : 단락의 번호 매기기가 아니라, 줄의 수를 용지 왼쪽 여백에 번호를 매겨서 표시합니다.

❽ **하이픈 넣기** : 영문 단어의 하이픈 넣기를 지정합니다. 단어가 줄 끝에 나눠지게 되었을 때 설정한 하이픈이 표시됩니다.

Tip 본문의 그림, 배경색 등이 인쇄되지 않거나, 문서 속성 또는 필드 코드가 인쇄되면 [인쇄 옵션]에서 설정을 변경합니다.

② 여백 설정

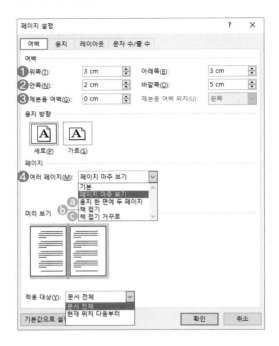

❶ **위쪽/아래쪽** : 머리글/바닥글을 포함한 용지 위/아래 여백입니다.

❷ **왼쪽(안쪽)/오른쪽(바깥쪽)** : 왼쪽/오른쪽 여백이 다른 경우 '페이지 마주 보기'(맞쪽)를 설정할 수 있습니다. 이럴 경우 안쪽/바깥쪽으로 바뀌면서 양면을 인쇄할 때 바깥쪽 여백이 홀수/짝수 페이지 동일하게 됩니다.

❸ **제본용 여백** : 제본될 부분을 고려하여 여백을 추가할 수 있습니다. 제본 방향에 따라 '제본용 여백 위치'를 지정합니다.

❹ **여러 페이지**

　ⓐ **용지 한 면에 두 페이지** : 용지 한 장에 두 페이지가 인쇄되도록 페이지 세로 높이를 반 정도로 줄입니다. 인쇄 비율은 같고 페이지만 나누기 때문에 인쇄 양은 더 늘어납니다. 비율을 줄여 두 페이지를 인쇄하려면 [파일] 탭-[인쇄]-[프린터 설정]에 포함된 '면 당 여러 페이지 인쇄'(예) 등을 이용합니다.

　ⓑ **책 접기** : 소책자를 만들 때 이용할 수 있고 [인쇄]의 '양면 인쇄'(짧은 쪽)를 선택하여야 합니다. 자동으로 용지 방향이 바뀌면서 한 장에 두 페이지가 인쇄됩니다. 예를 들어, 8페이지라면 '8127', '6345' 순서로 인쇄되어서, 반으로 접으면 오른쪽 페이지부터 '12345678' 순서의 소책자가 만들어집니다.

　ⓒ **책 접기 거꾸로** : 오른쪽에서 왼쪽으로 넘겨 보는 책자를 만듭니다.

■ 레이아웃(구역/머리글/세로 맞춤)

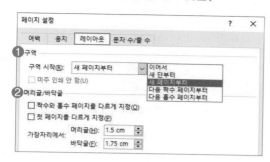

❶ **구역** : 구역은 [레이아웃]-[페이지 설정]-[나누기]-[구역 나누기]에서 종류를 선택하여 나눕니다. 구역을 나누면 구역의 종류가 구역 시작 부분에 표시됩니다(편집 기호 켜기). 페이지 설정의 '구역'에서는 커서가 위치한 구역의 종류를 변경할 수 있습니다.

❷ **머리글/바닥글** : '짝수와 홀수 페이지를 다르게 지정', '첫 페이지를 다르게 지정' 등 머리글 도구에서 지정할 수 있는 옵션들을 변경하고, 가장자리에서 머리글이나 바닥글의 시작 지점을 설정합니다.

■ 문자 수/줄 수

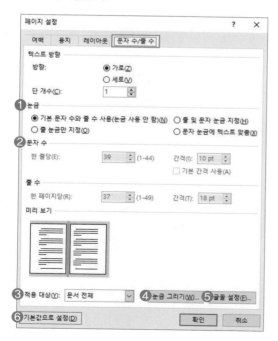

❶ 눈금 : '줄 및 문자 눈금' 또는 '줄 눈금'을 선택하면 '한 줄당 문자 수', '한 페이지당 줄 수'를 지정하고 간격을 정할 수 있습니다. '문자 눈금에 텍스트 맞춤'을 선택하면 간격을 설정할 수 없고, 글자를 격자 모양으로 배치하여 원고지처럼 사용할 수 있습니다.

❷ 문자 수/줄 수 : 문자 수와 줄 수를 설정하면 줄 간격과 글자 간격을 자유롭게 조절하기 어렵습니다. 또, 글자 크기와 줄 간격에 따라 문자 수/줄 수가 달라지기 때문에 설정한 값 그대로 표시되는 것은 아닙니다. 그래서 가급적 '10pt' 크기와 '1줄' 줄 간격으로 문자 수/줄 수를 설정해야 합니다.

❸ 적용 대상 : 용지 크기와 여백, 레이아웃, 문자 수/줄 수 등을 적용할 범위를 지정합니다. 구역이 있는 경우 커서가 있는 '이 구역'을 선택할 수 있고, '현재 위치 다음부터'를 선택하여 새로 구역을 나누며 지정할 수도 있습니다.

❹ 눈금 그리기 : [레이아웃] 탭-[맞춤]-[눈금 설정]에서 설정할 수 있는 격자 보기 설정을 동일하게 할 수 있습니다.

❺ 글꼴 설정 : '표준 스타일'의 글꼴을 재설정합니다. 블록 지정해서 글꼴을 정한 경우 사용자 지정이 유지됩니다.

❻ 기본값으로 설정 : 페이지 설정에서 설정한 값대로 'Normal.dotm' 서식 파일에 적용되어 매번 새 문서가 같은 레이아웃으로 만들어집니다. 새 문서가 아닌 다른 서식 파일로 저장하려면 '다른 이름으로 저장'에서 파일 형식을 '.dotm'으로 선택하여 저장하면 됩니다.

1 페이지 나누기

　페이지 중간까지만 내용이 있고 나머지는 다음 페이지에 입력되어야 할 경우 Enter 키를 여러 번 눌러 넘기지 않고 중간을 잘라 새 페이지로 시작되도록 하는 것을 페이지 나누기(Ctrl + Enter)라 말합니다. 페이지 나누기는 개체나 제목이 있을 경우 편집 상태가 유지되도록 하는 데 꼭 필요합니다.

01 '상품의 특징'(표)를 기준으로 페이지를 나누어 보겠습니다. '상' 앞을 클릭하여 커서를 가져다 놓습니다.

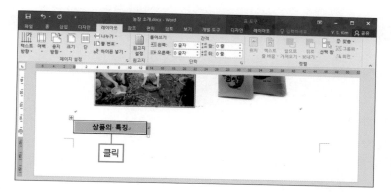

> Tip 표가 있는 경우 시작 셀의 첫 부분에 커서를 두고 페이지 나누기를 할 수 있습니다.

02 [레이아웃] 탭-[나누기]-[페이지]를 선택합니다. 또는 Ctrl + Enter 키를 누릅니다.

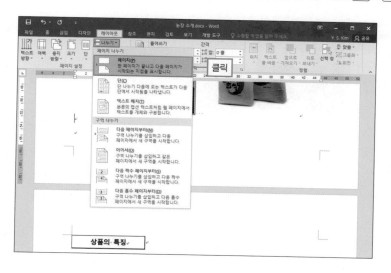

03 [홈] 탭-[단락]-[편집 기호](📑)를 켜고 보면 페이지가 나누어진 곳에 '…페이지 나누기…' 표시가 보입니다. 이 '페이지 나누기'는 다음 페이지로 넘어가면 빈 페이지가 생깁니다. 페이지 끝 단락에 위치하도록 최대한 당겨 올려 줍니다.

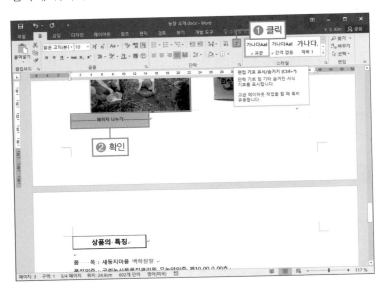

04 페이지를 나누어 놓으면 앞 페이지의 내용이 늘어나거나 줄어들어도 다음 페이지의 편집 상 태에 영향을 주지 않는 것을 알 수 있습니다.

2 구역 나누기

　'페이지 나누기'는 페이지만 나누고 페이지 설정은 동일한 상태입니다. 마치 단락의 '사용자 지정 줄 바꿈'(Shift+Enter)처럼요. 단락을 나누는 것(Enter)처럼 새 설정을 주기 위해서는 '구역 나누기'를 사용합니다. 구역은 하나의 문서를 여러 문서처럼 다른 설정으로 사용하여야 할 때 나눌 수 있고, 용지 여백이나 방향, 머리글, 페이지 번호나 각주(미주)의 모양 등을 변경할 때 사용합니다. 구역 나누기에는 몇 가지 종류가 있습니다.

■ 구역 나누기의 종류
- **이어서** : 페이지는 나누지 않으면서 단 설정 등 설정을 변경할 수 있는 구역입니다.
- **다음 페이지부터** : 커서가 있는 위치부터 페이지를 나누면서 구역 설정도 다르게 할 수 있는 구역입니다.
- **다음 짝수(홀수) 페이지부터** : 페이지를 나누면서 시작 페이지는 짝수(또는 홀수)로만 시작되도록 설정된 구역입니다.

■ '이어서' 구역 나누기
　단 설정이나 텍스트 방향, 줄 번호, 각주(미주), 용지 여백 등을 변경할 때는 '이어서' 구역을 사용할 수 있습니다. 페이지 설정을 변경할 때는 페이지를 나누는 구역 나누기를 사용하고 '이어서' 구역은 꼭 필요한 경우에만 사용합니다.

❶ 본문에서 단락이 끝나는 부분에 커서를 가져다 놓고 [레이아웃] 탭-[페이지 설정]-[나누기]-[이어서]를 선택합니다.

❷ 편집 기호를 켠 상태에서 ':::구역 나누기(이어서):::'라는 표시가 나타나면 해당 구역으로 이동하여 설정을 변경합니다.

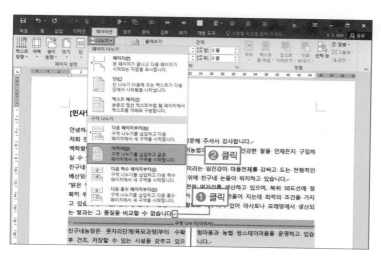

> Tip 구역 종류는 구역 나누기 편집 기호나 구역 내에서 [페이지 설정] 대화상자를 열어 확인할 수 있습니다.

■ '다음 페이지부터' 구역 나누기

　　머리글/바닥글, 페이지 번호, 용지 크기와 방향 등 '페이지 설정'을 변경할 때는 '다음 페이지부터' 구역을 이용합니다. '이어서' 구역은 변경할 수 없거나 일부만 변경될 수 있습니다.

■ 편집 용지의 방향 바꾸기

❶ 구역을 나눌 부분에 커서를 가져다 놓고 [레이아웃] 탭 – [페이지 설정] – [나누기] – [다음 페이지부터]를 선택합니다.

❷ 뒷 구역으로 커서를 이동하여 [레이아웃] 탭 – [페이지 설정] – [용지 방향] – [가로]를 선택하여 현재 구역만 용지 방향을 변경합니다.

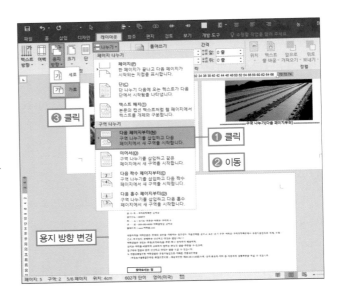

■ '다음 홀수 페이지부터' 구역 나누기

　　장, 챕터(간지)가 바뀔 때 반드시 홀수 페이지로 시작해야 한다면 '다음 홀수 페이지부터' 구역 나누기를 사용합니다. 홀수 구역에서는 짝수 페이지 번호로 새 번호를 줄 수 없고, 마찬가지로 짝수 구역에서는 홀수 페이지 번호로 새 번호를 줄 수 없습니다. 앞 구역이 홀수로 끝나면 백지가 자동으로 추가되어 인쇄됩니다.

> Tip **구역을 사용할 때 주의사항**
> • 구역 나누기를 하지 않고 페이지 나누기를 한 경우 문서 전체의 페이지 설정이 변경됩니다.
> • '이어서' 구역에서는 머리글/바닥글이나 용지 크기, 방향 등은 변경할 수 없습니다. '이어서' 구역으로 나누고 새 페이지 번호를 줄 경우에는 구역이 나뉜 부분에 새 번호가 매겨지기 때문에 '0'으로 새 번호를 주어야 '1'부터 표시됩니다.
> • 구역의 설정은 구역 시작 부분에 표시됩니다. ':::구역 나누기:::' 표시를 삭제하면 구역이 삭제되어 설정이 통합되는데, 이 때 주의할 점은 앞 구역의 설정이 제거되고 뒷 구역의 설정으로 변경된다는 것입니다. 한글과 달리 워드는 구역을 삭제하면 뒷 구역의 설정이 적용된다는 것을 꼭 기억하세요!
> • 구역의 종류를 변경하려면, [페이지 설정] – [레이아웃]의 '구역 시작'에서 종류를 바꿉니다.

01 [레이아웃] 탭-[페이지 설정]-[나누기]-[다음 홀수 페이지부터]를 선택하여 구역을 나눕니다. 구역 시작 페이지 번호가 '홀수' 번호인 것을 확인합니다.

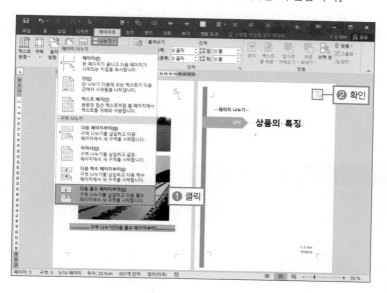

Tip 현재 커서가 있는 구역의 번호는 상태 표시줄에서 확인할 수 있습니다. 구역 번호가 표시되지 않는다면 상태 표시줄을 마우스 오른쪽 버튼으로 클릭하여 선택해 놓습니다. F5 키를 클릭하고 이동할 곳에서 '구역'을 선택하면 구역 이동이 편리합니다.

02 인쇄 미리 보기를 보면 '5'페이지 다음에 입력하지 않은 백지('6'페이지)가 자동으로 포함된 것을 알 수 있습니다. 이렇게 항상 홀수 페이지(오른쪽 페이지)로 시작해야 하는 '간지'에는 '다음 홀수 페이지부터' 구역을 사용하면 편리합니다.

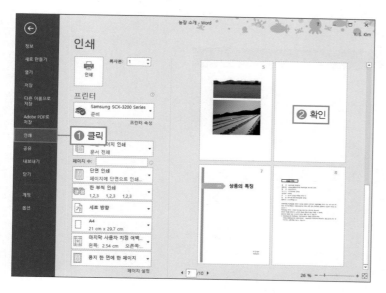

Sub 3 다단 설정

다단은 단이 여러 개가 되도록 설정하는 것으로, 기본 한 개의 단으로 되어 있습니다. 다단을 설정하면 문서 전체에 적용되고, 구역이 나누어져 있다면 구역 전체에 적용됩니다. 다단을 일부만 지정하려면 구역을 나누고 설정하거나 블록을 지정한 다음 지정합니다. 구역을 삭제할 때는 뒷 구역의 설정이 적용되므로 불필요한 구역을 만들지 않도록 주의합니다.

01 [레이아웃] 탭-[단]-[둘]을 선택합니다. 문서 전체에 단을 설정하지 않고 일부에만 설정하려면 블록을 지정한 다음 선택합니다.

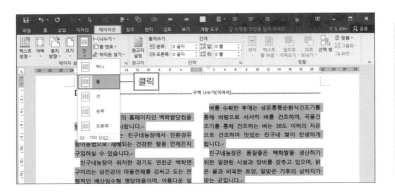

Tip

• '구역 나누기' 등 편집 기호가 표시될 수 있도록 [홈] 탭-[편집 기호]((Ctrl)+(★))를 켜 놓고 작업해야 합니다.

• 다단 영역은 '가로 눈금자'를 보면 알 수 있습니다. 입력할 수 있는 영역은 '흰색'으로 표시됩니다.

02 경계선을 표시하기 위해서는 [레이아웃] 탭-[단]-[기타 단]을 선택하여 [단] 대화상자를 연다음 '경계선 삽입'에 체크 표시하고 [확인] 버튼을 클릭합니다.

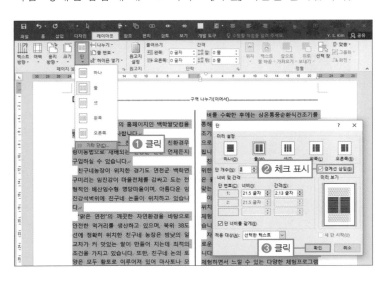

Tip

• 좌우 너비가 다른 단을 설정하려면 '단 너비 같게'를 체크 해제합니다.

• 블록을 지정하고 단을 설정 또는 수정하면 블록 지정 위/아래에 '구역 나누기(이어서)'가 자동 설정됩니다. '적용 대상'을 확인하세요.

03 다단은 왼쪽부터 단을 다 채운 다음 오른쪽 단으로 넘어가며 입력되는데, 한 페이지의 단이 모두 입력되면 다음 페이지의 왼쪽 단으로 이동합니다. 단 전체를 다 입력하지 않고 중간까지만 입력할 경우에는 [레이아웃] 탭-[나누기]-[단](단 나누기, Ctrl + Shift + Enter)를 선택하여 단을 나누어 줍니다.

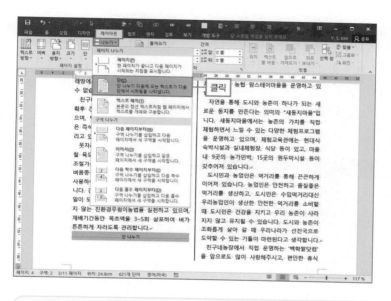

Tip 다단의 해제

다단의 해제는 [기타 단] 설정에서도 할 수 있지만, [페이지 설정] 대화상자에서도 해제할 수 있습니다. [문자 수/줄 수] 탭 화면의 텍스트 방향에서 단 개수를 '1'로 설정 하면 다단이 해제됩니다. 다단을 한 개의 단으로 해제하면 '단 나누기' 는 '페이지 나누기'처럼 표시됩니다.

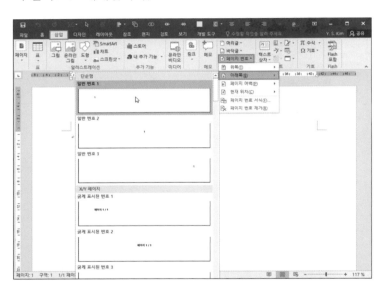

워드의 '페이지 번호'는 '머리글' 안에 입력됩니다. 페이지 번호를 입력하거나, 변경하는 방법은 머리글/바닥글의 설정 방법과 같습니다.

■ 페이지 번호 삽입

[삽입] 탭–[머리글/바닥글]–[페이지 번호]–[아래쪽]을 선택하면 '페이지 번호' 갤러리에 저장된 문서 블록 템플릿이 표시됩니다. [머리글], [바닥글], [페이지 여백] 등에서 페이지 번호가 포함된 문서 블록(Alt+F3)을 선택하여도 됩니다. '현재 위치'를 제외한 '머리글', '바닥글', '페이지 번호'의 문서 블록을 선택하면 작성 중이던 머리글/바닥글은 모두 삭제되고 새 문서 블록으로 대체됩니다.

■ 현재 위치

'현재 위치'에 저장된 페이지 번호는 커서 위치에 입력되는 'Page' 필드로 Alt+Shift+P 키를 눌러서 입력하여도 됩니다. '현재/전체 페이지'를 표시하려면 'X/Y 페이지'('Page/ Numpages')를 선택합니다. 페이지 번호는 필드이기 때문에 선택하면 회색 음영으로 표시되는데, 마우스 오른쪽 버튼을 클릭하여 [필드 편집]을 실행한 다음, 'SectionPages'(구역 전체 페이지) 등으로 변경할 수 있습니다.

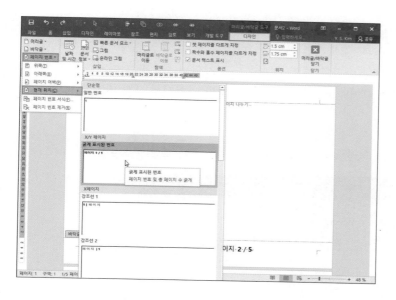

■ 서식

　바닥글의 서식은 '바닥글' 스타일에 따릅니다. 불필요한 '줄 간격'이나 '단락 간격' 등이 있는 경우 '아래쪽' 여백을 초과하여 본문으로 바닥글이 밀려올라갈 수 있습니다. '줄 간격'은 '1줄', '단락 간격'은 모두 제거하는 것이 좋습니다. 또, [페이지 설정]에서 '아래쪽' 여백을 늘려 주거나, '바닥글' 시작 위치를 줄여 주어서 바닥글이 용지 여백 안에 포함되도록 해야 합니다. 변경된 바닥글(머리글)의 서식을 스타일에 적용하려면 스타일에서 마우스 오른쪽 버튼을 클릭한 다음 [업데이트]를 실행합니다.

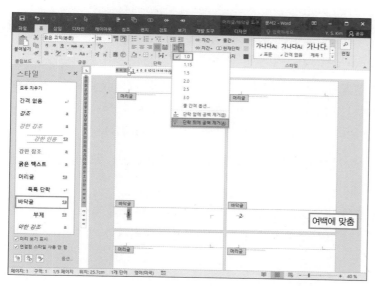

■ 첫 페이지를 다르게 지정

첫 페이지만 페이지 번호를 넣지 않으려면 [머리글/바닥글 도구]의 '첫 페이지를 다르게 지정' 옵션에 체크 표시한 다음 첫 페이지의 페이지 번호를 삭제합니다. '첫 페이지를 다르게 지정' 옵션을 선택하면 첫 페이지의 '머리글'/'바닥글'이 '첫 페이지 머리글'/'첫 페이지 바닥글'로 표시됩니다.

■ 페이지 번호 서식([디자인] 탭-[머리글/바닥글]-[페이지 번호]-[페이지 번호 서식])

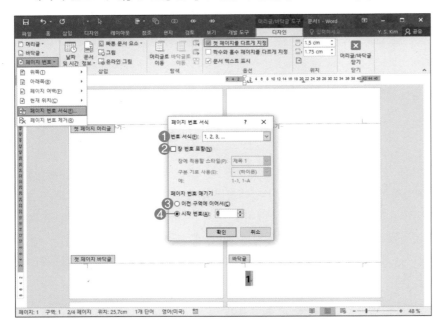

❶ 번호 서식 : 번호의 모양을 변경합니다. 구역 전체에 적용됩니다.

❷ 장 번호 포함 : 다단계 목록과 연결된 제목 스타일('제목 1~')이 적용되어 있는 경우, 장 제목에 해당하는 목록 번호와 페이지 번호를 함께 표시합니다. 일반적으로 가장 상위 제목 스타일과 '구분 기호 사용'을 추가하여 'Ⅰ(장 번호)-1(페이지)' 등으로 표시합니다.

❸ 이전 구역에 이어서 : 구역이 나누어지고 페이지 번호의 모양은 변경되어도 번호의 순서는 이전 구역과 이어서 매기도록 합니다.

❹ 시작 번호 : 새 번호로 시작되도록 번호를 지정합니다. '첫 페이지를 다르게 지정'이나, '이어서' 구역 상태에서는 시작 번호를 표시될 번호보다 1 적게 지정해야 합니다(예 : '0'으로 지정해야 '1'로 표시됨).

■ **짝수와 홀수 페이지를 다르게 지정**

홀수 짝수 페이지의 페이지 번호 서식이 다르다면 [머리글/바닥글 도구]의 '짝수와 홀수 페이지를 다르게 지정' 옵션에 체크 표시한 다음 서식 등을 변경합니다. [머리글/바닥글 도구]-[맞춤 탭 삽입]을 이용하면 '오른쪽' 등의 탭을 쉽게 사용할 수 있습니다. '짝수와 홀수 페이지를 다르게 지정' 옵션을 선택하면 '머리글' 표시가 '홀수 페이지 머리글'/'짝수 페이지 머리글'로 표시됩니다.

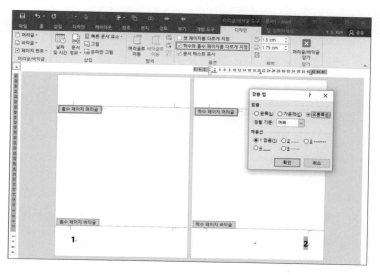

■ **구역별 페이지 번호 변경**

페이지 번호를 일부(여러 페이지)만 다르게 지정하려면 본문에서 구역을 나누고 '이전 머리글에 연결' 옵션을 해제한 다음 새 번호를 주어야 합니다.

01 본문에서 [레이아웃] 탭-[페이지 설정]-[나누기]-[다음 페이지부터]를 선택하여 구역을 나눕니다. 홀수 짝수 다른 경우에도 [다음 페이지부터] 구역으로 나눕니다.

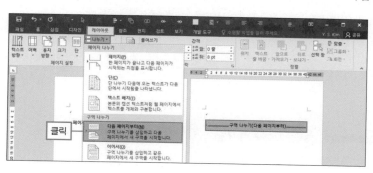

> Tip 홀수/짝수 머리글은 머리글 도구에서 선택합니다.

02 바닥글('바닥글 −구역 2−')을 더블클릭해 들어가서 [머리글/바닥글 도구]의 [이전 머리글에 연결](🖼)을 클릭하여 해제합니다. 머리글 모양도 변경하려면 머리글에서도 '이전 머리글에 연결' 옵션을 해제합니다. 홀수, 짝수 페이지가 다르다면 홀수/짝수의 머리글/바닥글을 모두 해제합니다. 연결이 해제되면 '이전과 같은 머리글/바닥글' 표시가 없어집니다.

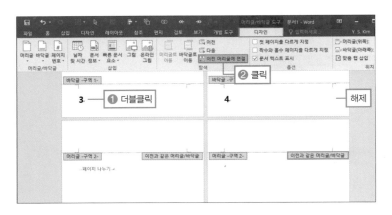

03 '이전 머리글에 연결' 옵션을 해제하고 모양을 바꾸면 이전 구역에는 영향을 주지 않고 변경할 수 있습니다. 이전 머리글(바닥글)과 비슷한 모양으로 변경하려면 머리글(바닥글)을 Ctrl+A 키를 눌러 전체 선택하여 복사한 다음 붙여넣고 수정하면 됩니다. '이전 머리글에 연결'에 다시 체크 표시하면, 현재 머리글은 삭제되고 이전 구역의 머리글(바닥글)과 연결(Alt+Shift+R)되게 됩니다.

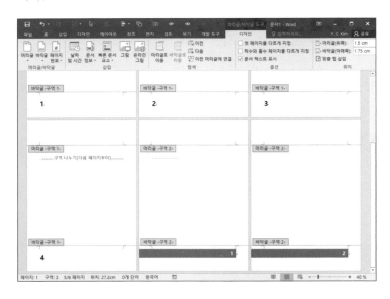

Sub 5 머리글/바닥글

머리글/바닥글의 기본적인 편집 방법은 '페이지 번호' 설정과 같습니다. 머리글, 바닥글에 내용을 입력하는 이유는 매 페이지마다 반복되도록 하기 위해서라, 한 페이지만 페이지 번호를 입력하려면 굳이 머리글/바닥글을 만들 필요가 없습니다. 워드에는 '감추기'와 같은 명령이 없고 머리글을 다르게 사용하려면 구역을 넣어야 하기 때문에 반복되지 않는 머리글은 '텍스트 상자'와 '페이지 번호 코드'(Alt + Shift + P) 등을 이용하여 만드는 것이 편리합니다. 페이지마다 반복되는 내용이 있다면 페이지 번호나 인덱스 표시, 배경, 원고지, 워터마크 등 어떤 내용이라도 머리글/바닥글을 사용해 보세요.

1 머리글 넣기

01 [삽입] 탭 – [머리글/바닥글] – [머리글] – [이온(어둡게)]를 선택합니다.

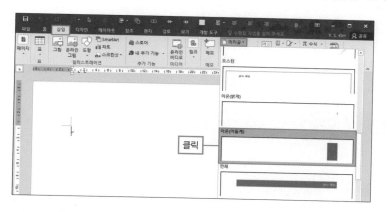

> Tip 다음 화면에서는 머리글이 본문보다 아래에 입력되어 있습니다. 머리글(바닥글) 경계선은 용지의 여백과 맞추는 것이 좋은데, 구역이나 홀/짝수 머리글이 있는 경우 본문 첫 줄 시작 위치가 들쑥날쑥 할 수 있기 때문입니다. [페이지 설정]의 '위쪽' 여백을 늘려주거나, [머리글/바닥글 도구]의 '위쪽에서의 머리글 위치'를 줄여주거나, 또는 다음 화면과 같이 머리글 내용을 조정하여 머리글 영역이 용지 여백 안쪽에 포함되도록 만들어 주세요.

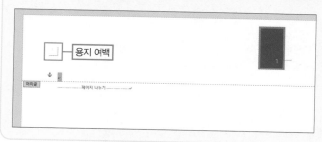

02 개체를 선택하면 나타나는 '레이아웃 옵션'에서 '텍스트 뒤'를 선택하고 [더 보기]를 클릭합니다. 세로 위치에서 '맞춤'을 선택하고 '페이지'의 '위쪽'으로 지정한 다음 [확인] 버튼을 클릭합니다.

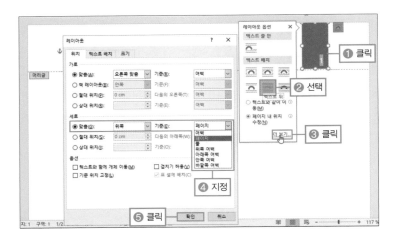

03 '짝수와 홀수 페이지를 다르게 지정'에 체크 표시하고 '짝수 페이지 머리글'로 이동합니다. [머리글/바닥글 도구]-[문서 정보]-[문서 속성]-[제목]을 선택하고 제목을 입력합니다. [파일] 탭-[정보]에 '제목'이 추가되어 있을 경우 자동으로 입력됩니다.

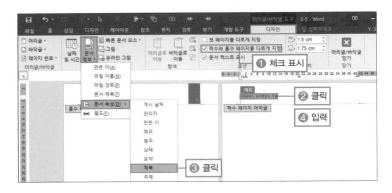

Tip

• 문서 제목 등을 제거하려면 마우스 오른쪽 버튼을 클릭하고 [콘텐츠 콘트롤 제거]를 실행합니다.

• 문서의 장 제목을 입력하려면 [문서 정보]-[필드]의 'StyleRef' 필드를 이용하면 구역을 나눌 필요 없이 간편하게 참조할 수 있습니다.

• 일반적으로 홀수 페이지는 오른쪽에 내용을 배치하고 짝수 페이지는 왼쪽에 내용을 배치하는데, 양면 인쇄하여 책으로 제본하면 홀수 페이지는 오른쪽 페이지가 되기 때문입니다. 홀/짝수 페이지를 다르게 지정할 때는 화면에 두 페이지가 표시되도록 하여 개체의 높이나 글자의 높이를 잘 맞추어야 합니다.

04 [파일] 탭-[인쇄]의 미리 보기에서 화면을 축소하여 두 페이지를 만들고 짝수/홀수 머리글의 모양을 확인합니다.

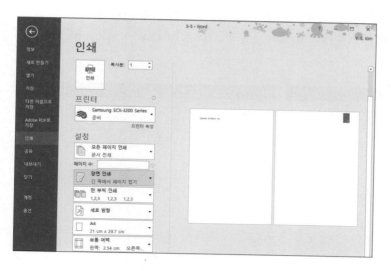

2 좌우 여백 또는 본문 내에 머리글 입력하기

텍스트나 표를 머리글/바닥글이 아닌 본문 영역으로 직접 입력할 수는 없는데, 입력한 만큼 본문 영역이 축소되기 때문입니다. 그렇지만 도형이나 그림 같은 개체의 경우, 텍스트 배치('텍스트 줄 바꿈')가 가능하기 때문에 본문 영역 안으로 입력할 수 있습니다. 텍스트나 표는 '텍스트 상자' 안에 넣어 배치하면 배경이나 좌우 여백으로 입력이 가능합니다.

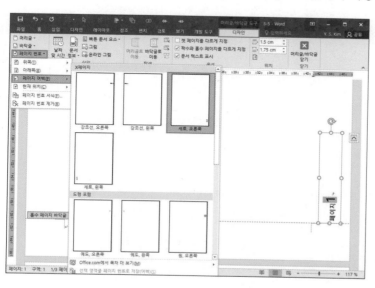

워드는 모든 배경이 머리글이기 때문에, [디자인] 탭−[워터마크] 역시 머리글에 입력된 것입니다. 워터마크는 'WordArt'이므로 다른 개체와 마찬가지로 텍스트 배치가 가능합니다. 머리글 안에서 본문 위치에 그림과 같은 개체를 입력하는 경우, 텍스트 배치는 '텍스트 뒤'로 지정해야 합니다. 다른 배치 방법을 선택해도 되지만 그렇게 되면 본문 내용이 가려지거나 피해서 입력될 수 있습니다.

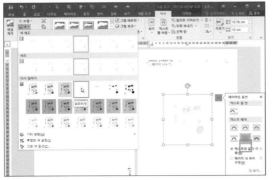 

③ 머리글 갤러리에 저장하기

완성된 머리글을 다른 곳에서도 사용하려면 머리글을 '머리글 갤러리'에 저장하면 좋습니다. 머리글 안에서 Ctrl+A 키를 눌러 전체 선택한 다음 [머리글]의 '선택 영역을 머리글 갤러리에 저장'을 클릭하여 '이름'과 '저장 위치'('Normal')를 지정하고 [확인] 버튼을 클릭하여 저장합니다. 저장된 문서 블록은 다른 문서에서도 사용할 수 있습니다.

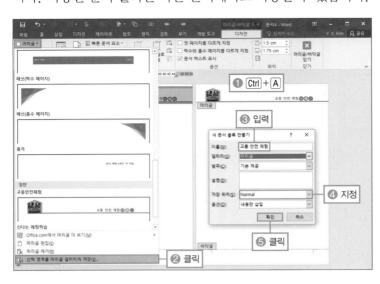

01 워드에서는 만들어져 있는 표지 템플릿을 사용할 수 있습니다. [삽입] 탭-[페이지]-[표지]에서 표지 블록을 선택하면 문서의 첫 페이지로 표지가 입력됩니다.

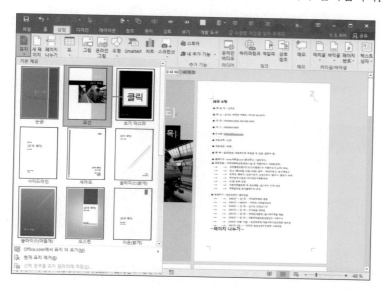

02 각 컨텐츠 컨트롤('[ ]'로 표시)에 내용을 입력하여 표지를 완성합니다. 그림은 [그림 도구]-[서식] 탭-[조정]-[그림 바꾸기]로 바꾸어 넣을 수 있습니다.

Tip 표지를 삭제하려면 [삽입] 탭-[표지]에서 '현재 표지 제거'를 클릭합니다.

워드에는 기본적인 서식들이 '스타일'로 만들어져 있습니다. 이 '스타일'의 서식은 '테마'나 '스타일 모음'에 따라 변경됩니다. 스타일이 잘 적용되어 있다면 '테마'를 변경하여 문서 디자인을 쉽게 변경할 수 있습니다. '테마'나 '스타일 모음' 등은 '사용자 지정'으로 수정할 수 있고, 저장하여 다른 문서에서 이용할 수 있습니다.

다음 그림은 '테마'와 '스타일'의 구조를 나타낸 것입니다. 다른 문서와 결합될 문서라면 같은 테마와 스타일로 작업하여야 서식을 유지하기가 쉽습니다.

- **테마 변경** : [디자인] 탭-[테마]에서 테마를 선택합니다. 테마에 정해진 글꼴과 색에 따라 스타일 모음이 변경됩니다.

- **스타일 모음 변경** : [스타일 모음]의 [자세히] 버튼(▼)을 클릭하면 다양한 스타일 모음이 표시됩니다. 선택하면 문서에 적용된 스타일 서식이 스타일 모음에 따라 전체적으로 변경됩니다.

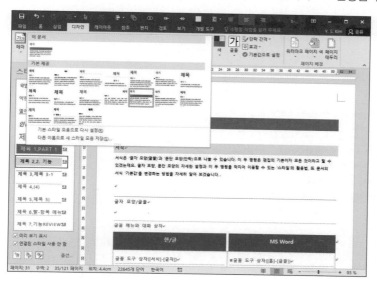

- **테마 색 변경** : 테마는 변경하지 않고 테마 색만 변경합니다. 테마 색을 변경하면 각 메뉴의 색 단추에 표시된 '테마 색'과 문서에 적용한 '테마 색'도 따라서 변경됩니다. '표준 색'과 '다른 색'으로 지정한 부분은 변경되지 않습니다.

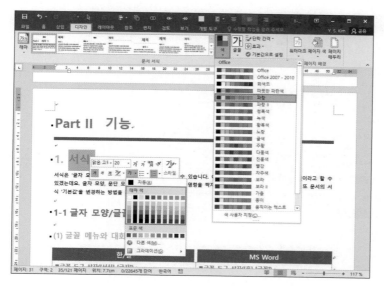

- **테마 글꼴 변경** : 테마는 변경하지 않고 테마 글꼴만 변경합니다. '(본문)', '(제목)' 등의 테마 글꼴이 변경됩니다.

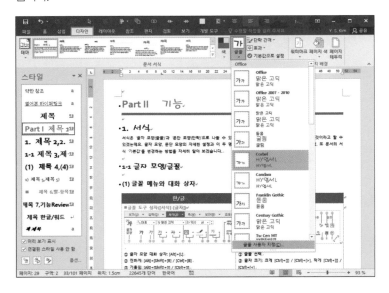

- 테마를 변경하면 '스타일 모음'과 '스타일 기본값'이 변경되고 따라서 '표준' 스타일을 비롯한 전체 스타일과 '+본문', '+제목' 등으로 적용된 글꼴은 모두 변경됩니다. '스타일 기본값'은 [스타일 관리] 대화상자에서 수정합니다.

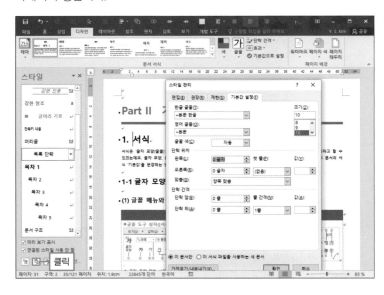

Sub 8 인쇄

1 [파일] 탭-[인쇄]

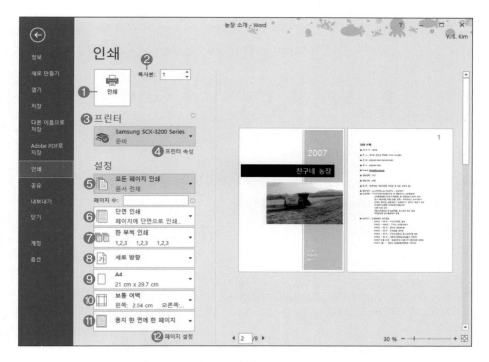

❶ 인쇄 : 설정한 옵션에 맞춰 인쇄를 실행합니다.

❷ 복사본 : 인쇄 부수를 설정합니다.

❸ 프린터 : 설치된 프린터를 선택합니다. PDF 파일로 인쇄하려면 설치된 'PDF 드라이버'를 선택합니다.

❹ 프린터 속성 : 선택된 프린터의 설정으로, 프린터 종류마다 설정할 수 있는 내용이 다릅니다. 워드의 인쇄 설정에 없는 나눠찍기 등을 설정할 수 있습니다.

❺ 모든 페이지 인쇄 : '모든 페이지', 커서가 있는 '현재 페이지', '사용자 지정' 페이지를 선택할 수 있습니다. '사용자 지정 인쇄'는 '페이지 수'에 인쇄할 범위를 지정합니다.

❻ 단면 인쇄 : 용지의 한 면만 인쇄하는 것을 '단면 인쇄'라 말합니다. '양면 인쇄'할 경우에는 '긴 쪽'(좌철)과 '짧은 쪽'(상철) 접기 방법을 선택합니다. 소책자를 만드는 '책 접기' 인쇄에서는 '양면 인쇄/짧은 쪽에서 페이지 접기'를 선택하고 인쇄합니다.

❼ 한 부씩 인쇄 : 인쇄 부수를 여러 부수 인쇄할 때, 한 부 단위(123, 123, 123)로 인쇄할 것인 지, 페이지 별로 인쇄(111, 222, 333)할 것인지 선택합니다.

❽ 용지 방향 : [페이지 설정]의 용지 방향입니다. '책 접기'나 '용지 한 면에 두 페이지' 등을 인 쇄하는 경우 자동으로 방향이 바뀔 수 있습니다.

❾ 용지 크기 : 인쇄 용지의 크기가 아니라 [페이지 설정]의 용지 크기입니다.

> Tip 인쇄할 용지 크기는 편집한 용지와 다른 용지 크기로 인쇄할 경우 설정합니다. 용지 크기에 맞추어 자동으로 확 대/축소됩니다.

❿ 용지 여백 : [페이지 설정]의 용지 여백입니다.

⓫ 용지 한 면에 인쇄할 페이지 수 : 용지 한 면에 인쇄할 페이지 수를 설정합니다. 1 페이지 또는 2, 4, 6, 8, 16 페이지를 설정하여 인쇄할 수 있습니다.

⓬ 페이지 설정 : [레이아웃] 탭 – [페이지 설정]을 변경할 수 있습니다.

> Tip
> • 페이지 수 지정 방법 : 각각의 페이지는 '1,3'과 같이 쉼표를 이용합니다. 범위는 '1-3'과 같이 '-'을 이용해 설정하 고, '-3' 또는 '3-'(3 페이지부터 끝까지)으로도 설정할 수 있습니다. 구역이 있는 경우 'p1s2-p3s2'처럼 구역 번호 ('s2')를 함께 입력합니다.
> • 문서 정보 인쇄 : 문서 정보나 변경 내용, 스타일 목록, 상용구 목록, 키 할당(바로 가기 키) 목록을 인쇄합니다. 본문 을 인쇄하면서 문서 속성도 함께 인쇄되거나 그림, 배경 등이 인쇄되지 않거나 필드가 코드로 인쇄된다면 [옵션]의 [표시]나, [고급] 탭의 해당 옵션을 찾아 설정/해제해야 합니다.
> • 홀수/짝수 페이지 인쇄 : 양면 인쇄를 지원하지 않는 프린터의 경우 홀수와 짝수 페이지를 각각 인쇄합니다.

② PDF로 저장하기

- **PDF 드라이버로 인쇄** : 프린터 종류를 'Microsoft Print to PDF'로 선택하고 [인쇄] 버튼을 클릭한 다음 파일 경로와 이름을 지정해 주면 PDF 파일이 저장됩니다. 'Hancom PDF'와 같은 다른 PDF 드라이버도 가능합니다.

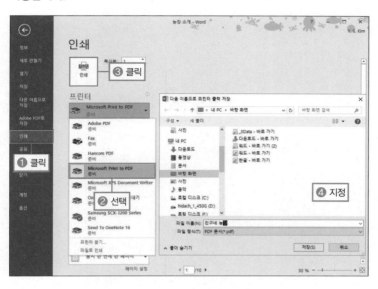

- **다른 이름으로 저장** : [다른 이름으로 저장]에서 파일 형식을 'PDF'로 지정하고 이름을 입력한 다음 저장합니다. [옵션] 대화상자에서 '제목'(제목 스타일)으로 책갈피 만들기 등을 설정할 수 있습니다.

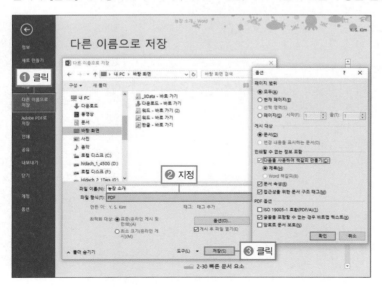

Part 05

개체/표/차트 다루기

Part 5에서는 문서를 구성하는 그림부터 도형 스마트아트, 도형과 텍스트 상자, 표 작성 방법에 대해 알아봅니다. 다양한 구성 요소를 이용하여 문서를 작성해 보세요.

개체 삽입하기

　　개체에는 표, 그림, 도형, SmartArt, WordArt, 차트, 동영상, 수식 등이 있는데, 이 중 표나 수식을 제외하고는 어느 정도 다루는 방법이 비슷합니다. 개체는 글 위에 띄워 놓거나 배경으로 글 뒤에 넣을 수 있고, 배치와 위치를 정할 수 있습니다. 또 여러 개체를 겹쳐서 맞춤이나 정렬하여 하나의 개체로 그룹화할 수 있습니다.

Sub 1 그림과 클립아트

1 그림 삽입하기

　　[삽입] 탭-[일러스트레이션]-[그림]을 클릭하여 [그림 삽입] 대화상자를 연 다음 그림의 경로와 그림을 선택하고 [삽입] 버튼을 클릭합니다. 그림은 Ctrl 키나 Shift 키와 함께 다중 선택하여 여러 장의 그림을 한 번에 삽입할 수 있습니다.

ⓐ **삽입** : 그림 파일을 문서에 포함하여 삽입합니다.

ⓑ **파일에 연결** : 그림 파일을 문서에 포함하지 않고 외부 경로와 연결하여 표시합니다. 그림이 변경된 경우 F9 키를 눌러 업데이트할 수 있고, 문서 용량을 줄여서 저장이나 스크롤 이동 시간을 단축시킬 수 있습니다. 단, 그림 파일의 경로를 변경하거나, 삭제하지 않도록 주의하여야 합니다.

ⓒ **삽입 및 연결** : 그림 파일을 문서에 포함하여 삽입합니다. 업데이트도 가능한 입력 방법입니다.

② 온라인 그림 삽입하기

[삽입] 탭 – [일러스트레이션] – [온라인 그림]을 클릭하여 'Bing 이미지 검색' 또는 'OneDrive'의 그림을 불러올 수 있습니다. 'Bing 이미지 검색'은 검색란에 검색어를 입력하고 검색 아이콘을 클릭하면 Bing의 '이미지'가 검색됩니다. 그림을 선택하고 [삽입] 버튼을 클릭하면 본문의 커서 위치에 삽입됩니다.

③ 클립아트 삽입하기

2010 버전에 포함되어 있던 [클립아트]는 2013 이상의 버전에서는 사용하지 않고 [온라인 그림]으로 다운로드하여 삽입할 수 있습니다. 그림의 유형을 '일러스트레이션', '라인 드로잉' 등으로 변경하여 찾아볼 수 있고, 그림을 추가한 다음 마우스 오른쪽 버튼을 클릭하여 '그림 편집' 또는 '그룹화' 메뉴가 활성화되어 있다면 그룹을 해제하여 편집 사용할 수 있습니다.

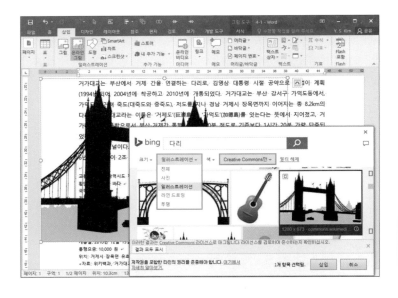

④ 레이아웃 옵션(텍스트 줄 바꿈)

· 원본 파일 : 05/01_Sub1_4(원본) · 완성 파일 : 05/01_Sub1_4

개체를 클릭하면 '레이아웃 옵션' 단추가 표시됩니다. 클릭하여 '텍스트 줄 안'이나 '텍스트 배치'(텍스트 줄 바꿈) 방법 중 하나를 선택할 수 있고 '더 보기…'를 클릭하여 '기타 레이아웃'(위치/배치/크기) 설정을 할 수 있습니다. '레이아웃 옵션'은 [그림 도구]−[텍스트 줄 바꿈]과 [크기] 그룹의 대화상자를 열면 더욱 다양하게 설정할 수 있습니다.

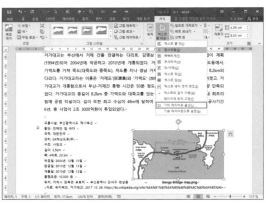

(그림과 자료 출처 : 위키백과, '거가대교', Geoga Bridge map.png, 2017. 10. 26.)

■ **텍스트 배치(텍스트 줄 바꿈)**

▶ **텍스트 줄 안** : 개체를 배치하지 않고 텍스트와 같이 취급하여 단락 안에 글자처럼 입력합니다.

▶ **정사각형** : 개체를 텍스트 안에 둘러싸도록 배치합니다. 글자 위치는 [기타 레이아웃 옵션]-[텍스트 배치]-'텍스트 줄 바꿈'에서 '양쪽'/'왼쪽만'/'오른쪽만'/'넓은 쪽만'으로 선택할 수 있습니다. '정사각형', '빽빽하게', '투과하여' 배치만 설정 가능합니다.

▶ **빽빽하게** : 개체의 모양에 따라 글자가 빽빽하게 둘러싸도록 합니다.

▶ **투과하여** : '텍스트 배치 영역 편집'으로 영역을 지정하면 열린 부분으로 글자가 투과하여 표시됩니다.

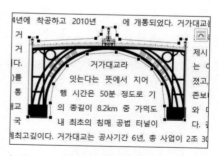

(그림 출처 : ArtsyBee, https://pixabay.com/en/bridge-london-icon-landmark-1343172)

▶ **위/아래** : 텍스트가 개체의 위, 아래 줄에 있고 좌우로는 입력되지 않습니다.

▶ **텍스트 뒤** : 개체가 텍스트 뒤에 배경으로 표시됩니다. 개체 선택이 안 되면 본문을 블록 지정한 다음 선택합니다.

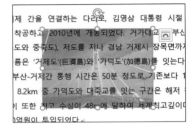

▶ **텍스트 앞** : 개체가 텍스트 앞에 배치되어 텍스트를 가리게 됩니다. 배치 방법은 텍스트뿐만 아니라 다른 개체와의 정렬에도 영향을 주기 때문에 텍스트 앞으로 배치된 개체는 다른 배치보다 앞에 표시됩니다.

5 그림 효과

그림 효과의 종류로는 '그림자'/'반사'/'네온'/'입체 효과'/'선명도'/'밝기'/'채도'/'색조'/'꾸밈 효과' 등이 있습니다. [그림 도구]의 '스타일'과 '조정'에서 클릭하여 쉽게 그림을 꾸밀 수 있습니다. 정확한 값은 '그림 서식' 작업 창을 열어서 설정합니다.

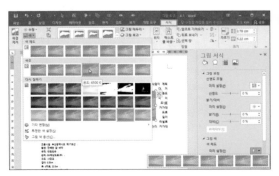

⑥ 그림 자르기와 같은 크기 만들기

■ 그림 자르기

[그림 도구]−[서식] 탭−[크기]−[자르기] 아이콘을 클릭한 다음 그림의 가장자리에 표시되는 자르기 핸들을 끌어서 그림을 자릅니다.

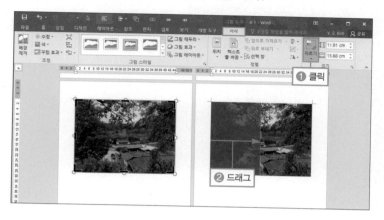

[자르기▼] 메뉴를 열어 보면, '도형에 맞춰 자르기', '가로 세로 비율', '채우기', '맞춤' 등의 항목이 있어서 다양하게 이용할 수 있습니다. 워드의 그림 자르기는 그림의 바깥쪽으로도 프레임을 키워 자르기 할 수 있습니다. 그림의 바깥쪽 부분은 여백이 되거나 프레임에 맞추는 '맞춤'으로 이용할 수 있습니다.

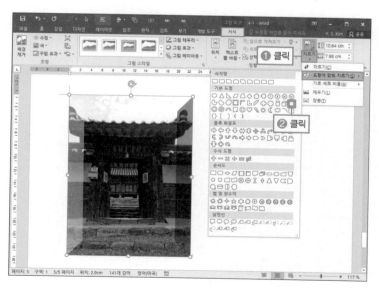

■ 그림의 크기

　그림의 정확한 세로/가로 크기는 [그림 도구]-[서식] 탭-[크기] 그룹에서 설정합니다. 워드의 그림은 기본적으로 '가로 세로 비율 고정' 상태로 조정되기 때문에 가로나 세로 값을 설정하면 그에 맞는 비율로 다른 쪽 값이 조정됩니다.

■ 그림의 크기 통일하기

　워드에는 '개체 모양 복사' 명령이 없기 때문에 같은 기능을 반복하는 단축키인 F4 키를 이용하여 그림이나 개체 크기를 통일할 수 있습니다. [그림 도구]에서 가로 또는 세로의 값을 입력하고 Enter 키를 누른 다음, 다른 그림을 선택하여 F4 키를 누르면 지정한 가로 또는 세로 값이 같은 크기로 맞추어집니다. 다른 쪽 크기는 비율에 따라 자동 조정됩니다.

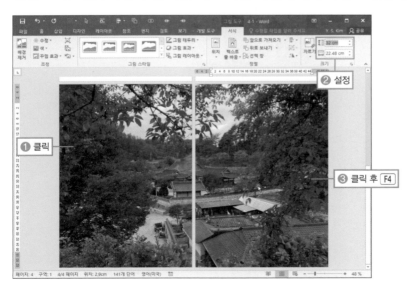

■ 그림의 비율을 무시하고 같은 크기 만들기

그림의 가로 세로 비율을 무시하고 같은 크기로 만드려면 [레이아웃] 대화상자의 [크기] 탭 화면에서 '가로 세로 비율 고정' 옵션을 체크 해제하고 '높이'/'너비'의 절대 값을 입력한 후 [확인] 버튼을 클릭합니다. 그런 다음 다른 개체를 선택하고 F4 키를 누르면 가로/세로가 모두 같은 크기로 만들어집니다.

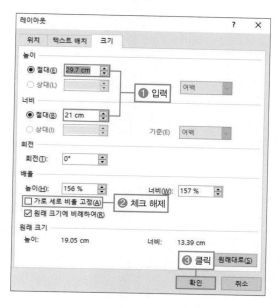

7 그림의 위치와 정렬

• 완성 파일 : 05/01_Sub1_7

그림이 정확한 자리에 위치해야 한다면 '위치' 값을 설정합니다. 위치는 [레이아웃] 대화상자의 [위치] 탭 화면에서 지정할 수 있고, '여백'/'페이지'/'열'/'문자' 등의 기준에서 '맞춤'이나 '절대 값' 등으로 지정할 수 있습니다.

■ 그림 위치 지정하기

❶ 그림을 선택하고 [그림 도구]-[서식] 탭-[크기]에서 대화상자를 엽니다. 이 대화상자는 '기타 레이아웃 옵션'으로, [위치]나 [텍스트 줄 바꿈] 메뉴에서도 열 수 있습니다.

❷ [위치] 탭 화면의 가로에서 '맞춤'을 선택하고, 먼저 오른쪽 기준을 '여백'으로 지정한 다음 '왼쪽 맞춤'으로 지정합니다. 세로에서 '절대 위치'를 선택하고, 오른쪽 기준을 '페이지'로 지정한 다음 위치 값을 '16cm'로 입력합니다. 설정은 마치면 [확인] 버튼을 클릭합니다. '줄', '단락' 등은 '개체 기준 위치'가 기준이 되어 위치가 정해집니다.

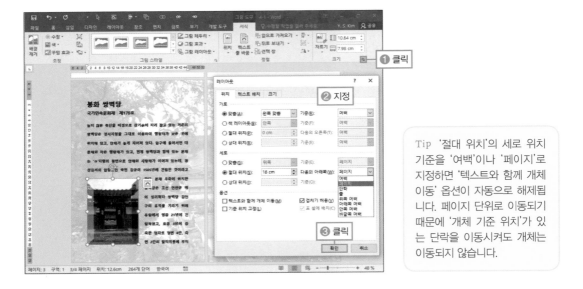

Tip '절대 위치'의 세로 위치 기준을 '여백'이나 '페이지'로 지정하면 '텍스트와 함께 개체 이동' 옵션이 자동으로 해제됩니다. 페이지 단위로 이동되기 때문에 '개체 기준 위치'가 있는 단락을 이동시켜도 개체는 이동되지 않습니다.

■ 그림의 겹친 순서를 정렬하기

그림이나 여러 개체를 겹쳐서 표현하려고 할 때, '텍스트 배치' 방법과 '개체 정렬'을 함께 사용합니다. '정렬'은 '배치'와 달리 개체에만 해당되는 명령으로 배치 방법이 같을 경우 그 앞/뒤 순서를 조정할 수 있습니다. 다음 화면에서 배경이 되는 그림은 '텍스트 뒤'로 배치되어 있고 배경 위에 있는 그림들은 모두 '텍스트 앞'으로 배치되어 있습니다.

Tip '정렬'보다 '배치'가 우선 적용됩니다. 여러 개체를 겹쳐 놓기 위해서는 '텍스트 줄 안'이나 '위/아래' 배치 방법은 적당하지 않습니다. 이러한 배치 방법은 먼저 개체를 정렬해 두고 '그룹'으로 개체 묶기 한 후 이용하여야 합니다.

이때 두 그림을 겹쳐 놓으려면 한 쪽 그림을 '뒤로 보내기'하거나, '앞으로 가져오기' 합니다. 두 그림이 모두 '텍스트 앞' 배치이기 때문에 '맨 뒤로 보내기'를 하여도 바탕의 '텍스트 뒤' 배치보다 아래로 정렬되지 않습니다.

Tip **그림 및 개체 다루기**

- **선택** : 그림을 클릭하거나, [홈] 탭-[편집]-[선택]-[선택 창]에서 그림 번호를 클릭하면 선택됩니다. 본문에서는 Shift 키 또는 Ctrl 키와 함께, 선택 창에서는 Ctrl 키와 함께 클릭하면 다중 선택됩니다. (Ctrl 키를 누른 상태에서 크기를 조절하면 중심 위치를 유지하며 사방으로 크기가 조절됩니다.)

- **복사** : Ctrl 키를 누른 채 마우스로 끌기 하면 같은 그림을 복사할 수 있습니다. Ctrl+D 키를 이용하여도 됩니다.

- **크기 조절** : 그림을 선택한 후 여덟 개의 크기 조절 핸들을 조절해서 크기를 조절할 수 있습니다. 키보드로는 Shift+[방향키]를 이용하여 1pt씩 크기를 조절합니다. 개체의 크기는 [그림 도구] 등 도구 리본 메뉴에 세로/가로 값이 표시되고 대화상자를 열어서 배율로 지정할 수 있습니다.

- **회전** : 개체를 선택하고 [서식] 탭-[정렬]-[개체 회전]에서 회전 또는 대칭 방향을 클릭합니다. 자세한 회전 값 설정은 [기타 회전 옵션]에서 설정합니다. 키보드로는 Alt+←/→ 키를 이용하여 '15°'씩 회전시킬 수 있습니다.

- **이동** : 그림을 선택하고 Tab 키나 Shift+Tab 키를 눌러 다른 그림으로 이동합니다. '텍스트 줄 안' 상태의 개체인 경우 F5 키를 눌러서 '그래픽'을 선택한 다음 [이전]/[다음] 버튼으로 이동할 수 있습니다. (그림이 부드럽게 이동되지 않는다면 Alt 키를 누른 채 조정합니다. 반대로 격자 눈금에 맞추어 이동되기도 합니다.)

- **개체 기준 위치** : 개체가 입력된 단락을 표시합니다. 개체를 선택하면 왼쪽 여백에 '닻' 모양으로 표시되며 '개체 기준 위치'를 마우스로 이동할 수 있고 고정해 둘 수도 있습니다. '개체 기준 위치'가 안 보이면 [홈] 탭-[편집 기호]를 켭니다.

- **그림 개체 틀 표시** : 그림은 표시하지 않고 틀만 표시하여 작업 속도를 늘릴 수 있습니다. 설정/해제는 [파일] 탭-[옵션]-[고급]의 '그림 개체 틀 표시' 옵션을 체크하거나 해제합니다. 그림을 표시하지 않을 뿐이지 그림이 실제로 인쇄되는 것과는 상관없습니다. 그림이나 도형이 인쇄되지 않는 경우에는 [표시] 옵션의 'Word에서 만든 그림 인쇄'와 '배경색 및 이미지 인쇄'를 선택하면 됩니다.

• 완성 파일 : 05/01_Sub2

여러 도형을 조합하여 '그룹'으로 개체 묶기 하는 경우가 많습니다. 도형은 기본적으로 '텍스트 앞' 배치로 만들어지는데, 그룹화하는 데는 '텍스트 앞' 배치 방법이 적당하기 때문입니다. 도형을 그룹화하지 않으려면 '새 그리기 캔버스'를 추가하여 그리기 캔버스 안에 도형을 만들면 개체 선택이 쉽고 개체 묶기가 필요 없게 됩니다.

01 [삽입] 탭-[도형]을 클릭하여 [새 그리기 캔버스]를 만들고, '모서리가 둥근 직사각형'을 선택하여 마우스로 그려 줍니다. 같은 도형을 연속으로 계속 그리려면 마우스 오른쪽 버튼을 클릭하고 [그리기 잠금 모드]를 선택해 둔 다음 그릴 수 있습니다.

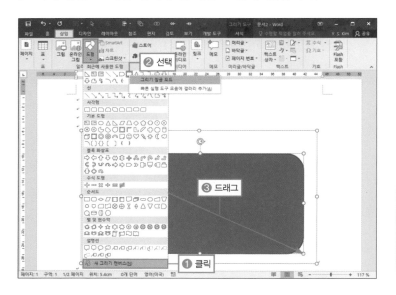

Tip [워드 옵션]-[고급]의 '도형을 삽입할 때 자동으로 그리기 캔버스 만들기' 옵션을 선택해 놓으면 자동으로 그리기 캔버스를 이용할 수 있습니다.

02 둥근 직사각형의 노란색 조절 핸들을 옮겨서 곡률을 조정합니다.

03 둥근 직사각형을 하나 더 그려 올린 다음 도형의 윤곽선('윤곽선 없음')과 채우기 색을 각각 정하고 둥근 직사각형 위에 '직사각형'을 그려서 위쪽 둥근 부분을 가려 줍니다.

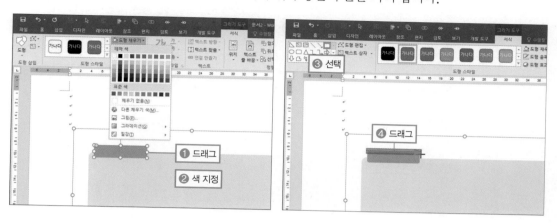

04 직사각형의 채우기 색은 '흰색', 윤곽선은 '윤곽선 없음', 정렬은 '맨 앞으로 가져오기'로 지정합니다.

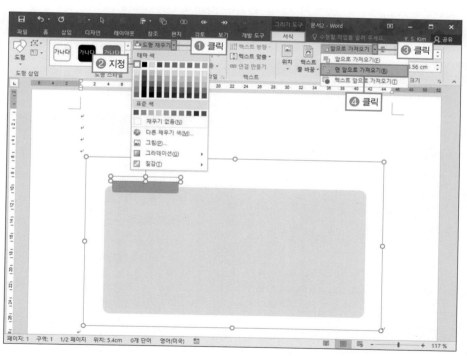

05 [서식] 탭-[도형]에서 '직각 삼각형'을 선택하여 둥근 직사각형의 옆에 그립니다. 직각 삼각형의 채우기 색과 윤곽선('윤곽선 없음')을 지정하고 '맨 뒤로 보내기'로 정렬합니다.

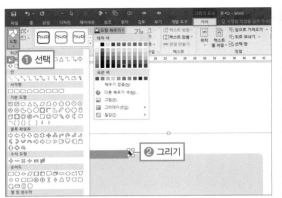
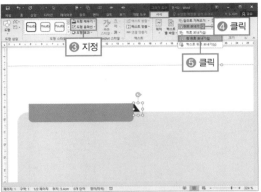

06 완성된 도형들을 드래그해서 모두 선택합니다. Ctrl+A 키를 이용해도 됩니다. 선택된 개체를 [그리기 도구]-[서식] 탭-[개체 그룹화]-[그룹]을 클릭하여 하나의 '그리기' 개체로 만듭니다. 글을 추가해야 하는 도형은 마우스 오른쪽 버튼을 클릭하고 [텍스트 추가]를 선택하여 텍스트를 입력합니다.

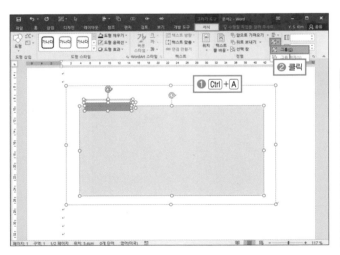

Tip 개체 묶기가 되었으면 복사하여 본문에 붙여넣고 '텍스트 줄 안'이나 배치 방법을 자유롭게 이용할 수 있습니다. 물론 그룹화하지 않고 그리기 캔버스 안에 그냥 두어도 됩니다.

07 만약 그림과 같이 글자의 일부만 표시된다면 [도형 서식] 작업 창을 열어서 [텍스트 옵션]-[레이아웃 및 속성]에서 여백을 줄여 줍니다. 여백과 함께 단락의 '줄 간격'(예 : '1줄')과 '단락 간격'('제거')도 조정해 주어야 합니다.

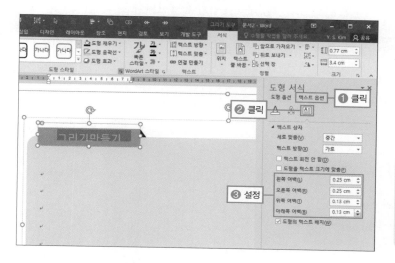

Tip 워드는 그룹화된 그리기 상태에서도 각 도형을 선택하여 크기나 서식, '텍스트 추가' 등을 자유롭게 조정할 수 있습니다.

08 그리기 캔버스를 그대로 유지하는 경우, 그리기 캔버스도 도형이나 그리기처럼 '그리기 캔버스 서식'이 있습니다. 윤곽선과 채우기, 배치 등을 동일하게 사용할 수 있고, 마우스 오른쪽 버튼을 클릭하고 [맞춤]을 실행하여 그리기 캔버스와 그리기 사이의 필요 없는 공간을 제거할 수 있습니다. 다시 편집하려면 [확장]을 선택합니다.

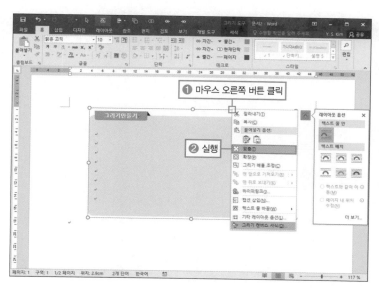

Sub 3 **텍스트 상자** • 완성 파일 : 05/01_Sub3

01 '새 그리기 캔버스'를 만들고 [서식] 탭-[도형]에서 '타원'을 선택한 다음 Shift 키를 이용하여 정원을 그립니다. 마우스 오른쪽 버튼을 클릭하고 [텍스트 추가]를 실행합니다.

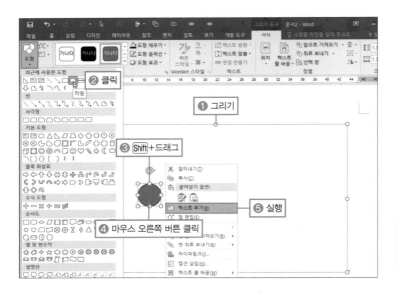

Tip 선을 제외한 모든 도형은 텍스트 상자로 변경할 수 있습니다.

02 Ctrl+Shift 키를 누른 채 드래그하여 같은 도형을 여러 개 복사합니다. Ctrl+A 키를 눌러 모두 선택한 다음 [맞춤]의 [위쪽 맞춤]과 [가로 간격 동일하게]를 각각 클릭합니다.

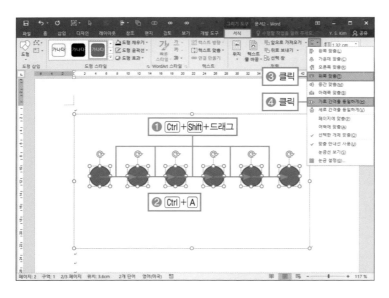

03 '도형 스타일'에서 채우기와 윤곽선이 정해진 스타일 중 하나를 선택합니다.

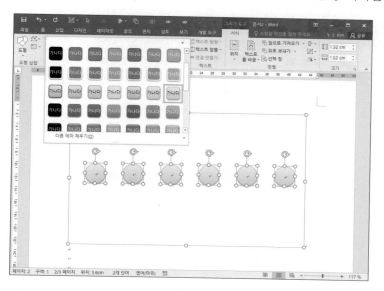

04 [도형 서식] 작업 창을 열어서 [도형 옵션]−[채우기]의 '그라데이션 중지점'을 조정합니다. 클릭해서 중지점을 추가하거나 위치를 이동, 삭제할 수 있습니다. 마지막 중지점을 선택하여 '색'을 '흰색'으로 지정합니다.

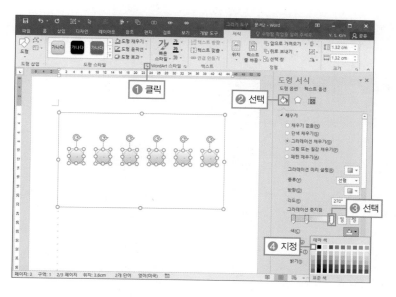

05 [그리기 도구]–[서식] 탭–[도형 삽입]–[텍스트 상자 그리기]를 선택하여 마우스로 네 개의
텍스트 상자를 그려 줍니다.

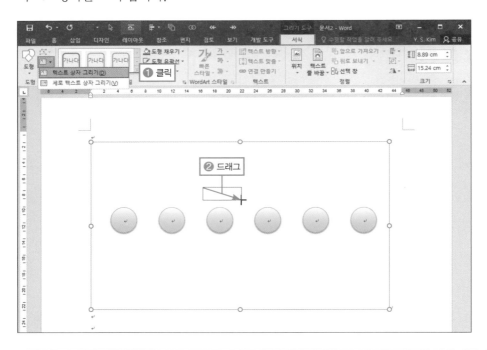

Tip 도형은 도형/선/텍스트 상자의 '기본 도형'을 각각 설정할 수 있습니다. 기본 도형으로 설정하면 매번 같은 모양의
도형이 만들어지는데, 마우스 오른쪽 버튼을 클릭하여 쉽게 설정할 수 있으니 같은 모양을 반복할 때는 [기본 도형으로
설정], [기본 선으로 설정], [기본 텍스트 상자로 설정] 등을 이용하세요.

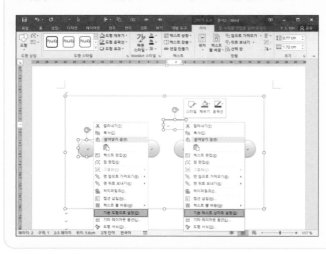

06 [서식] 탭–[도형]에서 '화살표'를 선택하고, 각 도형의 연결점을 찾아 이어 줍니다. 화살표를 연결점에 맞춰 주면 연결선이 됩니다. 연결선은 '직선 연결선'/'꺾인 연결선'/'구부러진 연결선'이 있고, 만들고 난 다음 마우스 오른쪽 버튼을 클릭하고 [연결선 종류]를 실행하여 변경할 수 있습니다.

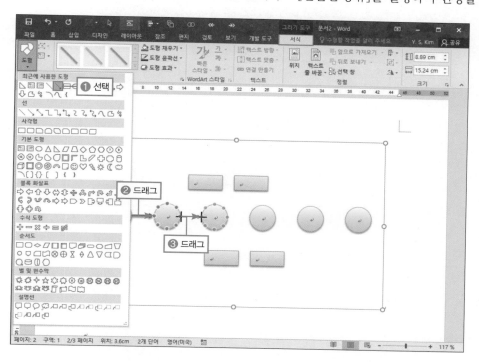

07 연결선으로 연결되면 개체를 움직였을 때 연결선이 따라 붙어 같이 조정됩니다.

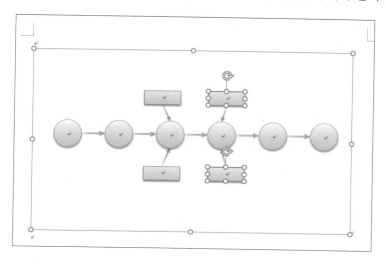

08 여러 개체의 간격을 정확하게 조정할 때는 같은 위치의 개체끼리 [그룹]으로 묶은 다음 [맞춤]의 '간격 동일하게'를 이용합니다. '눈금선'을 참고할 수도 있는데, [맞춤]의 [눈금선 보기]를 선택하고 [눈금 설정]에서 '가로/세로 눈금 크기'를 설정하면 됩니다. 눈금선이 표시되면 개체는 눈금에 맞춰서 이동할 수 있고, Alt 키를 눌러서 자유롭게 이동할 수도 있습니다.

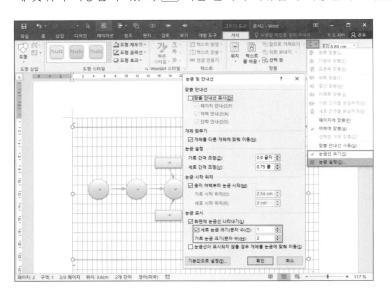

09 텍스트 상자를 선택하고 [그리기 도구]–[서식] 탭–[텍스트]–[텍스트 맞춤]–[중간]을 선택하여 텍스트의 세로 맞춤을 가운데로 지정합니다. 그 밖에 맞춤은 '단락'(Alt+O, P)의 '맞춤'과 '줄 간격' 등을 이용합니다. 줄 간격이 '1줄' 이상이거나, 단락의 앞/뒤 간격이 있다면 [텍스트 맞춤]을 [중간]으로 정해도 가운데로 맞추어지지 않습니다.

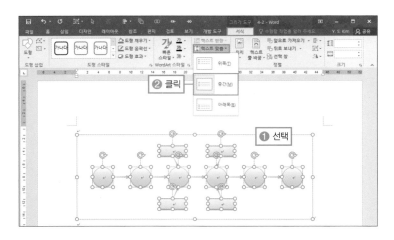

10 텍스트 상자는 다른 텍스트 상자와 연결할 수 있습니다. 시작 텍스트 상자를 클릭한 다음, [그리기 도구]-[서식] 탭-[텍스트]-[연결 만들기]를 선택하고, 연결할 다음 텍스트 상자를 클릭합니다. 연결된 텍스트 상자는 단락 기호가 표시되지 않고 [연결 끊기]가 가능합니다. 시작 텍스트 상자에서 입력하다가 내용이 초과되면 다음 텍스트 상자로 자동으로 넘어갑니다.

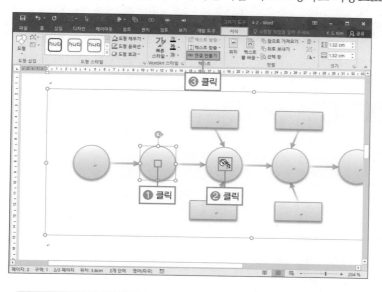

Tip **꺾인 연결선으로 대괄호 만들기**

[서식] 탭-[도형]에 보면 '대괄호'가 있습니다. 그러나 다양한 선을 만들 수는 없어서 텍스트 상자와 연결하기에는 연결선을 사용하는 것이 더 간편합니다. '꺾인 연결선'을 선택한 다음 텍스트 상자의 연결점과 연결해 주면 자동으로 꺾인 연결선이 됩니다. 노란색 조절 핸들을 조정하여 위치를 변경할 수 있습니다. 연결선이기 때문에 도형이 이동하면 따라서 움직입니다.

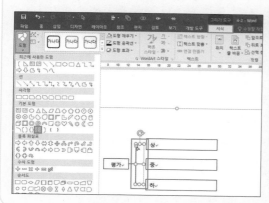

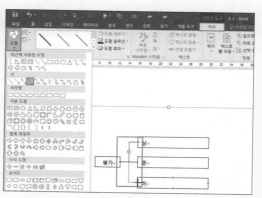

　스마트아트는 만들어진 도형 레이아웃에 글자만 추가하여 조직도나 목록 등 그래픽을 완성할 수 있는 기능으로, 본문의 목록 형태와 같은 다단계 구조로 되어 있습니다. 목록을 입력하듯이 '텍스트 창'을 열어서 Enter 키로 같은 수준을 입력하고 Tab, Shift + Tab, Alt + Shift + →/← 키로 수준을 변경합니다. 스마트아트는 '맞춤', '그룹' 등을 이용할 수는 없습니다.

01 [삽입] 탭-[일러스트레이션]-[SmartArt]를 클릭하고 그래픽 레이아웃을 선택합니다.

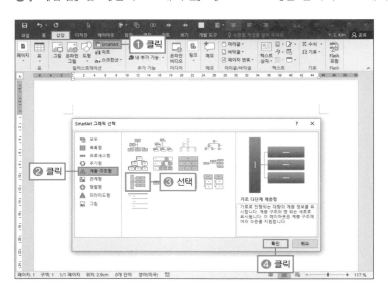

02 왼쪽 [◁] 버튼을 클릭하여 '텍스트 창'을 열고 도형 또는 텍스트 창에 내용을 입력합니다. '텍스트 배치'나 '개체 서식'은 그리기 캔버스와 같습니다.

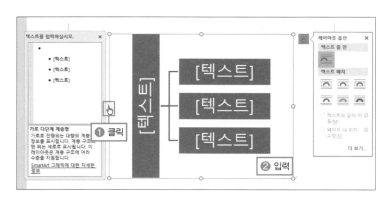

03 도형을 선택하고 [SmartArt 도구]-[디자인]의 [도형 추가]로 앞/뒤(같은 수준)나 위/아래(다른 수준)에 도형을 추가합니다. '텍스트 창'에서는 Enter 키로 같은 수준을 추가 입력하고, Tab /Shift+Tab 키로 다른 수준으로 변경합니다. 도형 추가가 아닌 단순히 줄을 나눌 때는 Shift+Enter를 이용합니다.

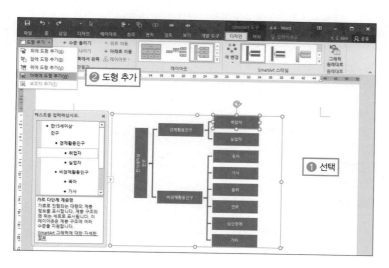

04 도형의 모양은 마우스 오른쪽 버튼을 클릭하거나 [SmartArt 도구]-[서식] 탭-[도형]-[도형 모양 변경]을 선택하여 변경할 수 있습니다. 도형 크기를 조정하거나 위치를 이동하면 연결선도 자동으로 조절됩니다.

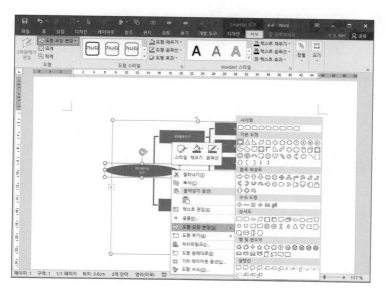

05 [SmartArt 도구]−[디자인]에서는 [색 변경]이나 [SmartArt 스타일]을 쉽게 변경할 수 있습니다. '그라데이션', '입체 효과', '3차원 회전' 등 자세한 설정은 '도형 서식'에서 수정합니다.

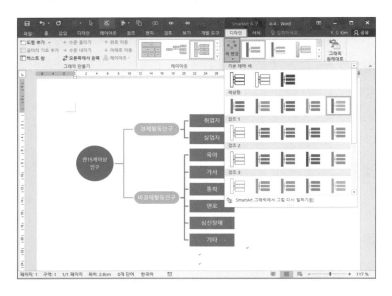

06 그래픽 레이아웃은 [SmartArt 도구]−[디자인]의 '레이아웃'에서 변경하는데, 수준을 다단계로 사용하는 레이아웃이 있고 한 수준만 사용하는 레이아웃이 있습니다. 다른 범주의 그래픽으로 변경하려면 [기타 레이아웃]을 클릭하여 그래픽을 다시 선택하면 됩니다.

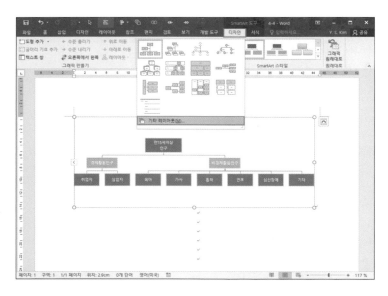

Sub 5 수식

수식은 분수나 지수와 같은 간단한 수학 기호에서부터 복잡한 수학식을 완성할 수 있는 명령으로, 도구 메뉴에 준비된 템플릿을 이용하여 간단하게 수학식을 완성할 수 있습니다.

01 [삽입] 탭-[수식▼]를 클릭해 보면 수식 갤러리에 저장된 수학 공식 블록들이 표시됩니다. 만들고자 하는 수식과 비슷한 모양이 있다면 수식 갤러리에서 선택한 다음 수정하면 편리합니다. 새로운 수식을 만드려면 [수식] 아이콘을 클릭하거나 [새 수식 삽입]([Alt]+[Shift]+[8]) 메뉴를 클릭하여 처음부터 입력합니다.

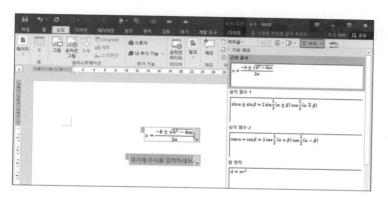

• 잉크 수식 : 수식 입력이 어려운 사용자가 마우스로 그려서 입력할 수 있는 수식입니다. [쓰기]/[지우기]/[선택 및 수정]이 가능하고, [삽입] 후 수정도 가능합니다.

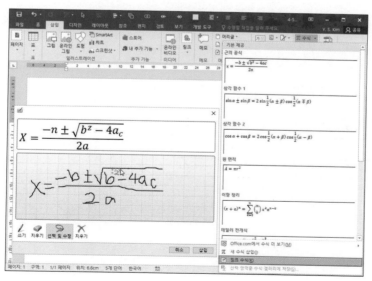

02 '여기에 수식을 입력하세요'를 클릭하여 수식을 입력합니다. [수식 도구]에 있는 템플릿을 선택하여 추가한 다음 입력란(▢)을 각각 클릭하여 내용을 채워 넣습니다. 입력란을 클릭해서 또 다른 템플릿을 선택할 수도 있습니다.

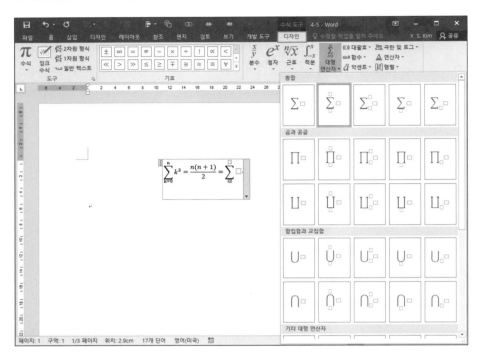

- **입력 위치** : 수식을 입력할 때는 먼저 커서의 위치를 확인합니다. 입력할 위치가 아니라면 마우스나 방향키로 이동한 후 입력합니다.

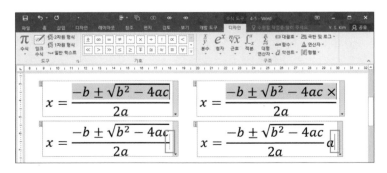

- **1차원 형식** : 한글의 '스크립트 입력창'처럼 텍스트를 입력하여 수식을 완성합니다. 완성한 다음 Spacebar 키를 누르거나 '2차원 형식'으로 바꿉니다. '1차원 형식'에서는 명령어 앞에 '₩'를 붙여서 입력하고, 몇 가지 구분 기호를 써서 수식을 표현합니다.

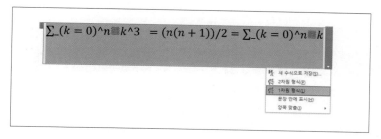

- 위 첨자 : ^
- 아래 첨자 : _
- 묶음 : ( )
- 일반텍스트 : " "
- 분수(₩over) : /
- 가로선 없는 분수(₩atop) : ¦
- 줄 바꿈 : @

- 줄 맞춤 : &
- 곱하기(×) : ₩times
- 나누기(÷) : ₩div
- 위(⊥) : ₩above
- 아래(┬) : ₩below
- 제곱근(√) : ₩sqrt (차수와 구분 : &)

수학 연산자나 기호는 [수식 도구] 탭-[디자인]-[기호]나 [삽입] 탭-[기호]에서 찾아 입력합니다. 수식의 글꼴은 'Cambria Math'이고 '기울임'꼴을 사용합니다. 수식이 아닌 [일반 텍스트]로 입력된 부분은 자유로운 글꼴 변경이 가능합니다.

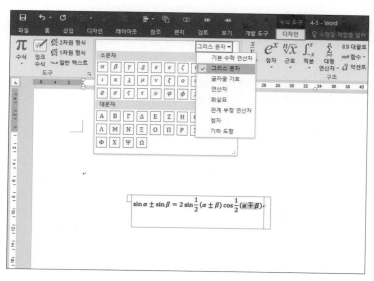

- **수식의 배치** : 수식은 기본적으로 '문장과 구분하여 표시'됩니다. 수식을 본문과 함께 입력하려면 수식 컨트롤 옆의 [▼]를 클릭하여 '문장 안에 표시'를 선택합니다. '문장 안에 표시'된 수식은 단락의 맞춤으로 정렬하고, 대형 연산자는 모양이 변경됩니다. 대형 연산자의 모양을 유지하려면 수식을 본문에 표시하지 말고, 글자를 수식 옆에 [일반 텍스트]로 입력합니다. 항상 옆에 극한을 배치하려면 [수식 옵션] 대화상자에서 '옆에 적분/무한급수 극한 배치'를 선택합니다.

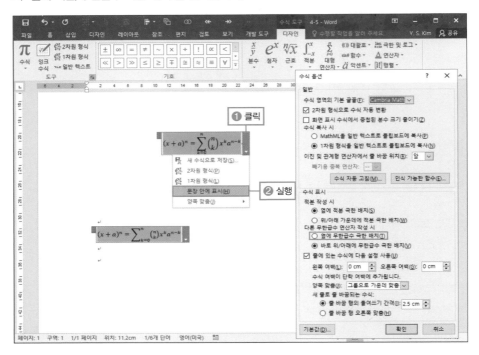

'수식 옵션'에서 주지 않은 여백은 단락의 여백입니다. 단락의 줄 간격이나, 단락 간격 등도 참고하여 수식을 표시하세요.

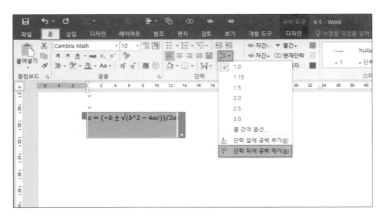

① 파일 삽입

· 예제 실습 파일 : 05/01_Sub6_1_텍스트

다른 워드 문서를 현재 문서에 삽입하는 것을 '파일 삽입'이라 말합니다. 파일 삽입은 [개요 보기]의 [하위 문서 만들기/삽입]과는 다르고, 한글의 '끼워 넣기'와 같은 기능입니다. 워드는 테마가 있으므로 파일을 삽입할 때 편집 상태가 변경되는 것에 주의하세요.

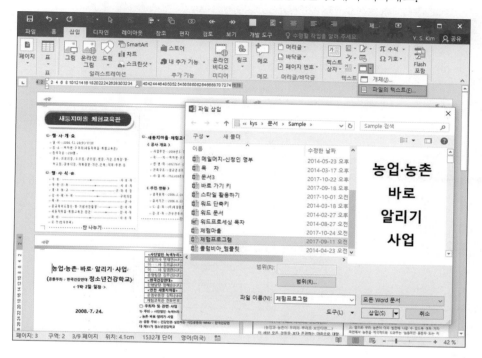

- **파일 삽입** : 파일을 끼워 넣을 곳에 커서를 가져다 놓고 [삽입] 탭-[개체▼]-[파일의 텍스트]를 클릭합니다. 삽입할 파일을 선택한 다음 [삽입] 버튼을 클릭합니다.
- **일부만 삽입** : 끼워 넣을 파일에 책갈피가 있다면 [범위]를 클릭하여 책갈피 이름을 정확히 입력합니다. 그러면 파일 전체가 아닌 책갈피 부분만 끼워 넣기 됩니다.
- **테마와 스타일 병합** : '파일 삽입'은 붙여넣기와 달리 옵션을 설정할 수 없습니다. 그래서 원본, 대상 문서 간의 다른 테마나 스타일은 대상 문서를 기준으로 적용됩니다. 원본 문서의 서식을 유지하려면 복사하여 붙여넣기 하세요.
- **페이지 설정** : 머리글/바닥글과 구역 설정, 다단, 페이지 설정 등은 모두 대상 문서의 상태를 유지합니다.

② 개체 삽입

• 예제 실습 파일 : 05/01_Sub6_2_표

다른 형식의 파일(예 : PDF, PPTX, MP4 등)을 개체(OLE 개체)로 삽입하는 것을 말합니다. 문서 전체를 한 페이지 이내의 개체 틀 안에 표시(일부만)하고 기존 파일과 연결하거나 아이콘으로 표시할 수 있습니다.

[삽입] 탭-[개체]를 클릭하여 [새로 만들기] 또는 [파일로부터 만들기]를 선택합니다.

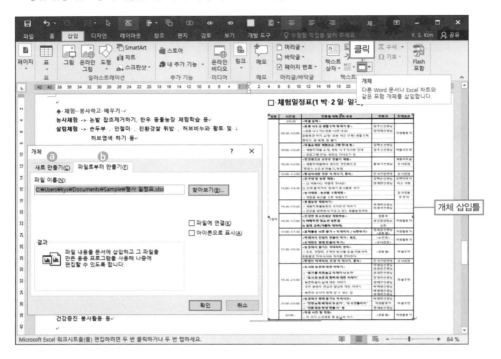

ⓐ **새로 만들기** : 워드에서 다른 형식의 문서를 만들어서 개체 형태로 삽입합니다. '개체 유형'을 선택하고 [확인] 버튼을 클릭하면 해당 프로그램이 열리면서 입력할 수 있는 틀이 표시됩니다. '아이콘으로 표시'를 선택하면 문서의 일부가 표시되는 것이 아니라 프로그램 아이콘으로 표시됩니다.

ⓑ **파일로부터 만들기** : 작성된 문서를 불러와서 표시합니다. [찾아보기]로 파일을 불러온 다음 [확인] 버튼을 누르면 문서가 한 페이지 정도의 개체 틀에 표시됩니다. 개체의 크기를 조절할 수 있고, 마우스 오른쪽 버튼을 클릭하여 테두리나 음영 등을 설정할 수 있습니다. 더블클릭하면 해당 프로그램이 실행되며 내용 수정이 가능하고 표시할 부분을 조정할 수 있습니다. '파일에 연결'을 선택하면 표시된 개체와 파일을 연결 상태로 입력하여 원본 파일이 수정되면 개체에도 수정 사항이 반영됩니다.

> Tip 탐색기나 바탕화면의 파일을 워드의 편집 화면으로 끌어다 놓으면 자동으로 '파일로부터 만들기' 개체 삽입이 됩니다. 파일이 한 페이지 밖에 없다면 개체 삽입으로 입력되어 표시된 것이 아닌지 확인해 보세요.

하이퍼링크는 현재 문서나 다른 문서의 특정 위치, 웹 주소 등을 텍스트나 개체와 연결하는 명령입니다. 웹 주소의 경우 복사해 붙이는 것만으로도 하이퍼링크가 자동 적용되며, 상호 참조나 목차에는 하이퍼링크가 자동으로 만들어지도록 선택할 수 있는 옵션이 있습니다.

1 웹 주소로 링크하기

텍스트나 개체를 선택하고 [삽입] 탭-[링크]-[하이퍼링크]((Ctrl)+(K))를 선택하면 '표시할 텍스트'가 자동으로 입력됩니다. '연결 대상'을 '기존 파일/웹 페이지'로 선택하고, '주소'에 웹 주소를 복사해 붙인 후 [확인] 버튼을 클릭하면 선택한 텍스트나 개체에 웹 주소가 연결됩니다.

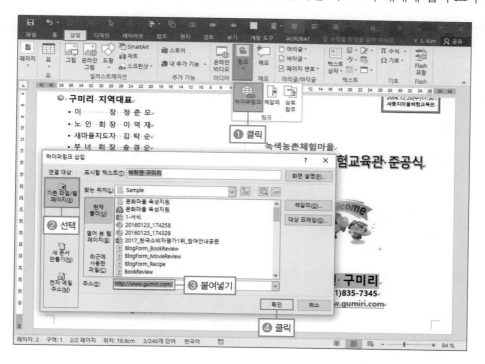

2 제목이나 책갈피로 연결하기

하이퍼링크는 '현재 문서'의 제목 스타일(개요 아님)이나 책갈피, '기존 파일'의 책갈피로 연결할 수 있습니다. '연결 대상'을 '현재 문서'로 선택하면 문서에 입력된 제목 스타일과 책갈피가 표시됩니다. 선택한 후 [확인] 버튼을 클릭하면 하이퍼링크가 연결됩니다.

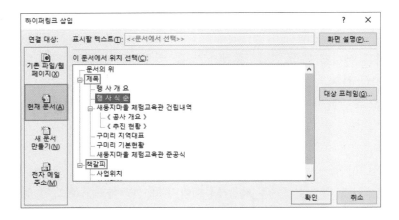

③ 하이퍼링크 찾아가기

하이퍼링크가 추가된 부분에 마우스를 가져다 대면 연결된 내용이 표시됩니다. 클릭하거나 Ctrl 키를 누른 채 클릭하면 해당 위치로 이동합니다. 내용이 표시되지 않는다면 [파일] 탭-[옵션]-[표시]의 '가리키면 문서 도구 설명 표시'를 선택합니다.

④ 하이퍼링크 편집

하이퍼링크가 추가된 부분에서 마우스 오른쪽 버튼을 클릭하면 [하이퍼링크 편집/열기/제거] 메뉴가 표시됩니다. 하이퍼링크는 기본적으로 파란(사용하면 보라색) 색 글자로 표시됩니다. '하이퍼링크' 문자 스타일이 자동 적용되기 때문인데요. 단락에 적용된 글자색으로 적용하려면 '하이퍼링크' 문자 스타일을 삭제하거나 수정하면 됩니다. '하이퍼링크' 스타일을 삭제해도 하이퍼링크는 제거되지 않습니다.

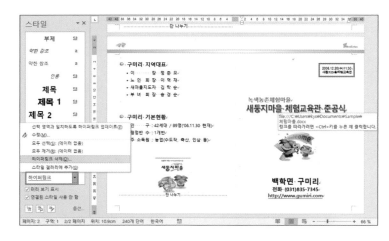

위치를 기억시킬 부분을 블록 지정(또는 커서만 위치) 한 다음 [삽입] 탭-[링크]-[책갈피]를 선택합니다. '책갈피 이름'을 문자(첫 글자 숫자 안 됨)로 띄어쓰기 없이 입력한 다음 [추가] 버튼을 클릭합니다. 책갈피가 입력된 후에는 [삽입] 탭-[링크]-[책갈피]를 열어 책갈피 이름을 선택한 다음 [이동] 버튼을 눌러 찾아갈 수 있고, F5 키를 눌러서 [이동]에서 '책갈피'로 찾아가기 할 수도 있습니다.

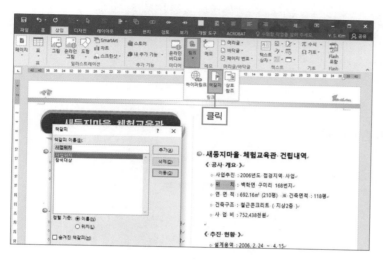

Tip 워드에서는 사용자가 지정하지 않아도 자동으로 책갈피가 만들어지는 경우가 있습니다. 목차나 참조, 하이퍼링크 등에 이용되는 경우 생기는데, '숨겨진 책갈피'를 클릭하면 확인할 수 있습니다. 다른 형식의 문서를 변환한 경우 많은 양의 책갈피가 자동으로 생기기도 합니다.

■ 책갈피 표시

편집 화면에서 책갈피를 바로 확인하려면 [파일] 탭-[옵션]-[고급]의 '책갈피 표시'에 체크 표시해 둡니다. 블록 지정하여 설정한 책갈피 영역은 '[ ]'로, 커서만 가져다 놓고 설정한 곳은 'Ⅰ' 모양으로 표시됩니다.

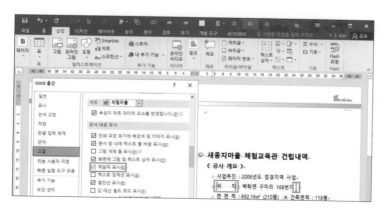

워드에서 입력되는 명령 중에는 필드로 이루어진 것이 많습니다. 필드는 회색 음영으로 처리되며 자동 계산, 자동 업데이트가 가능합니다. 워드의 필드는 한글의 조판 부호처럼 '필드 코드'를 표시할 수 있습니다. 코드로 표시되면 텍스트로 직접 수정할 수 있으며 책갈피와 스위치를 이용하여 원하는 값이 표시되도록 편집할 수 있습니다.

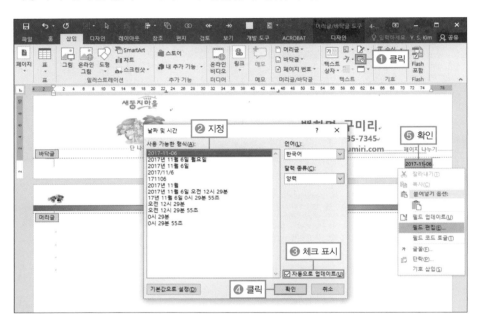

- **날짜 및 시간 넣기** : [삽입] 탭−[텍스트]−[날짜 및 시간]을 클릭하여 형식을 지정한 후 [확인] 버튼을 클릭합니다. '자동으로 업데이트'를 선택하면 입력할 때는 현재 날짜와 시간이 삽입되지만, 업데이트가 가능하여 문서를 열어본 날짜로 자동 변경됩니다. '자동으로 업데이트'를 해제하면 텍스트로 입력됩니다.
- **기타 날짜** : [삽입] 탭−[텍스트]−[빠른 문서 요소]−[필드]에서 'CreateDate'(문서를 만든 날짜), 'SaveDate'(저장한 날짜), 'PrintDate'(인쇄한 날짜) 등의 날짜 필드를 찾아 삽입할 수 있습니다.
- **필드 표시** : 필드는 회색 음영으로 표시되며, 마우스 오른쪽 버튼을 클릭하면 '필드 업데이트'/'필드 편집'/'필드 코드 토글'을 선택할 수 있습니다. '필드 코드 토글'은 Shift+F9 키를 누르는 것과 같은데, 현재 필드의 코드를 표시해 주고 수정할 수 있도록 합니다. 문서 전체의 필드 코드 표시는 Alt+F9를 누르며, 필드 코드를 포함한 필드의 설정은 [파일] 탭−[옵션]−[표시]나 [고급] 탭에 나누어져 있습니다.
- **필드 삽입과 업데이트** : Ctrl+F9 키를 누르면 새 필드 컨테이너('{ }')가 입력됩니다. 중괄호 안에 '필드 이름', '속성'(명령 또는 변수), '선택적 스위치'(결과 값을 제어)를 순서대로 입력한 다음 F9 키를 눌러서 업데이트하면 값으로 표시됩니다. '속성'(식별자나 책갈피)과 '스위치'는 필드 종류에 따라 다르고 불필요하면 넣지 않을 수도 있습니다.

■ 필드 입력

[삽입] 탭-[텍스트]-[빠른 문서 요소]의 [필드]를 클릭하고 '필드 이름'을 선택한 다음, [필드 코드]를 클릭합니다. [옵션]을 눌러서 날짜 및 시간 형식을 지정하고 [필드에 추가]를 클릭한 다음 [확인] 버튼을 차례로 클릭해 대화상자를 닫습니다. 입력 후 마우스 오른쪽 버튼을 눌러 [필드 코드 토글]을 실행한 다음 코드를 직접 수정하고 업데이트([F9]) 할 수 있습니다.

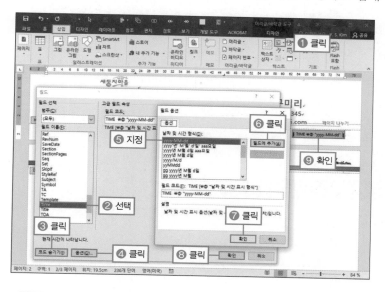

> Tip "yyyy-MM-dd"는 네 자리 수 연도(yyyy)-두 자리 수 월(MM, 01 등, 소문자는 '분')-두 자리 수 날짜(dd)를 표시하는 속성입니다. 'M'은 한 자리 수 월 표시, 'MMM'은 'Jan'과 같은 영문 세 글자 약자 월 표시, 'MMMM'은 'January'와 같이 해당 월의 전체 글자를 표시합니다.

> Tip **자주 사용하는 필드**
>
> - Bibliography : 참고문헌 필드
> - FileName : 파일 이름 필드
> - Hyperlink : 하이퍼링크 필드
> - ListNum : 단락 내 목록 삽입 필드
> - NoteRef : 각주/미주 번호 참조 필드
> - Page : 현재 페이지 필드
> - Ref : 상호 참조
> - SectionPages : 구역의 전체 페이지 수
> - StyleRef : 스타일 참조 필드
> - Time : 시간 필드
>
> - Date : 날짜 필드
> - Fill-in : 텍스트 입력 창 필드
> - Index : 색인 필드
> - MergeField : 편지 병합 필드(메일머지)
> - NumPages : 전체 페이지 수 필드
> - PageRef : 페이지 번호 참조
> - Section : 구역 번호 삽입
> - Seq : 캡션 번호 필드
> - TC : 목차 항목 필드
> - TOC : 목차 필드

■ 필드 삽입 예 : 계산식(Formula) 필드

❶ 계산할 숫자에 책갈피를 추가해 놓습니다.

❷ Ctrl + F9 키를 누른 다음, '{ }' 안에 '='(계산식 필드 이름)를 입력하고, '책갈피 이름'을 이 용하여 속성을 입력합니다('택시 – 버스').
'₩#'를 이용하여 값이 표시될 형식을 지정합니다('₩# "0"'). "0"은 정수이고 값이 없을 경우 '0'으로 표시되는 형식입니다. "#"은 값이 있으면 표시되고 값이 없으면 빈칸으로 나타나는 형식입니다. 그래서 "#,##0원"이라면 '1,800원'이 값으로 계산됩니다.

❸ 필드를 모두 입력한 후에는 F9 키를 눌러서 값으로 업데이트해 줍니다. 여러 필드 또는 문서 전체를 선택한 다음 업데이트해도 됩니다.

❹ 마우스 오른쪽 버튼을 클릭하고 [필드 편집] – [수식]으로 들어가 계산식을 수정할 수도 있습니다.

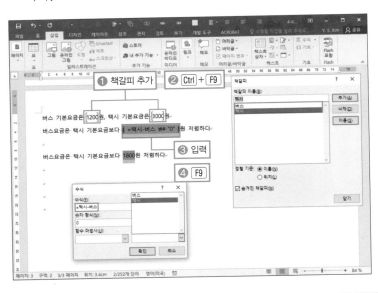

Tip **필드 관련 단축키**

• 필드 찾기 : F11 또는 Shift + F11
• 필드 업데이트 잠금 : Ctrl + F11 (해제 Ctrl + Shift + F11)
• 필드 코드 표시 : Shift + F9 (토글)

• 필드 업데이트 : F9
• 필드 삽입 : Ctrl + F9
• 문서 전체 코드 표시 : Alt + F9 (토글)

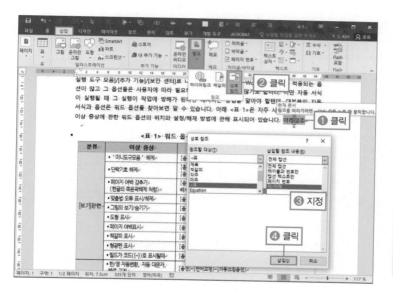

'참조'는 문서의 다른 부분을 연결하여 표시하는 필드입니다. 하이퍼링크와 다른 점은 하이퍼링크는 입력된 텍스트에 연결하지만, 참조는 책갈피, 스타일, 페이지 번호 등 다른 부분에 입력된 내용을 끌어다 그대로 표시합니다. 참조에는 'Ref'(상호 참조), 'PageRef'(페이지 참조), 'NoteRef'(각주/미주 참조), 'StyleRef'(스타일 참조)가 있습니다.

1 위/아래 위치 참조

01 텍스트가 입력될 위치에 커서를 가져다 놓고, [삽입] 탭 – [링크] – [상호 참조]를 클릭합니다. '참조할 대상'을 '표', '삽입할 참조 내용'을 '위/아래'로 지정하고 참조할 표를 선택한 다음 [삽입] 버튼을 클릭합니다.

> Tip '하이퍼링크로 삽입'을 선택하여 참조하였다면 마우스를 가져다 대었을 때 하이퍼링크 설명이 표시됩니다.

02 참조는 '참조할 대상'이 변경되면 참조의 내용도 따라서 변경됩니다. 표가 아래에서 위로 이동했을 때 F9 키를 눌러서 업데이트하면 '아래 참조'에서 '위 참조'로 위치가 변경됩니다.

② 캡션 참조

상호 참조는 문서에 입력된 개체의 캡션과 목록, 제목, 책갈피, 주석을 참조할 수 있습니다. 개체의 경우 캡션을 입력하여야 참조가 가능합니다.

❶ [상호 참조] 대화상자의 '참조할 대상'에서 입력한 캡션 레이블('〈표〉')을 지정합니다.

❷ '삽입할 참조 내용'을 '레이블과 번호만'으로 지정한 다음 참조할 표를 선택하여 [삽입] 버튼을 클릭하면 상호참조 필드가 입력됩니다.

❸ 표 번호가 바뀌면 F9 키를 눌러서 업데이트합니다.

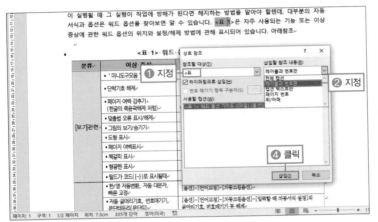
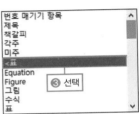

Tip '삽입할 참조 내용'은 '참조할 대상'에 따라서 조금씩 차이가 있습니다.

Tip **기타 참조**

• 스타일 참조 : '제목'과 '제목 텍스트'를 선택하여 상호 참조를 입력하면 본문에 적용된 제목 스타일의 내용이 참조되어 표시할 수 있습니다. 그렇지만 이것은 'StyleRef'와는 달라서 선택한 '제목'만 표시됩니다. 선택한 '스타일'에 따라 달라지는 텍스트를 자동으로 참조할 때는 스타일 참조를 이용합니다.

• 단락 번호 참조 : 워드의 상호 참조는 '번호 매기기 목록'이 가능합니다. 그래서 제목 스타일과 연결하지 않은 '번호 매기기' 단락도 참조로 이용할 수 있습니다.

• 자동 업데이트
  – 필드는 문서를 닫았다가 열면 자동으로 업데이트가 됩니다(업데이트 잠금 필드 제외).
  – 문서 전체를 선택(Ctrl+A)하여 F9 키를 눌러서 한꺼번에 업데이트할 수 있습니다(머리글, 텍스트상자 등 제외).
  – 인쇄할 때 자동으로 필드를 업데이트 하고 인쇄하려면 [파일] 탭-[옵션]-[표시]의 '인쇄 전 필드 업데이트'를 선택해 놓습니다.
  – 업데이트를 하지 않으려면 Ctrl+F11 키를 눌러서 '업데이트 잠금'을 설정합니다.

Sub 11 메모

1 새 메모와 회신 입력

[검토] 탭-[메모]-[새 메모]를 클릭하여 여백 오른쪽으로 표시되는 풍선 도움말 표시에 메모를 입력합니다. 메모에는 '회신'을 입력할 수 있고, 마우스 오른쪽 버튼을 클릭하고 [완료로 표시]를 실행할 수 있습니다. 풍선 도움말에는 메모를 입력한 사용자 이름이 함께 표시됩니다.

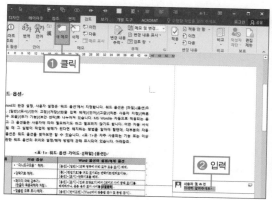 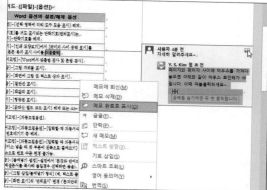

2 메모 표시

• 메모 및 변경 내용 간단히 : '메모'는 '변경 내용 추적'의 메뉴를 함께 사용합니다. 워드 2013 버전부터는 '메모 및 변경 내용 간단히'를 선택하여 풍선 도움말을 표시하지 않으면서 메모를 아이콘으로 간단히 확인할 수 있습니다. 아이콘을 클릭하면 '메모 텍스트'가 표시됩니다.

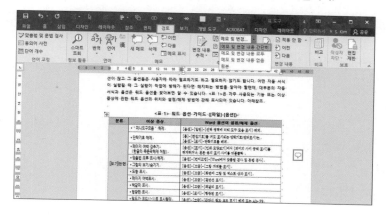

Tip 메모나 변경 내용을 인쇄하지 않으려면 [인쇄]-[설정]의 인쇄 영역 설정에서 '변경 내용 인쇄'를 해제합니다.

- 메모 표시 해제 : 메모를 완전히 표시하지 않으려면 [변경 내용 표시▼]에서 [메모]를 해제합니다. 메모를 삭제하는 것은 아니지만 화면에 표시되지 않고 인쇄 설정에서도 해제됩니다.

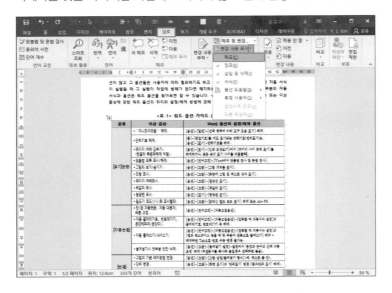

- 모든 수정 내용을 문장 안에 표시 : 풍선 도움말로 메모나 변경 내용을 표시하지 않고 문장 안에 강조하여 표시합니다.

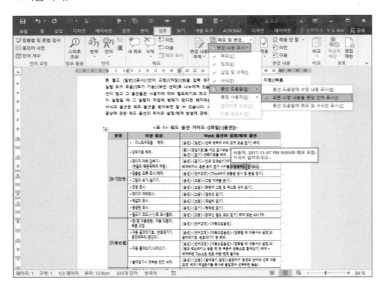

- **검토자별 표시** : 메모를 입력한 사용자별로 선택하여 표시/해제합니다. 변경 내용 추적에서도 동일하게 사용됩니다.

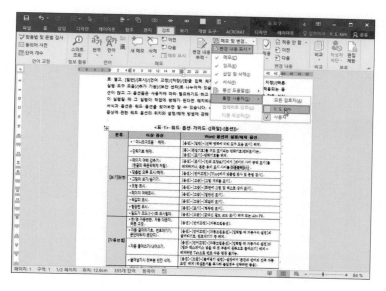

③ 메모 삭제

메모에서 마우스 오른쪽 버튼을 클릭하고 [메모 삭제]를 실행하거나, [검토] 탭-[메모]-[삭제▼]를 클릭하여 '삭제' 또는 '문서에서 메모 모두 삭제' 등을 선택합니다.

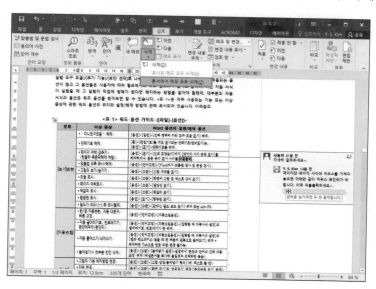

각주와 미주는 주석입니다. '각주'는 페이지나 텍스트 끝에 표시되고 본문의 설명이나 인용 내용 등을 입력합니다. '미주'는 문서나 구역의 끝에 입력되고 참고 문헌 등이 입력됩니다.

01 추가 설명이 필요한 곳에 커서를 두고, [참조] 탭–[각주]–[각주 삽입]을 클릭한 다음 각주 텍스트를 입력합니다.

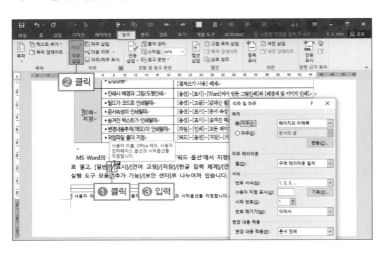

> Tip 각주/미주의 옵션은 각주/미주 대화상자를 열어서 설정합니다. 단이 있는 경우 '구역 레이아웃과 일치'하거나 '1열' 등으로 설정할 수 있습니다. 번호의 종류는 '번호 서식'에서 정하고, 구역 별 새 번호 설정은 '번호 매기기'에서 선택합니다.

02 각주의 스타일은 '각주 텍스트'입니다. 각주의 '글꼴'이나 '둘째 줄 이하' 내어쓰기 등을 정한 다음 스타일을 업데이트하면 전체 각주에 적용됩니다. '각주 참조'는 각주 번호에 대한 스타일로 '위 첨자'가 해제된 경우 이 스타일을 재적용하면 됩니다.

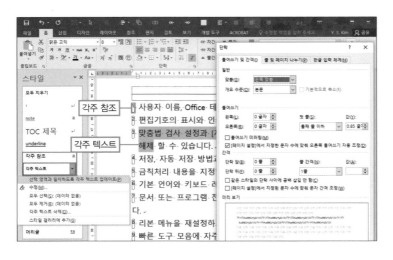

> Tip 각주는 [이동]([F5])에서 '각주'를 선택하거나, 바꾸기([Ctrl]+[H])에서 '^f'로 찾을 수 있습니다.

03 각주 위의 '각주 구분선'이나 '각주 계속 시 구분선' 등은 [보기]-[웹 문서 보기]나 [초안 보기]를 선택한 다음, [참조] 탭-[각주]-[각주/미주 표시]를 선택하면 수정할 수 있습니다. 직접 길이를 조정하거나, 단락 여백 등을 지정하여 본문과의 간격을 수정합니다. '모든 각주'를 선택하면 각주 전체를 모아 수정할 수 있습니다. [각주/미주 표시] 경계선은 마우스로 조절하여 많은 양을 표시할 수 있고, 수정이 끝난 다음에는 [보기]-[인쇄 모양 보기]([Ctrl]+[Alt]+[P])를 다시 선택합니다.

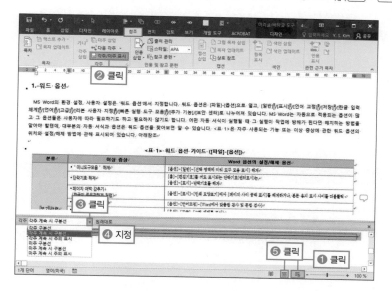

Tip 각주 안에서 [Ctrl]+[A] 키를 누르면 각주 전체가 선택됩니다. 각주의 서식은 스타일로 조정해야 하지만, 필요한 경우 각주 전체를 선택해서 서식 등을 변경할 수 있습니다. 각주 번호 다음을 [Tab] 키로 띄우면 본문의 시작 위치를 정렬할 수 있습니다.

Tip **숨김 텍스트**

'숨김 텍스트'([글꼴]-[숨김])는 [Ctrl]+[Shift]+[H] 키를 사용하는데, 편집 기호를 켜면 보이고(파란 점선 밑줄 표시), 편집 기호를 끄면 보이지 않습니다. '목차 항목 표시'(TC 필드)가 숨김 텍스트로 입력되고, 경우에 따라서는 복사해 붙이는 과정에서 자동 출처가 숨김 텍스트로 입력되기도 합니다. 일반적으로는 인쇄되지 않고 본문 영역을 차지하지도 않습니다. 숨김 텍스트를 인쇄하려면 [파일] 탭-[옵션]-[표시]의 '숨겨진 텍스트 인쇄'를 선택합니다.

숨겨진 텍스트가 있는 경우, 본문을 업데이트 할 때 편집 기호([Ctrl]+[*])는 해제하고 업데이트하여야 합니다. 단락 기호를 선택하여 '숨김'하면 두 단락을 하나의 단락으로 보이도록 할 수 있습니다. 이렇게 하면 한 단락에 여러 목록 번호를 표시할 수도 있고, 목차에도 이 모양이 적용됩니다.

표/차트 다루기

표를 만드는 방법을 알아보고, 표를 편집하는 방법을 알아봅니다. 표와 셀의 크기를 조절해 보고 색 및 스타일을 수정해 보겠습니다. 표뿐만 아니라 차트도 활용해 봅니다.

Sub 1 표 만들기

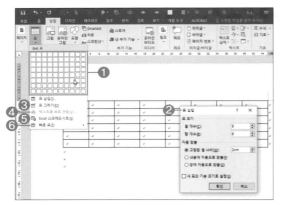
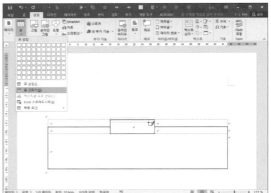

❶ **자동 표 삽입** : [삽입] 탭-[표▼]의 표 모양을 드래그하여 '열(칸)×행(줄)'을 선택하고 클릭하면 커서 위치에 표가 만들어집니다.

❷ **표 삽입 대화상자** : [삽입] 탭-[표]-[표 삽입]을 클릭하여 대화상자를 열고, 열/행 개수와 '자동 맞춤'을 지정한 다음 [확인] 버튼을 클릭합니다. 열 너비를 설정하려면 '고정된 열 너비'에 값을 직접 입력합니다.

❸ **표 그리기** : [표 그리기]를 선택하면 도형을 그리듯 자유롭게 표를 그릴 수 있습니다. 가로 선을 걸쳐서 그리기하면 자동으로 제목 셀이 만들어져서 〈보기〉 표를 쉽게 만들 수 있습니다.

❹ **텍스트를 표로 변환** : 입력된 텍스트를 블록 지정하여 표로 만듭니다. 행은 Enter 키로 나뉘고 열은 Tab 키로 띄어 주면 표를 만들기 쉽습니다.

❺ Excel 스프레드시트 : 설치된 엑셀을 이용하여 표를 만들어 추가합니다. 엑셀 메뉴를 이용하기 때문에 복잡한 계산식을 간단하게 이용할 수 있습니다. 작성한 다음 본문을 클릭하면 워드로 돌아와서 개체로 표시됩니다. 개체를 더블클릭하면 다시 엑셀로 수정할 수 있습니다. 완성한 표는 복사해서 본문에 붙여넣기 하는 것이 좋습니다. 개체이기 때문에 한 페이지만 표시됩니다.

❻ 빠른 표 : 표 갤러리에 만들어져 있는 템플릿을 추가합니다. 사용자가 만든 표도 갤러리에 추가할 수 있는데, 블록 지정한 다음 '선택 영역을 빠른 테이블 갤러리에 저장'하여 재사용할 수 있고 다른 문서에서도 사용 가능합니다.

Tip 자동 서식 표

[파일] 탭-[옵션]-[언어 교정]-[자동 고침 옵션]의 '입력할 때 자동 서식'에서 '표'를 선택해 놓으면 '+', '−'를 이용하여 작은 표를 만들 수 있습니다. '+'는 셀 경계선이고, '−'는 셀 크기입니다. (예 : 빈 단락에 '+−−−−−−+'를 입력한 다음 [Enter] 키를 누르면 셀 하나가 만들어집니다.)

Tip 워드 표 용어

- 행 : 엑셀에서 1, 2, 3, 4……로 매겨지는 가로 줄을 말합니다. 병합된 행이 있으면 '건너 띄고' 매겨집니다.
- 열 : 엑셀에서 A, B, C, D……로 매겨지는 세로 칸을 말합니다. 병합된 열이 있어도 '이어서' 매겨집니다.
- 표 이동 핸들 : 표를 전체 선택하거나 이동합니다. 표 이동 핸들로 이동할 때 '둘러싸기'와 '위치'가 자동 설정됩니다.
- 셀 끝 표시 : 셀의 끝을 표시하는 기호로 단락 기호처럼 선택되지는 않습니다. 셀 끝 표시에서 [Shift]+[→] 키를 누르면 셀이 선택되고 방향키를 이용하여 셀 블록을 확장할 수 있습니다.
- 행 끝 표시 : 행의 끝을 표시하는 기호로, 행 끝 표시에서 [Enter] 키를 누르면 행이 추가됩니다.
- 표 크기 조정 핸들 : 표의 끝을 표시하는 기호로, 표의 전체 크기를 조정할 수 있습니다.
- 표 단락 : 표가 추가되면 단락은 뒤로 밀려납니다. 표가 있는 단락에 다른 표를 추가했을 때 '배치'와 '스타일'이 같다면 하나의 표로 합쳐집니다. 표 단락은 삭제할 수 없고 불필요할 경우 글자 크기를 줄여서 표시합니다.

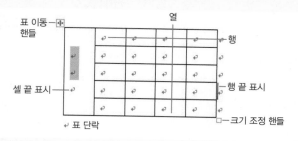

1 여러 가지 행/열 추가 방법

- [표 도구]-[레이아웃] 탭-[행 및 열] 그룹에서 [아래에 삽입] 등 여러 가지 셀 삽입 메뉴를 선택합니다.
- 마우스 오른쪽 버튼의 [삽입]에 있는 셀 삽입 메뉴를 실행합니다.
- 여러 행/열을 블록 지정한 다음 셀 삽입 메뉴를 선택하면 선택한 셀 만큼 추가 삽입됩니다.
- 행 끝 표시에 커서를 가져다 놓고 Enter 키를 눌러서 행을 추가합니다.
- 행/열 경계에 마우스를 가져다 대면 나타나는 행/열 추가 버튼을 클릭합니다.
- 셀을 선택하고 [표 도구]-[레이아웃] 탭-[병합]-[셀 분할]을 이용하여 셀을 추가할 수 있습니다.

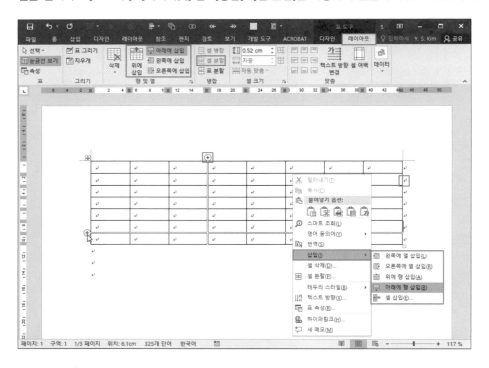

2 여러 가지 셀 삭제 방법

- 셀 또는 표를 선택하고 [표 도구]-[레이아웃] 탭-[행 및 열]-[삭제]-[셀 삭제] 등을 선택합니다.
- 표 전체를 삭제할 때는 표 바로 아래의 '표 단락'까지 선택하여 Delete 키를 누릅니다. 표 단락을 제외하고 Delete 키를 누르면 표의 내용만 삭제됩니다.
- 행이나 열 전체를 선택하여 Backspace 키를 누릅니다. 일부만 선택하여 Backspace 키를 누르면 선택한 부분만 표 크기가 줄어듭니다.
- 셀을 삭제하지 않고 [표 도구]-[레이아웃] 탭-[병합]-[셀 병합]으로 셀 수를 줄입니다.

③ 표 이동

- 페이지 시작 부분의 표 위에 단락을 추가하려면, '표의 시작'이나 '이전 페이지 끝'에 커서를 두고 Enter 키를 누릅니다.
- 표를 이동할 때는 '표 단락'을 포함하여 블록 지정하고 드래그하여 이동하거나 Ctrl + X 키를 누르고 Ctrl + V 키를 눌러 단락을 옮깁니다. F2 키를 누르고 방향키로 이동 후 Enter 키를 눌러도 이동 가능합니다. (Shift + F2 키는 복사)

④ 여러 가지 셀 선택 방법

- [표 도구]–[레이아웃] 탭–[선택]의 [셀 선택] 등 선택 메뉴를 이용합니다.
- 마우스로 필요한 셀만큼 드래그하여 선택합니다.
- 마우스로 행의 왼쪽 여백을 클릭 또는 드래그하면 행 단위로 선택됩니다. (Ctrl +클릭으로 다중 선택 가능)
- 셀의 왼쪽 아래 또는 열의 위에서 나타나는 셀 선택(➡)을 클릭합니다.
- 셀 끝 표시에서 Shift +[방향키]를 눌러서 셀 블록을 확장합니다.
- 숫자 패드의 Num Lock 키를 누르고 Alt + 5 키를 누르면 표 전체가 선택됩니다.

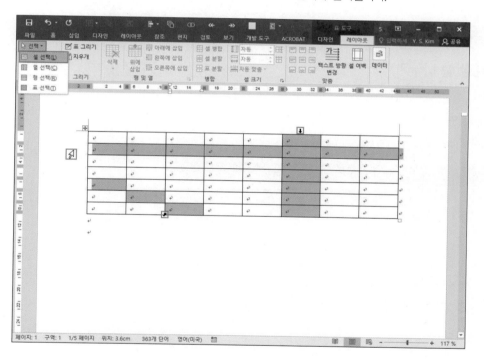

① 셀 병합(셀 합치기)

병합할 셀을 블록 지정하여 [표 도구]–[레이아웃]–[병합]–[셀 병합]을 클릭합니다.

② 셀 분할(셀 나누기)

셀을 선택한 다음 '열 개수'와 '행 개수'를 설정하고 [확인] 버튼을 클릭합니다. '분할하기 전에 셀 병합'에 체크 표시하면 입력된 '열/행 개수'만큼 나누어지고, 해제하면 각각의 셀이 지정한 '행/열 개수'만큼 나누어집니다.

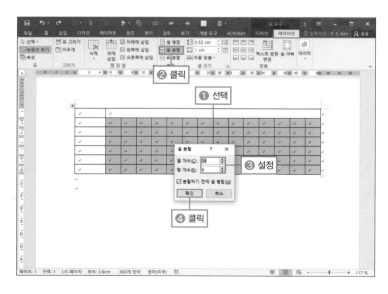

③ 표 분할(표 나누기)

나누려는 첫 행에 커서를 가져다 놓고 [표 도구] - [레이아웃] 탭 - [병합] - [표 분할]을 클릭합니다. 표가 나누어지면서 그 사이에 표 단락이 추가됩니다. 표 사이 단락을 삭제하면 두 표는 다시 붙습니다.

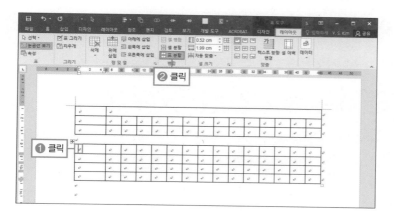

④ 표 병합(표 붙이기)

표 사이 단락을 삭제하여도 붙지 않을 경우는 표 스타일이 다르거나 둘 중 하나의 표가 '둘러싸기'인 경우입니다. 두 표가 모두 텍스트 배치 '없음'일 경우는 단락 기호를 삭제하면 하나의 표로 병합됩니다.

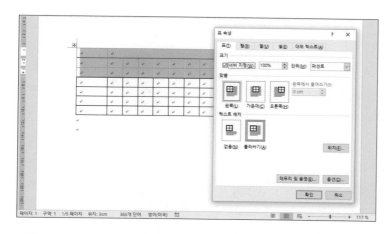

> **Tip** 특정 부분의 테두리가 굵게 표시되고 수정할 수 없다면 행 사이에 다른 표가 끼워져 있는지 확인해 보아야 합니다. 표 사이에 다른 표가 끼워져 있다면 배치와 스타일을 통일하여 표를 정리해 줍니다.

1 전체 표 크기를 창에 맞추기

- [표 도구]-[레이아웃] 탭-[셀 크기]-[자동 맞춤]-[창에 자동으로 맞춤]을 선택하여 표를 여백과 맞출 수 있습니다.
- [표 도구]-[레이아웃] 탭-[표]-[속성]을 클릭하고 표시되는 대화상자의 [표] 탭 화면에서 '너비 지정'에 체크 표시하고 단위를 '퍼센트'로 지정한 다음 '100%'를 입력합니다. 표의 여백 때문에 표가 창 바깥으로 나가 맞춰지는 경우 '97%' 정도로 줄여서 맞출 수 있습니다. 세로 크기는 지정하지 않습니다.

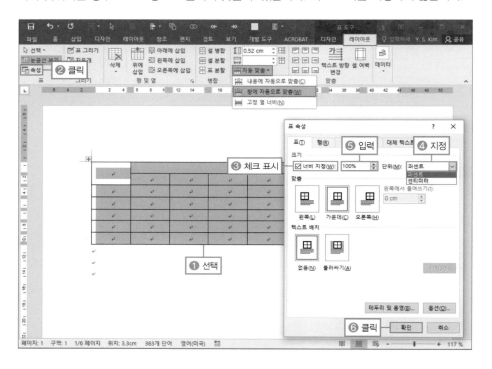

2 행 높이와 열 너비

❶ [표 속성] 대화상자의 [행]/[열] 탭에서 '높이'나 '너비'를 지정할 수 있습니다. 행 높이의 경우 '최소'로 지정하면 지정 값 이하로는 높이가 줄어들지 않습니다. 또, '고정'으로 지정하면 셀 내용이 늘어나도 셀 높이는 늘어나지 않습니다. 마우스로 조정하면 늘어납니다.

그림이나 텍스트를 입력했을 때 열 너비가 자동으로 늘어나는 것을 방지하려면, [표 속성] 대화상자의 [표] 탭 화면에서 [옵션] 버튼을 클릭하고 '내용에 맞게 자동으로 크기 조정'을 해제합니다.

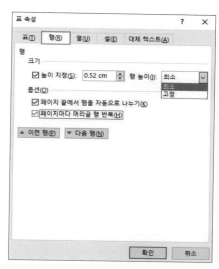

❷ 행/열 선을 마우스(⬌)로 드래그하면 전체 행/열의 높이/너비가 조정됩니다. 열의 경우는 블록 지정한 셀만 너비를 조정할 수 있습니다. 행은 일부 셀만 높이를 조정할 수 없기 때문에 셀 병합 또는 셀 분할을 이용합니다.

인접한 셀 크기에 영향을 주지 않으려면 Shift 키를 누른 채 조정합니다. 전체 표 크기는 변동됩니다. 세밀하게 조절하려면 Alt 키를 누른 채 조정합니다.

❸ [표 도구]-[레이아웃]의 '행 높이', '열 너비' 란에 값을 입력하거나 화살표를 눌러서 높이/너비를 조정합니다.

• 행 높이 같게(⊞)/열 너비 같게(⊞) : 블록 지정한 셀의 높이나 너비가 같도록 설정합니다.

> Tip 표를 설정한 다음 다른 표로 이동하여 F4 키를 누르면 같은 값으로 '재실행'됩니다.

1 표 여백과 셀 여백

[표 속성]-[표] 탭과 [셀] 탭의 [옵션]에서는 표의 내부 여백을 지정할 수 있습니다.

- [표] 탭의 여백 : 표의 기본 셀 여백을 정합니다. [표 도구]-[레이아웃] 탭-[셀 여백]과 같습니다.
- [셀] 탭의 여백 : 기본 여백과 다르게 블록 지정한 셀의 여백만 설정합니다. '전체 표에 동일하게 적용'을 해제하고 값을 설정합니다. [셀] 탭의 여백을 지정하면 전체 표 여백을 조정했을 때 적용되지 않으므로, 가급적 [표] 탭에서 여백을 설정해 줍니다.
- 표의 바깥 여백 : [둘러싸기]일 경우는 [위치]에서 '주변 텍스트와의 간격'으로 지정합니다.

※ 표 출처 : 통계청(2015), 2015한국도시통계 : 혼인 및 이혼율, 행정안전부

2 셀 맞춤

[표 도구]-[레이아웃]의 '맞춤'을 이용하면, '셀 세로 맞춤'과 '단락 맞춤'을 함께 설정할 수 있습니다. [표 도구]나 [표 속성]에서 지정할 수 없는 것은 대부분 [단락] 대화상자에서 설정합니다. 표에서는 줄 간격을 '1줄' 이하로, '단락 간격'을 '0'으로 지정해야 '셀 세로 맞춤'이 가운데로 표시됩니다.

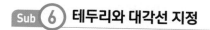

Sub 6 테두리와 대각선 지정　　　・원본 파일 : 05/02_Sub6~7(원본)　・완성 파일 : 05/02_Sub6~7

01 '표 이동 핸들'을 클릭하여 표 전체를 선택하고, [표 도구]–[디자인] 탭–[테두리▼]–[테두리]에서 [왼쪽 테두리]와 [오른쪽 테두리]를 각각 선택하여 해제합니다.

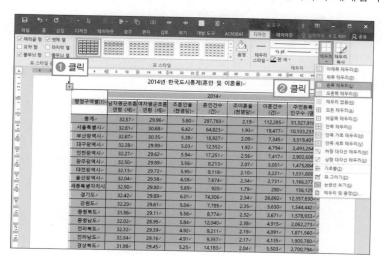

> **Tip** 테두리가 해제되면 점선으로 '테두리 없음'이 표시되는데, 보이지 않는다면 [표 도구]–[레이아웃]의 [눈금선 보기]를 선택해 놓습니다.

02 [펜 두께]를 '2¼pt'로 설정하고, [펜 색]을 지정한 다음, [테두리]에서 '위쪽 테두리'와 '아래쪽 테두리'를 각각 클릭합니다.

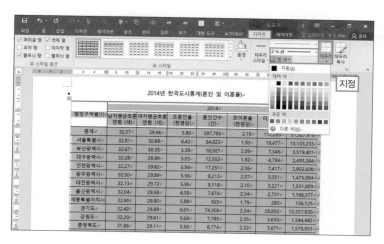

03 '머리글 행' 부분을 블록 지정한 다음, [펜 스타일]을 '겹선'으로 지정하고, [테두리]에서 '아래쪽 테두리'를 선택합니다.

> Tip **머리글 행**
> 페이지마다 자동 반복되는 '머리글 행'으로 지정하려면 [표 도구]–[레이아웃] 탭–[데이터]의 '페이지마다 머리글 행 반복'([표 속성]–[행])을 선택합니다. 첫 행을 포함하여야 선택할 수 있습니다.

04 첫 셀을 선택한 다음 [디자인] 탭–[테두리▼]에서 [하향 대각선 테두리]를 선택합니다. 대각선 위쪽은 단락 맞춤을 '오른쪽'으로, 대각선의 아래쪽은 '왼쪽'으로 정렬하여 대각선에 가리지 않도록 합니다.

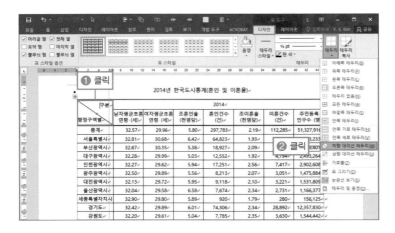

머리글 행을 선택하여 [표 도구]−[디자인] 탭−[음영]에서 채우기 색을 지정합니다.

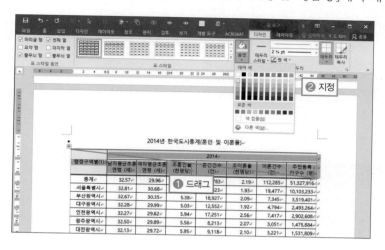

1 그림을 배경으로 넣기

셀이나 표에 배경으로 그림을 넣을 경우가 있는데, 워드는 셀 배경으로 그림을 넣을 수는 없지만 워드의 표는 그림이나 개체와 겹쳐 놓아도 표를 이동하는데 큰 문제가 없습니다. 그렇기 때문에 그림을 배경으로 넣고자 할 때는 '텍스트 뒤' 배치로 하여 표의 아래에 겹쳐서 놓으면 됩니다. 물론 배경은 아니기 때문에 셀과 함께 자동 조절되지는 않습니다.

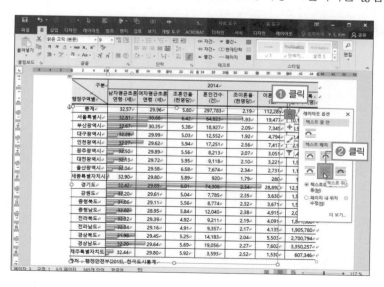

② 그라데이션 넣기

워드의 표는 셀 음영 색으로 그라데이션을 넣을 수 없습니다. 그래서 도형에 그라데이션 채우기를 한 다음 '텍스트 뒤'로 표와 겹쳐 놓습니다. '텍스트 뒤' 개체가 보이지 않는다면 표의 '음영'이 '흰색'인지 확인하고 '색 없음'으로 변경합니다.

③ '텍스트 뒤' 배치

'텍스트 뒤' 배치는 개체 선택이 잘 되지 않아 본문을 입력할 때 편리한데요. 개체를 편집하기 위해 선택하려면 '개체 기준 위치'가 입력된 단락을 블록 지정한 다음 개체를 선택하면 됩니다. [선택 창]을 열어놓고 찾아 선택해도 됩니다.

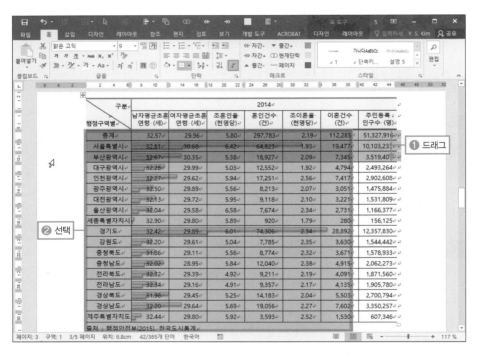

- **개체 기준 위치(닻 모양)** : 개체를 '텍스트 뒤'로 배치하여 표와 겹쳐 놓으려면 '개체 기준 위치'가 표 영역 안에 있어야 이동할 때 같이 조정됩니다. 편집 기호를 켜고 개체를 선택해서 '개체 기준 위치'가 표 바깥에 있다면 마우스로 끌어 표 안쪽으로 옮겨 주세요.
- **개체의 위치** : 개체의 기준 위치([기타 레이아웃]-[위치])가 '열', '단락' 등 '텍스트와 함께 개체 이동'이 가능한 위치여야 합니다. '페이지'나 '여백'을 기준으로 위치 값이 있는 개체는 표(텍스트)와 함께 이동되지 않습니다.

※ 위치가 잘 조정되지 않을 때는 방향키를 이용하거나, Alt 키를 누른 상태에서 조정합니다.

• 원본 파일 : 05/02_Sub8(원본) • 완성 파일 : 05/02_Sub8

1 표 스타일 적용하기

　[표 도구]-[디자인] 탭의 '표 스타일 옵션'의 필요한 옵션을 체크합니다. '머리글 행'은 제목 셀이 될 첫 째 행, '첫째 열'은 맨 왼쪽 A열, '요약 행'은 맨 마지막 행인 '총계'가 들어갈 행입니다. 필요 없는 옵션은 해제합니다. [표 스타일]-[자세히] 버튼(▽)을 클릭하여 적당한 표 스타일을 선택하면 스타일이 표에 적용됩니다.

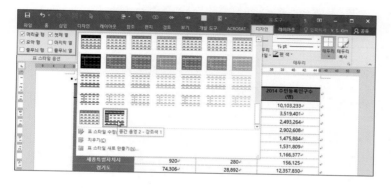

2 표 스타일 만들기

01 [표 도구]-[디자인] 탭-[표 스타일]-[자세히](▽)의 '표 스타일 새로 만들기'로 자주 사용하는 표 모양을 만들 수 있습니다. '스타일 만들기'를 이용해도 됩니다.

이름을 입력하고 스타일 형식을 '표'로 지정한 다음 서식 적용 대상을 '표 전체'로 선택합니다. 테두리를 '안쪽 테두리'로, 셀 맞춤을 '가운데'로 지정하고 [확인] 버튼을 클릭합니다.

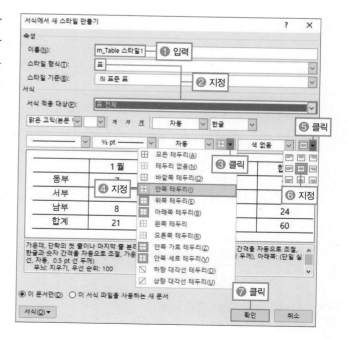

> Tip 서식 적용 대상을 정한 이후의 수정 사항은 선택한 영역에만 적용됩니다.

02 서식 적용 대상을 다시 '머리글 행'으로 선택하고 첫째 행의 테두리를 지정합니다. [서식]-[글꼴]에서 '굵게'를 선택합니다.

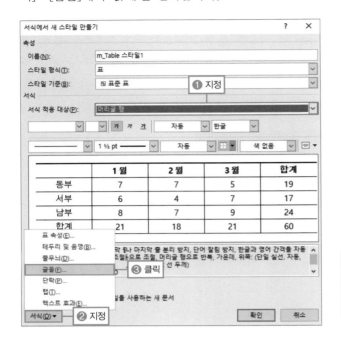

03 서식 적용 대상을 '요약 행'으로 선택하고 '아래쪽 테두리'를 지정합니다. [서식]-[테두리 및 음영]에서 지정합니다. '이 서식 파일을 사용하는 새 문서'를 선택하고 [확인] 버튼을 클릭합니다. 이렇게 하면 다른 문서에서도 이 표 스타일을 사용할 수 있습니다.

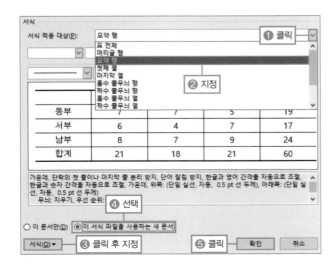

❸ 표 스타일 수정하기

표 스타일에서 마우스 오른쪽 버튼을 눌러서 '스타일 수정'을 할 수 있습니다. [서식] 버튼을 클릭하면 셀 테두리/음영이나 셀 여백, 글꼴, 단락, 탭 설정, 줄무늬 등을 다양하게 지정할 수 있습니다.

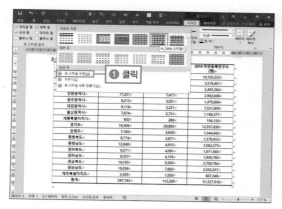
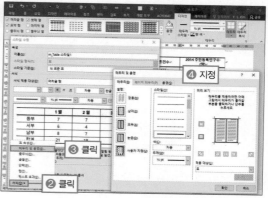

표 스타일에 특정 서식이 포함되어 있는 경우, 표에 적용된 서식은 해제될 수 있습니다. 그렇기 때문에 표 스타일은 최소한으로 지정하고, 항상 반복하는 모양이나 속성만 저장해 두는 것이 좋습니다.

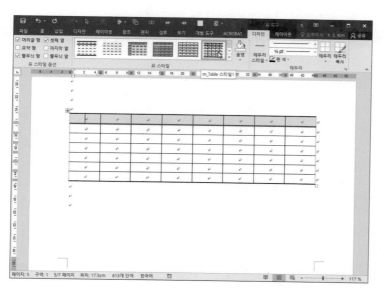

Tip 표 스타일에 오류가 있을 경우, '표 구분선'이라고 하는 기본 표 스타일을 적용한 다음 스타일을 다시 적용하거나, 새로운 표를 만들어 적용하는 등 방법을 바꾸어 봅니다.

1 정렬

01 정렬할 영역을 블록 지정한 다음 [표 도구]−[레이아웃] 탭−[데이터]−[정렬] 또는 [홈] 탭−[단락]−[정렬]을 선택합니다. 표가 아닌 단락도 가능합니다.

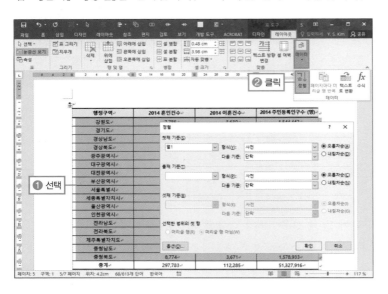

02 [정렬] 대화상자에서 '기준' 열과 '오름차순' 또는 '내림차순'을 지정하고 [확인] 버튼을 클릭합니다.

☑ 텍스트로 변환/텍스트를 표로 변환

01 표를 단락으로 바꾸는 것은 [표 도구]−[레이아웃] 탭−[데이터]−[텍스트로 변환]에서, 단락을 표로 바꾸는 것은 [삽입] 탭−[표▼]−[텍스트를 표로 변환]에서 합니다.

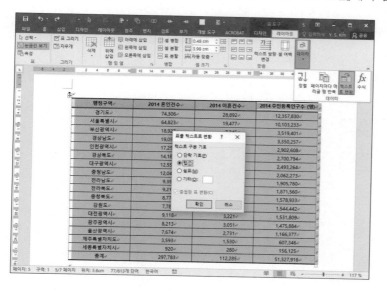

02 열 테두리를 넣으려면 탭, 빈칸과 같은 구분 기호가 필요합니다.

표에서 수식(계산식)을 이용하기 위해서는 셀 번호를 알아야 합니다. 워드의 셀 번호는 엑셀과 비슷하지만 셀 병합이 된 경우 차이가 있고, 셀 번호가 표시되지 않기 때문에 표 수식을 사용할 때 주의하여야 합니다.

- **행(줄)** : 1, 2, 3, 4……로 매겨지고 병합된 행은 '건너 띄고' 매겨집니다.
- **열(칸)** : A, B, C, D……로 매겨지고 병합된 열도 '이어서' 매겨집니다. 열 너비는 자유롭게 조정됩니다.

A1	B1	C1	D1	E1
A2	B2	C2		D2
A3		C3	D3	E3
A4	B4	C4	D4	E4

1 계산식 사용하기

[표 도구]–[레이아웃] 탭–[수식]을 선택하고 '=' 다음에 계산식을 만듭니다. '=SUM(LEFT)'는 왼쪽 전체 합을 계산합니다. 계산식 값은 회색 음영으로 표시되고, 필드이기 때문에 '필드 편집'이나 '필드 코드 표시'가 가능합니다. 범위로 특정 셀 번호를 지정하지 않았다면 복사하여 다른 셀에도 적용할 수 있습니다. F9 키를 누르면 계산된 값으로 업데이트됩니다.

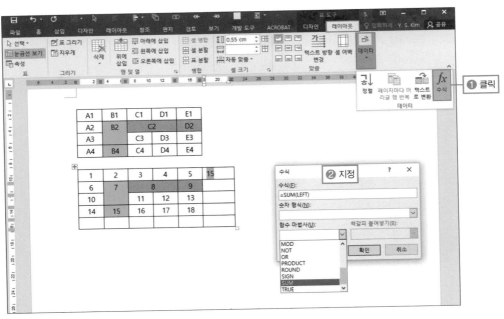

☑ 계산식 만들기

❶ '함수 마법사'에서 함수 선택

계산식 필드에서 사용할 수 있는 함수는 SUM, PRODUCT, AVERAGE, ROUND, ABS, AND, COUNT, DEFINED, FALSE, IF, INT, MAX, MIN, MOD, NOT, OR, SIGN, TRUE가 있고, 사칙연산도 사용 가능합니다.

❷ '수식'의 '( )' 안에 범위 입력

계산 범위는 ABOVE(위), BELOW(아래), LEFT(왼쪽), RIGHT(오른쪽), ABOVE,BELOW(위와 아래), LEFT,RIGHT, LEFT,ABOVE, RIGHT,ABOVE, LEFT,BELOW, RIGHT,BELOW 등이 있고 셀 번호를 사용할 수 있습니다.

❸ '숫자 형식' 선택

숫자 형식은 값의 형식인데, '#'(값이 있는 경우 표시하고 값이 없는 경우 빈칸)과 '0'(값이 없는 경우 0으로 표시) 그리고 자리 점으로 만들어진 형식에서 선택 후 수정할 수 있습니다.

> **Tip 계산식 예**
> - =PRODUCT(B2,B4) : 'B2'와 'B4' 셀의 곱
> - =AVERAGE(A1:D1) : 'A1'부터 'D1'의 평균
> - =ROUND(SUM(LEFT)/3,2) : '왼쪽 전체 합 나누기 3'을 소수점 '2'째 자리에서 반올림

☒ 계산할 수 없는 범위는 셀 위치 바꾸기

01 계산식이 들어갈 셀을 가운데 두고 '=SUM(RIGHT)/SUM(LEFT)*100'으로 계산식을 만들 수 있습니다.

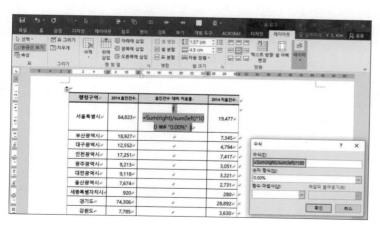

02 이 범위는 절대 위치가 아니기 때문에 복사해서 사용할 수 있습니다. 나머지 셀에 복사해 붙인 다음 F9 키를 눌러서 업데이트합니다.

서울특별시	64,823	30.05%	19,477
부산광역시	18,927	38.81%	7,345
대구광역시	12,552	38.19%	4,794
인천광역시	17,251	42.99%	7,417
광주광역시	8,213	37.15%	3,051
대전광역시	9,118	35.33%	3,221
울산광역시	7,674	35.59%	2,731
세종특별자치시	920	30.43%	280
경기도	74,306	38.88%	28,892
강원도	7,785	46.63%	3,630
충청북도	8,774	41.84%	3,671
충청남도	12,040	40.82%	4,915
전라북도	9,211	44.41%	4,091
전라남도	9,357	44.19%	4,135
경상북도	14,183	38.80%	5,503
경상남도	19,056	39.89%	7,602
제주특별자치도	3,593	42.58%	1,530
총계	297,783	37.71%	112,285

④ 책갈피 붙여넣기

책갈피를 모아서 계산할 수 있습니다. 범위를 지정하여 [삽입] 탭 – [링크] – [책갈피]를 선택하여 책갈피를 추가합니다. [표 도구] – [레이아웃] 탭 – [데이터] – [수식]의 '책갈피 붙여넣기'에서 책갈피를 선택해 계산식('=도')을 만듭니다.

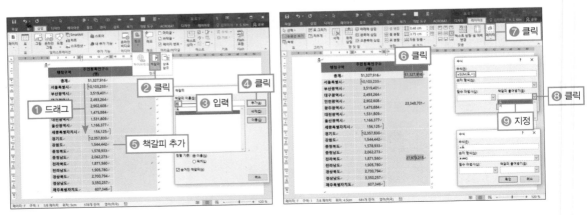

붙여넣기(Ctrl+V)를 하면 마지막 부분에 붙여넣기 옵션이 표시됩니다. 붙여넣기 옵션은 경우에 따라서 조금씩 달라집니다. 블록 지정하여 붙여넣기 하면 '셀 덮어쓰기'를 이용할 수 있고, 지정한 만큼 복사한 내용을 반복해서 붙여넣을 수 있습니다.

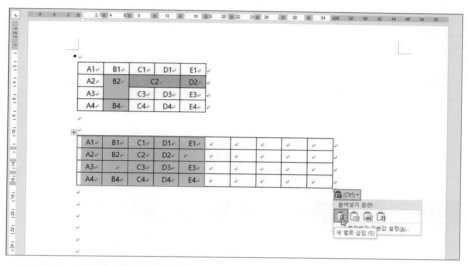

▲ 새 열로 삽입 : 커서가 있는 셀 앞에 새 열로 삽입합니다.

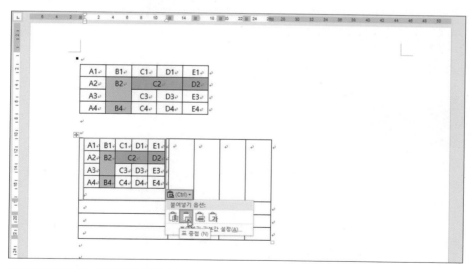

▲ 표 중첩 : 커서가 있는 셀 안에 표로 삽입합니다.

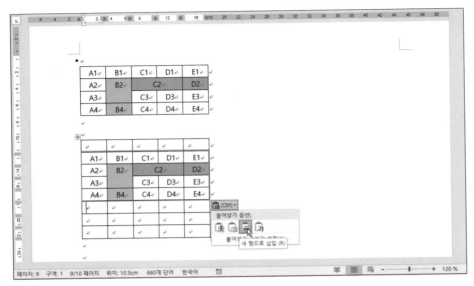

▲ 새 행으로 삽입 : 커서가 있는 셀 다음에 새 행으로 삽입합니다.

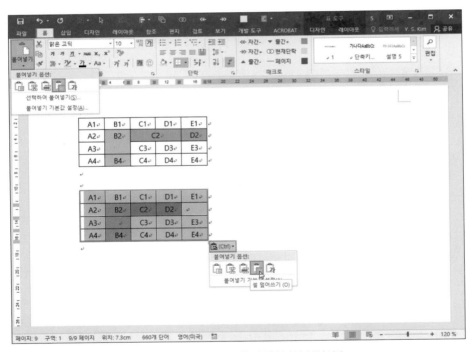

▲ 셀 덮어쓰기 : 블록 지정한 영역만큼 내용을 채우기 합니다. 부족한 부분은 붙여 넣지 않습니다.

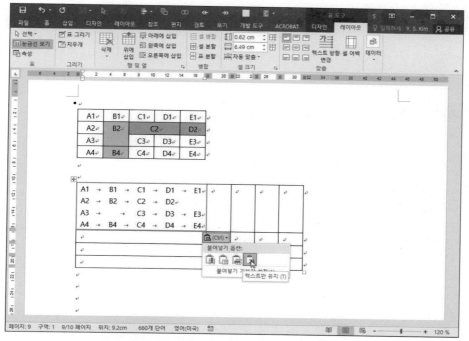

▲ 텍스트만 유지 : 표를 텍스트로 변환하여 셀에 붙여넣기 합니다.

Tip 표에 붙여넣기를 할 때 각각의 표로 삽입되지 않도록 합니다. 셀 병합이 되어있고 붙여질 곳과 다르다면 한 번에
복사하지 말고 병합 셀 주위를 몇 조각으로 나누어 복사해 붙입니다. 병합된 경우 셀 번호를 염두에 두고 복사하세요.

Tip **워드 표의 흔한 애로사항**

• 둘러싸기 : 표 이동 핸들을 잡고 이동하는 경우 자동으로 둘러싸기가 됩니다. 둘러싸기는 표 위치를 정할 수 있지만,
  사용자가 제어할 수 없는 많은 문제들을 만듭니다. 이해할 수 없는 성질의 표가 있다면 둘러싸기를 해제해 보세요.

• 단락 여백 : 표 여백과 표 맞춤을 조정하였는데도 생기는 여백은 단락의 여백입니다. 워드 표는 단락의 테두리와 같
  은 성질을 가지고 있기 때문에 단락 설정을 잘 활용할 수 있습니다.

• 빈 칸의 너비 : 빈 칸의 너비가 너무 많이 벌어진다면 [단락]-[한글 입력 체계]의 '한글 단어 잘림 허용'을 선택해 보
  세요.

• 나누지 않음 : 워드 표는 '나누지 않음'이나 '글자처럼 취급'과 같은 설정이 없습니다. 표를 나누지 않으려면 단락의
  '페이지 매김'이나 '페이지 나누기'를 활용하고, 경우에 따라서는 [개발 도구]-[이전 도구]-[가로틀 삽입]을 이용하기
  도 합니다. [표 속성]-[행] 탭의 '페이지 끝에서 행을 자동으로 나누기'는 선택하면 '나눔', 해제하면 '셀 단위 나눔'이
  됩니다.

• 반복 실행 : 워드 표는 개체가 아니어서 한글 표처럼 배치하고 조작하지 않습니다. 워드 표의 장점인 자동 맞춤이나,
  줄 선택, 다중 선택, 표 스타일 그리고 재실행(F4) 등을 활용하여 쉽게 편집해 보세요.

01 [삽입] 탭−[일러스트레이션]−[차트]를 클릭하여 차트 종류를 선택하고 [확인] 버튼을 클릭합니다.

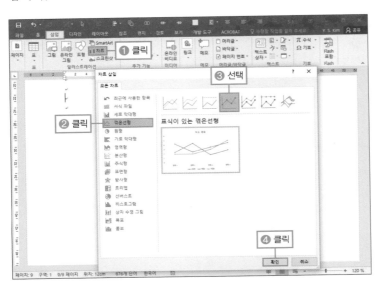

02 엑셀 [데이터 편집] 창이 나타나면 직접 입력하거나, 입력된 표에서 복사해 붙여 넣고 [×]를 눌러 닫습니다.

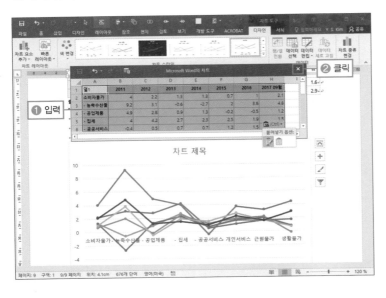

03 [차트 도구]-[디자인] 탭-[데이터 선택]을 클릭하여 대화상자를 열고 [행/열 전환]과 항목을 선택합니다. 차트 옆의 필터 아이콘(▼)을 클릭하여 수정하고 [적용] 버튼을 클릭해도 됩니다.

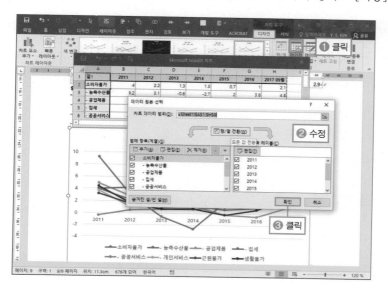

04 [차트 도구]-[디자인] 탭-[빠른 레이아웃]에서 '축 제목', '범례 모양' 등이 다른 적당한 레이아웃을 선택합니다. [차트 도구]-[디자인] 탭-[차트 스타일]에서 꾸며진 차트 디자인 또는 색을 선택할 수 있습니다. 차트 옆 차트 디자인(✎)아이콘을 선택해도 됩니다.

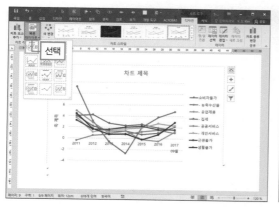

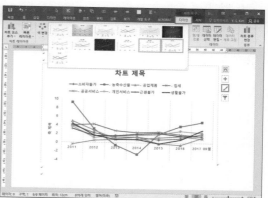

05 '차트 제목'을 입력하고 [차트 도구]-[서식]에서 '도형 스타일'을 선택하거나, 대화상자를 열어 자세히 변경합니다. 글자 모양이나 크기는 [홈] 탭-[글꼴]을 이용합니다.

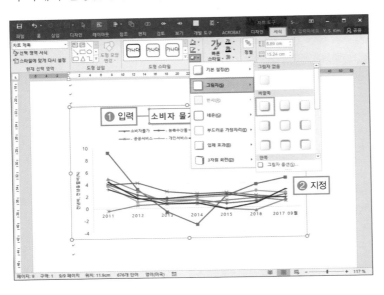

06 차트 항목은 각각 클릭하여 이동하거나, 마우스 오른쪽 버튼을 눌러 수정합니다. 축을 선택하여 마우스 오른쪽 버튼에서 [축 서식]을 실행한 다음 축의 최대/최소값과 단위 등을 다시 설정할수 있습니다.

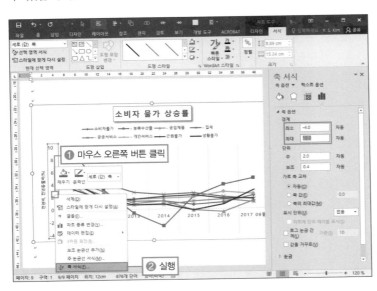

07 [차트 도구]-[디자인] 탭-[차트 요소 추가]에서 차트 요소별 디자인을 다시 지정합니다. 차트 옆의 ⊞ 버튼으로도 수정할 수 있습니다.

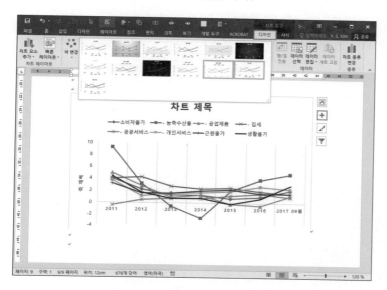

Tip [눈금선]-[기본 주 세로]
해제하려면 눈금선을 직접 클릭하고 Delete 키를 눌러도 됩니다.

08 계열을 더블클릭하여 '데이터 계열 서식'을 열고 [채우기 및 선]-[선]에서 '너비'를 '1pt'로 수정합니다. 다른 계열들을 선택하여 F4 키를 누릅니다.

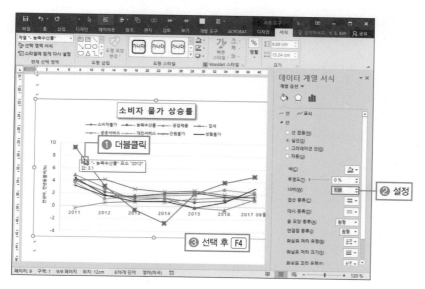

Part 06

워드 고급 기능
활용하기

Part 6에서는 한글의 숨어 있는 고급 기능을 소개합니다. 문서 작업의 시간을 줄여주고,
완성적인 문서를 작성하는 노하우를 배워 보세요.

고급 기능 다루기

　　캡션 번호를 넣어 보고, 수동 목차와 자동 목차, 사용자 지정 목차, 그림 목차를 만드는 방법을 알아봅니다. 색인과 편지를 넣고 변경 내용 추적과 비교 병합, 맞춤법 검사, 컨트롤 삽입, 서식 파일로 저장을 이용해 보겠습니다.

 Sub 1　캡션　　　　　　　　　　　　　　　　　• 원본 파일 : 06/01_Sub1(원본)

1 장 번호를 포함한 캡션 번호 넣기

01　표에서 [참조] 또는 마우스 오른쪽 버튼을 클릭하고 [캡션 삽입]을 실행합니다. 레이블에서 기존 레이블을 선택해도 되지만, 늘 같은 기호와 함께 입력된다면 [새 레이블]에서 기호를 함께 입력하여 새 레이블을 만듭니다. '캡션(C)' 란은 미리 보기도 되고 나머지 캡션 내용을 직접 입력해도 됩니다.

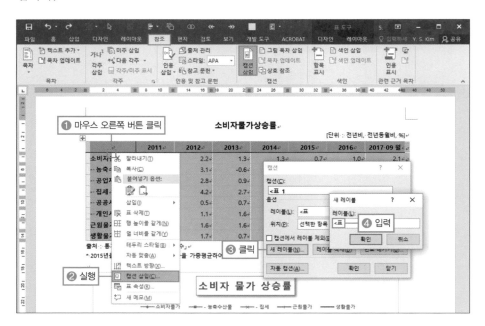

02 위치를 '선택한 항목 위'로 지정합니다. 일반적으로 표 캡션은 표의 위에, 그림 캡션은 그림의 아래에 입력합니다. 캡션 번호의 모양을 변경하려면 [번호 매기기] 버튼을 클릭하여 서식에서 번호 종류를 고릅니다. 장 번호를 캡션번호와 함께 표시하려면 '장 번호 포함'에 체크하고, '장에 적용할 스타일'을 선택합니다. 본문에 제목 스타일 등 번호 목록이 연결된 장 제목이 입력되어 있어야 사용할 수 있습니다.

[확인] 버튼을 차례로 클릭하면 표의 위에 장 번호가 포함된 캡션 번호가 입력됩니다.

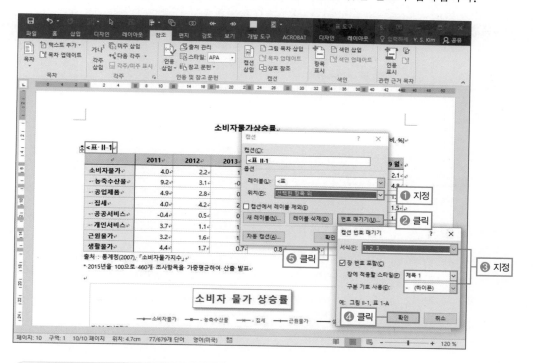

Tip

- 캡션은 '캡션' 스타일이 자동 적용됩니다. 서식을 변경한 후에는 '캡션' 스타일을 업데이트하면 다른 캡션에도 적용됩니다.

- 개체가 '텍스트 배치' 상태에 있는 경우 캡션이 자동으로 같은 크기의 텍스트 상자 안에 입력됩니다. 이때 개체와 캡션이 항상 떨어지지 않도록 해야 하므로, 개체와 캡션 텍스트 상자를 Shift 키를 이용해 다중 선택하여 [그룹]으로 만들어야 합니다.

2 캡션 번호 활용하기

캡션의 번호 부분만 복사한 다음, 각 표의 제목 앞에 모두 붙여넣기 합니다. Ctrl + A 키를 누르고 F9 키를 눌러서 문서 전체의 캡션 번호를 모두 업데이트합니다.

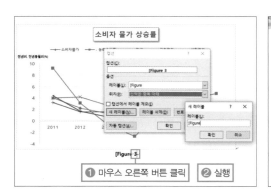

3 캡션의 새 번호로 시작

캡션을 넣은 다음 번호를 선택하고 마우스 오른쪽 버튼을 클릭합니다. [필드 편집]을 실행하고 표시되는 대화상자에서 [옵션] 버튼을 클릭하고 [필드 고유의 스위치] 탭 화면을 표시합니다. 'Wr' 스위치를 선택한 다음 [필드에 추가]합니다. 'Wr' 옆에 '1'을 입력 후 [확인] 버튼을 차례로 클릭하여 대화상자를 닫습니다.

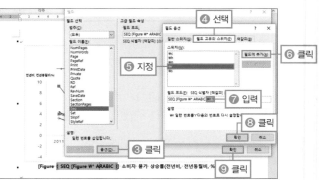

> Tip 필드에서 Shift + F9 키를 누른 다음 '}' 앞에 'Wr 1'을 입력하고 F9 키를 눌러도 됩니다.

• 원본 파일 : 06/01_Sub2(원본) • 완성 파일 : 06/01_Sub2

목차는 '수동 목차', '자동 목차', 그리고 사용자가 다양하게 지정해서 만들 수 있는 '사용자 지정 목차'('목차 삽입')가 있습니다. '자동 목차'와 '사용자 지정 목차'는 스타일이나 개요 수준, '목차 항목 필드'('TC' 필드) 이 세 가지 중의 하나는 본문에 적용되어 있어야 합니다. 본문을 먼저 편집하고 목차를 만드세요. (※ 참고할 명령 : 새 다단계 목록 정의, 스타일, 필드)

1 수동 목차

01 [참조] 탭-[목차]-[수동 목차]를 선택합니다. 본문에 입력된 목차 콘텐츠 컨트롤에 직접 내용을 입력합니다. 페이지 번호도 상호 참조되는 것이 아니라 직접 입력해야 합니다. 단지 탭 등 서식이 적용된 목차 템플릿을 사용하는 것이라고 할 수 있습니다.

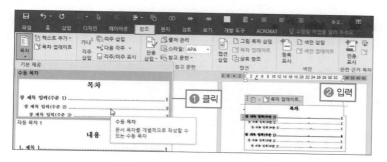

02 좀 더 쉽게 입력하기 위해 [보기] 탭-[나누기]를 선택합니다. 나누기는 창을 나누어서 같은 문서의 다른 부분을 편집할 수 있는 기능입니다. 제목을 찾아서 목차에 각각 복사하고 상태 표시줄에서 페이지를 확인하여 입력합니다.

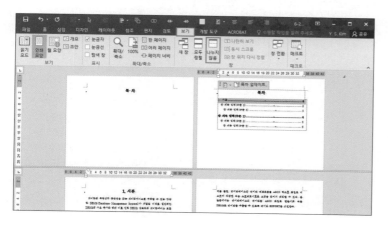

② 자동 목차

01 제목에서 [단락]의 '개요 수준'을 정해 놓습니다. 이미 개요 수준이 포함된 '제목 1~9' 스타일을 적용해도 됩니다.

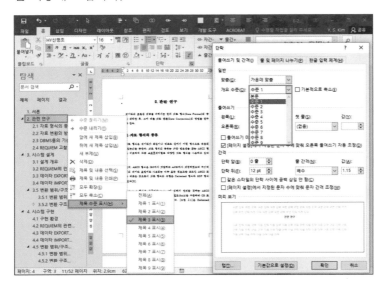

02 [보기]-[탐색 창]에 체크하여 개요 단락을 확인합니다. 탐색 창에 표시된 단락이 '자동 목차'가 될 모양입니다. 필요없는 단락에 개요 수준이 있다면 '표준'(Ctrl+Shift+N) 스타일 등을 적용하여 해제합니다. 자동 목차는 개요 3 수준까지 목차로 만듭니다.

[참조] 탭-[목차▼]-[목차]에서 두 가지 '자동 목차' 중 하나를 선택하여 목차를 만듭니다.

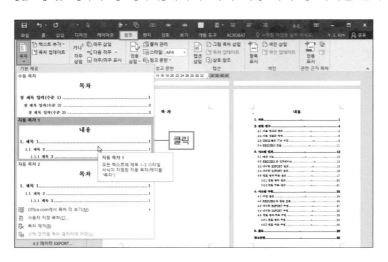

> **Tip 개요 보기**
>
> 개요 수준을 편하게 주기 위해서 [보기]-[개요 보기]를 이용할 수 있습니다. 개요 보기는 문서를 개요 수준으로 표시합니다. 도구 메뉴에서 수준을 지정하면 ⊞나 ⊟가 표시되고 '자동 목차'를 만들 수 있습니다.

③ 사용자 지정 목차(목차 삽입)

자동 목차는 목차를 다양하게 설정할 수 없기 때문에 목차 삽입은 '사용자 지정 목차'를 이용하는 것이 좋습니다. '목차 삽입'은 본문에 입력된 '스타일', '개요 수준' 또는 '목차 항목 필드' 중 하나 이상을 선택하여 완성할 수 있습니다.

■ 스타일로 목차 만들기

제목 중 목차에 포함될 제목에 스타일을 잘 적용한 다음, [참조]-[목차▼]-[목차]에서 '사용자 지정 목차'를 선택합니다. '페이지 번호 대신 하이퍼링크 사용'은 해제하고, [옵션] 버튼을 클릭합니다. [옵션] 메뉴에서 목차에 포함 시킬 '스타일' 이름 옆에 '목차 수준' 번호를 입력합니다. 필요 없는 스타일은 번호를 삭제하고 [확인] 버튼을 차례로 클릭합니다.

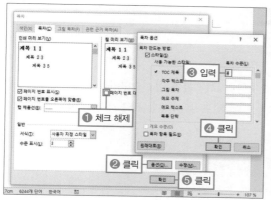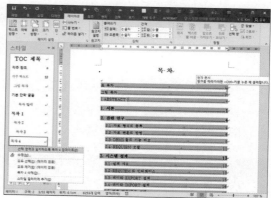

> **Tip** '목차 수준' 입력 예
>
> '제목 1'에 '1', '제목 2'에 '2', '제목 3'에 '3', 'TOC 제목'에 '4'(목차 4 스타일)를 지정하였습니다. 목차는 목차 스타일이 자동 적용되고, 페이지 번호에는 하이퍼링크가 설정됩니다.

■ 목차 항목 필드(TC)로 목차 만들기

단락의 일부분만 목차에 넣어야 한다면 '목차 항목 표시'(Alt+Shift+O)를 이용할 수 있습니다. 목차 항목 표시는 숨김 텍스트(점선 밑줄 표시)로 입력되고 편집 기호를 끄면 표시되지 않습니다.

01 목차에 추가해야 할 부분을 블록 지정하고 Alt + Shift + O 키를 누릅니다. '항목' 란을 클릭하면 블록 지정한 내용이 그대로 붙여넣기 됩니다. '목차 식별자'(예 : 'F')와 '수준'(예 : '4')을 선택합니다. '목차 식별자'는 제목 'C', 그림 'F', 표 'T' 등을 주로 사용합니다.

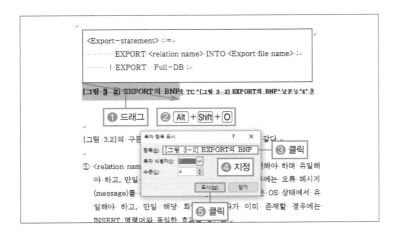

02 [참조] 탭-[캡션]-[그림 목차 삽입]을 클릭합니다. [그림 목차 옵션] 대화상자에서 [옵션] 버튼을 클릭하여 표시되는 대화상자에서 '목차 항목 필드'에 체크 표시하고 식별자를 'F'로 선택한 다음 [확인] 버튼을 차례로 클릭합니다.

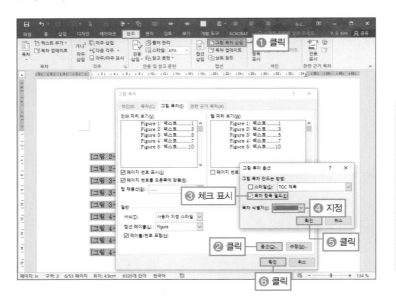

> **Tip**
> • '목차 항목 표시' 대화상자를 열어둔 채 여러 곳에 항목 표시를 추가합니다.
> • '목차 항목 표시'는 편집 기호(Ctrl + *)를 켜면 자리를 차지하기 때문에 'page'가 달라질 수 있습니다. 반드시 편집 기호를 끄고 목차를 만들어야 합니다.

■ 목차 스타일 수정하기

　일반적으로 목차 스타일은 자동 업데이트가 되기 때문에 한 단락을 수정하면 다른 단락에도 적용됩니다. 이때 Ctrl+Z 키를 누르면 다시 한 단락에만 적용되게 되는데요. 자동 업데이트를 해제하거나, 서식을 바꾸려면 '스타일 수정'을 합니다.

　Ctrl+Alt+Shift+S 키를 누르고 스타일 창을 연 다음 [스타일 수정] 대화상자를 엽니다. '자동으로 업데이트' 옵션을 체크 해제하고, [서식]의 [단락]이나 [글꼴] 대화상자를 직접 열어 수정한 다음 [확인] 버튼을 클릭합니다.

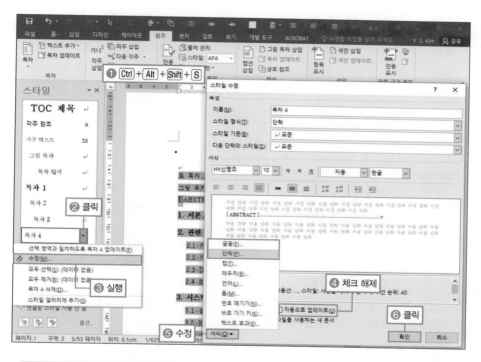

Tip 본문을 '블록 지정'하여 눈금자로 내어 쓰기(왼쪽 표식 중 가운데 세모) 등을 수정하고 스타일 업데이트해도 됩니다.

④ 그림 목차 만들기(캡션 목차)

[참조]-[캡션]-[그림 목차 삽입]을 클릭하여 대화상자를 열고 '캡션 레이블'을 입력한 것으로 지정한 다음 [확인] 버튼을 클릭합니다.

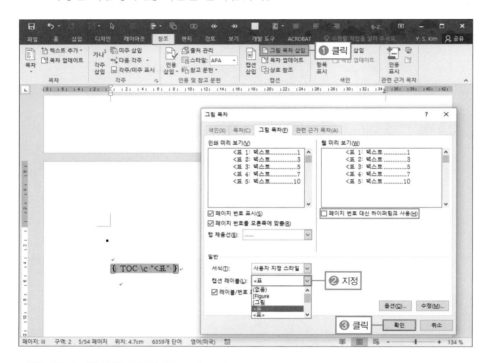

Tip 기타 목차 활용

- 필드 편집 : 목차는 모두 필드로 이루어져 있기 때문에 필드 편집이 가능합니다. Shift + F9 키를 눌러 필드 코드를 표시한 다음 레이블 이름 등을 수정하고 F9 키를 눌러 업데이트할 수 있습니다.

- 목차 수정 : 목차가 있는데 다시 '사용자 지정 목차' 등을 하였을 때, '이 목차를 바꾸시겠습니까?'라는 확인 메시지가 표시됩니다. 이때 [예] 버튼을 클릭하면 기존 목차가 교체되고, [아니요] 버튼을 클릭하면 커서 위치에 새로운 목차가 만들어집니다.

- 목차 갤러리 : 목차 또는 필드를 선택하여 [참조] 탭-[목차▼]-[선택 영역을 목차 갤러리에 저장]을 선택하면 같은 형식의 목차를 다른 문서에서도 '자동 목차'처럼 이용할 수 있습니다. 내용은 자동 업데이트됩니다.

- 목차 업데이트 : 본문 제목이나 페이지 위치가 변경되었을 경우 F9 키를 눌러 목차를 새로고침 합니다. '페이지 번호만 업데이트'는 서식은 변함없이 페이지 번호만 새로 고침되고, '목차 전체 업데이트'는 목차를 새로 만든 것처럼 서식과 내용이 모두 새로 고침됩니다. 표 목차/그림 목차 등 목차별로 업데이트해 주세요.

Sub 3 색인

• 원본 파일 : 06/01_Sub3(원본) • 완성 파일 : 06/01_Sub3

01 [참조] 탭-[색인]-[항목 표시]($\boxed{\text{Alt}}$+$\boxed{\text{Shift}}$+$\boxed{\text{X}}$)를 클릭하여 대화상자를 열어 놓고 색인을 표시할 단어를 블록 지정한 다음 '주 항목' 란을 클릭합니다. 선택한 단어가 자동으로 입력되고 '부 항목' 등을 입력한 뒤 [표시] 또는 [모두 표시] 버튼을 클릭합니다.

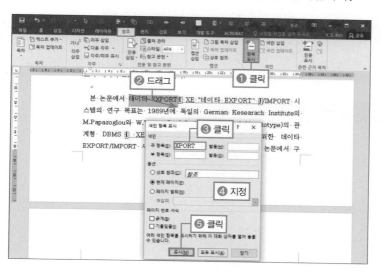

02 색인 항목 표시가 끝났으면 [참조] 탭-[색인]-[색인 삽입]에서 '서식', '단' 등을 선택하고 [확인] 버튼을 클릭합니다.

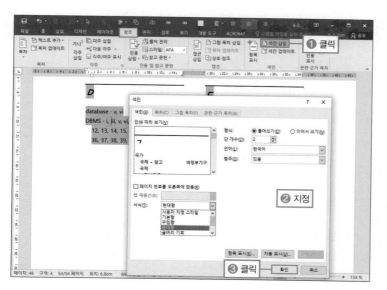

Tip '색인 항목 표시'는 'XE' 필드로, '목차 항목 표시'와 마찬가지로 숨김 텍스트로 입력됩니다. 색인을 입력할 때는 편집 기호를 끄고 입력하거나, 입력 후 편집 기호를 끄고 업데이트해 줍니다.

편지 병합을 하기 위해서는 편지(봉투, 레이블 등) 문서와 주소록 문서(예, 엑셀 문서)가 필요하고, 주소록의 필드와 병합할 '병합 필드'를 편지 문서에 입력해야 합니다. 병합 필드에 주소록의 각 필드 내용이 병합되면 편지가 완성됩니다.

01 [편지]-[편지 병합 시작]-[편지 병합 시작]에서 [단계별 편지 병합 마법사]를 클릭하여 엽니다. 오른쪽 아래의 '다음: 시작 문서'를 클릭하여 다음 3단계로 넘어갑니다. 마법사는 전체 6단계이고, [편지] 메뉴 각 항목이 활성화되었다면 메뉴를 이용해도 됩니다.

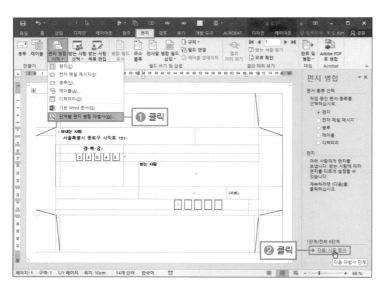

02 '3단계' '받는 사람 선택'에서, [다른 목록 선택...]을 클릭하여 주소록인 엑셀 파일(xlsx)을 선택합니다. 시트가 여러 개일 경우 주소록이 입력된 시트를 선택합니다.

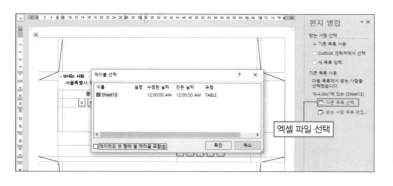

Tip 06 폴더의 '01_Sub4_주소록' 파일을 열면 주소록 목록을 확인할 수 있습니다.

03 주소록에서 필요한 목록만 선택할 수 있습니다. 필요 없는 사람 목록은 확인란의 체크를 해제합니다.

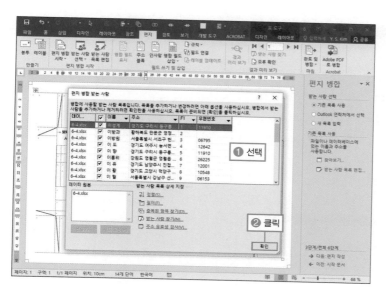

04 [편지]-[병합 필드 삽입]을 클릭해 보면 연결된 필드명(주소록의 첫째 행)이 표시됩니다. 필요한 위치에 커서를 가져다 놓고, '병합 필드'를 각각 삽입합니다. '병합 필드'는 '〈〈필드명〉〉'으로 표시되는 'MERGEFIELD' 필드입니다.

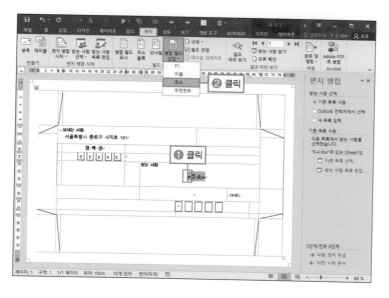

05 병합 필드를 모두 삽입하면 '다음' 단계를 클릭하여 5단계의 '편지 미리 보기'로 이동합니다. 미리 보기로 보았을 때 편집 상태가 흐트러져 있다면 서식을 다시 편집해 줍니다.

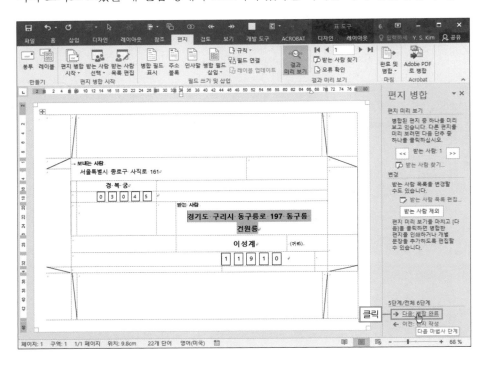

06 '6단계 병합 완료' 단계로 이동한 다음, [인쇄...] 또는 [개별 편지 편집...]을 선택하여 편지 병합을 완료합니다. [개별 편지 편집...]은 파일로 저장하여 편집할 수 있습니다.

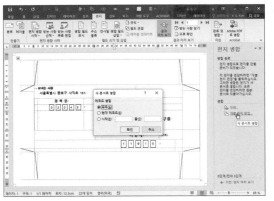
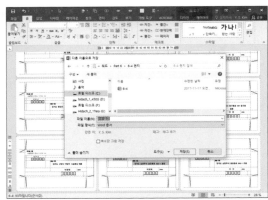

Sub 5 변경 내용 추적과 비교 병합

'변경 내용 추적'은 문서의 수정사항을 바로 적용하지 않고 교정 상태로 표시하여 적용할지 안 할지를 나중에 결정할 수 있도록 하는 명령입니다. 문서 비교/병합은 같은 문서가 수정되어 다른 이름으로 저장되었을 때, 두 문서의 다른 점을 비교하여 표시하고 병합하는 명령으로, 변경 내용 추적과 같은 형식으로 표시됩니다.

1 변경 내용 추적

■ 변경 내용 추적의 시작(설정)

변경 내용 추적을 설정(Ctrl+Shift+E)하려면 [검토]-[변경 내용 추적]을 클릭합니다. 상태 표시줄에 '변경 내용 추적: 해제'라는 항목이 있다면 이것을 클릭하여 '설정'으로 변경하여도 됩니다. 상태 표시줄의 항목은 마우스 오른쪽 버튼을 누르면 수정할 수 있습니다. 해제하려면 이 메뉴들을 다시 클릭하여 선택을 해제합니다.

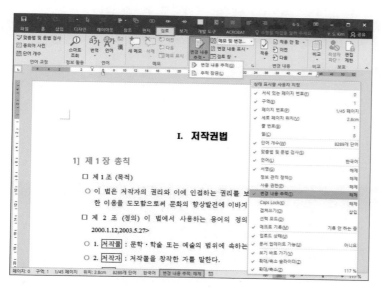

■ 변경 내용 표시/검토용 표시

변경 내용은 [변경 내용 표시]나 [검토용 표시]에서 항목별로 표시하거나 숨길 수 있고, 검토자별로 표시할 수도 있습니다. 표시를 해제해도 변경 내용은 제거되지 않습니다. 변경 내용은 다음과 같은 형태로 표시됩니다.

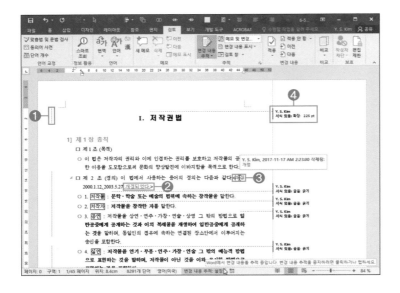

❶ 변경된 부분 : 변경된 부분은 왼쪽(바깥쪽) 여백에 빨간색 실선으로 표시됩니다.

❷ 삽입 : 삽입된 글자는 빨간색 '밑줄'로 표시됩니다. 밑줄 색은 검토자별로 다를 수 있습니다.

❸ 삭제 : 삭제된 글자는 빨간색 '취소선'으로 표시됩니다.

❹ 서식 : 서식이 변경된 부분은 메모처럼 여백 부분이 확장되어 풍선 도움말로 표시됩니다. 실제로 여백이 늘어난 것은 아닙니다.

❺ 이동 : 내용은 같지만 이동된 곳은 녹색 '이중 취소선'과 '이중 밑줄'로 표시됩니다.

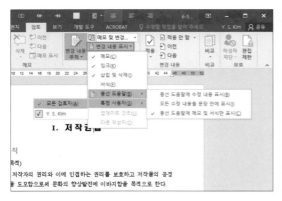 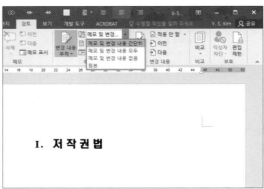

> Tip 변경 내용 추적 옵션은 [변경 내용 추적] 대화상자를 열어 [고급 옵션] 등으로 수정합니다.

■ 변경 내용 추적의 적용/적용 안 함

변경 내용 추적을 끝내려면 [변경 내용 추적] 버튼을 클릭하여 해제한 다음 표시된 변경 내용을 [적용]하거나, [적용 안 함]하여 끝내주어야 합니다. 적용하는 방법은 다양합니다.

- **전체 적용** : [적용▼]이나 [적용 안 함▼]의 화살표 버튼을 클릭하여 '변경 내용을 모두 적용' 또는 '모두 취소'를 클릭합니다.

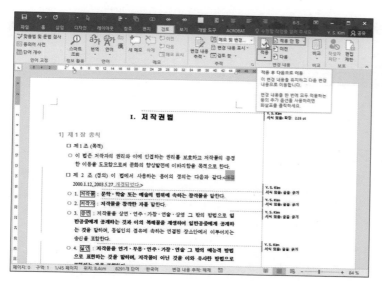

- **하나씩 적용** : [다음]/[이전] 버튼을 이용하여 이동한 뒤 [적용] 또는 [적용 안 함] 버튼을 클릭합니다.

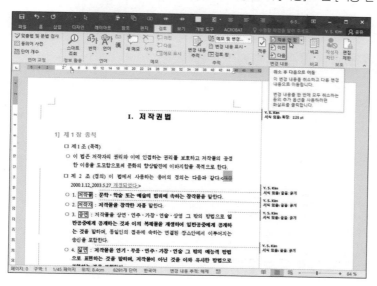

• **블록 지정하여 적용** : 변경 부분 중 일부를 선택하여 [적용] 또는 [적용 안 함] 버튼을 클릭합니다.

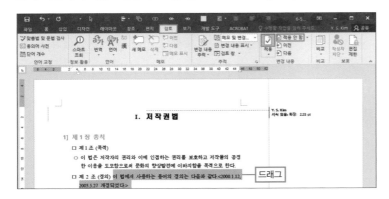

> Tip '삭제'(취소선) 내용을 '적용'하면 완전히 삭제되고, '적용 안 함'하면 다시 표시됩니다.

■ 변경 내용 추적의 이용

변경 내용 추적은 검토자에게 수정 사항을 지시 또는 확인 받거나, 수정 내용을 바로 적용하지 않고 검토할 수 있는 과정을 갖기 위해 사용합니다. 변경 내용 추적을 사용하면 일일이 메모를 삽입하여 설명할 필요 없이 문서에 직접 수정하여 보여 줄 수 있고, 또 그 내용을 클릭 한 번으로 문서에 적용할 수도 삭제할 수도 있습니다.

변경 내용을 검토자 모르게 추적할 수는 없습니다. 상태 표시줄이나 [검토] 메뉴의 [변경 내용 추적] 메뉴를 보면 추적 상태를 알 수 있고, 변경 내용을 표시하지 않고 '메모 및 변경 내용 없음'(구 버전 '최종본 표시') 등으로 저장한다 해도 새로 문서를 열면 모두 다시 표시 상태로 바뀌도록 설정되어 있습니다. 변경 내용이 있는 문서는 [검토 창]이나 [다음] 버튼을 눌러서 남은 변경 내용을 확인하세요.

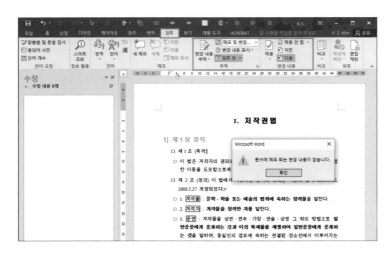

2 비교/병합

• 예제 실습 파일 : 06/01_Sub5_2_원본 문서, 06/01_Sub5_2_수정본 문서

01 일부만 변경된 두 문서를 저장해 놓고, [검토] 탭-[비교]를 클릭합니다. '원본 문서'와 '수정한 문서'를 각각 불러오기 한 다음, [자세히 〉〉] 버튼을 클릭하여 비교할 항목을 선택 또는 해제하고 [확인] 버튼을 클릭합니다.

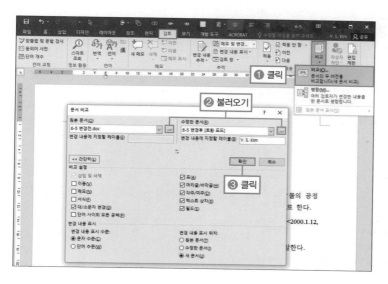

> Tip '서식'을 해제하면 서식이 변경된 곳은 비교하지 않습니다.

02 비교(병합) 문서는 '변경 내용 추적'과 같은 형식으로 표시됩니다. [검토 창]에서는 수정된 내용을 항목 별로 알아볼 수 있고 클릭해서 찾아가거나, 마우스 오른쪽 버튼을 눌러서 바로 적용/취소할 수 있습니다.

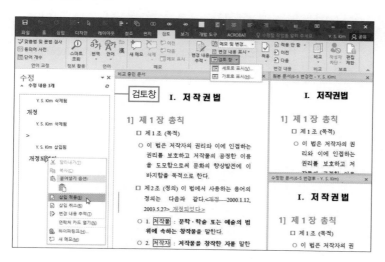

03 [검토] 탭-[비교]-[원본 문서 표시]-[원본 문서 숨기기]를 선택하면 '원본 문서'나 '수정한 문서'를 참고용으로 표시하지 않고 비교 문서로만 수정된 내용을 확인합니다. '변경 내용 추적'과 마찬가지로 [적용] 또는 [적용 안 함] 버튼을 클릭하여 수정 내용을 문서에 적용하고 하나의 문서로 병합을 끝냅니다.

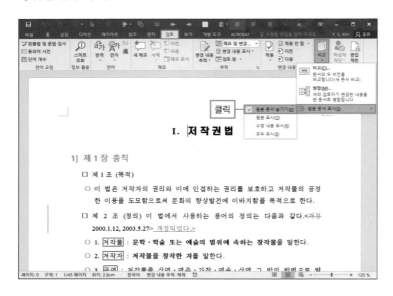

Tip **[파일] 탭-[정보]**

[파일] 탭-[정보]의 [문서 관리]에 보면 자동 저장(ASD 문서)된 '버전'이 표시되는 경우가 있습니다. 필요한 버전을 클릭하면 저장 당시의 문서를 확인할 수 있고, '다른 이름으로 저장'하거나 비교/복원할 수 있습니다. '읽기 전용'으로 열리기 때문에 [보기]-[문서 편집]을 클릭해야 편집이 가능합니다.

문서 편집이 끝나면 [파일] 탭-[정보]-[문서 보호]에서 '최종본으로 표시'를 선택하여 읽기 전용으로 설정할 수 있습니다.

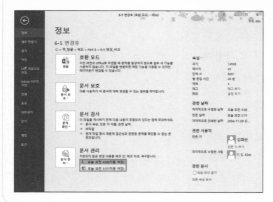
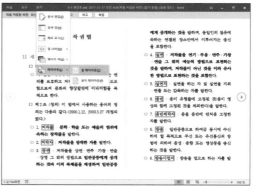

1 맞춤법 오류 표시

[파일] 탭-[옵션]-[언어 교정]에서 'Word에서 맞춤법 검사 및 문법 검사'의 항목 중 필요한 항목을 선택합니다.

맞춤법 오류는 빨간색, 문법 오류는 녹색 줄로 표시됩니다. 파란 줄은 맞춤법은 맞지만 문장에 적합하지 않은 단어에 표시됩니다.

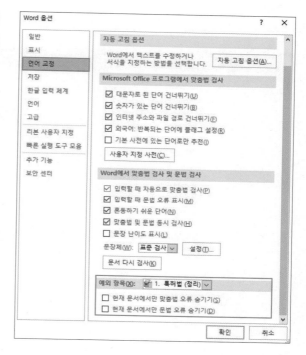

2 예외 항목

이 문서에서만은 오류 표시를 숨기고자 한다면 '예외 항목'의 오류 숨기기를 선택합니다.

3 오류 표시 건너뛰기 및 사전에 추가

오류로 표시된 단어가 오류가 아닌 전문 용어나 이름 등이라면 마우스 오른쪽 버튼을 눌러서 [모두 건너뛰기] 또는 [사전에 추가]를 실행합니다.

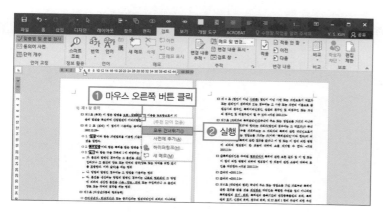

① 마우스 오른쪽 버튼 클릭

② 실행

4 맞춤법 검사

[검토]−[언어 교정]−[맞춤법 및 문법 검사]를 클릭하거나 [F7] 키를 눌러서 맞춤법 검사를 시작합니다. 오류를 자동으로 찾아가며, 수정된 예에서 맞는 단어를 선택한 다음 [건너뛰기], [모두 건너뛰기], [추가](사전에 추가), [변경], [모두 변경] 중 하나를 클릭하면 됩니다.

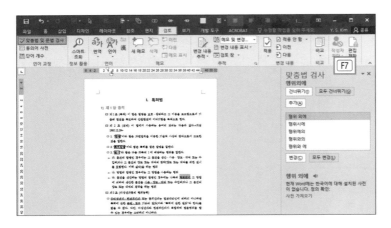

Sub 7 컨트롤 삽입

• 원본 파일 : 06/01_Sub7(원본) • 완성 파일 : 06/01_Sub7

양식 개체를 사용하기 위해서는 먼저 [개발 도구] 메뉴를 표시하여야 합니다. [파일] 탭−[옵션]−[리본 사용자 지정]에서 '리본 메뉴 사용자 지정'의 '개발 도구' 확인란에 체크 표시합니다.

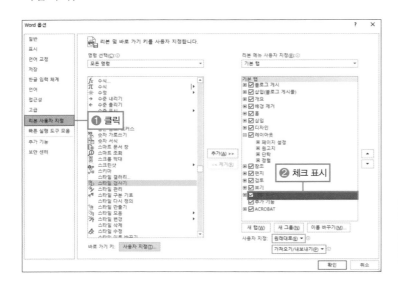

Tip 하위 버전이라면 [워드 옵션]−[기본 설정]의 '리본 메뉴에 개발 도구 탭 표시'를 선택합니다.

1 텍스트 콘텐츠 컨트롤

[개발 도구] 탭-[컨트롤]-[텍스트 콘텐츠 컨트롤]을 클릭하여 입력하고 [콘텐츠 컨트롤 속성] 대화상자에서 제목 등을 수정합니다.

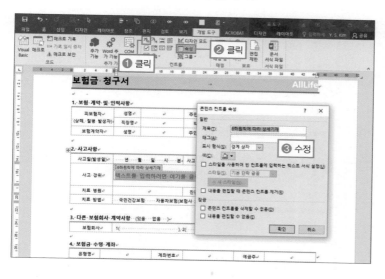

2 확인란

[개발 도구] 탭-[컨트롤]-[확인란]을 클릭하여 입력하고 [속성]에서 표시 기호 등을 변경합니다.

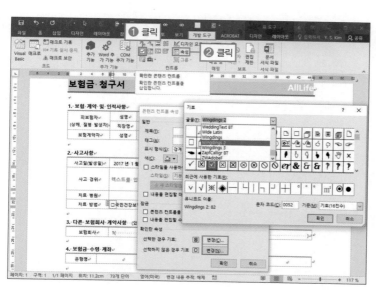

③ 콤보 박스

[개발 도구] 탭-[컨트롤]-[콤보 박스]를 클릭하여 입력하고 [속성]에서 '드롭다운 목록'을 [추가]합니다.

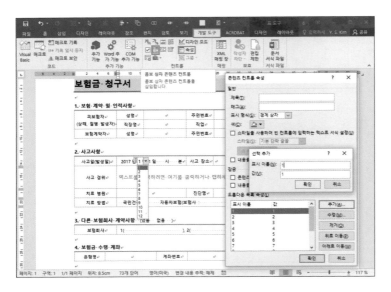

④ 이전 도구

[개발 도구] 탭-[컨트롤]-[이전 도구]-[텍스트 필드] 등을 선택하여 입력하고 [속성]에서 수정합니다.

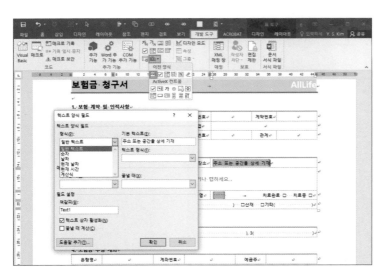

Tip 편집 제한/열기 암호

'텍스트 필드'는 편집 제한 작업 창의 '양식 채우기'로 문서 보호해야 입력할 수 있습니다.

❶ 편집 제한 작업 창을 열고, '이 문서에서 편집을 허용할 유형:'에 체크 표시한 다음 '양식 채우기'를 선택합니다.
[예, 문서 보호를 적용합니다]를 클릭하고 암호를 입력하거나 암호는 없는 채로 [확인] 버튼을 클릭합니다. 암호는 공란으로 설정해도 됩니다.

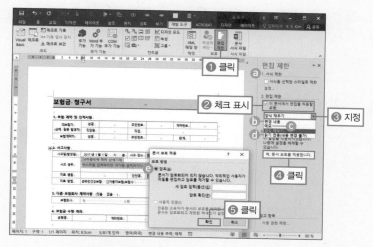

ⓐ 서식 제한 : 정해진 스타일로만 서식을 편집할 수 있습니다.

ⓑ 변경 내용 : 변경 내용 추적을 해제할 수 없도록 하거나, 추적 중인 내용을 [적용] 또는 [적용 안 함] 할 수 없도록 제한합니다. [검토]–[변경 내용 추적▼]의 [추적 잠금]과 같습니다.

ⓒ 메모 : 메모만 입력하고 편집/삭제할 수 있습니다.

ⓓ 읽기 전용 : '예외(옵션)'을 지정한 부분을 제외하고 편집할 수 없는 읽기 전용 문서로 만듭니다. 예외 부분은 블록 지정하거나 커서 위치를 클릭해 놓고 '그룹:'에서 '모두'에 체크 표시하면 됩니다. 예외 부분은 문서를 보호해도 입력/편집이 가능하고, 여러 부분을 해제할 수 있습니다.

ⓔ 열기 암호 : 편집 제한 작업 창에서 지정하는 암호는 문서를 편집하고자 할 때 필요한 암호로, 문서를 여는 데는 적용되지 않습니다. 문서를 열어 볼 때 암호를 누르도록 하려면 [파일] 탭–[정보]–[문서 보호▼]–[암호 설정]에서 설정하거나, [저장]–[도구▼]–[일반 옵션]에서 설정할 수 있습니다.

❷ '양식 채우기' 편집 제한을 하면 텍스트 필드 등 양식에만 입력이 가능하고 [보호 중지]를 클릭하면 해제됩니다.

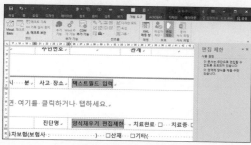

　서식 파일은 다른 문서의 기본이 되는 파일로서 일반 서식 파일(dotx)과 매크로를 저장할 수 있는 서식 파일(dotm)이 있습니다. 새 문서를 열면 나타나는 글꼴, 단락, 스타일, 매크로, 페이지 설정, 단축키 등은 새 문서 서식 파일인 'Normal.dotm' 파일에 저장된 것을 그대로 사용합니다. 서식 파일을 더블클릭해서 열면 파일은 그 문서를 기초로 한 새 문서로 열리기 때문에 '다른 이름으로 저장'하지 않고 그냥 '저장'하여도 파일 이름을 새로 정할 수 있습니다. 새 문서를 수정하려면 워드를 실행한 다음 [파일] 탭 – [열기]로 찾아서 열고 수정, 저장하면 됩니다.

1 양식 서식 파일(dotx)

01 　표나 머리글, 스타일 등이 포함된 특정 양식을 반복적으로 사용한다면 서식 파일로 저장합니다. [파일] 탭 – [다른 이름으로 저장]에서 '파일 형식'을 'dotx'로 지정하고 파일 이름을 입력하여 저장하면 서식 파일이 됩니다.

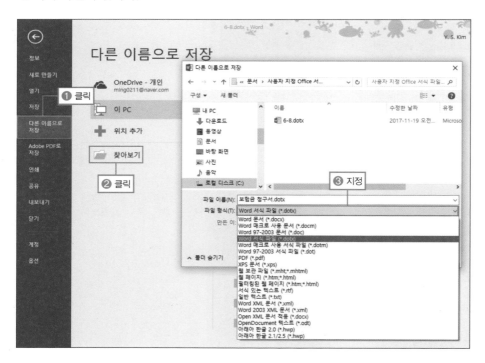

02 사용자 지정 서식 파일의 위치는 [파일] 탭−[옵션]−[저장]의 '기본 개인 서식 파일 위치'에서 확인/수정할 수 있고 이곳에 저장된 서식 파일은 [파일] 탭−[새로 만들기]의 '개인'을 클릭하면 선택할 수 있습니다. 여기서 열기 한 서식 파일은 '새 문서'로 열립니다.

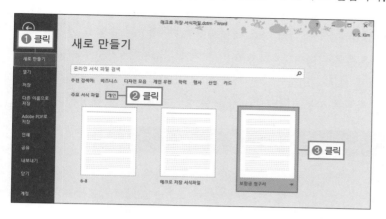

② 매크로 저장 서식 파일(dotm)

01 [보기] 탭−[매크로▼]−[매크로 기록]을 선택하고 [단락] 대화상자(Alt+O, P)를 연 다음 '둘째 줄 이하'를 '1 글자'로 주고([확인]), 상태 표시줄의 [■]를 클릭하여 기록을 중지합니다.

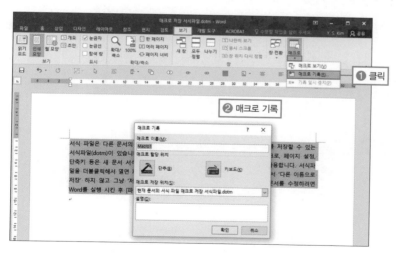

Tip 매크로 저장 위치

'Normal' 파일에 저장하면 모든 문서에서 사용할 수 있고, 현재 문서를 선택하여 저장하면 그 문서를 열었을 때만 사용할 수 있습니다.

02 Alt + F11 키를 눌러 매크로 편집을 열면, 'CharacterUnitLeftIndent'라는 명령이 '둘째 줄 이하 내어 쓰기'라는 것을 알 수 있습니다. 'FirstLineIndent'는 '첫 줄', 'CharacterUnitLeftIndent'는 '왼쪽 여백'을 말합니다.

단락(ParagraphFormat)을 표시하는 줄과 '.CharacterUnitFirstLineIndent = −1'만 남기고 지운 다음 편집 창을 닫고 내어 쓰기가 되지 않은 단락에서 Alt + F8 키를 눌러 저장한 매크로(Macro1)를 선택해 [실행] 버튼을 클릭합니다. 저장 위치를 'Normal'로 지정했다면 따로 매크로를 저장할 필요는 없지만, 현재 문서로 지정하였다면 저장할 때 'docm'이나 'dotm' 매크로 가능 문서로 저장하여야 합니다. 서식 파일로 사용하려면 'dotm'으로 형식을 지정하고 저장합니다.

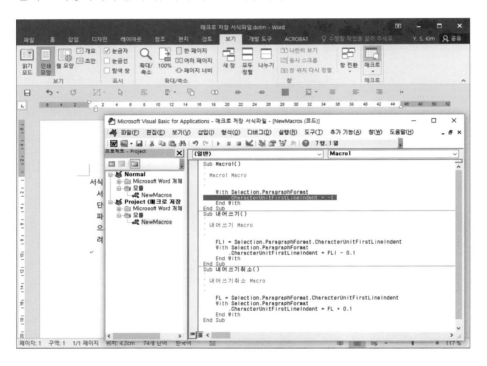

> Tip 매크로가 포함된 파일을 열 때, '매크로를 사용할 수 없도록 설정했습니다.'라고 보안 경고가 표시되면 [콘텐츠 사용]을 클릭하여 사용합니다.

③ 바로 가기 키 저장

서식 파일을 포함한 모든 파일에는 '바로 가기 키'(단축키)를 저장할 수 있는데요. 바로 가기 키도 'Normal' 서식 파일로 저장하면 모든 문서에서 같은 단축키를 사용할 수 있습니다.

[파일] 탭-[옵션]을 클릭하여 대화상자를 열고 [리본 사용자 지정] 탭 화면에서 [사용자 지정] 버튼을 클릭합니다. '저장할 파일'을 'Normal' 또는 현재 문서 중 선택하고, '범주'를 '매크로'로 지정하면 저장된 매크로가 오른쪽에 표시됩니다. 매크로를 선택하고 '새 바로 가기 키'에 할당되지 않은 키([미정의])로 단축키를 직접 눌러 입력합니다. [지정] 버튼과 [확인] 버튼을 차례로 클릭하면 단축키가 저장됩니다.

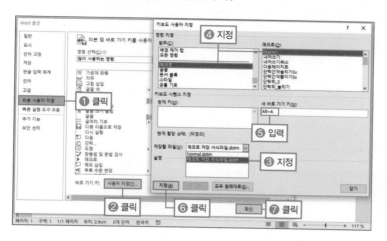

> **Tip** 바로 가기 키는 '범주'에서 각 도구 메뉴를 선택하거나, '문서 블록'(갤러리), '스타일', '공통 기호'(특수 문자) 등을 선택하여 다양한 명령에 단축키를 지정할 수 있습니다.

Tip 서식 파일의 활용과 주의사항

- 새 문서 서식 파일로 저장 : 서식 파일에는 매크로뿐만 아니라, 상용구와 같은 문서 블록(갤러리)이나, 스타일 기본 값, 페이지 설정(용지 여백, 구역) 등과 같은 다양한 내용을 저장할 수 있습니다. 각 메뉴를 이용할 때 저장할 위치를 'Normal.dotm' 서식 파일로 지정하면 모든 문서에서 같은 내용을 사용할 수 있습니다.
  ※ 'Normal.dotm' 파일을 수정한 경우 프로그램을 닫을 때 'Normal.dotm이 변경되었습니다. 변경 내용을 저장하시겠습니까?'라는 확인 메시지가 표시될 수 있습니다. 이때 반드시 [저장]하여야 수정 내용이 반영됩니다.

- 서식 파일의 이동 : 'Normal.dotm' 파일을 포함한 서식 파일은 다른 위치로 이동이 가능한데, 서식 파일의 위치를 찾아가서 복사한 다음 다른 컴퓨터의 서식 파일 위치에 붙여넣기 하면 해당 서식 파일에 저장된 단축키나 스타일 등을 동일하게 사용할 수 있습니다. 메뉴 모양인 'Word Customizations.exportedUI' 파일은 따로 저장합니다.
  ※ 'Normal.dotm' 파일 위치 : C:₩사용자₩AppData₩Roaming₩Microsoft₩Templates

- 서식 파일의 오류 : 서식 파일을 저장할 때는 필요없는 글자나 서식이 포함되지 않도록 주의해야 합니다. 특히 새 문서 서식 파일을 수정/저장할 때, 서식이나 글자를 입력해 놓은 채로 저장하면 새 문서가 매번 같은 모양으로 열리게 됩니다. 'Normal.dotm' 파일은 다른 위치로 옮기거나, 삭제하면 제품 자체의 기본 값으로 다시 만들어집니다. 워드에 오류가 있는 경우 워드를 업데이트하거나, 'Normal.dotm' 파일을 삭제하면 해결될 수 있습니다.

워드 단축키

워드 단축키는 [옵션] 대화상자의 [리본 사용자 지정] 탭에서 아랫부분 바로 가기 키 [사용자 지정] 버튼을 클릭하여 지정할 수 있습니다. [파일]-[인쇄]-[설정]의 '키 할당'을 선택하여 인쇄하면 바로 가기 키를 인쇄할 수 있습니다.

기본 단축키			
도움말	F1	블록	F8
이동(본문)	F2	필드 업데이트	F9
마지막 작업 반복	F4	메뉴 키 표시	F10
이동(커서)	F5	필드 이동	F11
다음 창이나 프레임으로 이동	F6	다른 이름으로 저장	F12
맞춤법 검사	F7		

메뉴 관련			
Alt + Ctrl + I	인쇄 미리 보기	Alt + Shift + C 또는 Alt + Ctrl + S	문서 창 분할 취소
Alt + Ctrl + N	기본 보기	Alt + W, F	읽기 모드 보기
Alt + Ctrl + O	개요 보기	Ctrl + F1	리본 메뉴 확장/축소
Alt + Ctrl + P	인쇄 모양 보기	Ctrl + N	새 문서
Alt + Ctrl + S	문서 창 분할	Ctrl + O	열기
Alt + F	Backstage 보기(파일 탭)	Ctrl + P	인쇄
Alt + G	[디자인] 탭	Ctrl + S	저장
Alt + H	[홈] 탭	Ctrl + W	닫기
Alt + M	[편지] 탭	Ctrl + Y	다시 실행
Alt + N	[삽입] 탭	Ctrl + Z	실행 취소
Alt + P	[레이아웃] 탭	Esc	취소
Alt + R	[검토] 탭	Shift + F10	마우스 오른쪽 메뉴 표시
Alt + S	[참조] 탭		

삽입/편집 관련

Alt + Ctrl + D	미주 삽입	Alt + Shift + X	색인 항목 표시
Alt + Ctrl + F	각주 삽입	Ctrl + F	검색
Alt + Shift + <	이전 각주로 이동	Ctrl + F3	상용구로 잘라내기
Alt + Shift + >	다음 각주로 이동	Ctrl + H	바꾸기
Alt + F3	새 문서 블록 만들기	Ctrl + K	하이퍼링크 삽입
Alt + R, C	메모 삽입	Ctrl + Shift + E	변경 내용 추적 설정/해제
Alt + Shift + I	참고 문헌 목차 항목 표시	Ctrl + Shift + F3	상용구 내용 붙여넣기
Alt + Shift + O	목차 항목 표시	F2, 이동 후 Enter	이동
Alt + Shift + R	이전 구역 머리글/바닥글 복사	Shift + F2, 이동 후 Enter	복사

필드 관련

F9	필드 새로 고침	Alt + Shift + D	DATE 필드
Ctrl + F11 / 해제 Ctrl + Shift + F11	필드 업데이트 잠금	Alt + Ctrl + L	LISTNUM 필드
F11 / Shift + F11	필드 이동	Alt + Shift + P	Page 필드
Ctrl + F9	필드 삽입	Alt + Shift + T	TIME 필드
Shift + F9	필드 코드 표시	Ctrl + Shift + F7	연결 문서 업데이트
Alt + F9	모든 필드 코드 표시	Ctrl + Shift + F9	필드 연결 중지
Alt + Shift + F9	필드 결과에서 'GOTOBUTTON'이나 'MACROBUTTON'을 실행		

선택 관련

Ctrl + A	모두 선택	Shift + Ctrl + → / ←	단어 단위 선택
F8 (해제: Esc)	블록 확장	Shift + Ctrl + ↓	단락의 끝까지 선택
Ctrl + Shift + F8 (해제: Esc)	세로 블록 선택	Shift + Ctrl + ↑	단락의 시작까지 선택
Shift + End	줄 끝까지 선택	Shift + Ctrl + End	문서의 끝까지 선택
Shift + Home	줄의 시작까지 선택	Shift + Ctrl + Home	문서의 시작 부분까지 선택
Shift + Page Down	한 화면 아래까지 선택	Shift + Ctrl + ↓	단락의 끝까지 선택
Shift + Page up	한 화면 위까지 선택	Shift + Ctrl + ↑	단락의 시작까지 선택
Shift + Alt + Ctrl + Page Down	창의 끝까지 선택		

이동 관련

Ctrl + G 또는 F5	이동	Ctrl + End	문서의 끝으로
Alt + Ctrl + Z	직전에 편집한 위치(4곳) 이동	Ctrl + Home	문서의 시작 위치로
Shift + F5	문서의 마지막으로 작업 위치로	Ctrl + Page Down	다음 페이지 맨 위로
Alt + Ctrl + Page Down	창의 맨 아래로	Ctrl + Page up	이전 페이지 맨 위로
Alt + Ctrl + Page up	창의 맨 위로	Ctrl + →	한 단어 오른쪽으로
End	줄 끝으로	Ctrl + ←	한 단어 왼쪽으로
Home	줄 시작 위치로	Ctrl + ↑	한 단락 위로
Page Down	한 화면 아래로(이동)	Ctrl + ↓	한 단락 아래로
Page up	한 화면 위로(이동)		

서식

Alt + Shift + −	제목 아래의 텍스트를 축소	Ctrl + Shift + S	스타일 적용
Alt + Shift + +	제목 아래의 텍스트를 확장	Alt + Ctrl + Shift + S	스타일 작업 창
Alt + Shift + A	모든 텍스트나 제목을 확장 또는 축소	Alt + Ctrl + K	자동 서식
Ctrl + Alt + ①②③	제목1~3 스타일	Ctrl + Shift + C	서식 복사
Ctrl + Shift + N	표준 스타일	Ctrl + Shift + V	서식 붙여넣기

글꼴

Ctrl + D	글꼴 대화상자	Ctrl + Shift + D	밑줄(이중)
Ctrl + Shift + F	글꼴 대화상자(글꼴)	Ctrl + =	아래 첨자(취소)
Ctrl + Shift + P	글꼴 대화상자(크기)	Ctrl + Shift + =	위 첨자(취소)
Ctrl +] 또는 Ctrl + Shift + >	글꼴 크기 크게	Shift + F3	대/소문자 전환
Ctrl + [또는 Ctrl + Shift + <	글꼴 크기 작게	Ctrl + Shift + A	대문자로
Ctrl + Enter	굵게	Ctrl + Shift + K	소문자로
Ctrl + I	기울임꼴	Ctrl + Shift + H	숨겨진 텍스트
Ctrl + U	밑줄	Ctrl + Spacebar	글자 서식 제거
Ctrl + Shift + W	밑줄(공백 제외)	Ctrl + Shift + Q	Symbol 글꼴로 변환

단락			
`Alt`+`O`, `P`	단락	`Ctrl`+`M` (취소: `Ctrl`+`Shift`+`M`)	단락 왼쪽여백
`Ctrl`+`↑`	한 단락 위로	`Ctrl`+`T` (취소: `Ctrl`+`Shift`+`T`)	단락 첫 줄 내어 쓰기
`Ctrl`+`↓`	한 단락 아래로	`Ctrl`+`Q`	단락 서식 제거
`Alt`+`Shift`+`↑`	선택한 단락을 위로 이동	`Ctrl`+`1`	1줄 간격
`Alt`+`Shift`+`↓`	선택한 단락을 아래로 이동	`Ctrl`+`2`	2줄 간격
`Alt`+`Shift`+`→` 또는 `Tab`	단락 수준 올리기(제목/목록단락)	`Ctrl`+`5`	1.5줄 간격
`Alt`+`Shift`+`←` 또는 `Shift`+`Tab`	단락 수준 내기기(제목/목록단락)	`Ctrl`+`0`	단락 앞에 1줄 간격 추가/제거
`Ctrl`+`E`	가운데 맞춤	`Shift`+`Enter`	사용자 지정 줄 바꿈
`Ctrl`+`J`	양쪽 맞춤	`Ctrl`+`Enter`	페이지 나누기
`Ctrl`+`R`	오른쪽 맞춤	`Ctrl`+`Shift`+`Enter`	단 나누기
`Ctrl`+`L`	왼쪽 맞춤		

기호			
`Alt`+`X`	유니코드 기호 변환	`Ctrl`+`Shift`+`Spacebar`	줄 바꿈하지 않는 공백
`Alt`+문자 코드(숫자 키패드)	ANSI(10진수) 기호 변환	`Alt`+`Ctrl`+`C`	저작권 기호
`Alt`+`Ctrl`+`─`(숫자 키패드)	Em 대시	`Alt`+`Ctrl`+`R`	등록 상표 기호
`Ctrl`+`─`(숫자 키패드)	En 대시	`Alt`+`Ctrl`+`T`	상표 기호
`Ctrl`+`─`	사용자 지정 하이픈	`Alt`+`Ctrl`+`.`	생략 기호
`Ctrl`+`Shift`+`─`	줄 바꿈하지 않는 하이픈		

Index _찾아보기

ㅎ